Bernard Sonnaillon

DIE ORGEL

Vom Zauber eines Instruments ☙ Geschichte Musik Technik

Callwey

Meinen Eltern
Meinen Lehrern Jean-Jacques Grunenwald, Jacques Horneffer, Richard-Anthelme
Jeandin und Pierre Segond

Abkürzungen

BP	Brustpositiv
BW	Brustwerk (holl.: Bovenwerk, Borstwerk)
FW	Fernwerk
GO	Grand-Orgue
HW	Hauptwerk (holl.: Hoofdwerk; dän.: Hovedvaerk)
KP	Kronpositiv
MW	Mittelwerk
Ped	Pedal (holl.: Pedaal; frz.: Pédale)
OW	Oberwerk (dän.: Overvaerk)
Pos	Positiv (frz.: Positif)
Réc	Récit
RP	Rückpositiv (holl.: Rugpositief; dän.: Rygpositiv)
RW	Rugwerk
SW	Schwellwerk
UW	Unterwerk
III/Ped/22	Orgel mit drei Manualen, Pedal und 22 Registern

CIP-Kurztitelaufnahme der Deutschen Bibliothek
Sonnaillon, Bernard:
Die Orgel: vom Zauber e. Instruments; Geschichte
– Musik – Technik / Bernard Sonnaillon. [Aus d.
Franz. übers. u. bearb. von Günter Lade. Techn.
Zeichn.: François Delor]. – München: Callwey,
1985.
Einheitssacht.: L'orgue, instruments et
musiciens ‹dt.›
NE: Lade, Günter [Bearb.]

Aus dem Französischen übersetzt und bearbeitet von Günter Lade

Titel der Originalausgabe:
L'Orgue, Instruments et musiciens
© 1984 by Office du Livre Fribourg
© der deutschsprachigen Ausgabe:
   1985 by Office du Livre Fribourg und Verlag Georg D. W. Callwey München
Alle Rechte vorbehalten

Technische Zeichnungen: François Delor
Satz: Typobauer Filmsatz GmbH, Ostfildern (Scharnhausen)
Photolithos: Schwitter AG, Basel
Druck: Imprimerie Paul Attinger SA, Neuenburg
Buchbinderische Verarbeitung: H. + J. Schumacher AG, Schmitten
Redaktion: Hubertus von Gemmingen
Graphische Gestaltung und Herstellung: Emma Staffelbach
ISBN 3 7667 0752 3
Printed in Switzerland

Inhaltsverzeichnis

Einleitung

Die Orgel, ein später Nachkomme der Schilfrohrflöte, der Syrinx des Gottes Pan, des antiken Doppelaulos, der asiatischen Sheng oder des Dudelsacks, ist der Erfindungsgabe eines griechischen Ingenieurs in Alexandrien zu verdanken. Sie war das Jubelinstrument der römischen Zirkusspiele und diente in bescheidenerem Rahmen zur musikalischen Erbauung in den Palästen des mediterranen Orients. Zwar muß man auch die weniger ruhmvolle Existenz der militärischen Sirenenorgel erwähnen, doch entwickelte sich die Orgel seit ihrem Wiederauftauchen im Abendland im Laufe des 8. nachchristlichen Jahrhunderts zu dem bevorzugten Instrument der Kommunikation zwischen Mensch und Jenseits, eine Entwicklung, gegen die sich die Kirchenväter heftig zur Wehr setzten. Je stärker jedoch die Rolle der Orgel als Instrument der Belustigung in den Hintergrund trat, desto mehr fand sie in den Gotteshäusern Eingang. Heute ist sie in Kirchen wie in Konzertsälen ein unentbehrliches Element der Ausstattung.

Im Laufe ihrer Geschichte gewann die Orgel unaufhaltsam an Reife und klanglicher Schönheit. Die einst schlichte Pfeifenreihe wandelte sich allmählich zur großartigen und prächtigen Barockorgel, gewann in der Spätromantik an Ausdrucksstärke und orchestralem Umfang und erlangte schließlich die ihrem Meister Johann Sebastian Bach würdige Präzision und schlichte Kraft zurück.

Durch ihr monumentales Erscheinungsbild und ihr Vermögen, nach Belieben eine zarte Klage oder ein furchterregendes Gewitter nachzuahmen, ist die Orgel für viele ein geheimnisvolles, unbekanntes Instrument, dessen Töne oder dessen Anblick Bewunderung und Ehrfurcht erregen. So gab man ihr die herrlichsten Namen, wie Guillaume de Machaut oder Franz Liszt, die sie König oder Papst der Instrumente nannten.

Entweder unauffällig in einen bescheidenen Holzkasten eingeschlossen oder im Gegenteil kunstvoll geschnitzt und bemalt, fasziniert die Orgel durch ihre Perfektion und Schönheit, verzaubert sie durch ihre Vielgestaltigkeit und umfassende Aussagekraft. Zu jeder Zeit stand sie auf einem Höhepunkt ihrer Entwicklung. Dies weckt unseren Respekt und unsere Bewunderung, doch verpflichtet es uns auch, diese künstlerischen Zeugnisse der Vergangenheit mit aller Sorgfalt weiter zu erhalten.

Auch außerhalb des Bereiches der Musik hat die Orgel immer wieder die Phantasie beschäftigt. Man denke etwa an den sanften Schrecken, den das »Phantom der Oper« bei Gaston Leroux auslöst, an die Orgel in der Höhle des Meisterverbrechers Fantomas oder an die Orgel, die im Salon des Unterseebootes Kapitän Nemos steht. Gerold Späths Roman »Stimmgänge« ist in Form einer Orgel konstruiert. Mit dem Begriff Orgel wurde allerdings auch Kriegsgerät bezeichnet: das Orgelgeschütz oder die Totenorgel, Vorläufer des Kartätschengeschützes, und im Zweiten Weltkrieg die »Stalinorgel«. In erfreulicherer Weise findet man den Namen der Orgel in der Natur. Manche Korallen des Großen Barriereriffs werden nach dem Instrument benannt, und Erdorgeln sind höhlenförmige Austiefungen in Kalkstein oder Gips. Schließlich führen die »Orgeln« vor und in der Ossianschen Fingalsgrotte in die Welt der Musik zurück.

Es sei mir an dieser Stelle erlaubt, den unzähligen Freunden der Orgel zu danken, die mir bei der Verwirklichung dieses

Denn, wie wenn hoch von der herrlichgestimmten, der Orgel
Im heiligen Saal,
Reinquillend aus den unerschöpflichen Röhren,
Das Vorspiel, weckend, des Morgens beginnt...

Friedrich Hölderlin

Buches geholfen haben. Ohne ihre wertvollen Informationen, die aus allen Teilen der Welt eintrafen, und ohne ihre intensive Unterstützung hätte diese Arbeit nicht entstehen können. Leider ist es unmöglich, sie hier alle namentlich aufzuführen, ob sie nun Organisten, Orgelbauer, Musikwissenschaftler, Orgelspezialisten oder Vertreter der Kirche sind. Jenen, die Schritt für Schritt die Abfassung des Textes verfolgt haben und mich mit ihrem Wissen und besonders mit ihrer beständigen Geduld begleiteten, möchte ich jedoch persönlich meinen Dank aussprechen: Marinette Extermann und François Delor (Autor der wertvollen Zeichnungen, die den technischen Teil des Buches illustrieren), Luis Artur Esteves Pereira, Hans-J. Füglister, Didier Godel, Jerzy Golos, Gerhard Grenzing, Dr. Dieter Großmann, Pál Kelemen, Georges Lhôte, Thomas Murray und Luigi Ferdinando Tagliavini. Ein besonderer Dank geht an Guy Bovet sowie an Stewart Spencer und Günter Lade, die den Text mit viel Kompetenz und Sachwissen ins Englische bzw. Deutsche übersetzten und mit ihren kritischen Anmerkungen zum Gelingen des Werkes beitrugen.

Les Lanches, März 1985
Bernard Sonnaillon

Geschichte und Aufbau des Instruments

Die Anfänge der Orgel

Die Vorläufer

Schon in frühester Zeit wußte der Mensch aus Schilfrohr eine Flöte zu machen. Indem er verschiedene Pfeifen unterschiedlicher Länge zusammenfügte, fertigte er ein Instrument, das man Panflöte nennt. Als es zudem gelang, sich die Kraft des Windes nutzbar zu machen, entstand ein erstaunliches – aus einer oder sogar mehreren Pfeifen bestehendes – Instrument, dessen Mundstück schrägkantig geschnitten und dessen Körper in verschiedenen Höhen durchbohrt war. Diese natürlichen Aerophone waren wie die Panflöte Vorläufer der Orgel, besonders das aus mehreren Bambusröhren zusammengesetzte Instrument der Salomoninseln, dessen Luftröhren – am Strand in den Wind gehalten – in Schwingungen geraten, und die verschiedenartig gebauten Aerophone, die man noch heute vor einigen Tempeln Südostasiens sehen kann. Um dasselbe Ergebnis zu erreichen, läßt sich das Instrument aber auch, wie vor allem die afrikanische Rhombe, in schnelle Bewegung versetzen.

Etymologie

Ursprünglich bezeichnete das Wort »Orgel« (vom griechischen ὄργανον = organon/lateinisch: organum) ein Hilfsmittel zur Arbeit oder ein Handwerkszeug. Es konnte sich auch allgemein um ein Musikinstrument handeln, doch bezog sich der Ausdruck in keinerlei Hinsicht auf das spezielle Instrument, das uns hier interessiert. Das Musikinstrument des Ktesibios (3. Jh. v. Chr.), die sogenannte Wasserorgel, wurde ὕδραυλις = hydraulis, wörtlich aulos = eine Art Wasserpfeife, und später im 1. Jahrhundert vor unserer Zeitrechnung von Heron von Alexandrien ὄργανον ὑδραυλικόν = organon hydraulicon (lateinisch: organum hydraulicum oder organa hydraulica) genannt, also »Musikinstrument, das mit Wasser funktioniert«. Diese beiden Bezeichnungen wurden zunächst zu ὕδραυλος = hydraulos (lateinisch: hydraulus) verkürzt, während man in spätrömischer Zeit die Begriffe organum oder organa verwendete.

Es verwundert nicht, daß infolge der verschiedenen lateinischen Bedeutungen des Wortes organum und der Tatsache, daß dieser Begriff im 10. Jahrhundert auch eine bestimmte Art der Vokalmusik kennzeichnete, es im Laufe der Geschichte zu einigen Mißverständnissen kam.

Die antike Orgel

Seit ihrer – dem in Alexandrien lebenden Griechen Ktesibios um 246 v. Chr. zugeschriebenen – »Erfindung« stellt sich die Orgel zugleich als Maschine und Musikinstrument dar. Dies war vor allem durch die Notwendigkeit bedingt, das für Blasinstrumente erforderliche menschliche Atemholen durch eine mechanische Luftversorgung unter Druck zu ersetzen. Das Problem der Windversorgung sollte wirklich eines der quälendsten in der langen Geschichte der Orgel sein und in ihrer Entwicklung eine entscheidende Rolle spielen.

Ist die Orgel nun ein Musikinstrument oder eine Maschine? Die Genialität ihres Erfinders verdient Bewunderung: War das Prinzip von Pfeifen mit bestimmten Ton-

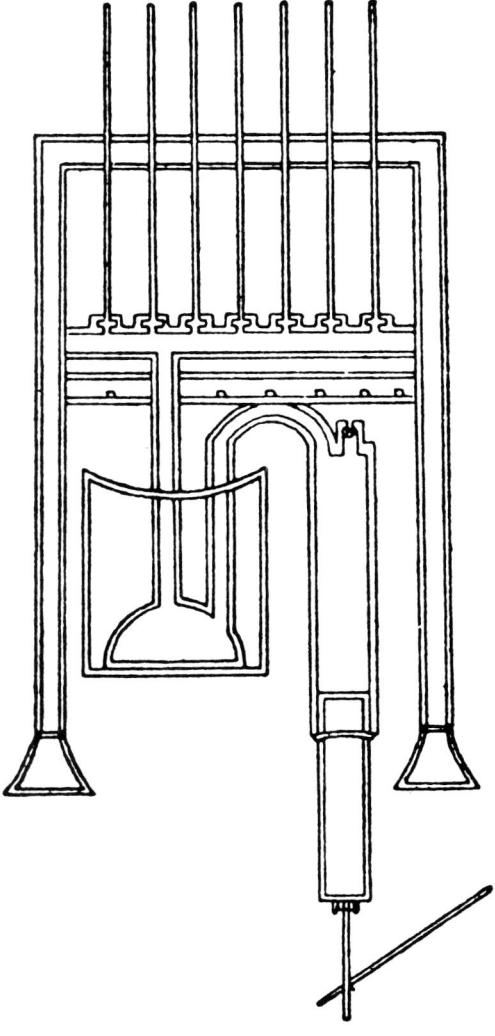

Fig. 1 Schema der Wasserorgel des Heron von Alexandrien, 1. Jh. n. Chr. (?); Manuskript über Pneumatik in London, British Museum, MS Harleianus 5589 (nach Sunner 1952)

Fig. 2   Darstellung einer Orgel auf dem Obelisken des Theodosius in Konstantinopel, Ende des 4. Jh.s n. Chr. (nach E. de Coussemaker, Annales archéologiques II, 277, Paris 1845)

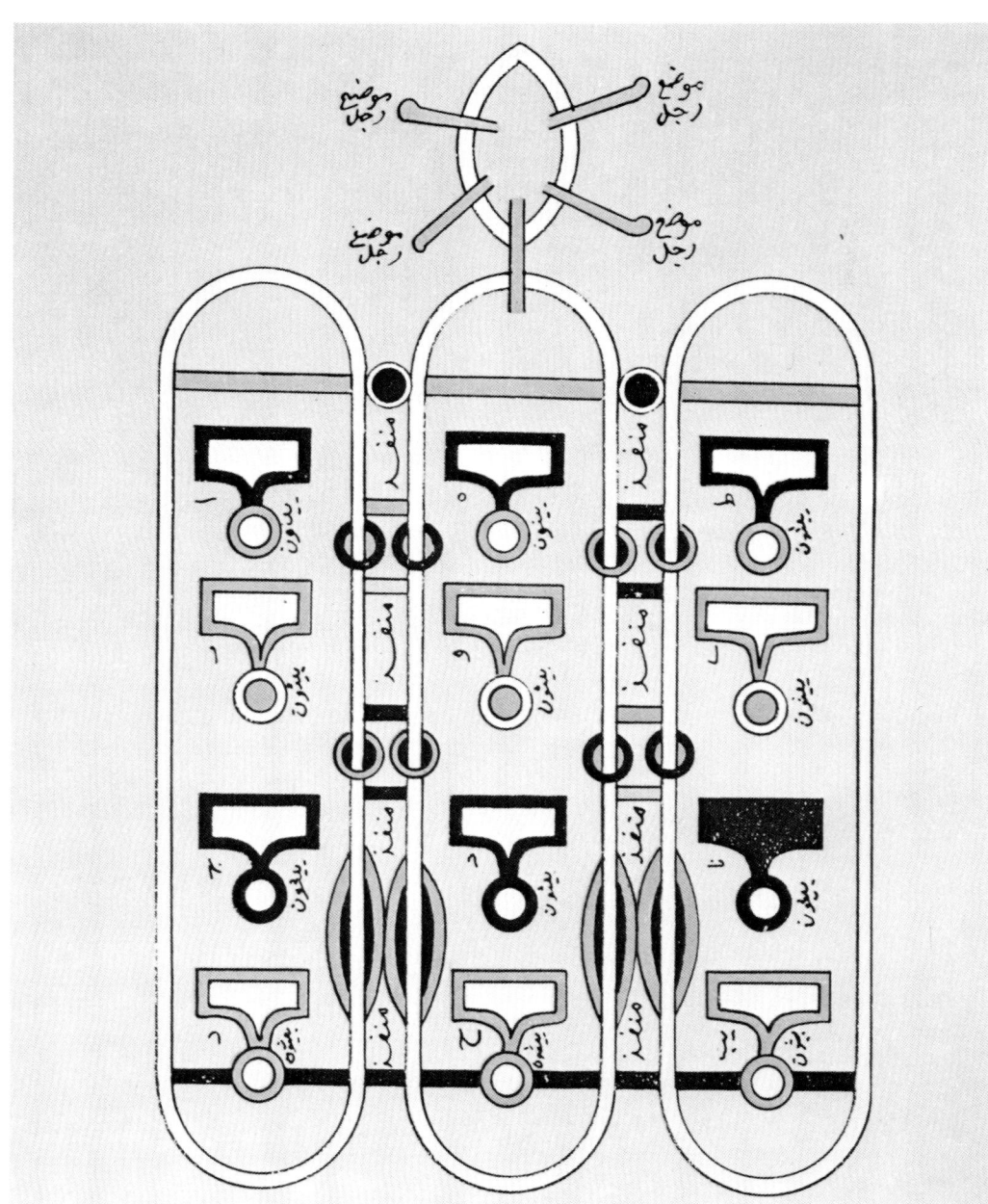

Fig. 3   Schema eines Muristos zugeschriebenen Instruments, Ende des 9. Jh.s; arabisches Manuskript in Beirut, Collège Grec Orthodoxe des Trois-Lunes (nach Jakob 1970)

Der im oberen Teil des Bildes dargestellte Atem von vier Männern speist drei Blasebälge, die ihrerseits je vier Pfeifen (Zungen) versorgen. Die vier Reihen von Pfeifen, jede mit einer Art Hahn versehen, der die Luftzufuhr ermöglicht, klingen in verschiedenen Tonhöhen. Auf der Zeichnung ist es gerade die dritte Pfeife auf dem rechten Blasebalg, die klingt.

Nach dem Verschwinden der Wasserorgel im Weströmischen Reich, das im 5. Jh. ein Opfer der Barbareninvasionen wurde, griff das Oströmische Reich die kulturelle Tradition Roms auf. Die Orgel fand einen erwählten Platz; so gab es am Hof Konstantins VII. in der Mitte des 10. Jh.s vier Orgeln. Von Konstantinopel aus gelangte das Instrument in die islamischen Länder, zuerst nach Syrien und später in die Kalifate von Bagdad, Kairo und Córdoba. Es entwickelten sich drei Arten der Orgel: die traditionelle hydraulische Orgel, eine Orgel von großem Umfang, deren Klang sehr weit zu hören war und die militärischen Zwecken diente, sowie eine Orgel mit Bäumen, beweglichen Blättern und singenden Vögeln (s. Fig. 4). Dieser Typ, der auf ähnliche in Konstantinopel erbaute Instrumente zurückgeht, führte in den islamischen Ländern zu schlichten Musikautomaten.

1 Mosaik von Zliten (Libyen), Ausschnitt, Ende 1. oder Anfang 2. Jh. n. Chr.; Tripolis, Tripoli Museum, The Castle

Das Mosaik von Zliten stellt zwei Instrumentalensembles dar. In dem hier wiedergegebenen Ausschnitt mit der ersten Instrumentengruppe erklingt die Orgel zusammen mit der Tuba, einer langen Trompete mit kurzem konischem Schalltrichter, und zwei Bucinae, schlanken G-förmigen Hörnern. Das Ensemble untermalte rhythmisch den Kampf der Gladiatoren. Bemerkenswert ist, daß der Orgelspieler eine Frau ist und daß sie die Pumpen der hydraulischen Orgel selbst mit ihren Füßen betätigen mußte, da – wie auch im Mosaik von Nennig – keine Kalkanten abgebildet sind.

2 Mosaik von Nennig, um 100 n. Chr.; Trier, Rheinisches Landesmuseum

Dieses Mosaik zeigt ein Instrumentalensemble während des Musizierens bei Zirkusspielen. Es beweist, daß der brillante Klang der hydraulischen Orgel gerne mit dem Klang anderer Instrumente, hier mit dem einer Bucina, kombiniert wurde. In dieser Darstellung befinden sich, entgegen der sonst üblichen Anordnung, die hohen Pfeifen auf der linken Seite des Organisten, doch ist das interpretatorische Talent des Künstlers sicherlich beachtenswerter als die Genauigkeit der Abbildung.

3   Sarkophag der Julia Tyrrania, 2. oder 3. Jh. n. Chr.; Arles, Musée lapidaire d'art païen
Der in der römischen Nekropole Les Alyscamps gefundene Sarkophag aus weißem Marmor zeigt eine hydraulische Orgel, einen kleinen Baum, einen Vierfüßler und ein Behältnis, das zur Aufnahme einer großen Panflöte bestimmt sein könnte. Julia Tyrrania, die im Alter von 20 Jahren und acht Monaten starb, war für ihre Bildung (»disciplina«) bekannt, und man kann annehmen, daß sie die Musik liebte oder sogar, wie so viele ihrer gebildeten Zeitgenossen, selbst ausgezeichnet Orgel spielte.

4   Kontorniate Valentinians III., 5. Jh. n. Chr.; Paris, Bibliothèque nationale, Cabinet des Médailles
Die Vorderseite dieser Kontorniate, einer als Glücksbringer oder Gedenkmünze anläßlich der Spiele oder musikalischer Wettbewerbe im Amphitheater geprägten Bronzemedaille, zeigt das Bildnis Kaiser Valentinians III. (reg. 425–455), Sohn des Feldherrn Constantius. Auf der hier abgebildeten Rückseite sieht man eine hydraulische Orgel mit dem Organisten und zwei Kalkanten. Die Inschrift »Placeas Petri« ist zweifellos auf den damals berühmten Orgelspieler Petrus zu beziehen. Es handelt sich hier vielleicht um eines jener Instrumente neuen Stils, die schon in der Mitte des 4. Jh.s gebaut worden sein dürften und von denen der Historiker Ammianus Marcellinus berichtete: »organa hydraulica (...) ingentes«, hydraulische Orgeln von wenig üblichen Dimensionen.

5   Die Erwählten des Jüngsten Gerichts, Ende 13. Jh.; León, Kathedrale
Diese Szene zeigt ein Orgelpositiv, dessen vier kurze Füße direkt auf dem Boden stehen. Der Organist sitzt auf einem sehr niedrigen Hocker, während ein Kind einen kleinen Balg betätigt. Das relativ große Instrument verfügt über eine hohe Windlade; seine Pfeifen werden von einer schrägen Leiste gehalten, die an zwei seitlichen Pfosten befestigt sind, eine Anordnung, die an die römischen Instrumente erinnert. Die Darstellung nur eines einzigen Balgs, dessen Form, wie im 13. Jahrhundert üblich, der des Schmiedebalgs entspricht, ist sicherlich nur eine bildliche Vereinfachung, da ein solches Positiv, das durch seine Größe eine Zwischenstellung zwischen dem Portativ und der nicht mehr transportierbaren Großen Orgel einnimmt, eine umfangreichere Luftzufuhr und besonders einen zweiten Balg zum Ausgleich benötigt.

7 Gilles de Binchois und Guillaume Dufay, Miniatur aus dem »Champion des Dames« von Martin Le Franc, 15. Jh.; Paris, Bibliothèque nationale, ms.fr. 12476, folio 98

6 Grabstein des Francesco Landini (um 1325–1397), Ende 14. Jh.; Florenz, Basilika S. Lorenzo
Die Inschrift auf dem Grabstein des blinden Komponisten und Organisten Francesco Landini lautet: »Luminibus captus franciscus mente capaci cantibus organicis. Quem cunctis musica solum pretulit. Hic cineres. Animam super astra reliquit. M.CCC.LXXXXVII.die.H.sep.«

8 Hans Memling (um 1433–1494): »Christus, umgeben von musizierenden Engeln«, Ausschnitt eines Orgelflügels, 1484; ehem. Nagera (Kastilien), Kirche S. María la Real, heute Antwerpen, Koninglijk Museum voor Schone Kunsten
Dieser Engel erinnert uns an die berühmten Verse aus dem zweiten Teil des im 13. Jh. von Jean de Meung geschriebenen »Roman de la Rose«: »Orgues i r'a bien maniables / A une sole main portables / Où ilméismes souffle et touche / Et chante avec a plaine bouche / Motés, ou treble ou teneure« (Die Orgel war sehr handlich, er konnte sie mit einer Hand halten, den Balg betätigen und auf ihr spielen, während er Motetten, Triplum oder die Tenorstimme sang.). Der Engel hält auf seinen Knien ein Portativ, dessen Klangkörper in zwei Reihen je 16 zylindrische und chromatisch angeordnete Pfeifen enthält. Mit der linken Hand betätigt er einen aus zwei rechteckigen Platten und vier Falten bestehenden Balg, während er mit der rechten Hand zwei Reihen von Knopftasten, die Fortsetzung einer Stechermechanik, spielt, die beim Niederdrücken der Tasten die entsprechenden Ventile der Windlade öffnen. Diese Ventile waren Holzklappen, die die Kanzelle verschlossen und durch eine Feder gehalten wurden, und die wahrscheinlich wie die Tastenknöpfe, eine Weiterentwicklung der Zugtasten und die Vorstufe unserer heutigen Klaviaturen, seit dem Ende des 14. Jh.s üblich waren. Ein Unterschied von diatonischen Tasten und Tasten für Halbtöne ist nicht erkenntlich, doch können seit dem 14. Jh. die diatonischen Tasten von den Tasten der Halbtöne entweder durch die kürzere Form, ihre Anordnung – die Tasten der Halbtöne etwas zurückversetzt – oder durch das bei ihrer Herstellung verwendete Material unterschieden werden; ein schönes Beispiel sehen wir auf dem Polyptychon »Die Anbetung des Lammes« von Jan van Eyck.

9 Amiens, Kathedrale, Orgel, gestiftet 1422–1429 von Alphonse Le Mire; Zeichnung nach dem Grab der Le Mire von Limozin, Paris, Bibliothèque nationale, Ve, folio 26

10 Miserikordie eines Chorgestühls, 15. Jh.; Paris, Musée de Cluny
Die Darstellung auf dieser aus der Abtei St-Lucien-de-Beauvais stammenden Miserikordie gehört zu der im Mittelalter besonders beliebten Bilderwelt der Bestiarien. Herr »Porcus« spielt die Orgel, während seine Frau den Blasebalg betätigt. Bei dem Instrument handelt es sich um ein Tischpositiv, dessen grob gearbeitete Pfeifen in Mitrenform angeordnet sind. Die Fassade scheint aus einem hervorstehenden Mittelteil und zwei rücklaufenden schrägen Seitenteilen zu bestehen, wobei ein Querbalken die Anordnung der Pfeifen stützt.

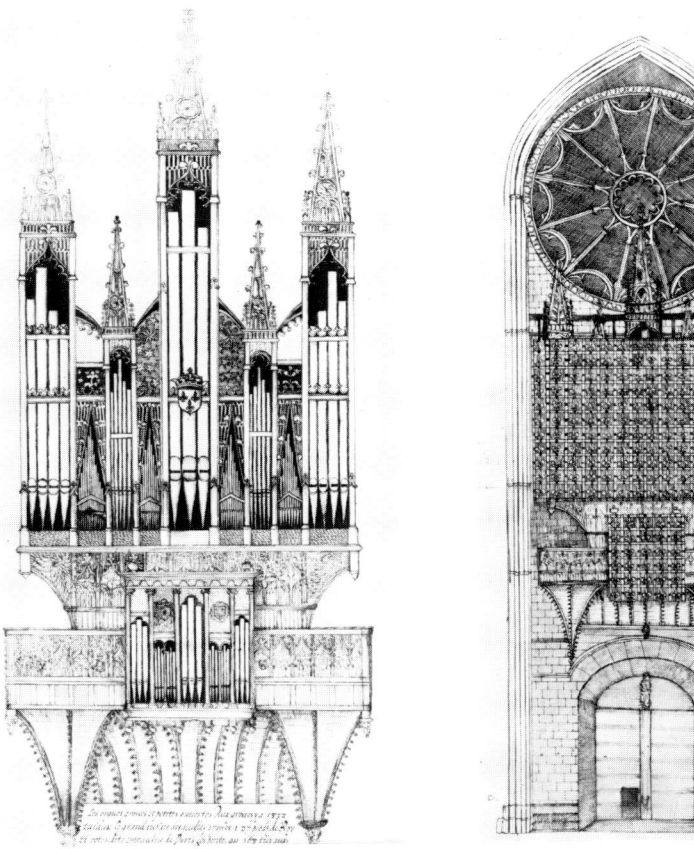

11 Reims, Kathedrale Notre-Dame, Orgel, Hauptprospekt von 1487, Rückpositiv von 1570; nach einer Zeichnung von Jacques Cellier, 16. Jh.; Paris, Bibliothèque nationale, ms. fr. 9152, folio 75

13 Tischpositiv, nach einer Zeichnung von Jacques Cellier, 16. Jh.; Paris, Bibliothèque nationale, ms. fr. 9152, folio 183

12 Reims, Kathedrale Notre-Dame, Orgel, mit Leinwand abgedeckter Prospekt; nach einer Zeichnung von Jacques Cellier, 16. Jh.; Paris, Bibliothèque nationale, ms. fr. 9152, folio 74

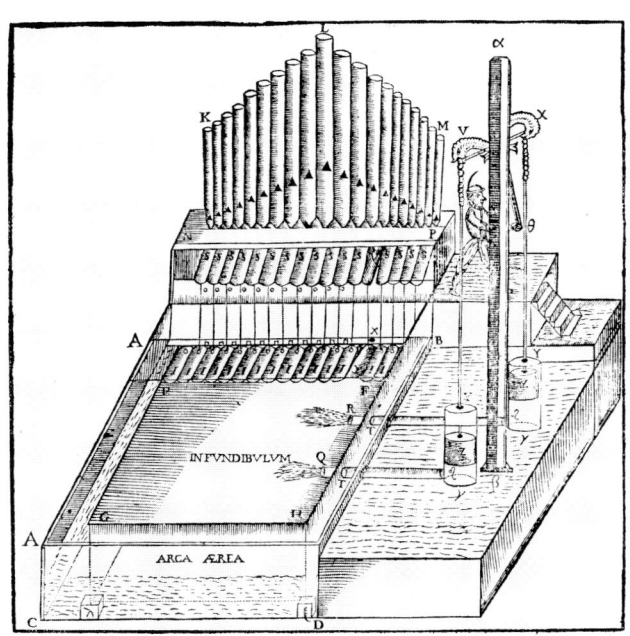

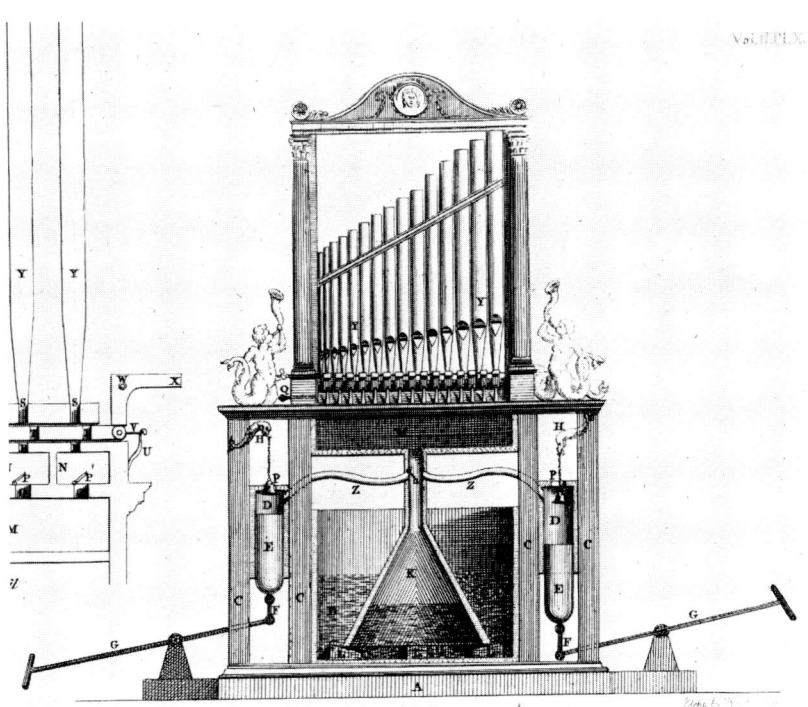

14 Athanasius Kircher, »Misurgia universalis«, Rom 1650
Athanasius Kircher begriff die Funktion des Wassers in der antiken Orgel nicht und stellte sich deshalb vor, es würde den Klängen des Instruments ein angenehmes Tremulieren verleihen.

15 Vitruvius Pollio, »De architectura«, nach der englischen Übersetzung von William Newton, London 1791
Illustration der hydraulischen Orgel, deren Mechanik des Windsystems hier ausgezeichnet verdeutlicht ist.

Fig. 4   Automat in Form eines Baums mit singenden Vögeln: eine Tradition, die in die hellenistische (Ktesibios) und arabische Zeit zurückreicht (nach Martin Gerbert, De cantu et musica sacra, St. Blasien 1744, Tafel 28)

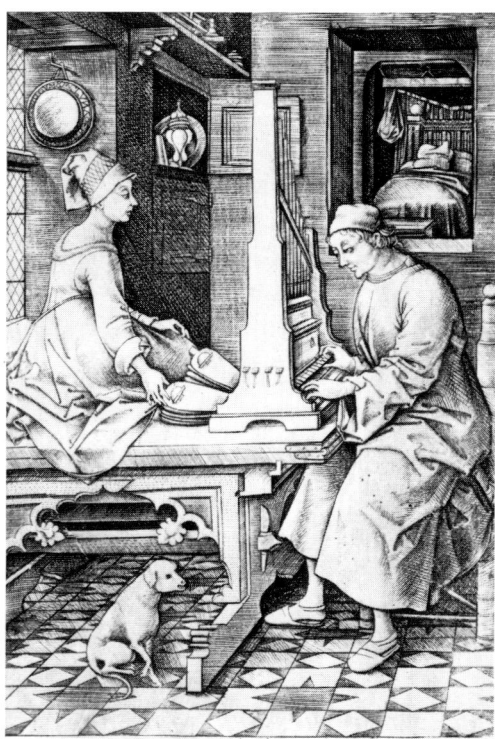

Fig. 5   Tischpositiv; Stich eines Orgelspielers und seiner Frau von Israel van Meckenem, Ende des 15.Jh.s; London, British Library, B 175

höhen auch schon in der Panflöte bekannt, so mußte er das Windsystem schaffen, das aus einer Pumpe, die die Luft schöpfte, und einem Reservoir, das die Regelmäßigkeit von Luftfluß und Druck sicherstellte, bestand. In dieser Hinsicht war die antike Orgel besonders ausgefeilt, da sie die Luft unter Wasserdruck in einer von Wasser umgebenen Glocke speicherte (daher der Name hydraulis). Technisch gesehen war dieses System sehr bequem, da das Reservoir keinen anderen Druckregler als das Wasser hatte. Doch variierte der Luftdruck je nach der Füllung des Reservoirs, so daß die Probleme der Handhabung das Aufkommen der »trockenen Windversorgung« beschleunigten. Diese erfolgte mit Lederbälgen, wie sie Schmiede verwendeten, und die sowohl als Pumpe als auch als Reservoir dienten. Da mehrere Abbildungen – Mosaiken und Medaillen – die Orgel als ein Instrument zeigen, das im Freien gespielt wurde, dürfen wir annehmen, daß nur Reservoirs mit hydraulischem Wasserdruck einen ausreichenden Luftdruck bereitstellen konnten, um diese ziemlich schlichten Instrumente mit genügend Intensität zum Klingen zu bringen.

Nach der Verbreitung der Orgel in der hellenistischen und römischen Welt verschwand sie im Abendland zur Zeit der Völkerwanderung, lebte aber im Oströmischen Reich und in der arabischen Welt weiter. Aus Byzanz kam sie schließlich als Geschenk Kaiser Konstantins V. (741–775) an Pippin den Jüngeren im Jahre 757 wieder in das Abendland. Dieses politisch motivierte Geschenk hatte verblüffende Folgen: Um die außergewöhnliche Gabe zu kopieren, rief man den Priester Georg aus Venedig, der mit dem Oströmischen Reich in Verbindung gestanden und den antiken Orgelbau gekannt haben muß. Indem er sein Wissen an seine Schüler weitergab, stand er sicherlich am Ursprung der Übernahme der Orgel in die Kirchen, während einige Jahrhunderte früher die Kirchenväter das Instrument noch als Symbol des Heidentums kategorisch verdammt hatten. Seit dem 8. Jahrhundert verbreitete sich jedoch die Orgel in der ganzen Christenheit, in Kathedralen, Abteien und Kirchen.

Die wichtigsten Orgeltypen

In der Geschichte der abendländischen Orgel unterscheidet man drei Typen von Instrumenten: Portativ, Positiv und Große Orgel.

Fig. 6   Orgelportativ; Fresko am Altarbaldachin der Kirche von St-Savin (Hautes-Pyrénées), 14.Jh. (nach Dufourcq 1935, S. 28)

Das Portativ ist, wie schon sein Name sagt, ein leicht tragbares kleines Instrument. Man hält es mit Hilfe eines um den Hals gelegten Riemens oder stellt es einfach auf die Knie, wobei zum Spiel nur eine Person notwendig ist: Der Organist betätigt mit der linken Hand den Balg, während er mit der rechten die Pfeifen zum Erklingen bringt. Dies geschah anfänglich durch das Ziehen und Zurückstoßen schlichter Holzstängchen, später durch das Niederdrücken der Tasten einer Klaviatur mit begrenztem Umfang. Das Portativ, dessen Verwendung nach der Renaissance allmählich aufgegeben wurde, war für Prozessionen geeignet, und es ertönte auch manchmal in der Kirche, doch wurde es vor allem als weltliches Instrument, meistens der fahrenden Spielleute, angesehen.

Das Positiv, dessen Dimensionen größer sind als die des Portativs, umfaßt mehr Register und ist schwieriger zu transportieren. Dieses Instrument steht im allgemeinen direkt auf dem Fußboden, auf einem Möbelstück oder einem Dreifuß, doch kann es, auf einen Wagen gestellt, wie das Portativ bei kirchlichen Prozessionen oder weltlichen Umzügen gespielt werden. Das Positiv eroberte sich in den Palästen des Adels oder in den Wohnungen reicher Kaufleute schnell einen auserwählten Platz und wurde in der Renaissance das Instrument des reichen Bürgertums, das erst im 18. Jahrhundert durch das Cembalo und später durch das Klavier verdrängt werden sollte. Im weltlichen Leben erklang es solistisch oder zusammen mit anderen Instrumenten; in der Kirche, wo es im Chorraum aufgestellt wurde, diente es als Stütze des Gesanges, wobei immer zwei Personen erforderlich waren: der Organist, der mit beiden Händen spielte, und eine Hilfe zum Bedienen der Bälge.

War das Positiv eine Zeitlang aus dem Musikleben völlig verschwunden, so wird es heute wieder in zunehmendem Maße für eine authentische Interpretation alter Musik gebaut. Es hat in zwei verschiedenen Formen überlebt: Einerseits wurde es seit dem 15. Jahrhundert der großen Orgel als zweites Manual gegenübergestellt (Rückpositiv) oder in deren Gehäuse eingebaut, andererseits erklang es – manchmal als Kabinett- oder Kammerorgel bezeichnet – auch im weltlichen Leben.

Das Regal stellt, ob es nun als Portativ oder als Positiv betrachtet wird, eine spezielle Form der Orgel dar, die heute für das Spiel alter Werke ebenfalls wieder neu belebt wird. Es handelt sich um ein flaches Instrument mit einem oder mehreren nicht sichtbaren Zungenregistern (ohne oder mit nur kurzen Schallbechern), denen später noch ein Flötenregister hinzugefügt wurde. Das Regal begleitete mit seiner rauhen Stimme die königlichen Prunkfeste am Ende des Mittelalters und bereicherte mit seinem Klang die Instrumentalensembles der Hofkapellen.

Die Große Orgel bedeutet einen wesentlichen Schritt in der Kunst des Instrumentenbaus. Schon in der zweiten Hälfte des 13. Jahrhunderts wurde – parallel zur Entwicklung der polyphonen Musik – die Rolle der Orgel in den Kirchen immer wichtiger: Die Orgel mußte mit dem Chor alternieren oder diesen ersetzen und den Gesang der Gläubigen führen und stützen, so daß ein immer größerer und vielfältigerer Klangreichtum erforderlich wurde. Die verschiedenen Kultstätten ließen deshalb ihre Instrumente umbauen und erweitern oder neue und größere Orgeln errichten, wobei die wachsende Zahl der Register und die gesuchten klanglichen Wirkungen bald zu einem Übereinanderstellen der Windladen mit den Pfeifen führten. Es war dies eine revolutionäre Weiterentwicklung der Orgelkunst, da diese »Umschichtung« der Instrumente, die nun die Größe von Menschen bei weitem überschritten, eine neue Konzeption mechanischer Übertragungselemente und eine schnelle mechanische Verbindung zwischen den Tasten und dem Klangkörper der Orgel bedingten, wobei den Organisten in Höhe der Klaviaturen immer mehr Bedienungsmöglichkeiten bereitgestellt wurden.

Aufbau der Orgel

Die Bestandteile des Instruments

Trotz der beträchtlichen Veränderungen, die das Instrument im Laufe der Jahrhunderte erfuhr, blieben seine grundlegenden Bestandteile gleich. Die Orgel ist ein Windinstrument mit einer oder mehreren klingenden Pfeifenreihen (Registern), die jeweils nach einem genauen Schema gestimmt sind. Eine Windlade erhält von einem Balgsystem Luft und verteilt diese zu den Pfeifen, wobei jede Pfeife grundsätzlich nur einen Ton erzeugt. Diese verschiedenen Teile – Pfeifenwerk, Windlade und oft auch die Balganlage – werden von einem Gehäuse umschlossen und von der Spielanlage aus beherrscht. Diese besteht aus einem oder mehreren Manualen, dem Pedal (so eines vorhanden ist) und den Registerzügen und erlaubt es, den Wind zu den gewünschten Pfeifen zu dirigieren.

Das Pfeifenwerk

Der klingende Teil der Orgel besteht hauptsächlich aus den Pfeifen, die man, je nach Art der Klangerzeugung, in zwei Kategorien einteilen kann: Lippenpfeifen, von denen nur die Luftsäule in Vibration versetzt wird, und Zungenpfeifen, deren klangerzeugendes Element durch die Luft in Schwingungen versetzte Metallzungen sind.

Die Lippenpfeife

Die Lippenpfeife besteht aus fünf Teilen (wenn sie an ihrem oberen Ende bei Metallpfeifen durch einen Hut oder bei Holzpfeifen durch einen Spund verschlossen ist, aus sechs): Der bei Metallpfeifen zylindrische oder leicht konische und bei Holzpfeifen rechteckige oder quadratische

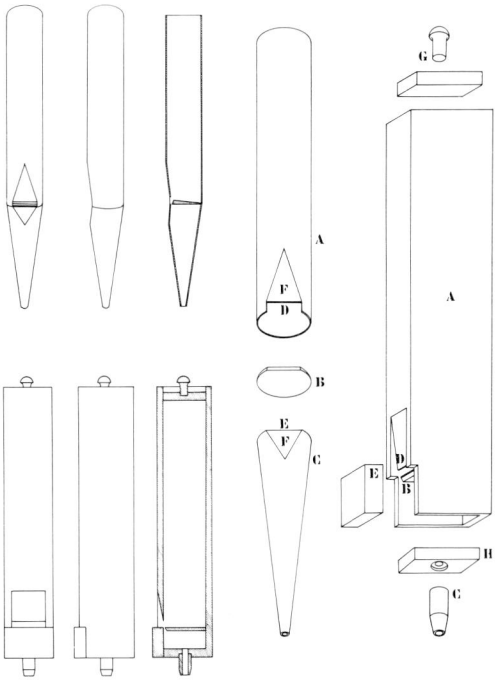

Fig. 7 Oben links: Vorderansicht, Seitenansicht und Querschnitt einer offenen Lippenpfeife aus Metall
Darunter: Vorderansicht, Seitenansicht und Querschnitt einer gedeckten Lippenpfeife aus Holz
Rechts: Aufriß einer offenen Metall- und einer gedeckten Holzpfeife: A Pfeifenkörper – B Kern– C Pfeifenfuß – D Oberlabiumskante – E Unterlabiumskante bei Metallpfeifen, Vorschlag bei Holzpfeifen – F Labium– G Spund mit Handgriff – H Boden

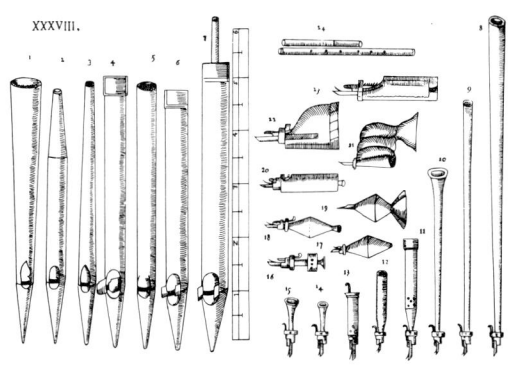

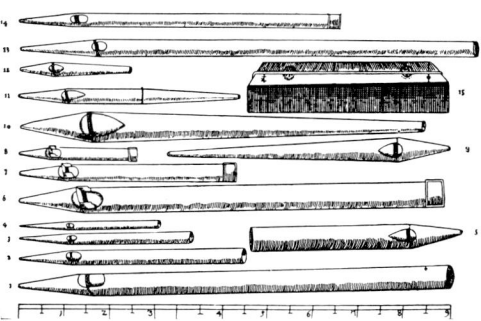

Fig. 8 Labial- und Zungenstimmen (nach Michael Praetorius, De Organographia, Wolfenbüttel 1619, Tafel 38)

Fig. 9 Labialregister und ein Monochordium (nach Michael Praetorius, De Organographia, Wolfenbüttel 1619, Tafel 37)

Fig. 10 Vergleich von Orgeln verschiedener Größe
32'-Prospekt
Große Orgel der Bavokerk (Grote Kerk) in Haarlem (Niederlande), erbaut 1735–1738 von Christian Müller
16'-Prospekt
Große Orgel der Kathedrale von Auch (Frankreich),erbaut 1688–1695 von Jean de Joyeuse
8'-Prospekt
Orgel der Kirche S. Maria del Sasso in Morcote (Schweiz), erbaut im 17. Jh.
4'-Prospekt
Orgel der Zion Lutheran Church in Spring City (Pa./USA), erbaut 1791 von David Tannenberg
2'-Prospekt
Orgelpositiv, erbaut 1620 von Wiegand Althefer (Museum Marburg)
Portativ
Größe eines Menschen zum Vergleich

höhe) von der Länge des Pfeifenkörpers abhängt: je länger die schwingende Luftsäule, desto tiefer der erzeugte Ton. Ist die Pfeife gedeckt, so kann die Luft nicht am oberen Ende der Pfeife, sondern nur durch das Labium entweichen: Sie durchläuft also den doppelten Weg, während die Anzahl ihrer Schwingungen um die Hälfte vermindert und die Tonhöhe deshalb um eine Oktave erniedrigt ist (wenn man eine gedeckte Pfeife mit einer gleichlangen offenen Pfeife vergleicht). Um den Ton etwas aufzuhellen, kann der Hut gedeckter Pfeifen, der die schwingende Luftsäule zurückwirft, um ein Röhrchen verlängert werden. Register dieser Pfeifenform werden Rohrflöte genannt. Das Stimmen offener Lippenpfeifen kann auf zweierlei Arten erfolgen: Sind die Pfeifen auf Ton geschnitten, also ohne Stimmeinschnitte, so wird die Pfeifenmündung mit einem Stimmhorn rundherum etwas ausgeweitet oder eingebogen, während durch das Einfügen eines Stimmeinschnittes an der Spitze der Pfeifenkörper die Höhe der Luftsäule und damit der Ton verändert wird. Stimmeinschnitte waren im Zeitalter der industriellen Orgelfabrikation weit verbreitet, doch wurden sie, da sie den Klang verändern, von guten Orgelbauern wieder aufgegeben. Ist der Hut gedeckter Pfeifen angelötet, stimmt man die Pfeifen durch Regulieren ihrer Bärte, während bei einem beweglichen Hut dieser nach oben oder unten verschoben wird.

Die Maßeinheit der klingenden Luftsäule (Klanghöhe) ist traditionell der Fuß (etwa 31 cm), während in Spanien das Maß in palmos (Handspanne, etwa 20 cm) angegeben wurde. Ein Register von 8 Fuß Länge – abgekürzt 8′ – verfügt über eine offene Pfeifenreihe gleicher Klangfarbe, deren größte Pfeife – der tiefste Ton – vom Labium bis zum oberen Ende des Pfeifenkörpers 8 Fuß mißt. Eine gedeckte Stimme derselben Tonhöhe wird ebenfalls als 8′ bezeichnet, obwohl der längste Pfeifenkörper dieses Registers nur 4 Fuß hoch ist. Die Klangfarbe der Pfeifen hängt von ihrer Mensur, dem Verhältnis zwischen Pfeifenlänge und Pfeifendurchmesser, ab, und es gibt folglich Pfeifen mit weiter, mittlerer oder enger Mensur. Doch sind für die Qualität des Klanges außerdem auch die Breite und Höhe des Labiums, die Stellung des Kernes, der Durchmesser des Pfeifenfußloches und der Luftdruck von größter Wichtigkeit. Hier beginnt die Arbeit des Intonateurs, der jedem Register Charakter und Persönlichkeit verleiht.

Pfeifenkörper ruht auf dem Fuß, durch den die Luft von der Windlade her einströmt. Dazwischen liegt das Labium mit dem Ober- und Unterlabium (das zur besseren Ansprache der Pfeife manchmal mit Bärten versehen ist), mit dem Kern, einer zwischen Fuß und Körper befindlichen Metall- oder Holzplatte, und der Kernspalte, dem freien Raum zwischen Kern und Unterlabium.

Der durch das Fußloch eingeführte und durch die Kernspalte zwischen dem Kern und der oberen Kante des Unterlabiums hindurchgepreßte Wind prallt auf das Oberlabium und versetzt somit die im Pfeifenkörper enthaltene Luft in Schwingungen, deren Anzahl (und damit die Ton-

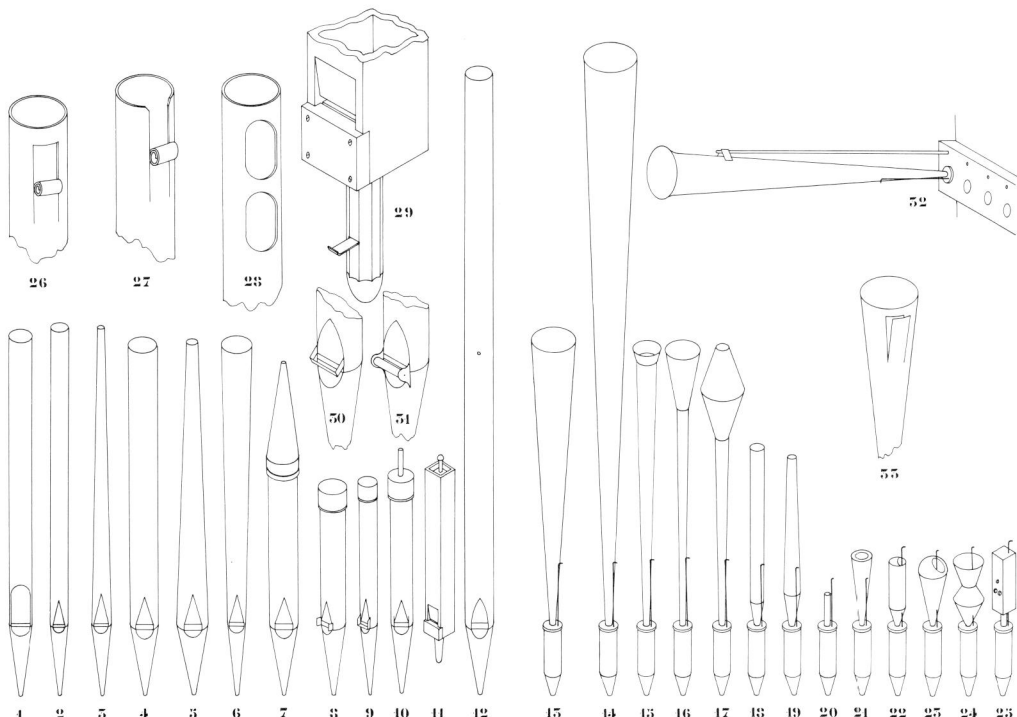

Fig. 11 Lippenpfeifen
1 Principal – 2 Gambe – 3 konische Gambe – 4 Flöte – 5 Spitzflöte – 6 Trichterflöte – 7 Koppelflöte – 8 Gedackt – 9 Quintatön – 10 Rohrflöte – 11 Holzgedackt – 12 Flûte harmonique (überblasende Flöte)
Stimmvorrichtungen
26 Expressionsschlitz – 27 Stimmrolle (heute vorwiegend verwendet)
Die Zeichnungen 1 bis 6 zeigen Pfeifen, die auf Ton geschnitten sind, das heißt, sie verfügen über keine besonderen Vorrichtungen zum Stimmen. Das Stimmen erfolgt vielmehr durch ein spezielles Werkzeug, das Stimmhorn, mit dem der Metallrand der Pfeifenmündung entweder zur Erhöhung des Tones etwas nach außen gebogen oder zur Vertiefung des Tones etwas nach innen gebogen wird.
28 In die Rückseite von Prospektpfeifen werden oft runde Öffnungen eingeschnitten, wenn diese Pfeifen aus optischen Gründen länger sein sollen, als es ihrer Tonhöhe entsprechen würde –
29 Vorrichtung zur Regulierung des Winddurchflusses im Fuß einer Holzpfeife – 30, 31 Zwei Arten von Pfeifenbärten

Fig. 12 Zungenpfeifen
13 Trompete – 14 Trompette harmonique (überblasende Trompete) – 15 Schalmey – 16 Oboe – 17 Englischhorn – 18 Krummhorn – 19 Musette – 20 Regal – 21 Trompetenregal – 22 Vox humana – 23 Vox humana – 24 Bärpfeife – 25 Rankett – 32 Horizontaltrompete am Äußeren des Gehäuses, auch Chamadetrompete genannt – 33 Aufsatz oder Schallbecher mit Intonierschlitz

Die Grundregister

Die Grundstimmen sind, wie ihr Name verdeutlicht, das Fundament des Instruments. Wir unterscheiden vier Familien: die Prinzipale, die Flöten, die Gedackten und schließlich die jüngeren Gamben.

Die Prinzipale sind offene Pfeifen mittlerer Mensur mit großem Labium, die das Klanggebäude der Orgel stützen (die allgemeine Stimmung der Orgel basiert auf dem Prinzipal 4′, da dieser, wie Dom Bédos aus Celles schreibt, »in seinem Umfang die Mitte zwischen den tiefsten Tönen der größten Register und den höchsten Tönen der kleinsten Register einnimmt«). Die Prinzipale stellen den wesentlichsten Bestandteil des Orgelplenums dar: 32′ (meistens im Pedal), 16′, 8′, 4′ (Oktave) und 2′ (Superoktave).

Die Flöten sind offene Pfeifen großer Mensur und wie die Prinzipale in allen Oktaven vom 32′ bis zum ½′ disponiert. Ihre Pfeifenkörper sind grundsätzlich zylindrisch und auf Länge geschnitten, doch bilden die konische Flöte mit ihrem viel klareren Ton und die Harmonie- (Flûte harmonique) oder Oktavflöte (Flûte octaviante) mit ihrem mächtigeren Klang eine Ausnahme. Die Pfeifen des letztgenannten Registers weisen in der Mitte ihrer Länge stets eine Bohrung auf: Diese bedingt eine Verdoppelung der schwingenden Luftsäule, indem die Hauptsäule (vom Labium bis zum Loch) eine zweite Luftsäule (vom Loch bis zur Pfeifenmündung) in Bewegung setzt, die analog schwingt und den Ton der Pfeife verstärkt.

Gedeckte Pfeifen von weiter Mensur, die Gedackten, die entgegen ihrer wirklichen Länge eine Oktave tiefer klingen, gibt es vom 32′ bis zum 2′; sie haben besondere Namen wie zum Beispiel Nachthorn oder, wenn sie im Pedal disponiert sind, Subbaß (16′). Erwähnt sei auch das Register Quintatön (16′, 8′, manchmal 4′) von engerer Mensur, bei dem zum Grundton auch deutlich der dritte Oberton, die Quinte, zu hören ist.

Die Rohrgedackten (oder Rohrflöten) haben, wie bereits erwähnt, ein kurzes Röhrchen in ihrem Hut, das ihnen einen klareren Klang verleiht. Je größer der Durchmesser dieses Röhrchens ist, desto mehr gleicht der Klang solcher Register dem einer offenen Flöte.

Die Gamben – offene Pfeifen von enger Mensur – erinnern an den Klang von Streichern und wurden deshalb Viola da Gamba, Violine, Viola, Violoncello, Violone, Kontrabaß oder Violonbaß genannt. Sie sollten im 19. Jahrhundert das Orchester imitieren, weshalb man ihre Klangkraft durch eine Verstärkung des Winddruckes zu vergrößern suchte. Da dies jedoch die gute Ansprache dieser Register beeinträchtigte, versah man die Pfeifen manchmal mit Streichbärten – dünnen Plättchen oder Rollen aus Metall –, die vor dem Labium angefügt wurden und eine bessere Ansprache gewährleisteten. Die Gambenstimmen zu 16′, 8′ oder 4′ haben eine zylindrische oder konische Form. Es gibt kräftige und auch weiche Gamben wie das Salicional, Cor de Chamois, Dolce oder Dulciane. Von größtem Eindruck sind die schwebenden Stimmen wie Vox coelestis und Unda Maris, die etwas über der üblichen Stimmhöhe stehen und beim Zusammenspiel mit Gambenregistern einen dem Vibrato von Saiteninstrumenten vergleichbaren leicht schwebenden Klang hervorbringen.

Die Obertöne

Pfeifenreihen, die bestimmte Obertöne zum Erklingen bringen, werden (mit Ausnahme der Oktaven 4′, 2′ und 1′) gewöhnlich Aliquotstimmen genannt. In der Tat besteht jeder durch einen schwingenden Klangkörper erzeugte Ton aus mehreren Teiltönen verschiedener Frequenz, wobei der tiefste, am deutlichsten hörbare Ton Grundton und die höheren, weniger leicht wahrnehmbaren Töne Obertöne genannt

Fig. 13 Darstellung der wichtigsten Mixtur-Repetitionen
Profile von Pfeifenreihen auf der Windlade und die diesen Pfeifenreihen entsprechenden Diagramme

A Progressiv abnehmende Repetition

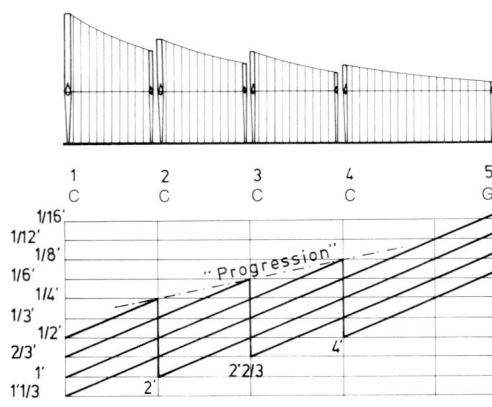

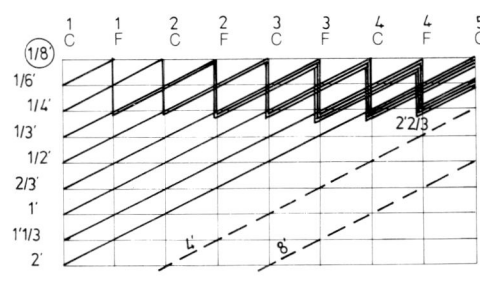

Diagramm aller Reihen des Ripieno der klassisch-italienischen Orgel. Zu Beginn (C) messen die einzelnen Pfeifenreihen jeweils 8', 4', 2', 1 ⅓', 1' usw. Erreicht eine Pfeife jeder Reihe die Höhe von ⅛', so erklingt die folgende Pfeife eine Oktave tiefer, ein Vorgang, der sich mehrmals wiederholen kann (Parallelrepetition).

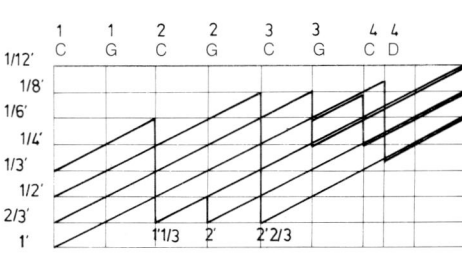

Diagramm der Mixtur (Scharff) des Rückpositivs der Orgel in Cappel, erbaut 1680 von Arp Schnitger. In dieser progressiv-abnehmenden Aufstellung besteht eine merkliche Asymmetrie zwischen dem Baß der Klaviatur (4fach) und dem Diskant, in dem der Klang durch das Vorhandensein von sechs Reihen und zahlreichen Verdoppelungen verstärkt wird.

B Parallelrepetition (Mixtur 4fach nach Dom Bédos)

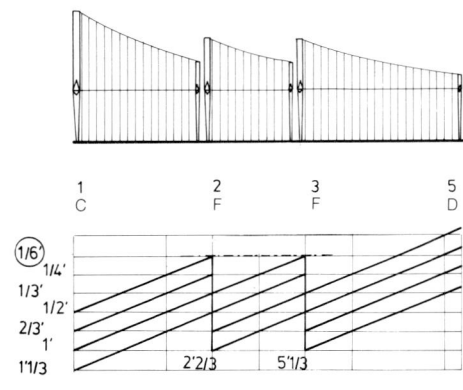

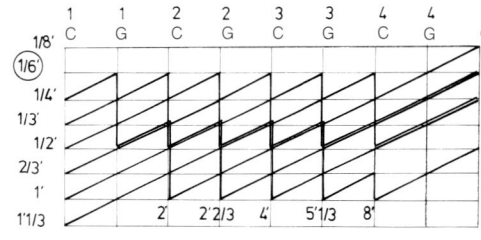

Diagramm des Plein-Jeu (Fourniture IV und Cymbale III) des Hauptmanuals der Orgel in Marmoutier (Maursmünster), erbaut 1709–1710 von Andreas Silbermann. In diesem parallel-repetierenden System, das dem italienischen Ripieno verwandt ist, erklingen in allen Reihen die Repetitionen zweimal pro Oktave, wobei die obere Grenze bei ⅙' liegt.

C Parallelrepetition (Cymbale 3fach nach Dom Bédos) mit eng aufeinanderfolgenden Repetitionen

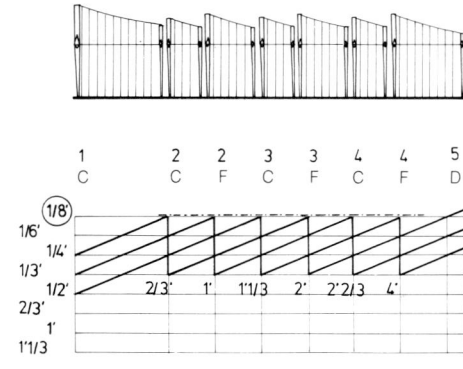

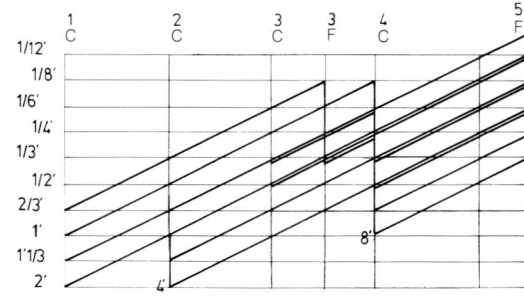

Diagramm eines Ensembles progressiv abnehmender Mixturen (Kathedrale Notre-Dame in Paris, erbaut 1868 von Aristide Cavaillé-Coll). Das Prinzip entspricht dem Schnitgers in Cappel, ist hier aber bei weitem umfassender (4fach im Baß, 9fach im Diskant der Klaviatur).

werden. Das menschliche Ohr vollzieht die Synthese dieser verschiedenen Töne, deren Zahl und jeweilige Intensität den Klang des Grundtones bestimmen.

Das nebenstehende Beispiel zeigt die Obertöne des Tones C, also der tiefsten Pfeife eines offenen 8'-Registers:

Die Töne drei, fünf, sechs und sieben verleihen dem Grundton eine besonders kräftige Klangfarbe.

Bei der Orgel zog man aus diesem akustischen Phänomen reichen Nutzen, da der Orgelbauer beim Bau einer Pfeife nicht nur geschickt die Aussendung der Obertöne dosieren, sondern auch Register schaffen kann, die für sich selbst Obertöne anderer Register sind.

Die Frequenz eines Obertones hängt von der des Grundtones ab: Um sie bestimmen zu können, muß man die Zahl der Schwingungen des Grundtones mit der Ordnungszahl des betreffenden Obertones (siehe obiges Notenbeispiel) multiplizieren. Als Grundton der folgenden Beispiele wurde eine 8'-Pfeife von voller Länge angenommen:

Der Pfeifenkörper des zweiten Obertones ist nur halb so lang wie der eines 8'-Registers, also 4'. Er klingt in der Oktav des 8'.

Der Pfeifenkörper des dritten Obertones ist ein Drittel so lang wie der eines 8'-Registers, also $2\frac{2}{3}$'. Er klingt in der reinen Quint zum vorhergegangenen.

Der vierte Oberton (2') klingt in der reinen Quart zum vorhergegangenen oder in der Oktave zum zweiten Oberton.

Der fünfte Oberton ($1\frac{3}{5}$') klingt in der großen Terz zum vorhergegangenen.

Der sechste Oberton ($1\frac{1}{3}$') klingt in der reinen Quinte zum vierten Oberton und in der Oktave zum dritten Oberton, während der siebte Oberton ($1\frac{1}{7}$') in der kleinen Septime und der neunte Oberton ($\frac{8}{9}$') in der großen None zum vierten Oberton erklingt.

Die gemischten Stimmen

Die Organisten pflegen die Lippenpfeifen ihrer Instrumente (die Prinzipale, Flöten, Gedackten und Gamben von 32', 16', 8' und manchmal 4') Grundregister und die in Quinten, Terzen, Septimen oder Nonen klingenden Stimmen Aliquotregister zu nennen. Diese Art, das klangliche Material der Orgel zu betrachten, ist ein Erbe des 19. Jahrhunderts, das die tiefen Register (von 32' bis zu 4') begünstigte und die hohen Register, insbesondere die Aliquot-

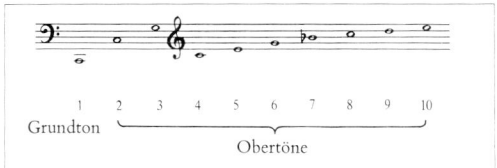

stimmen und auch die Mixturen, als nebensächlich oder sogar als »barbarisch« beurteilte.

Das Mittelalter und in einem großen Ausmaß auch die Renaissance und das Barock verstanden dagegen den klanglichen Bereich der Orgel vom tiefsten bis zum höchsten Ton als homogene Einheit. Dabei unterschied man vorzugsweise nach einzelnen Registerfamilien, wie der Gesamtheit der Prinzipale, der Flöten- und der Zungenregister. Nach dieser vertikalen Konzeption, die im Wesen der Orgel selbst begründet liegt, werden erneut die Instrumente unserer Zeit gebaut.

Das Plenum

Das Plenum oder Pleno (Mixtur-Plenum, französisch: Plein-Jeu, italienisch: ripieno, spanisch: lleno) besteht in allen Manualen und im Pedal aus dem Ensemble aller Prinzipale von der tiefsten bis zur höchsten Pfeife (von 32' bis etwa zu $\frac{1}{12}$'), dem oft die Bourdonregister zu 32', 16' und 8' hinzugefügt werden, um die Grundtöne zu verstärken oder fehlende offene Stimmen zu ersetzen.

Der Begriff Plenum verdeutlicht sehr gut, daß diese Registermischung einerseits einen vollen Klang ergeben, andererseits aber auch die Klangpyramide und den vorhandenen akustischen Raum erfüllen soll. Dieses Plenum ist zwar eine kühne Schöpfung, doch hinsichtlich der Naturgesetze der Akustik zum Teil gekünstelt, da hier nicht nur Obertöne zum Erklingen gebracht werden, die einen bestimmten Ton zum Grundton erheben; darüber hinaus sind auch viel höhere Klänge miteinbezogen, die im ganzen gesehen die Obertöne von selbst bereits zu den Obertönen zählenden Oktavregistern sind.

Das allgemeine Prinzip des Plenums besteht darin, mit den Grundtönen eine gewisse variable Zahl von Oktaven, Quinten und manchmal Terzen zum Erklingen zu bringen, indem man diese in allen Tonhöhen einer oder mehrerer Klaviaturen in einer für das Ohr angenehmen Weise registriert. Sind die höchsten Register im Baß der Klaviaturen von ausgezeichneter

Wirkung, so gehen sie im Diskant in ein unerträgliches Kreischen über, zu dessen Vermeidung Repetitionen gebaut werden: Erreicht eine einzelne oder mehrchörige Pfeifenreihe eine bestimmte, nach verschiedenen Gesetzmäßigkeiten festgelegte Höhe, so wird ihr Fortschreiten unterbrochen, und sie springt entweder in die untere Oktave oder bei Oktavreihen, die zu Quinten werden, in die untere Quart und bei Quintreihen, die zu Oktaven werden, in die untere Quinte zurück. Beim Besichtigen des Pfeifenwerkes einer Orgel kann man diese sägeförmig aufgestellten Pfeifen – die kleinsten des Instruments – sehr deutlich erkennen.

Die Klangkronen des Plenums können auf zweierlei Art aufgebaut sein: Sie beginnen mit den tiefsten Obertonreihen fortschreitend bis zur Höhe mit nur wenigen oder gar keinen Repetitionen, oder sie bestehen in allen Bereichen der Klaviatur aus übereinandergelagerten Obertönen, die in ihrer absoluten Höhe betrachtet werden. In der Tiefe der Klaviatur erklingen somit – im Gegensatz zum fortschreitenden System – die höchsten Reihen, die, wenn sie eine als Begrenzung festgelegte Höhe (eine imaginäre horizontale Linie) erreichen, durch die Repetition zum Diskant hin allmählich – im Vergleich zu den Grundtönen – in sehr tiefe Obertöne umgewandelt werden. In beiden Systemen gibt es, vor allem in der oberen Hälfte der Klaviatur, in der die Pfeifenzahl pro Taste häufig vermehrt wird, doppelte oder dreifach geführte Chöre.

Die das Plenum bildenden Register sind gewöhnlich bis zum 1' einzeln disponiert und dann in mehrchörigen Stimmen zusammengefaßt, die heutzutage allgemein als Mixturen bezeichnet werden.

Zu allen Zeiten setzten die Orgelbauer für die Zusammensetzung der Mixturen große Phantasie ein. Es gibt, vor allem in Nord-Europa und in Spanien, terzhaltige Mixturen, Mixturen, die sich nur aus Oktaven ohne Quinten zusammensetzen (beispielsweise die iberischen sobre-cimbalas), und sogar Gamben- (Harmonia aethera) und Zungenmixturen. Wegen ihrer Kuriosität seien noch die Zimbeln gewisser polnischer, spanischer oder mexikanischer Barockorgeln erwähnt, deren kleinste Pfeifen nicht gestimmt sind und nur ein überraschendes metallisches Zischen erzeugen.

Das Plenum ist sicherlich das charakteristischste Element in der Klangwelt der Orgel. Mit seinem prunkvollen und schillernden, zugleich aber majestätischen und leuchtenden Klang wirkt es auf das Ohr wie die Vergoldung des Orgelgehäuses auf das Auge. »Nach dem Urteil aller wahren Orgelkenner und Kunstfreunde ist und bleibt das schönste der aus einer proportionierten Mischung von Grundstimmen und Mixturen sich ergebende Orgelklang: das Plein-Jeu« (Dom Bédos).

Die Aliquotregister

Die Aliquotregister, vorwiegend gedeckte Bourdonstimmen, verstärken einzelne Obertöne der Grundregister, mit denen sie zu neuen synthetischen Klangfarben verschmelzen. Sie weisen keine Repetitionen auf und sind somit wie die Grundstimmen fortschreitend auf der Windlade angeordnet. Die am häufigsten vorkommende Aliquotstimme ist die des dritten Obertones mit einer Höhe von 2 ⅔′ auf 8′-Basis (Nasat), von 5 ⅓′ auf 16′-Basis (Groß-Nasat) und von 10 ⅔′ auf 32′-Basis (Quinte). Auch der sechste Oberton, der im Verhältnis zu einer 8′-Grundstimme eine Höhe von 1 ⅓′ aufweist (Larigot), ist sehr häufig. Bemerkenswert ist zudem, daß eine zum 16′ hinzugefügte Quinte den akustischen Klang eines 32′-Registers vortäuscht. Das französische Register Quarte de Nasard ist die 2′-Flöte in der Zusammensetzung des Kornetts, während die Terzflöte, der fünfte Oberton, in mehreren Orgeltypen, vor allem aber in der klassisch-französischen Orgel, zu finden ist; sie wurde hier von den Orgelbauern vielgestaltig, auf 8′-Basis (Tierce 1 ⅗′) oder auf 16′-Basis (Grosse Tierce 3 ⅕′), disponiert. Darüber hinaus findet man aber auch Terzen auf 32′-Basis (6 ⅖′) oder sogar 4′-Basis (⅘′). Registriert werden die Terzregister zu 8′-, 4′- und 2′- (eventuell auch 16′-) Grundstimmen fast immer zusammen mit den Nasat- und auch Larigotstimmen.

Terzen sind auch im 5-fachen Kornettregister enthalten, dessen Luftzufuhr durch einen einzigen Registerzug geregelt wird. Es besteht aus einem gedeckten 8′, einem 4′, 2 ⅔′, 2′ und einem offenen 1 ⅗′ und ist für solistisches Spiel oder zur Verstärkung der Zungen im Diskant (obere Oktaven) bestimmt. Der Kornett beginnt gewöhnlich in der Mitte der Klaviatur, und seine Pfeifen (weit mensuriert) sind über den anderen Registern auf einer kleinen Windlade genau hinter der Orgelfassade aufgestellt. Dieser bevorzugte Platz gewährt dem Register, das wir nicht nur in der klassisch-französischen Orgel, sondern auch in der englischen, spanischen (sechs bis sieben Chöre einschließlich 1 ⅓′ und 1′), in der späten italienischen Orgel (mit manchmal verschiedener Zusammensetzung) und in den modernen Orgeln aller Arten vorfinden, eine besonders kräftige Abstrahlung.

Das Sesquialter ist wie der Kornett eine Aliquotbündelung, die sich aus einer Quinte oder einem Nasat zu 2 ⅔′ und einer Terz 1 ⅗′ zusammensetzt und sich ebenfalls zu solistischem Orgelspiel eignet. Auf der Grundlage eines gedeckten 8′-Registers spielt das Sesquialter eine dem Kornett vergleichbare Rolle, obwohl es im Vergleich zu diesem und auch zum Prinzipal von engerer Mensur ist. Dies trifft auch für den Terzian, eine Art Sesquialter, zu, dessen Quinte eine Höhe von 1 ⅓′ hat.

Die Septime, der siebte Oberton, scheint eine Erfindung der jüngeren Vergangenheit zu sein: Aristide Cavaillé-Coll disponierte in der Orgel von Notre-Dame in Paris (1868) mehrere Septimen, u.a. zu 4 ⁴⁄₇′ im Pedal.

Die None, der neunte Oberton, findet sich gelegentlich in einigen modernen Instrumenten.

Die Zungenpfeife

Eine Zungenpfeife besteht aus sieben Teilen. Ihr konisch geformter Stiefel enthält die Kehle, ein seitlich offenes Metall- oder Holzröhrchen; darauf ist eine Metallzunge befestigt, deren leicht gebogenes Ende gegen die Kehlenöffnung schwingt. Die Stimmung erfolgt durch die Stimmkrücke, ein kleines Gestänge aus gekrümmtem Metall, das senkrecht gegen die Zunge drückt und dessen oberer Teil aus dem Stiefel und der Nuß herausragt. Die Nuß – aus Blei oder Holz – umschließt Zunge und Stimmkrücke, wobei die Zunge mittels eines kleinen Keiles aus Holz in die Nuß festgeklemmt ist. Fehlt noch der unterschiedlich formbare Pfeifenkörper, der Aufsatz oder Schallbecher genannt wird.

Der Spielwind strömt durch das Stiefelloch ein und entweicht durch die Kehlenöffnung. Dabei wird die Metallzunge durch ein Verschließen der Kehlenöffnung und das Zurückfedern in ihre Ruhestellung in Schwingung versetzt. Dieses sich wiederholende Phänomen, das so lange andauert, als Luft durch das Stiefelloch einströmt, erzeugt eine Anzahl von Schwingungen, die der Frequenz eines Tones entsprechen. Verstärkt wird dieser Ton durch den Schallbecher, einen einfachen Reso-nanzkörper, dessen Gestaltung die Qualität und die Klangfarbe des Tones beeinflußt. Da bei dieser Art der Tonerzeugung die Zunge auf die Kehle schlägt, spricht man von einer aufschlagenden Zunge. Die Kehle der »anche à larme« genannten Zunge ist mit einer Metallplatte belegt, die von einer von unten nach oben jünger werdenden länglichen Öffnung durchbohrt ist. Sie bietet den Vorteil eines runden Tones, der jedoch weniger Obertöne aufweist und deshalb weniger strahlend ist.

In freischwingenden oder durchschlagenden Zungenpfeifen schwingt die Zunge zwischen den Kehlenrändern hindurch. Sie wurden außer beim Harmonium- oder Akkordeonbau auch für Orgeln des 19. Jahrhunderts verwendet (Euphone, Cor d'harmonie usw.), erzeugten jedoch einen weichlichen Ton. Um den Klang gewisser Zungenstimmen zu dämpfen, bedeckten manche Orgelbauer die Zunge oder das Zungenblatt mit Leder.

Gestimmt wird die Zungenpfeife durch die Stimmkrücke, mit der die Zahl der Schwingungen des Zungenblattes verändert werden kann, indem man den Metallstift hinauf- oder herunterschiebt und somit den schwingenden Teil der Zunge verlängert oder verkürzt.

Die Familie der Zungenstimmen teilt man in zwei Gruppen ein, die nicht nur durch die Konstruktion, sondern auch allgemeiner durch die Funktion im Klanggefüge des Instruments unterschieden werden.

Die erste Gruppe umfaßt vor allem die Familie oder Batterie der Trompeten (Zungenregister von realer Länge), deren trichterförmige Schallbecher von normaler Länge in einem bestimmten Verhältnis zur Höhe des erzeugten Tones stehen. Diese Länge kann manchmal verdoppelt werden; man spricht dann von überblasenden Trompeten, deren Ton ein größeres Volumen und eine größere Intensität besitzt. Diese Register, die sich sowohl für das Tutti als auch für solistische Passagen eignen, bilden eine Familie von beeindruckender Klangkraft: Bombarde 32′ (im Pedal), Bombarde 16′ (meistens im Pedal, in großen Instrumenten auch in den Manualen), Trompete 8′ und schließlich Clarine 4′, deren oberste Oktave manchmal repetiert oder durch Grundstimmen ersetzt ist, da in dieser Stimmlage die kleinsten Pfeifen zu schwierig zu bauen sind und nur schwer ansprechen. In Ausnahmefällen kann die Zungenbatterie mit Registern, die in der Quinte zur gespielten Note klingen,

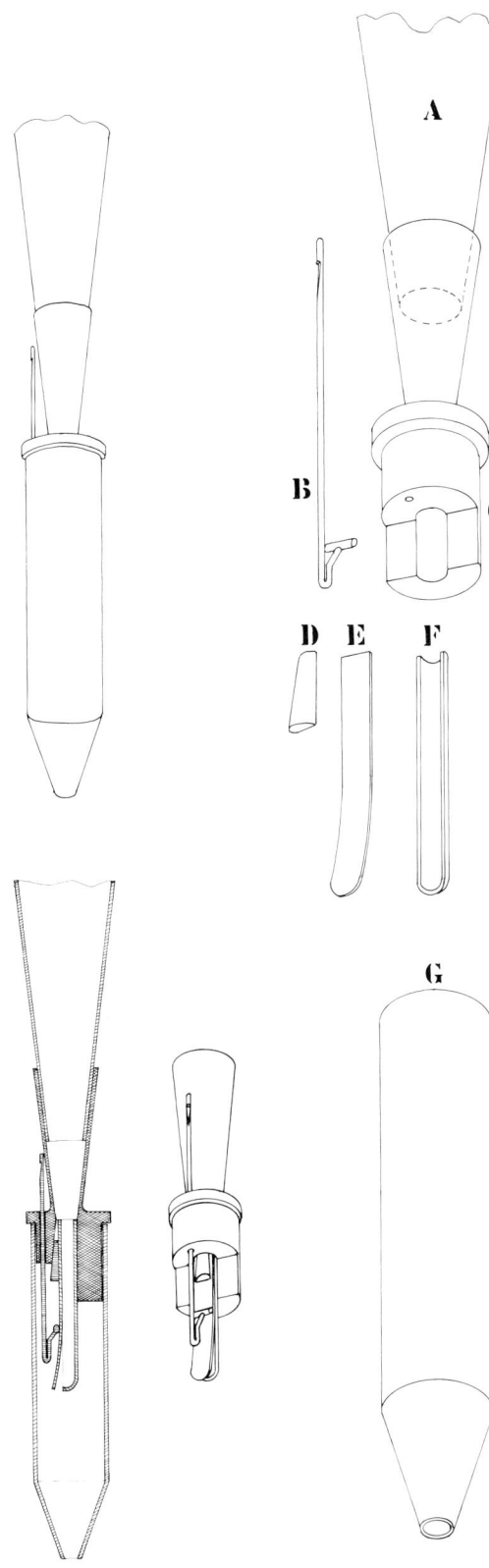

versehen sein. Bei den horizontalen oder Spanischen Trompeten, die nach einem im 19. Jahrhundert durch Aristide Cavaillé-Coll erfundenen Terminus auch Chamade-Register genannt werden, handelt es sich um horizontal an den Orgelprospekt angefügte Zungenstimmen. Sie sind für iberische Instrumente charakteristisch, wo ihnen ihre kunstvolle Anordnung (8′, 4′, 2′ in der linken Hand und 16′, 8′ in der rechten Hand mit einigen Überlappungen und Ausnahmen) die Funktion einer Zungen-Mixtur verleiht, deren Basis – wie bisher nur wenige moderne Orgelbauer erkannt haben – die im Gehäuse disponierte Trompete 8′ ist.

Zu dieser Zungenfamilie mit abgestimmten Schallbecherlängen zählt auch die Oboe 8′, die vor allem solistisch gespielt wird. Andere Register dieser Art wie Chalumeau (Schalmey) oder Cor anglais mit vorwiegend zylindrischen oder leicht konischen Schallbechern (das Register Cor anglais verfügt wie die Oboe über einen großen trichterförmigen Schallbecher von nur geringer Höhe) wurden im Laufe des 19. Jahrhunderts erfunden.

Die zweite Zungenfamilie bilden kurzbechrige Zungen verschiedener Formen, die grundsätzlich eine rein solistische Funktion erfüllen. Ihre Klänge sind »akustisch«, da die Höhe des erzeugten Tones nicht der geringen Länge ihrer Schallbecher entspricht. Der Pfeifenkörper der Register Krummhorn und Klarinette zum Beispiel ist immer nur halb so lang wie normal, während die unzähligen Arten von Regalen oder Vox humanas noch kürzere Körper haben können.

Formen und Materialien

Bei der Besprechung der Register zeigte sich bereits, daß die Formen der Pfeifen und die bei ihrer Herstellung verwendeten Materialien sehr vielfältig sind. Diese Verschiedenheit, die auf dem Einfallsreichtum der Orgelbauer beruht, beeinflußt sowohl den Klang als auch den Charakter der Pfeifen.

Die Metallpfeifen sind entweder zylindrisch oder konisch geformt. Zylindrische Pfeifenkörper können offen, gedeckt durch einen Metallhut, der manchmal von einem Röhrchen bekrönt wird, verlängert durch einen offenen Kegel oder in der Mitte ihrer Länge von einem oder mehreren Löchern durchbohrt sein, während konische Pfeifen sich von unten nach oben verjüngen oder im Gegenteil sich von unten nach

oben ausweiten können, wie es zum Beispiel bei den meisten Registern der Zungenfamilie der Fall ist. Es ist dies eine Familie mit sehr verschiedenen Bauformen, deren konische oder zylindrische Schallbecher teilweise kegelförmige Aufsätze haben. Konische Pfeifen können dagegen umgekehrt zur Bauform des Pfeifenkörpers oder in derselben Ausrichtung wie dieser von einem Kegel, einem doppelten Kegel oder einfach einem Hut bekrönt sein. Bei weitem am vielfältigsten sind die Formen der Zungenfamilie: doppelt konisch, zylindrisch gekrümmt, kugelförmig, kugelförmig durchlocht usw.

Die Holzpfeifen haben weniger verschiedene Bauformen als die Metallpfeifen: Sie sind quadratisch oder rechteckig, offen oder gedeckt. Die Wißbegierde und die Fähigkeit der Orgelbauer des 19. und 20. Jahrhunderts haben alle nur denkbaren Formen an Holzpfeifen hervorgebracht, die heute jedoch zum Großteil wieder vergessen sind. Holz kann für den Bau der Klangkörper tiefer Zungenregister (Bombarde, Trompete, Basson) verwendet werden, außerdem nach allgemeinem Brauch für den Bau großer Pfeifen, da Metall für kleinere Pfeifen leichter zu verarbeiten ist. Berühmte Ausnahmen sind zum Beispiel die Orgel des Schlosses von Frederiksborg (Esaias Compenius, 1610) und die Orgel der Silbernen Kapelle in Innsbruck (anonym, 1614), deren gesamtes Pfeifenwerk aus Holz gefertigt ist.

Abgesehen von den unzähligen Pfeifenformen gibt es auch eine überraschende Vielfalt an Materialien. Der Reichtum in diesem Bereich betrifft vor allem die Jahrhunderte von der Renaissance bis zum Spätbarock. Arnolt Schlick beschreibt beispielsweise in seinem »Spiegel der Orgelmacher und Organisten«, der 1511 in Mainz veröffentlicht wurde, Pfeifen aus Gold, Silber, Kupfer, Messing, Alabaster, Glas, Ton oder geleimtem Papier. In der Provence und in Spanien sind alte Instrumente erhalten, deren Trompetenpfeifen aus Eisenblech gefertigt sind, während Dom Bédos in der zweiten Hälfte des 18. Jahrhunderts auf das Vorhandensein von Pfeifen mit Elfenbeinlabien hinwies. Überdies verarbeitete man seit dem Ende des Mittelalters nördlich der Alpen verschiedenste Holzarten: Eiche, Tannenholz, Mahagoni, Birnbaum, Kirschbaum, Zeder, Ahorn, Kiefer oder Nußbaum.

Heutzutage beschränken sich die Materialien im Orgelbau meist auf einige ausgewählte Holzarten und Metalle. Die zeit-

Fig. 14 Vorderansicht, Querschnitt und Aufriß einer Zungenpfeife
A Aufsatz oder Schallbecher – B Stimmkrücke – C Kopf oder Fuß – D Keil – E Zunge – F Kehle – G Stiefel

genössischen Orgelbauer verarbeiten vor allem das für Holzpfeifen bestens geeignete Eichenholz, das laut Dom Bédos »sehr trocken, sehr schön und vor allem ohne Äste, ohne Splint und ohne Sprünge« ausgewählt werden muß, sowie – aus finanziellen Gründen – auch Tannenholz oder andere preiswertere Hölzer. Metallpfeifen aus fast reinem Zinn (vor allem im Prospekt bis 90 %), aus Probezinn (einer Legierung mit 60 bis 85 % Zinngehalt), Naturguß (52 % Zinn mit charakteristisch gemaserter Oberfläche) oder einer Legierung aus Blei und weniger als 40 % Zinn. Eine Legierung mit großem Zinngehalt (75 %) ergibt einen wunderbar klaren Klang, während ein zu hoher Bleianteil zu einem stumpfen Klang führt. Darüber hinaus verwenden manche Orgelbauer der klanglichen und optischen Schönheit wegen für einige Stimmen Kupfer (Prospektpfeifen, horizontale Register, Regale) und andere für den Bau großer Pfeifen leider auch Zink, ein Metall von nur dumpfer Klangkraft.

Die Wahl der Materialien hängt also auf der einen Seite von dem durch den Orgelbauer erwünschten Klangcharakter des zu bauenden Instruments, auf der anderen Seite aber auch von klimatischen Bedingungen und von den verfügbaren Geldmitteln ab.

Die Registerbezeichnungen

Das dem Pfeifenwerk der Orgel gewidmete Kapitel können wir nicht abschließen, ohne die verschiedenen Registerbezeichnungen zu erwähnen; sie stehen über, unter, neben oder auf den Registerzügen oder auf kleinen, synthetisch hergestellten Registerwippen, die durch ihre Farbe (weiß, rot, gelb, blau oder grün) unterschieden werden.

Einige Stimmen geben sich mit einer einfachen Bezeichnung zufrieden, die ihre Beschaffenheit oder Persönlichkeit widerspiegelt: Prinzipal, Flöte, Bourdon und Gambe. Andere tragen einen Namen, der sofort ihren Platz in der Harmonie anzeigt – Septime, None, Duodezim – doch stellen sie in ihrer Unauffälligkeit nur eine Minderheit dar. Recht bescheiden sind noch Attribute wie lieblich (amabile), verliebt (d'amore) oder sanft (dolce), während sich andere Register viel imposantere Bezeichnungen zu eigen machen: kaiserlich, königlich, militärisch oder orchestral. Daneben gibt es Stimmen, die als himmlisch, ätherisch oder wunderbar (mirabilis)

erscheinen oder die ihre Herkunft nennen: Ägyptisch Horn, Englisch Horn, Französisch Horn, Wienerflöte, Schweizer Trompete, Spanische Trompete usw. Beliebt sind auch Spitznamen, mit denen man vor allem in Spanien phantasievolle Klanggestalten ausstattete: So wurden beispielsweise 8′-Regale als Viejas (Altweibergesang), Viejos (Greisengesang) oder sogar Gorrinitos (Ferkelgegrunze) bezeichnet.

Andere bescheidenere Pfeifenreihen informieren lediglich über Material, Form oder den Klang, den sie zu imitieren suchen: Holzflöte, Holzregal, konische Flöte, Harmonieflöte, Offenflöte, Dreieckflöte oder Bartgambe.

Die meisten Register heißen nach traditionellen Instrumenten, denen ihr Klang nachempfunden ist: Mundflöte, Bombarde, Kornett, Krummhorn, Zymbel, Galoubet, Gemshorn, Oboe, Regal, Serpent, Trompete, Viola da Gamba, Querflöte, Horn, Violine, Violoncello, Klarinette, Ophicléide, Saxophon oder Harmonika.

Auch der ländliche und landwirtschaftliche Bereich ist vertreten mit Apfelregal, Bärpfeife, Bauernflöte, Baumflöte, Campana, Carillon, Nachthorn, Kuckuck, Feldflöte, Fistula rurestris, Hunting Horn, Nachtigall und Waldflöte. Schließlich die »Sonderlinge« des Pfeifenwerkes, die zum Großteil im 19. Jahrhundert geschaffen wurden und mit ihren schreckerregenden Namen an brueghelsche Alpträume erinnern: Conoclyte, Cornopéan, Dermogloste, Euphone, Herkelphone, Magnaton, Mélophone, Kéraulophone, Philomèle, Phoneuma, Terpomèle.

Bestimmte Erfindungen sollen die verschiedensten Geräusche nachahmen: Vogelgesang, Tiergeschrei, Natur- und Kriegsgeräusche, den Gesang der Nachtigall (erzeugt durch in ein mit Wasser gefülltes Behältnis gerichtete Pfeifen, deren Wind durch die entstehenden Blasen das Zwitschern imitiert), Hundegebell, das Brummen von Bären oder das Geschrei eines Esels (mit Hilfe verstimmter Pfeifen). Ein Gewitter entsteht durch einen Mechanismus (Holzstab), der die unteren Tasten des Pedals gleichzeitig niederdrückt, während das Prasseln des Regens durch kleine Ziegelsteine in einem sich bewegenden Metallbehältnis hervorgerufen wird. Weiter gibt es die Banda militare, die eine große Trommel mit Schallbecken verbindet, und den Trommelwirbel (Timpani), den zwei ungleich gestimmte Pfeifen erzeugen, schließlich den Chapeau chinois mit auf einen Triangel gesetzten

Glöckchen und den Zimbelstern, der die Glöckchen auf die Stange eines beweglichen Metallsternes verteilt.

Die Mechanik der Orgel

Für den Laien scheint die Orgel allein aus dem Gehäuse und den Prospektpfeifen zu bestehen: ein maximal schlichtes oder prunkvolles Kunstwerk, für dessen sichtbare Teile die Erbauer (Architekt, Kunsttischler, Orgelbauer) und auch die, die das Instrument finanzierten, die größte Sorgfalt aufwandten, so daß zu gewissen Zeiten die Gehäusegestaltung viel aufwendiger war als das eigentliche Instrument.

So beeindruckend das äußere Erscheinungsbild der Orgel auch sein mag, es handelt sich doch nur um einen bescheidenen Teil des Instruments, dessen wichtigste Elemente vor den Augen der Öffentlichkeit verborgen sind: das Balgsystem, das durch Druck die Luft erzeugt, die Windkanäle, die den Spielwind zu den Windladen leiten, wo er zu den einzelnen Pfeifen verteilt wird, und schließlich die Übertragungsteile, die die Klaviaturen und die Windladen miteinander verbinden.

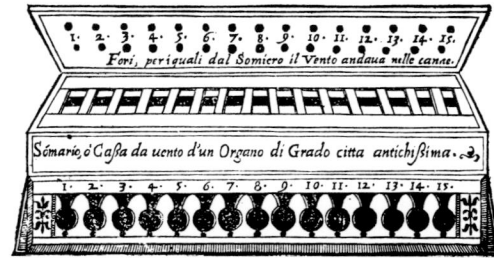

Fig. 15 Windlade und Klaviatur einer vor 1044 in Grado nahe Venedig erbauten Orgel mit zwei Registern und 15 Tasten (nach Zarlino, Supplementi musicali, Venedig 1588)

Die Balganlage und die Windversorgung

Als Windinstrument benötigt die Orgel eine ausreichende Menge an Luft, die von der Anzahl der im Instrument vorhandenen Pfeifen abhängt. So war in der Geschichte des Orgelbaus ein kontinuierlicher Luftstrom und ein konstanter Winddruck immer ein wesentliches Problem. Orgelbauer des 18. und 19. Jahrhunderts gaben in Dispositionsaufstellungen oft nicht nur die verschiedenen Register, sondern auch Zahl und Kapazität der Bälge an. Zahlreiche Instrumente verfügen noch

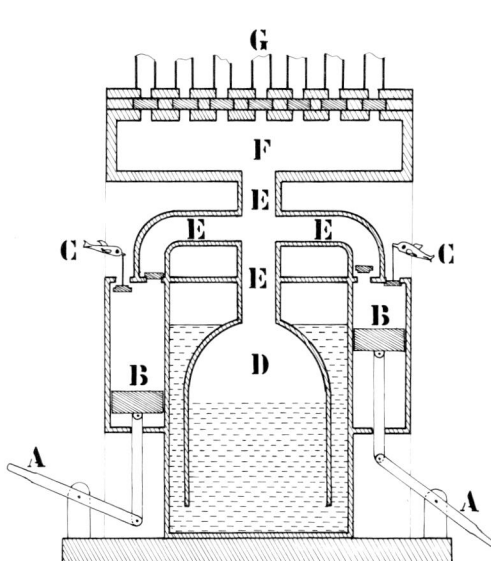

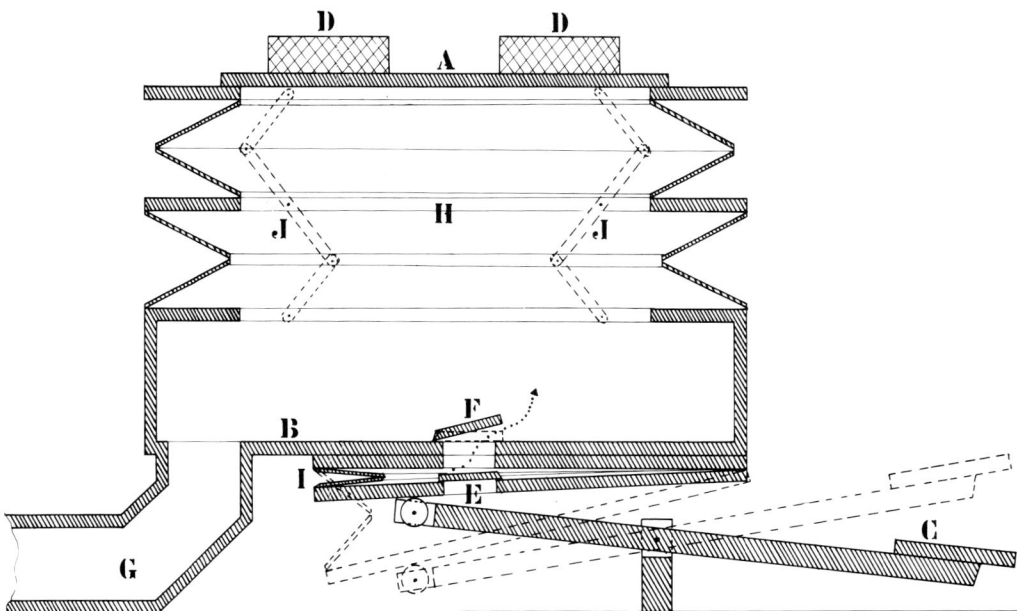

Fig. 16 Windsystem mit zwei Pumpen und hydraulischer Druckregulierung nach der Beschreibung von Vitruv, 1. Jh. v. Chr.
A Hebel zur Bedienung der Pumpen (vectis) – B Kolbenpumpen (fundi ambulatiles) – C Gegengewicht der Einlaßventile (cymbala) in Form von Delphinen (delphini) – D Glockenförmiges Luftreservoir (pnigeus), in dem die Luft durch den Druck des Wassers komprimiert wird – E Windleitungen (fistulae) – F Windlade – G Pfeifenwerk (organa)

Fig. 17 Schnitt durch ein Gebläse mit einem durch einen Trethebel zu betätigenden Keilbalg als Schöpfbalg und einem großen Magazinbalg
A Oberplatte – B Unterplatte – C Trethebel –

D Gewichte – E Einlaßventil oder Fangventil – F Ventil zwischen Schöpfbalg und Magazinbalg – G Hauptwindkanal – H Magazinbalg – I Schöpfbalg – J Scheren

heute über Bälge, die wie früher durch Hand oder Fuß betätigt werden müssen.

Die Entwicklung des Balgsystems

Die alte hydraulische Konzeption der Wasserorgel wurde im 2. Jahrhundert wohl wegen der komplexen Anlage des Systems von Ktesibios aufgegeben. Der neue Orgeltyp, für dessen Windversorgung Bälge verwendet wurden, die denen eines Schmiedes entsprachen, erlaubte es den Orgelbauern, die Instrumente mit einer größeren Zahl von Pfeifen auszustatten, für deren größeren Windverbrauch man nur Volumen und Zahl der Bälge erhöhen mußte.

Im Gegensatz zur Orgel des Ktesibios, deren zwei Pumpen abwechselnd die kontinuierliche Luftzufuhr zu den Pfeifen besorgten, besaß das erste abendländische Portativ keinen kontinuierlichen und regelmäßigen Winddruck, da es mit nur einem Balg versehen war, den der Organist mit der linken Hand betätigen mußte. Dieser Mangel wurde bald durch das Vermehren der Balgzahl behoben – eine bedeutende Entwicklung in der Geschichte der Orgelkunst –, doch bedurfte es nun der Hilfe eines oder mehrerer Kalkanten. Verschiedene Dokumente verdeutlichen diese Entwicklung. So besteht die Orgel im Manuskript von Sankt Blasien aus 15

Pfeifen und 12 Bälgen (eine symbolische Zahl, da 15 Pfeifen weniger Spielwind benötigen), während die Orgel der Kathedrale von Winchester (951) 26 Bälge hatte. Wie der Mönch Wulstan in einem Bischof Aelfeah gewidmeten Gedicht berichtet, arbeiteten an diesen Bälgen »70 schweißbedeckte Männer mit ihren Armen, einer den anderen anfeuernd, so starken Wind wie möglich zu machen«, was wohl ziemlich übertrieben sein dürfte. Die Orgel von Halberstadt (1361) hatte, wie Michael Praetorius überliefert, 20 Bälge, die 10 Kalkanten mit ihrem Körpergewicht bedienten.

Der ursprüngliche, meist etwas gerundete Balg bestand aus zwei mit Leder zusammengehaltenen Holzplatten. Da das Leder willkürliche Falten warf, war es schnell verschlissen. Dieser große Nachteil konnte erst nach zahlreichen Versuchen im 15. Jahrhundert mit der Erfindung des ein- oder mehrfaltigen Spanbalges beseitigt werden; hier besteht der gefaltete Teil aus dünnen Holzbrettern, die durch Scharniere aus Leder miteinander verbunden sind. Bevorzugten die deutschen Orgelbauer Bälge mit einwärtsgerichteten Falten, so entwickelten einige französische Orgelbauer Bälge mit auswärtsgehenden Falten.

Die Abbildung der Balganlage von Halberstadt zeigt uns Kalkanten, die die großen Bälge dieser Orgel mit Luft anfül-

Fig. 18 Wasserorgel: Doppelorgel mit zwei Organisten und vier Kalkanten. Die erstaunliche Darstellung ist wohl der Phantasie eines von der Beschreibung Vitruvs (De Architectura, X, 8) beeinflußten Künstlers entsprungen. Zeichnung aus dem Utrechter Psalter (9. Jh.), NL-Uu 32, folio 83r, Illustration des 149. Psalms (nach Buhle 1903)

Fig. 20 Auf Füße gestelltes Positiv, das noch die Form der römischen Wasserorgel hat, mit primitiven schlauchförmigen Bälgen. Zeichnung aus dem Stuttgarter Psalter (10. Jh.), folio 23 (nach Buhle 1903)

Fig. 19 Darstellung zweier Kalkanten in Tätigkeit. Die Kalkanten drücken abwechselnd mit ihrem ganzen Gewicht die Bälge nieder, deren Oberplatten sich durch Federn wieder automatisch aufrichten. Zeichnung aus einem Manuskript (12. Jh.), Cambridge, St. John's College, B. 18 (nach Buhle 1903)

len mußten. Trotz der Geschicklichkeit der Kalkanten war es jedoch sehr schwierig, einen regelmäßigen Luftdruck zu erzeugen, da ein druckausgleichendes Windmagazin fehlte. Die Arbeit wurde beträchtlich erleichtert, als man Gewichte auf den oberen Balgplatten befestigte, die die Bälge selbsttätig ausatmen ließen, doch mußte man noch bis zum Ende des 18. Jahrhunderts und bis zur Erfindung des Parallelbalges 1762 durch den Uhrmacher und Konstrukteur Alexander Cumming warten, bevor Balg und Reservoir voneinander getrennt wurden.

Bei dem Doppelfaltenbalg (eine Falte einwärts, die andere auswärts gerichtet) handelt es sich um ein rechteckiges Reservoir, das die Luft aus einem an seiner Unterseite befestigten Schöpfbalg (Keilbalg mit einwärtsgerichteter Falte) erhält; dabei wird der gleichmäßige Gang, um ein seitliches Kippen zu vermeiden, durch parallele Scheren aus Metall gesichert. Einen regelmäßigen Winddruck gewährleisten auf der Oberplatte des Balges angebrachte Gewichte.

Nach und nach erleichterten Hilfseinrichtungen wie Seilzüge über Rollen oder Schwungräder das Aufziehen der Bälge, so daß die Arbeit der Kalkanten erheblich erleichtert wurde, bis schließlich deren Funktion seit den letzten Jahren des 19. Jahr-

hunderts Motoren übernahmen. Die Entwicklung der mit Wasser, Petroleum, Gas, Heißluft oder komprimierter Luft betriebenen Motoren bis zu unseren heutigen Elektromotoren ging dabei schnell vonstatten.

Die moderne Balganlage

In den modernen Balgsystemen wird durch einen Ventilator, den ein Elektromotor von verschiedener Leistung (0,2–2 PS) betreibt, die notwendige Luft eingesogen und weitergetrieben. Sie muß dabei der unmittelbaren Umgebung des Pfeifenwerkes entnommen werden, da durch einen Temperaturunterschied zwischen dem in die Pfeifen gepreßten Spielwind und den Pfeifenkörpern selbst große Verstimmungen hervorgerufen werden, die das Instrument stark in Mitleidenschaft ziehen können. Im Idealfall treibt der Ventilator die Luft zuerst in einen Magazinbalg, wo sie gespeichert wird. Dieser große Magazinbalg, von quadratischer oder rechteckiger Form mit ein- und auswärts gerichteten Falten, besteht aus einer Unterplatte und einer durch die zugeführte Luft hochgetriebenen beweglichen Oberplatte, die – dank auf ihr befestigter Gewichte (Blei, Steine, Ziegelsteine) – im Innern des Luftreservoirs einen konstanten

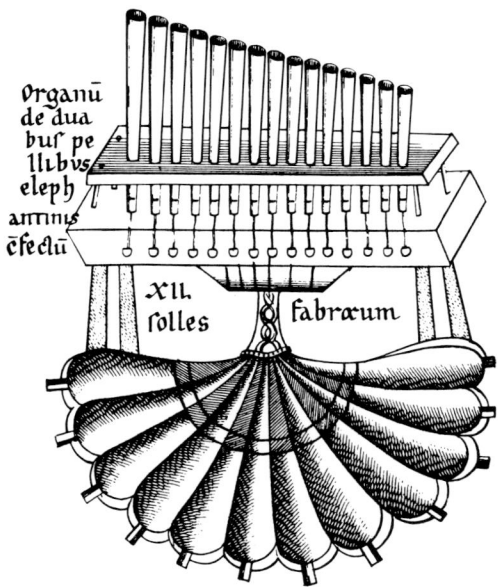

Fig. 21 Mittelalterliche Orgel mit zwölf Bälgen aus Elefantenhaut (nach Michael Gerbert, De cantu et musica sacra, St. Blasien 1744, Tafel 27)

Fig. 22 Arbeitsweise eines Keilbalgs nach französischer Art

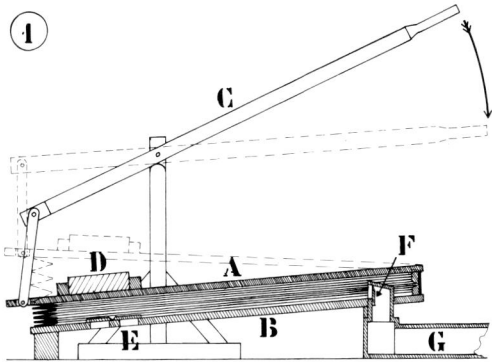

1 Der Balg in Ruhestellung
A Oberplatte – B Unterplatte – C Handhebel – D Gewicht – E Lufteinlaßventil – F Luftauslaßventil – G Hauptwindkanal

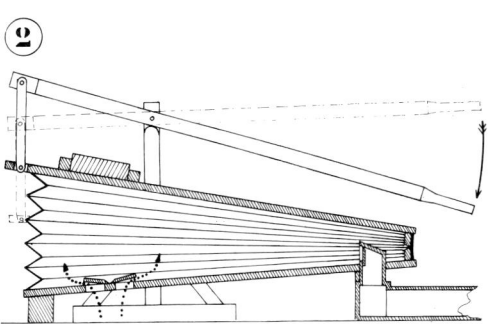

2 Der Balg nach dem Herabdrücken des Handhebels durch den Kalkanten: Die durch das Einlaßventil eingeströmte Luft hat den Balg bis zum maximalen Volumen aufgefüllt.

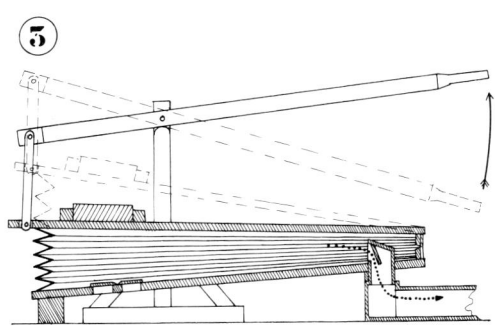

3 Der Balg nach dem Loslassen des Handhebels durch den Kalkanten: Das Gewicht drückt auf den Balg, der dadurch die Luft durch das Auslaßventil in den Hauptwindkanal ausströmen läßt.
Im allgemeinen besorgen mehrere, nacheinander angeordnete Bälge den Spielwind, dessen regelmäßiger Fluß somit gewährleistet ist.

Druck aufrechterhält. Von hier aus strömt die Luft durch die Windkanäle zu unter den Windladen befindlichen Ausgleichbälgen, den Schwimmerbälgen, die auf der einen Seite den Spielwind auf den gewünschten Druck drosseln und auf der anderen Seite auch Winddruckschwankungen während des Spiels ausgleichen. Die Wirksamkeit dieser Ausgleichbälge ist so groß, daß sich einige Orgelbauer verleiten ließen, keine Magazinbälge mehr zu bauen. Der hierdurch etwas zu regelmäßige Fluß des Spielwindes veranlaßte jedoch in den letzten Jahren immer mehr Orgelbauer dazu, den Magazinbalg wieder einzuführen und dafür die Ausgleichbälge wegzulassen, um so dem Spielwind, vor allem in Instrumenten mit klassischer Konzeption, wieder seinen persönlicheren und geschmeidigeren Charakter zu verleihen.

Windkanäle leiten, wie ihr Name sagt, die Luft von der Balganlage zu den verschiedenen Teilen des Instruments, wobei sich die großen Windkanäle, die von der Balganlage zu den Windladen führen, bei genügender Luftmenge durch Ventile automatisch schließen. Sie werden – im Schnitt quadratisch oder rechteckig – vorwiegend aus Holz gebaut, doch bestanden sie vor allem im 19. und am Anfang des 20. Jahrhunderts auch aus runden Zinkröhren. Neben den großen Windkanälen gibt es zylindrische Röhren, die Kondukten, aus Blei, Metall, Holz, Pappe oder Plastik, die den isolierten Pfeifen, die an den Seiten des Instruments stehen (Baßpfeifen, die wegen ihrer Größe auf der Windlade keinen Platz mehr finden), oder klingenden Prospektpfeifen (zum Beispiel des Prinzipals) Luft zuführen. Diese isolierten Pfeifen sind, im Gegensatz zu den Registern auf der Windlade, »verführt«, das heißt, sie stehen auf besonderen, durch kleine Windleitungen versorgten Pfeifenbänken.

Der Ventilator muß – mit einem für die verschiedenen Windladen geeigneten und konstanten Druck – die für unzählige Klangmischungen der Orgel notwendige Luft bereitstellen. Der mittlere Verbrauch eines Prinzipals 8′ beträgt beispielsweise für den Ton C 180 Liter Luft pro Minute, während der Luftdruck gemäß dem gewünschten Klangvolumen und -aufbau sowie der gewählten Intonationsart allgemein zwischen 50 und 150 mm Wassersäule variiert. Erfordern einige Jahrmarktorgeln einen sehr hohen Winddruck von manchmal mehr als 200 mm, so geben sich manche Hausorgeln schon mit 20 bis 50 mm Wassersäule zufrieden. Wie die modernen Instrumente unterschieden sich auch die alten Orgeln in ihrem Winddruck: In Italien lag der Druck beispielsweise bei etwa 35 mm, während die Orgeln Arp Schnitgers eine Winddruckhöhe von 100 mm Wassersäule hatten.

Der Winddruck wird allgemein nach dem System der Windwaage gemessen, deren Erfindung 1667 dem Hersteller Christian Förner zugeschrieben wird. Es handelt sich um ein einfaches Verfahren, das es mittels einer U-förmigen, zur Hälfte mit Wasser gefüllten Röhre nach dem Prinzip kommunizierender Gefäße erlaubt, den durch den Winddruck zwischen dem Niveau beider Wassersäulen erlangten Unterschied zu messen. Heute wird der Winddruck auch durch Anemometer gemessen.

Um die Ausführungen zur Balganlage abzuschließen, soll noch auf eine charakteristische Besonderheit der Orgel – auf den Tremulanten oder das Tremolo – eingegangen werden. Diese seit der Renaissance verwendete Einrichtung beeinflußt den Luftstrom im Windkanal, dessen Schwingung sich auf den Ton der Pfeifen überträgt. Der Tremulant besteht aus einem auf dem Windkanal befestigten kleinen Balg verschiedener Konstruktion, der durch den Wind oder einen Motor in

Fig. 23 Die Balgkammer der Orgel im Dom zu Halberstadt (nach Michael Praetorius, De Organographia, Wolfenbüttel 1619, Tafel 26)

Fig. 24 Schnitt durch eine Orgel und ihr Rück-positiv mit der Darstellung des Windverlaufs von den Bälgen zu den Windladen des Hauptwerkes und Rückpositivs (nach Dom Bédos 1766–1778, I. Teil, Kap. VI, Abschnitt VI, Tafel 52)

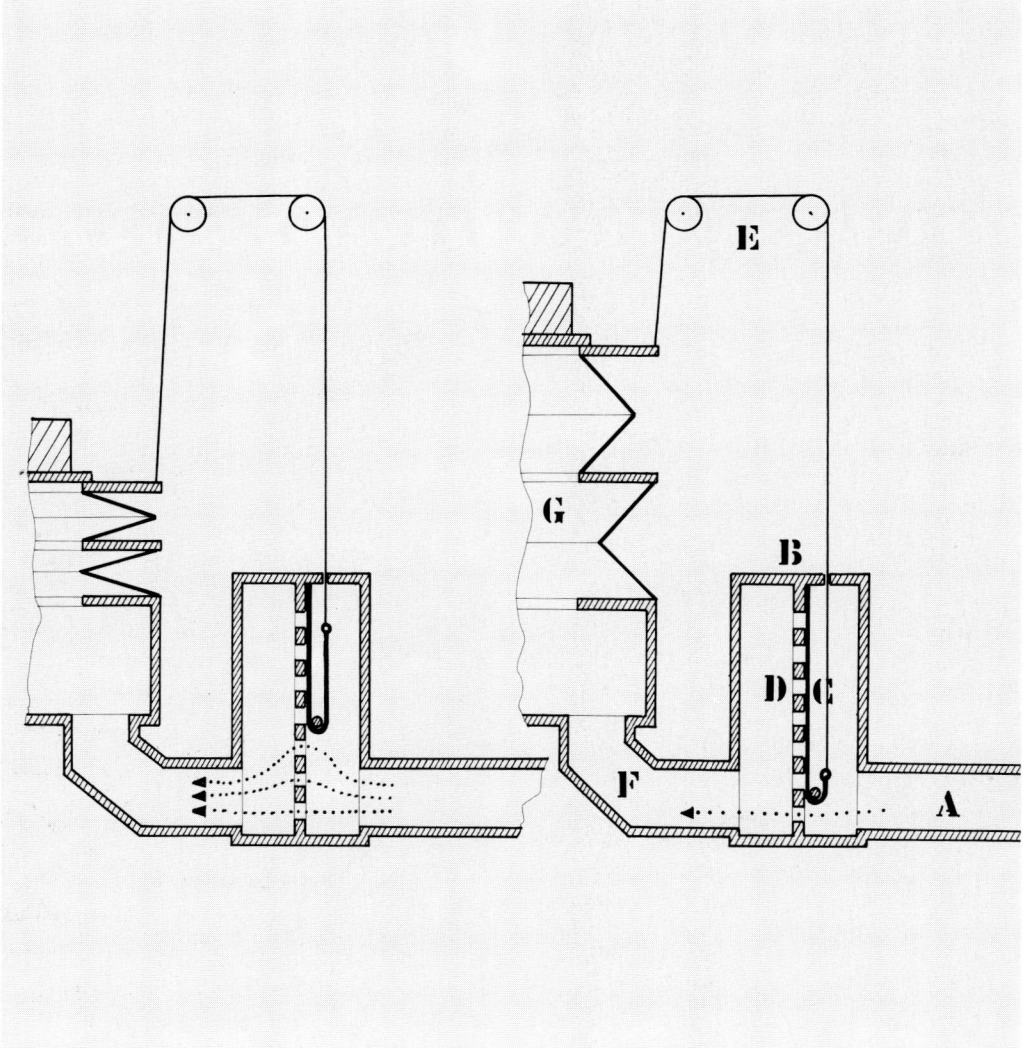

Fig. 25 System zur Kontrolle des Windflusses vom Ventilator zum Magazinbalg
Der im Kanal A vom Ventilator kommende Wind wird durch den vor dem Rost D verschiebbaren Vorhang C mehr oder weniger aufgefangen, bevor er durch den Kanal F in den Balg eingeführt wird. Im Regulator B ist die Bewegung des Vorhangs mit der des Magazinbalgs durch die Schnur E ver-bunden, die auf Rollen läuft; ist der Balg voll, so ist der Windzufluß vom Reservoir aus geringer.

Fig. 26 Balgmaschine nach Friedrich Haas aus der Mitte des 19. Jh.s, die einen regelmäßigen Fluß des Spielwinds erlaubt (nach J.G. Töpfer, Lehrbuch der Orgelbaukunst, Weimar 1888, Tafel 27)

Fig. 27 Schnitt durch eine Schleifwindlade
A Abstrakten – B Pulpeten – C Ventilkasten oder
Windkammer – D Tonventil – E Tonkanzelle –
F Kanzellenschied – G Fundamentalbrett –
H Schleife – I Pfeifenstock – J Pfeife – K Ventil-
feder

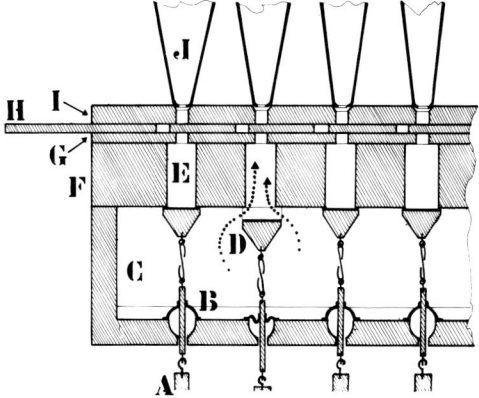

Vorderansicht

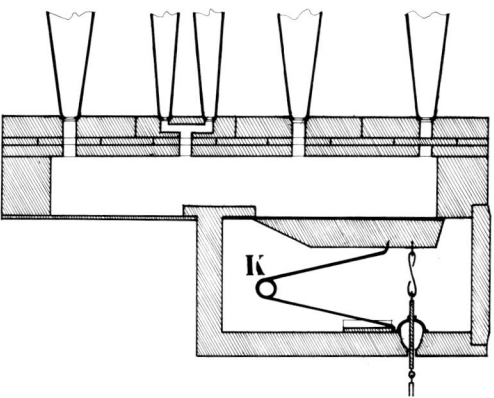

Seitenansicht mit geschlossenem Ventil

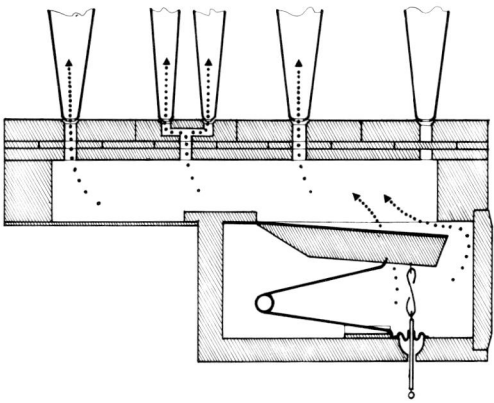

Seitenansicht mit geöffnetem Ventil

Funktion gesetzt wird. Man unterscheidet zwei Arten: Der langsame Tremulant (französisch: Tremblant doux) verfügt über ein mit einem Gewicht versehenes Ventil, das sich – an einer Feder befestigt – dem Luftstrom entgegenstellt und somit Schwingungen erzeugt, während der starke Tremulant (französisch: Tremblant à vent perdu, da bei diesem Mechanismus etwas Wind verloren geht) aus zwei gegensätzlich angeordneten Ventilen besteht, die – durch den Wind in Bewegung versetzt – schnellere Schwingungen als der langsame Tremulant hervorrufen.

Die Windladen

Die Windladen sind Holzkästen, auf denen die Pfeifen jeder Höhe und jeden Durchmessers aufgestellt sind. Diese Kästen enthalten eine große Zahl von Elementen, die für das Funktionieren der Orgel unabdingbar sind, da sie die komprimierte Luft nach dem Willen des Spielers in die von ihm gewünschten Pfeifen verteilen.

Bei der klassischen Windlade, der Tonkanzellenlade, wird der von der Balganlage in einem großen Windkanal herbeigeführte Wind in einer der Länge der Windlade entsprechenden Kammer, dem Ventilkasten, gespeichert. Dieser hermetisch verschlossene Raum, den man an seiner Vorderseite notfalls öffnen kann, wurde lange als das »Geheimnis« der Orgel angesehen; seine Aufgabe ist es, den Wind zu den gewünschten Pfeifen zu leiten, wobei in dieser Kammer die Enden der Abstrakten münden. Diese sind mittels kleiner Öffnungen durch den Boden der Kammer geführt und an den Ventilen befestigt. Damit durch die Öffnungen keine Luft entweichen kann, sind sie mit kleinen Ledermembranen, den Pulpeten, versehen, die die Abdichtung besorgen.

Auch die Ventile – Klappenventile aus Holz von länglicher Form – sind mit Leder ausgestattet. Sie werden in der Ruhestellung durch eine Feder an die Decke des Ventilkastens gedrückt, so daß die Öffnungen zu den darüberliegenden Tonkanzellen geschlossen bleiben. Betätigt der Organist am Spieltisch eine Taste, so überträgt sich diese Bewegung über die Abstrakte auf das Ventil, das sich öffnet und die Luft in die entsprechende Tonkanzelle fließen läßt.

Bei den Tonkanzellen, die ursprünglich in das Holz eingeschnitten waren, handelt es sich um parallel zur Breitseite der

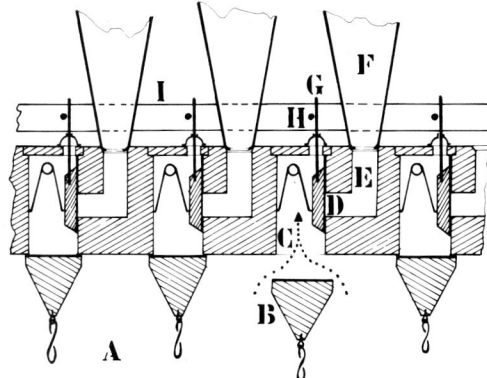

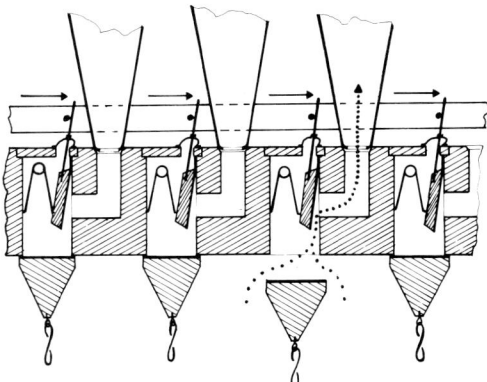

Fig. 28 Längsschnitt durch einen Teil der italienischen Springlade
Oben: Schleife geschlossen – Unten: Schleife geöffnet
A Ventilkasten oder Windkammer – B Tonventil zur Tonkanzelle – C Tonkanzelle – D Einzelventil für jede Pfeife, durch eine Feder in geschlossener Stellung gehalten – E Windführung von der Tonkanzelle zur Pfeife – F Pfeife – G Metallstift zum Öffnen des Ventils D – H Ventilleiste – I Registerstange, deren seitliches Verlagern alle Einzelventile einer Pfeifenreihe öffnet

Windlade liegende, durch Schiede getrennte längliche Luftkammern, aus denen die darüberstehenden Pfeifen, die alle zu einer einzigen Taste der Klaviatur gehören, unmittelbar mit Wind versorgt werden. Da bei dieser Konstruktion aber alle auf dieser Kanzelle stehenden Pfeifen gleichzeitig erklingen würden, wird hier ein System wirksam, das dem Organisten die Wahl der Register nach Belieben erlaubt und das im Orgelbau weit verbreitet ist: das System der Schleifen. Es sind dies lange bewegliche Holzleisten, die auf dem Fundamentalbrett, der oberen Deckplatte der Kanzellen, ruhen und durch parallel zur Windladenvorderseite befestigte Dämme geführt werden. Wie das Fundamentalbrett, das von ebenso vielen Löchern durchbohrt ist wie Pfeifen vorhan-

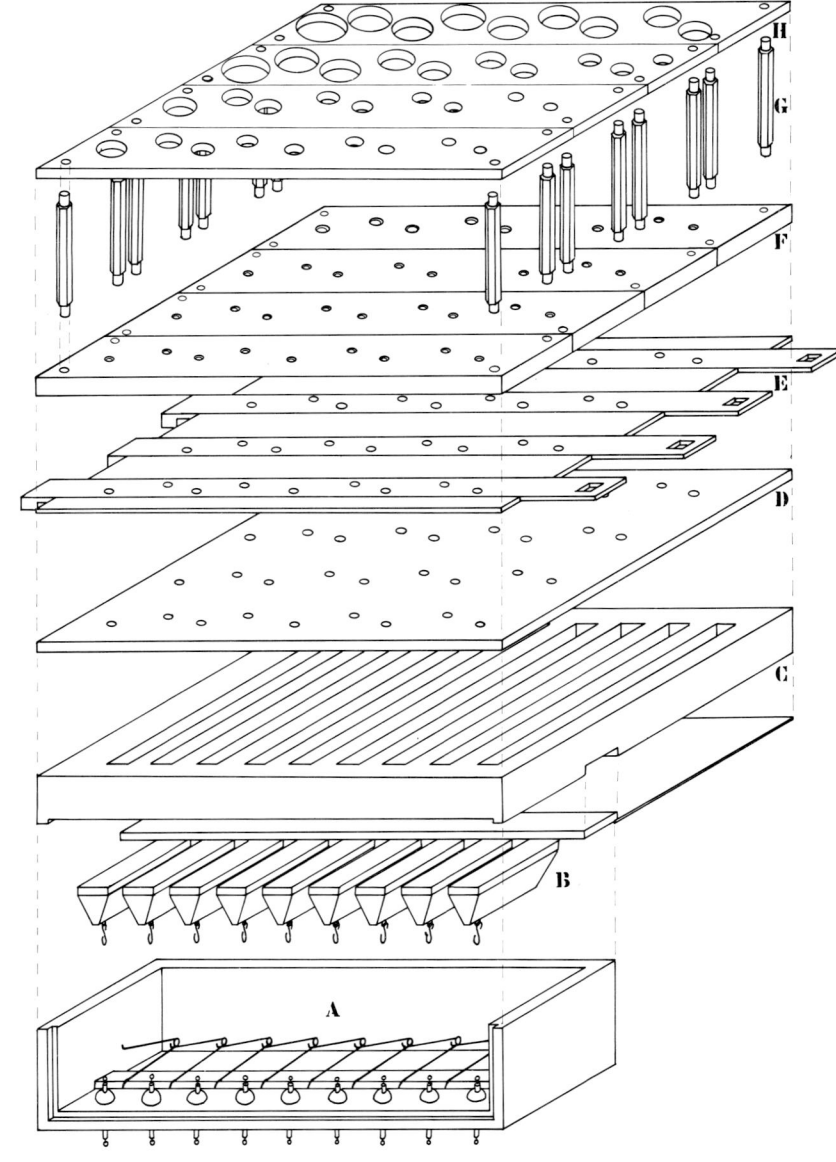

Fig. 29 Schema einer Windlade mit offenem Ventilkasten und einem Teil des Pfeifenwerkes

Fig. 30 Aufbau einer Windlade
A Ventilkasten mit Federn und Pulpeten – B Ventile – C Tonkanzellen und Kanzellenschiede –

D Fundamentalbrett – E Schleifen und Dämme – F Pfeifenstöcke – G Stützen der Pfeifenrastbretter – H Pfeifenrastbretter

den sind, weisen auch die Schleifen, deren jede zu einem Register gehört, entsprechende Bohrungen auf, die wir in dem die Windlade oben abschließenden Pfeifenstock wiederfinden. Das Pfeifenwerk der Orgel steht nun auf diesen Löchern des Pfeifenstockes, die jeweils nach der Form der einzelnen Pfeifenfüße gefräst sind. Damit ein Register sprechen kann, müssen die Öffnungen des Fundamentalbrettes, der Schleife und des Pfeifenstockes eine durchgehende Röhre bilden, denn ist die Schleife seitlich verschoben, so ist die Windzufuhr unterbrochen und das Register bleibt stumm. Ein die Schleifen ziehender Mechanismus erlaubt es dem Organisten, vom Spieltisch aus die Winddurchgänge zu öffnen oder zu schließen.

Es gibt aber noch ein anderes System der Tonkanzellenlade, dessen Aufbau bis

zum Fundamentalbrett dem bisher gesagten entspricht, das jedoch über keine Schleifen verfügt. Diese sind vielmehr durch große, zwischen den Pfeifenreihen verteilte Registerleisten ersetzt, die sich bei Betätigung verschieben und dabei durch Stecher kleine Ventile öffnen, so daß der Wind aus den Kanzellen direkt in die Pfeifen strömen kann. Da beim Abstoßen der Register die Ventile durch Federn wieder zuspringen, wird diese Art der Tonkanzellenlade Springlade genannt.

Schließlich gibt es noch die Pfeifenrastbretter, über und senkrecht zu den Pfeifenstöcken installierte Bretter, die die Pfeifen in vertikaler Stellung halten sollen und ebenso viele Bohrungen aufweisen wie Pfeifen vorhanden sind.

Der Bau einer Windlade erfordert die größte Sorgfalt des Orgelbauers, der ein

vollständig trockenes Holz ohne jeden Fehler – meistens Eiche – verwenden und mit äußerster Präzision alle Teile berechnen und zusammenfügen muß, um in der Folge Störungen weitestgehend auszuschalten. Die wichtigste Eigenschaft einer gut konzipierten und gut gebauten Windlade ist eine absolute Abdichtung. In Schleifladen können durch Konstruktionsfehler und Temperaturschwankungen (übermäßige Trockenheit oder Feuchtigkeit) die Schleifen verquellen oder verklemmen oder auch zuviel Spielraum bekommen, wobei Fundamentalbretter aus dem Leim gehen und Dämme sich werfen können. Ausströmender Wind gelangt dann in falsche Bohrungen, so daß es zu Durchstechern oder Heulern sowie bei zuwenig Luftzufuhr zu klanglichen Veränderungen des Pfeifenwerkes kommt. In

A

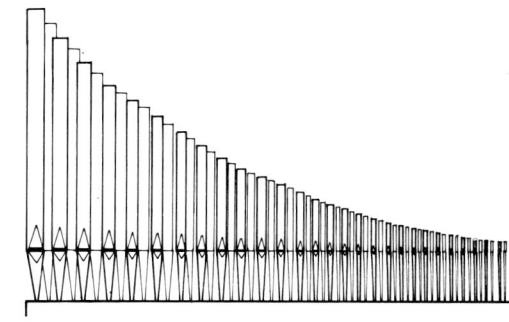

B

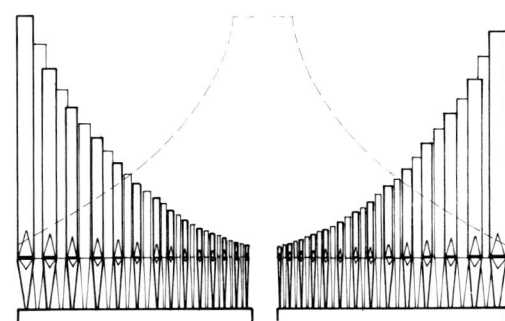

C

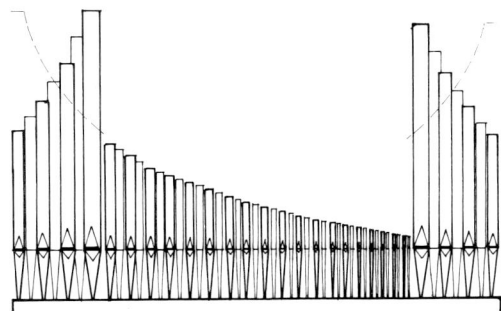

D

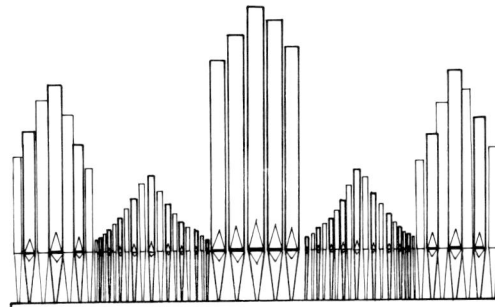

Fig. 31 Einige Beispiele für die Aufstellung der Pfeifen auf der Windlade
A   Chromatische Anordnung
B   Diatonische Anordnung in zwei symmetrischen Gruppen mit den Baßpfeifen an den Seiten oder (gestrichelt) mit den Baßpfeifen im Zentrum
C   Diatonische Anordnung der Baßpfeifen in zwei Gruppen seitlich der chromatisch aufgestellten höheren Pfeifen
D   Anordnung der Pfeifen in Mitren

Fig. 32 Perspektivische Darstellung des Innern einer gewöhnlichen 16′-Orgel (nach Dom Bédos 1766–1778, I. Teil, Kap. VI, Abschnitt IV, Tafel 50)

dieser Hinsicht ist die Springlade sicherer als die Schleiflade, doch wird sie wegen ihrer äußerst schwierigen Konstruktion heute nicht mehr gebaut. In unserer Zeit erlaubt die Verwendung dauerhafter Materialien (Bakelit) für die Schleifen und von Teleskophülsen unter den Pfeifenstöcken eine sichere und bequeme Herstellung von Schleifladen, obgleich die Verwendung dieser Techniken, die nicht nur in das Instrument wenig edle Materialien einbringen, sondern auch den Orgelbauer zu weniger großer Sorgfalt bei seiner leichter gewordenen Arbeit veranlassen, der strengen Ethik des Orgelbaus nicht entsprechen. In der Praxis offenbart sich, daß eine mit Materialien erster Qualität und mit äußerster Sorgfalt hergestellte Windlade ebenso sicher ist wie eine Konstruktion aus Plastik und Bakelit.

Die Anordnung der Pfeifen

Bei einigen Orgeln ist es leicht, den inneren Aufbau des Instruments beim Betrachten der Fassadenkonzeption zu erkennen, doch ist es selbst in diesem Fall selten, daß die Verteilung der Prospektpfeifen genau der Anordnung der Pfeifen auf den Windladen entspricht; sie unterscheidet sich oft völlig. Für die Aufstellung der Pfeifen auf den Windladen bieten sich den Orgelbauern mehrere Varianten an:

die chromatische Aufstellung, deren Ordnung den Tasten einer Klaviatur entspricht: c, cis, d, dis, e, f, fis…

Vue perspective de l'interieur d'une Orgue de 16 pieds.

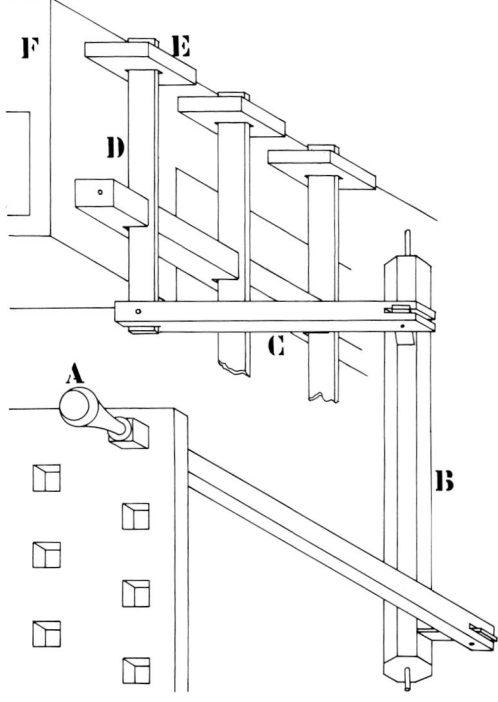

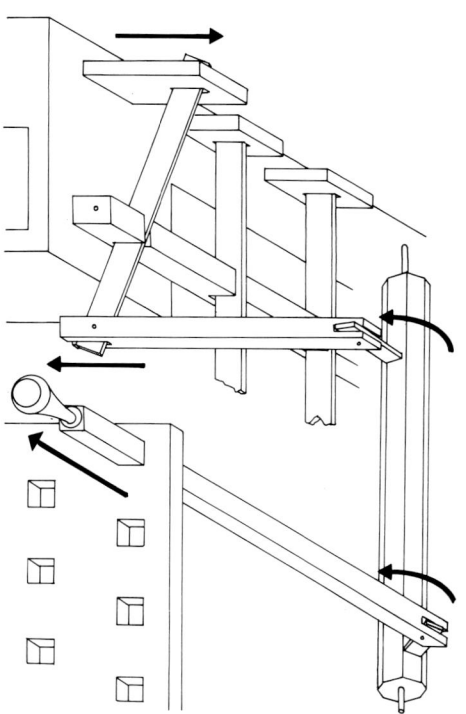

Fig. 33 Mechanik der Registertraktur
A Registerzug – B Welle – C Verbindungsstange –
D Schwert – E In der Windlade verschiebbare
Schleife – F Windlade

die diatonische Aufstellung, die das Pfeifenwerk in zwei Gruppen teilt, wobei jede Gruppe jeweils die zweite Note der chromatischen Tonleiter erhält. Die Tonfolge lautet somit auf der einen Seite c, d, e, fis, gis, ais, c... und auf der anderen Seite cis, dis, f, g, a, h, cis...

die Aufstellung in kleinen Terzen: c, dis, fis, a, c... und cis, e, g, b, cis... sowie d, f, gis, h, d...

die Aufstellung in großen Terzen: c, e, gis, c... bzw. cis, f, a, cis usw.

Bei der Verwendung einer dieser Lösungen oder bei der Kombination mehrerer Systeme muß der Orgelbauer dem Platzbedarf großer Baßpfeifen und dem allgemeinen symmetrischen Aufbau der Orgel Rechnung tragen. Sehr häufig werden zwei zu einer Klaviatur gehörende diatonische Windladen einander gegenübergestellt, wobei die erste Pfeife links ein C und rechts ein Cis ist. Bei dieser Aufstellung, die durch die angestrebte Symmetrie der Gehäusearchitektur bestimmt wird, nennt man die linke Seite des Instruments allgemein C-Seite und den rechten Teil Cis-Seite.

Die mechanischen Traktursysteme

Die Elemente einer Windlade werden durch zwei Mechanismen in Bewegung versetzt: durch die Registertraktur (Wahl der Klangfarben) und durch die auf die Ventile wirkende Spieltraktur (Wahl der Noten).

Die Registertraktur

Zu beiden Seiten der Klaviaturen befindet sich eine mehr oder weniger große Zahl von Knöpfen oder Griffen, die Registerzüge, die die verschiedenen Stimmen der Orgel zum Spiel vorbereiten. Will der Organist ein Register rufen, so muß er den entsprechenden Registerzug betätigen. Die dabei entstehende Bewegung überträgt sich über Holz- oder Metallstangen, Schwerter und/oder drehbare Stangen (die im Trakturverlauf die Bewegung weiterführen, umkehren oder zu Winkeln umleiten können) auf die unter dem Pfeifenstock wenige Zentimeter verschiebbare Schleife. Registerzüge italienischer Orgeln müssen seitlich verschoben werden, was, da die ausgeführte Bewegung zur Bewegung der Schleifen in der Windlade parallel ist, eine einfachere Mechanik erfordert.

Handelt es sich um Springladen, so müssen die Registerzüge mit einer Arretierung

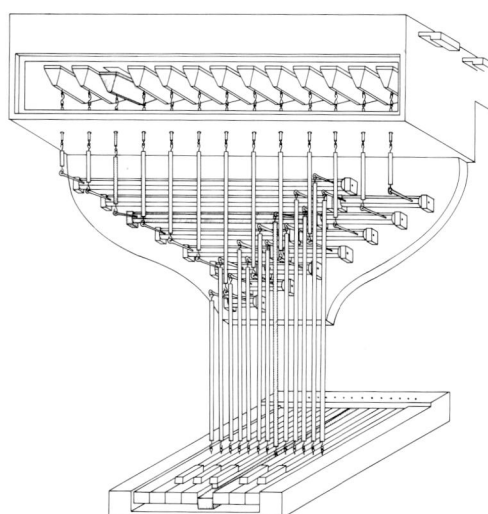

Fig. 34 Schema der mechanischen Spieltraktur von den Tasten der Klaviatur über das Wellenbrett zu den Ventilen der Windlade

versehen sein, um gegen den Druck der Rückstellfedern die Register offen halten zu können.

Die Spieltraktur

Könnten die Pfeifen direkt senkrecht über den Tasten einer Klaviatur aufgestellt werden, so wäre die Mechanik der Spieltraktur eine sehr einfache Konstruktion. Doch ist dies leider fast nie der Fall, da die Länge einer Windlade (mit Ausnahme von Portativen und sehr kleinen Positiven) immer größer als die einer Klaviatur ist, zumal wenn mehrere Windladen für eine Klaviatur vorhanden sind. Wie wir bereits gesehen haben, muß auch die Tonfolge auf den Windladen nicht notwendigerweise mit der Tonfolge der Klaviaturen übereinstimmen. Sind die Windladen des Hauptmanuals meistens oberhalb des Spieltisches im Zentrum des Orgelgehäuses aufgestellt, so können die übrigen Klangebenen, wenn sie nicht in eigenen Gehäusen untergebracht sind (Rückpositiv, Pedaltürme), überall im ganzen Gehäuse verteilt sein. Dem Orgelbauer stellt sich hierbei das Problem, alle Windladen mit den Klaviaturen zu verbinden, ohne den Tastengang zu schwerfällig werden zu lassen.

Die Hauptbestandteile einer mechanischen Traktur sind die Abstrakten (dünne Holzstängchen) bei »ziehenden« Bewegungen und Stecher (steife, dünne Stäbe) bei »stoßenden« bzw. »drückenden« Bewegungen, außerdem Winkel, die sich auf einer Achse ineinanderfügen und die Umleitung einer Bewegung um 90 Grad erlauben, Wippen, die eine Bewegung umkehren, und schließlich das Wellenbrett.

Das Wellenbrett besteht aus einer trapezförmigen Holzplatte, deren größere Seite dieselbe Länge wie die Windlade hat, während die kleinere Seite den Dimensionen des Klaviaturumfanges entspricht (den französischen Namen des Wellenbrettes »abrégé« leitet Dom Bédos von der Tatsache ab, daß die Länge der Windlade, mit der das Wellenbrett verbunden ist, auf die Länge der Klaviatur verkürzt wird: »abréger« = »verkürzen«). Es handelt sich darum, die Anordnung einer etwa 80 cm breiten Klaviatur auf die bis zu 6 m breiten Windladen mit den Pfeifen zu übertragen, die – wenn sie aus mehreren Teilen bestehen – sogar noch breiter sein können. Auf der Holzplatte des Wellenbrettes befindet sich eine Anzahl von Wellen (um ihre Achse drehbare Holz- oder Eisenstangen), deren Aufgabe es ist, die stattfindende Bewegung seitlich zu verlagern. Jeder Taste entspricht eine Welle, die an jedem ihrer Enden mit kleinen Ärmchen versehen ist; das eine ist mit der Taste, das andere mit dem zur Taste gehörenden Ventil verbunden. Drückt der Spieler eine

Taste, so bewirkt dies durch das eine Ärmchen eine leichte Drehung der Welle, während gleichzeitig das zweite Ärmchen durch eine Abstrakte das entsprechende Ventil öffnet. Ist der Abstand zwischen Taste und Ventil allerdings zu groß, übernehmen jeweils mehrere Wellenbretter die Bewegung voneinander.

Das schlichte, sichere und wirkungsvolle Wellenbrett erlaubt dem Organisten einen präzisen und sensiblen Anschlag; seine Finger bewirken direkt das Öffnen des Ventils.

Die Tastenmechanik

Es gibt zwei Möglichkeiten, die Trakturelemente mit den Klaviaturen zu verbinden. Bei den Tasten handelt es sich in Wirklichkeit um Hebel, die drei wichtige Merkmale aufweisen: den Stützpunkt A (die Achse der Taste), die Last B (den Befestigungspunkt der Abstrakten) und die Kraft C (den Fingerdruck auf die Taste). Befindet sich der Punkt A zwischen B und C, so spricht man von einer Wippklaviatur mit der Achse im Mittelpunkt; befindet sich der Punkt B aber zwischen A und C, so handelt es sich um eine aufgehängte Traktur (Achse am Ende des Hebels). Diese erlaubt einen besonders leichten und sensiblen Anschlag, bei dem man buchstäblich das Öffnen des Ventils im Ventilkasten (bei nicht zu gewundenen Trakturwegen) spürt. Bei dieser Gelegenheit sei erwähnt, daß vertikale Bewegungen, die parallel zu durch Druck hervorgerufenen Bewegungen laufen, den besten Anschlag ermöglichen, während horizontale Bewegungen den Anschlag erschweren.

Es ist hier nicht möglich, auf alle Erfindungen einzugehen, die die Orgelbauer bei der Konzeption der Mechanik ihrer Instrumente machten, beispielsweise, um das Rückpositiv mit den Klaviaturen unter der Pedalklaviatur hindurch zu verbinden. Die Umstände und räumlichen Bedingungen der Standorte der Orgeln verpflichteten die Orgelbauer manchmal zu wahren Gewaltakten. So baute Giuseppe Serassi 1781 in der Kirche San Alessandro in Colonna (Bergamo/Oberitalien) eine Traktur, die zwei zu beiden Seiten des Chores aufgestellte Orgeln verband. Die Abstrakten liefen hier bei der Evangelienorgel mit dem Spielschrank in den Boden und durchquerten den Chorraum in einem Schacht unter dem Steinfußboden, um schließlich nach 33 m in der Epistelorgel wieder aufzusteigen.

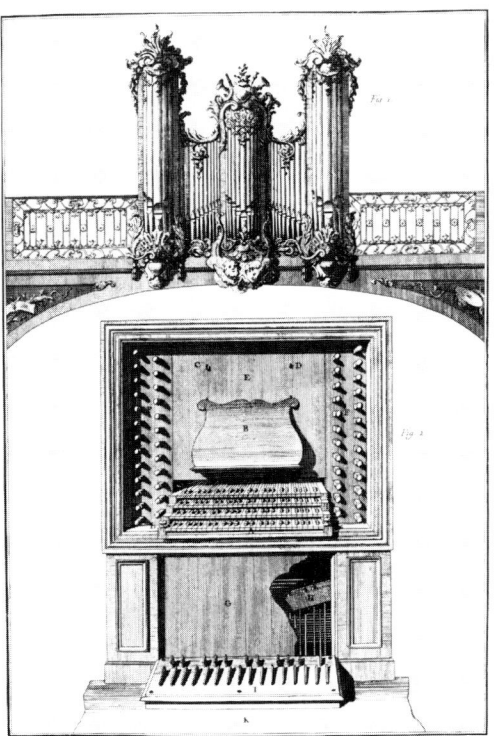

Fig. 35 Spielschrank einer viermanualigen Orgel mit französischem Pedal, darüber der Prospekt eines Rückpositivs (nach Dom Bédos, 1766–1778, I. Teil, Kap. VI, Abschnitt I, Tafel 33)

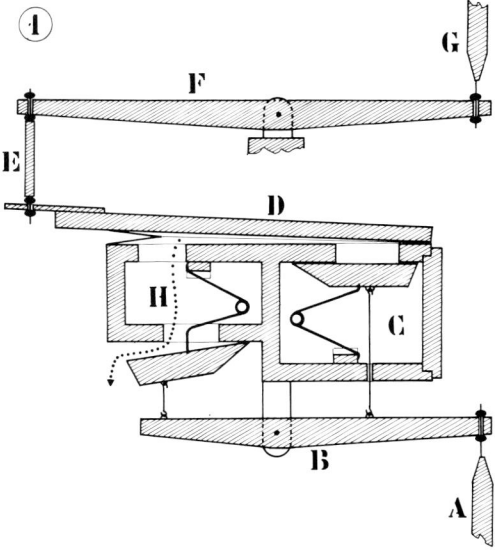

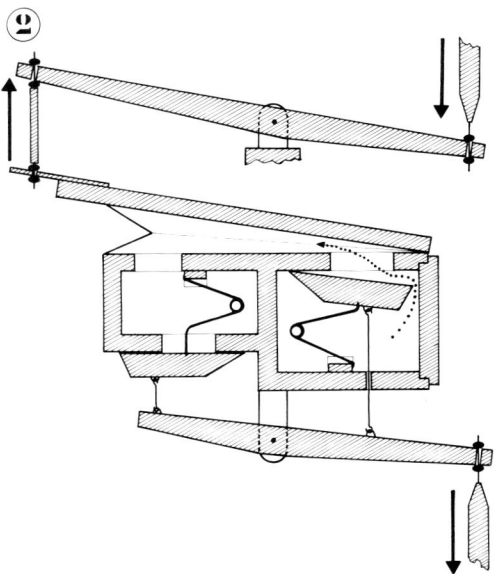

Fig. 36 Barkerhebel mit der Funktion eines pneumatischen Relais in einer mechanischen Traktur (nach Aristide Cavaillé-Coll)
1 In Ruhestellung – 2 In Aktion
A Abstrakte von der Klaviatur her – B Wippe – C Windkasten mit dem Einlaßventil des Balgs D – D Balg, dessen Anschwellen über die Abstrakte E die Wippe F in Bewegung setzt, die ihrerseits die zur Windlade laufende Abstrakte G zieht – H Ventilkasten mit dem Ausströmventil des Balgs D

Fig. 37 System der röhrenpneumatischen Traktur mit komprimierter (ein- oder ausströmender) Luft
1 In Ruhestellung – 2 In Aktion
A Tonkanzelle – B Tonventil – C Ventilkasten – D Balg, dessen Abschwellen das Öffnen des Tonventils bewirkt – E Ausströmventil des Balgs D – F Balg zum Öffnen oder Schließen des Ventils E – G Rohrleitung mit komprimierter Luft, die den durch das Drücken einer Taste der Klaviatur gegebenen Befehl weiterleitet (Kompression = Aktion, Dekompression = Ruhestellung) – H Spielwindlade mit dem Einlaßventil der komprimierten Luft in die Rohrleitung – I Ausströmventil des Balgs F – J Taste der Klaviatur

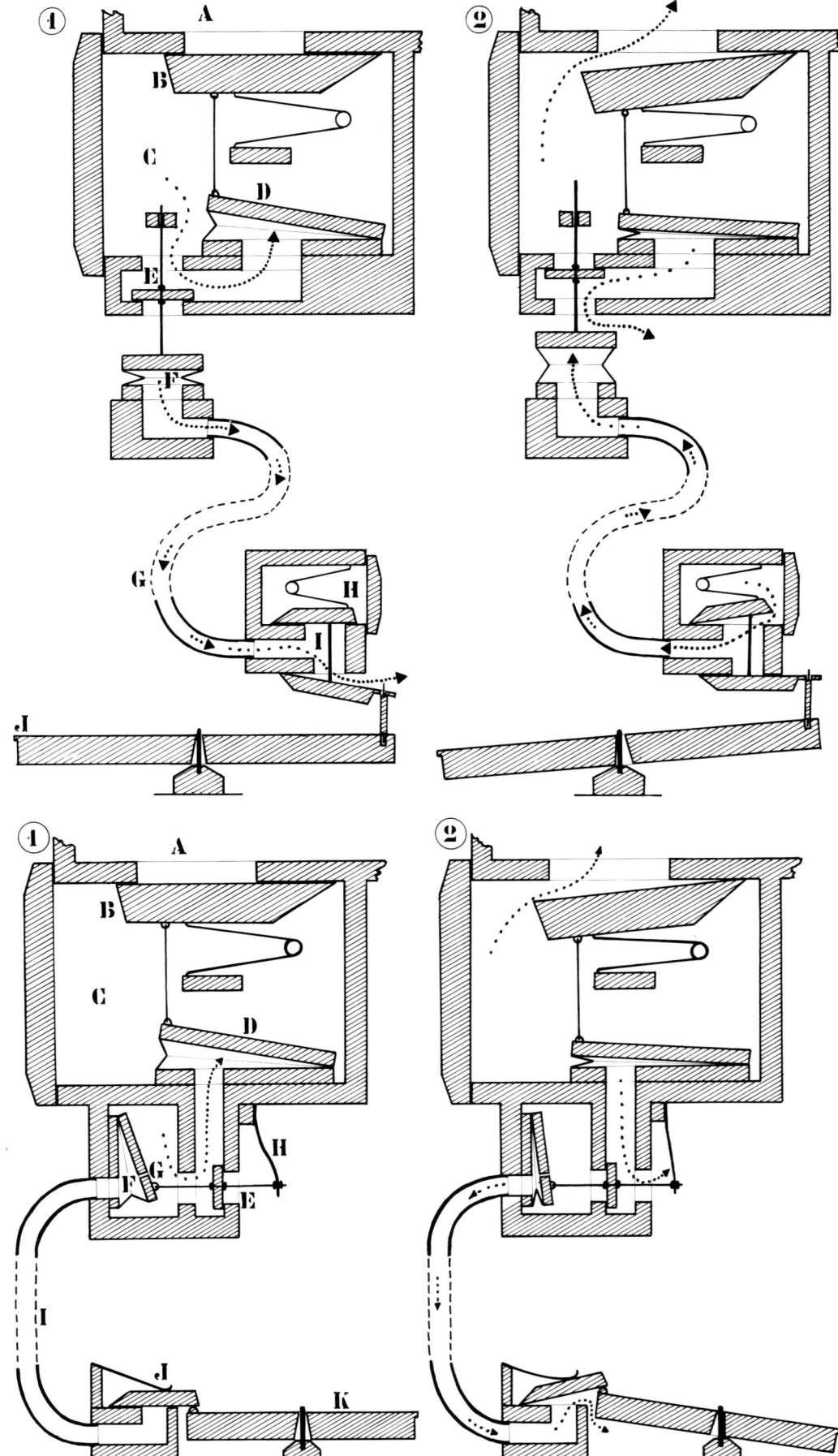

Fig. 38 System der röhrenpneumatischen Traktur mit ausströmender Luft (Dekompression)
1 In Ruhestellung – 2 In Aktion
A Tonkanzelle – B Tonventil – C Ventilkasten – D Balg, dessen Abschwellen das Öffnen des Tonventils bewirkt – E Ausströmventil des Balgs D – F Balg zum Öffnen oder Schließen des Ventils E – G Windkammer zur Versorgung des Balgs D mit komprimierter Luft – H Rückstellfelder des Ventils E – I Röhrenkondukte, die durch die Dekompression der Luft den durch das Drücken einer Taste der Klaviatur gegebenen Befehl weiterleitet (Dekompression = Aktion, Kompression = Ruhestellung) – J Ausströmventil des Balgs F – K Taste der Klaviatur

Weitere Traktursysteme

Um vor allem als zu schwerfällig erachtete Trakturen zu verbessern, entwickelte man im 19. und 20. Jahrhundert Lösungen, die leider weder die »Einfachheit« noch die spürbaren Vorteile der mechanischen Traktur mehr aufwiesen.

Die verschiedenen neuerfundenen Systeme sind pneumatischer, röhrenpneumatischer und elektropneumatischer Art und haben alle nicht wenige Nachteile. Durch die Beseitigung der physischen Verbindung zwischen Finger und Ventil wird der Organist eines natürlichen, durch den Luftdruck auf dem Ventil bedingten Widerstandes beraubt, der erst ein persönliches und präzises Spiel sicherstellt. Artikulation und Phrasierung sind erschwert, da durch die Behäbigkeit der Traktur, die auf Mängel gewisser Systeme und auf eine zu große Distanz zwischen Spieltisch und Windladen zurückzuführen ist, ungelegene Verzögerungen hervorgerufen werden, die manchmal sogar zwischen den einzelnen Manualen auftreten. Auch wächst mit der Zahl und Länge der pneumatischen Rohrleitungen die Gefahr vermehrten Luftausströmens, und mit der Komplexität der Mechanismen nimmt die Störanfälligkeit (Heuler, stumme Tasten usw.) zu.

Eine der wichtigsten Erfindungen des Orgelbaus im 19. Jahrhundert war der pneumatische Barkerhebel, den zur selben Zeit David Hamilton aus Edinburgh und der in Bath geborene »Franzose« Charles Spackman Barker konzipierten. Barker präsentierte dieses System 1837 dem Orgelbauer Aristide Cavaillé-Coll, der es 1841 in der Orgel der Abtei Saint-Denis bei Paris zum erstenmal anwandte. Es wird seither Barkerhebel oder Barkermaschine genannt, und erlaubt, die Schwerfälligkeit klassischer Trakturen zu vermeiden, ohne die traditionelle Konzeption der Mechanik und der Windlade zu ändern. Das Prinzip dieses Systems besteht in der Einführung eines kleinen Balges pro Taste zwischen Klaviatur und Wellenbrett. Dieser Balg füllt sich beim Niederdrücken der entsprechenden Taste mit Luft, wodurch er das Ziehen der Abstrakte und der Welle und somit das Öffnen des Ventils bewirkt. Sobald die Taste losgelassen wird, kehrt der Balg in seine Ruhestellung zurück, indem er die Luft durch ein kunstvolles Gebilde von Ventilen ausströmen läßt.

Der Barkerhebel war für den Orgelbau von revolutionärer Bedeutung. Indem er das Problem schwergängiger Klaviaturen beseitigte, öffnete er den Weg zu Realisationen, die die klassische Orgel der vergangenen Jahrhunderte bis dahin nicht nötig gehabt hatte und die das traditionelle mechanische System nicht erlaubt hätte. Der Barkerhebel führte im klanglichen Bereich zur Vermehrung der Grundregister, zur Verwirklichung verschiedener Winddruckhöhen innerhalb einer Windlade (für Grundstimmen und Zungenregister mit doppelten Ventilkästen) und somit zu bedeutenden Änderungen im Bereich der Intonation. Auch änderte sich das Spiel und Registrieren der Organisten grundlegend, da ihnen nun zahlreiche Koppeln, Einführungstritte für Zungen und vieles andere mehr zur Verfügung standen. Die Umwälzung der mechanischen Spieltraktur zog auch die der Registertraktur nach sich.

In der zweiten Hälfte des 19. Jahrhunderts gab es zahlreiche Erfindungen röhrenpneumatischer Systeme, die zu neuen technischen Problemen, vor allem aber zu einem neuen Verständnis des Instruments und zu einem bisher unbekannten Orgelmusikstil führten.

Das 1845 durch Prosper-Antoine Moitessier aus Montpellier erfundene und »abrégé pneumatique« genannte röhrenpneumatische Traktursystem setzte die Ventile und Schleifen nach folgendem Verfahren in Bewegung: Durch das Drücken der Taste strömte aus einem oberhalb der Klaviaturen befindlichen Reservoir komprimierte Luft durch eine Röhre in einen kleinen Ventilbalg, der durch sein Anschwellen das Pfeifenventil öffnete. Neben diesem System mit einfließender Luft gab es aber auch das System mit ausfließender Luft; in der Röhre war bereits komprimierte Luft enthalten, die durch den Tastendruck entwich, den Ventilbalg zusammenfallen ließ und somit das Ventil öffnete. Der einzige Vorteil dieses Verfahrens war der Ausgleich und die Leichtigkeit des dem Klavier vergleichbaren Anschlags, ein vor allem beim Koppeln verschiedener Klaviaturen beachtlicher Vorteil. Doch zwangen die zahlreichen Mängel dieser neuen Traktur, vor allem die durch die Elastizität der komprimierten Luft bedingte Verzögerung zwischen Tastendruck und Klangansprache, die Orgelbauer zu immer neuen Veränderungen des Systems.

Ausgehend von den Forschungen englischer, französischer und amerikanischer Orgelbauer konnte das System der elektropneumatischen Traktur erst im 20. Jahr-

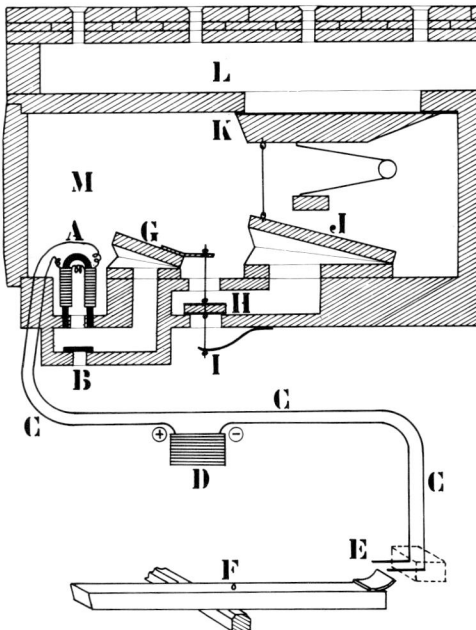

Fig. 39 System einer Schleiflade mit elektropneumatischer Traktur
A Elektromagnet – B Auslaßventil, angezogen durch den Elektromagneten A – C Elektrischer Stromkreis – D Stromquelle – E Kontakt zum Schließen des Stromkreises – F Klaviaturtaste, deren Niederdrücken den Stromkreis schließt und den Elektromagneten A in Tätigkeit setzt. Bei geschlossenem Stromkreis und dadurch angezogenem Ventil B entsteht eine Dekompression, die das Zusammenfallen des Balgs G zur Folge hat. Diese Bewegung des Balgs G bewirkt das Öffnen des Auslaßventils H (mit Rückstellfeder I), das dadurch das Ausströmen des Balgs J bewirkt und das Tonventil K öffnet – L Tonkanzelle – M Ventilkasten

hundert mit vollem Erfolg angewandt werden. Als 1826 William Sturgeon den Elektromagneten entdeckte, bemühten sich im Laufe des Jahrhunderts die Orgelbauer, diesen für die Mechanik der Orgel nutzbar zu machen. Bereits 1852 hatte Dr. Gauntlett die Idee, dank des neuen Verfahrens im Kristallpalast von London von einem Spieltisch aus simultan acht Orgeln zu spielen, und 1855 baute Stein ein Instrument, in dem der Elektromagnet direkt den Zug des Ventils in Gang setzte, was aber von den elektrischen Elementen damals einen Energieaufwand forderte, den sie schwer erfüllen konnten. Nennen wir auch die erfolgreichen Experimente der französischen Wissenschaftler du Moncel und Froment sowie von Dr. Albert Peschard aus Caen, der bereits 1861 das neue Verfahren des Elektromagneten in Zusammenarbeit mit dem Erfinder zur Entlastung des Barkerhebels für Ventile verwendete, außerdem in den letzten beiden Jahrzehnten des Jahrhunderts die Forschungen der Amerikaner Schmoehle und Mols aus Philadelphia und des Engländers Robert Hope-Jones. Das schwierigste Problem der für die Orgeltraktur nutzbar gemachten Elektrizität war die von den Elektromagneten geforderte Leistung, deren Energieaufwand die damaligen Stromquellen nur schwer bereitstellen konnten.

Das für mechanische und später für pneumatische Windladen verwendete neue System bestand aus einem Elektromagneten, der – mit einer Spannung von 10 bis 15 Volt – das mit komprimierter Luft gefüllte Auslaßventil eines im Innern des Ventilkastens und mit dem Ventil der Tonkanzelle verbundenen Balges öffnete, wobei die ausströmende Luft den Balg erschlaffen und somit das Ventil öffnen ließ. Dieses ein pneumatisches Relais erforderende System wurde dann vereinfacht, bis man durch die Verwendung direkt unter jeder Pfeife installierter Magnetspulen zufriedenstellende Resultate erreichte. Der Elektromagnet fungierte hier als mechanischer Hebel zum Öffnen des Ventils und als einfaches Ventil selbst. Den Tasten der Klaviatur kam nur mehr die Funktion eines einfachen Schalters zu; das Ende jeder Taste war mit Kontakten versehen, die den Elektromagneten unter Spannung setzten.

Die elektrische Traktur, die zur Verwirklichung beweglicher Spieltische führte, mit denen die Orgeln ohne Rücksicht auf die Entfernung zum Instrument gespielt werden konnten, bot den Vorteil einer augenblicklichen Tonansprache, so daß den klanglichen Verzögerungen des rasch überholten röhrenpneumatischen Systems abgeholfen war. Doch wurden die Spieltische nun manchmal so weit entfernt von den Orgeln aufgestellt, daß der Organist sein Spiel nur mit einer, diesmal akustischen, Verzögerung wahrnehmen konnte.

Die Vorzüge und Nachteile der Elektrizität im Orgelbau halten sich die Waage. Zu dem bereits angesprochenen Problem des Anschlags kommen das Problem der Isolierung und das Bemühen der Orgelbauer hinzu, die Oxydation, das Verstauben, das Feuchtwerden und die Induktion der Spulen zu bekämpfen.

Waren die technischen Fortschritte der letzten zwei Jahrhunderte auch bedeutend, so muß man dennoch den Vorteil des ursprünglichen Systems der mechanischen Traktur hervorheben: Sie hat ihre Qualität im Laufe der Zeit bewiesen und bleibt mit ihrer bemerkenswerten Haltbarkeit und Funktionssicherheit der sicherste Garant für ein individuelles Orgelspiel.

Der Spieltisch

Der Spieltisch der Orgel ist ein Ort, von dem die Zuhörer in der Kirche oft keine rechte Vorstellung haben, den aber ein passionierter Orgelfreund, der zur Orgelempore hinaufsteigt, gut kennt; hier kann er am besten die ebenso physische wie geistige Arbeit beurteilen, die ein Organist zur Beherrschung des Instruments aufwenden muß. Dieser geheimnisvolle und oft vor den Augen des Publikums verborgene Spieltisch ist das Gehirn der Orgel, das durch die Finger des Musikers den Klangaufbau des Instruments zusammenfaßt und lenkt. In der Geschichte war der Organist meistens zwischen den Wänden des Rückpositiv- und Hauptgehäuses eingesperrt, so daß er nur selten die Mannigfaltigkeit seiner Registrierungen, die Ausgewogenheit seiner Klangwelt und die Präzision seiner Phrasen exakt hören und kontrollieren konnte. Alte Orgeln verfügten (und verfügen) über einen Spielschrank, der direkt in die Unterwand des Hauptgehäuses eingebaut ist. Der Organist spielte dabei – angelehnt an die Emporenbrüstung oder das Rückpositivgehäuse – mit dem Rücken zur Kirche. War es dann durch die technische Entwicklung des 18. Jahrhunderts schon möglich, die Spielanlage etwas vom eigentlichen Instrument zu trennen, so machten die pneumatischen und elektrischen Systeme den Spieltisch schließlich zu einem unabhängigen Möbel, an dem sich nun der Spieler mit dem Gesicht zur Kirche präsentierte. War er früher – umgeben von Sängern oder praktisch gleichgestellt mit den anderen Musikern – Teil eines Ensembles, so machte ihn der technische Fortschritt vom unsichtbaren Einsiedler zum oft ins Rampenlicht gerückten Virtuosen, der wie ein Zauberer die Elemente des immer mehr einem Flugzeugcockpit gleichenden Spieltisches seinem Willen unterwarf: Registerzüge, Manuale, Pedal, Koppeln, Schwelltritte, Sammelzüge für bestimmte Registergruppen sowie Schalter, Kontrollämpchen, Druckanzeiger usw.

In alten Orgeln wurden die Registerzüge an den Seiten des Spielschrankes oder über den Manualen angeordnet. Die Züge des Rückpositivs, das oft als zweites Instrument betrachtet wurde, befanden sich manchmal auch im Rücken des Organisten. Sie bestanden aus Holzstangen von quadratischem Schnitt, manchmal auch aus einfachen Metallstangen, die an ihrem Ende mit einem gelegentlich skulpierten Knauf aus Holz oder Elfenbein geschmückt waren. Um ein Register zu rufen, mußte man den entsprechenden Zug betätigen. Später nahm der Spieltisch großer Instrumente die Form eines Amphitheaters an, und die Registerzüge wurden völlig anders gestaltet. Sie präsentierten sich zuerst als einfache, auf kurzen Holzstangen von etwa 3 bis 4 cm Länge aufgesteckte Knöpfe, als Registerwippen aus Elfenbein, die auf einer horizontalen Achse bewegt wurden, oder als Katzenzungen aus synthetischem Material, die durch Hinunterdrücken die Register riefen. Die Anordnung all dieser Registerelemente geschah logischerweise nach ihrer Werkzugehörigkeit.

Der Spieltisch umfaßt gewöhnlich ein bis fünf Manuale, die jeweils einem Teil der Register des Instruments und somit einer vom Orgelbauer festgelegten Klangebene zugeordnet sind. Terassenförmig übereinandergelagert wirken – von unten nach oben gesehen – die beiden ersten Manuale auf Positiv (I) und Hauptwerk (II) oder umgekehrt, und das dritte, vierte oder sogar fünfte Manual auf Teilwerke der Orgel, die man je nach der Konzeption der einzelnen Instrumente Récit, Echo, Solo, Bombardewerk, Schwellwerk, Grand Chœur usw. benennen kann. War der Manualumfang alter Orgeln oft verschieden, so haben die »modernen« Instrumente, die seit dem Ende des vergangenen Jahrhunderts gebaut werden, Manuale mit einem genormten Umfang von 56 bis 61 Tasten (C–g''' oder C–c''''); man kann jedoch in neuen, nach historischem Vorbild erstellten Instrumenten auch wieder unterschiedliche Klaviaturumfänge finden. Unsere Klaviaturen folgen heute durchgehend der chromatischen Tonleiter, was nicht zu allen Zeiten der Fall war. Früher wurden sehr oft »kurze« Oktaven ohne die nur selten verwendeten Semitonien Cis, Dis, Fis, Gis im Baß gebaut, so daß sich die traditionelle Anordnung der Tasten im Baß der Klaviaturen (1. Oktave) im Vergleich zu heute so darstellte: Auf der gewöhnlich dem Ton E vorbehaltenen Taste erklang der Ton C, auf der des Fis das D und auf der des Gis das E, während die restlichen Tasten wie heute den Tönen F, G, A, B und H vorbehalten waren. Dieses für alle Tasteninstrumente typische Fehlen der vier Baßnoten ging auf die alten

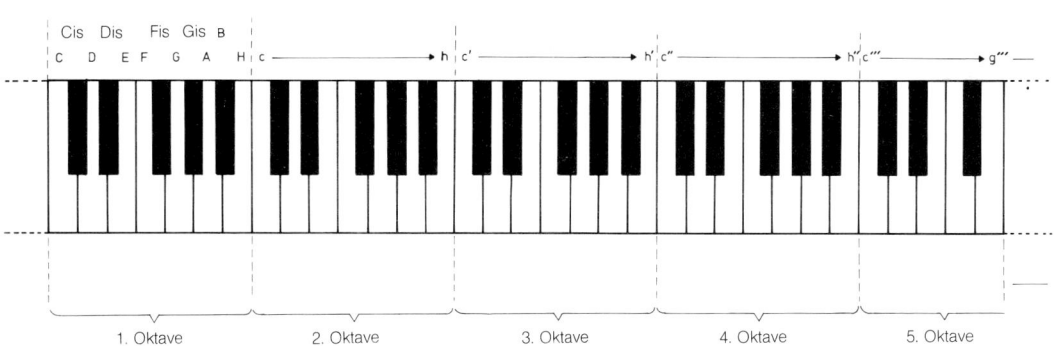

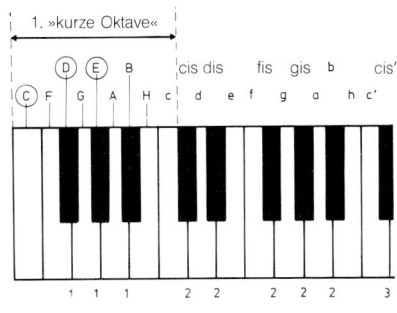

Temperaturen (traditionelle Skalen, nach denen die Instrumente gestimmt wurden) zurück, die bestimmte, aus den alten Kirchentonarten hervorgegangene Tonalitäten mit selten mehr als zwei Alterationen – in denen zum Beispiel noch Buxtehude und Couperin zu schreiben pflegten – bevorzugten. Diese Tonarten klingen auf Instrumenten, die nach einer der Temperaturen gestimmt sind, sehr gut, während Tonarten, die sich von C-Dur entfernen, in den Intervallen immer unreiner und deswegen ungern gespielt werden und somit die erwähnten vier Baßnoten überflüssig machen. Auf der anderen Seite bedeutet die Konzeption einer kurzen Oktave für den Orgelbauer auch eine Ersparnis an Platz und Material, da die großen Baßpfeifen die sperrigsten und teuersten sind.

Von dieser Einrichtung gab es zahlreiche Varianten. Arp Schnitger baute beispielsweise in den Manualen die kurze Oktave, während er die Pedalklaviatur chromatisch, aber ohne die Taste Cis und manchmal auch ohne die Taste Dis konzipierte. In Frankreich hatte das Pedal dagegen gelegentlich einen bis in die Kontraoktave erweiterten Umfang (ravalement): Kontra-A (AA), Kontra-G (GG) und Kontra-F (FF).

Das Hauptmanual (Hauptwerk, Grand-Orgue, Great Organ) bringt die wichtigste Klangebene des Instruments zum Klingen, deren im Zentrum des großen Gehäuses aufgestellte Register das kräftige und prächtige Orgelplenum bilden. Es umfaßt die lückenlose Reihe der Prinzipalfamilie mit ihren Klangkronen (Mixturen), Flötenregister und manchmal Aliquoten sowie Zungenstimmen.

Das Pfeifenwerk des Positivmanuals ist entweder im Hauptgehäuse oder in einem zweiten, meistens vor dem großen Prospekt an der Brüstung befindlichen klei-

neren Gehäuse – dem Rückpositiv – untergebracht, dessen Fassade in einfacherer Weise den Hauptprospekt widerspiegelt. Es bildet durch seine von der Hauptorgel getrennte Lage, die ihm eine klarere und direktere Abstrahlung verleiht, den klanglichen Gegensatz zum Hauptwerk, dessen Klangpyramide hier in kleinerem Maße wiederzufinden ist; basiert das Hauptwerk auf dem Prinzipal 16', so stellt der Prinzipal 8' die Basis des Positivs dar. Bildet jedoch der Prinzipal 8' das Fundament des Hauptwerkes, so beginnt die Prinzipalfamilie des Positivs mit dem 4', der dann allerdings durch gedeckte 8'-Register untermauert wird. Darüber hinaus besitzt das Positiv gewöhnlich auch Soloregister.

Die heute Récit genannten Klaviaturen, die, wie der Name verdeutlicht, ursprünglich nur mit Solostimmen besetzt waren, würde man wohl besser einfach als »drittes Manual« bezeichnen, da ein derart auf die französische Orgel einer bestimmten Epoche ausgerichteter Begriff sich nur schwer in andere Sprachen übersetzen läßt. Keine fremdsprachliche Bezeichnung kann Récit exakt wiedergeben, so daß deutsch- oder englischsprachige Organologen für das klassisch-französische Récit auch den französischen Begriff verwenden. Handelt es sich allerdings um das mächtige Récit der Romantik, so wird es ein Engländer, in dessen Land es zur selben Zeit wie auf dem Kontinent entstand, als Swell verstehen, während es ein Deutscher im Gegensatz zum schwächeren deutschen Schwellwerk »französisches Schwellwerk« nennt. Umgekehrt wäre es ebenso falsch, das deutsche Schwellwerk mit Récit zu übersetzen oder es gar als Oberwerk zu bezeichnen, das entweder ein im oberen Teil des Orgelgehäuses aufgestelltes Positiv oder wie bei Johann Sebastian Bach das Hauptwerk bedeuten kann. Im Laufe der Jahrhunderte

erfuhr dieses »dritte Manual«, das vorwiegend hinter oder über dem Hauptwerk aufgestellt wurde und in der klassisch-französischen Orgel nur die Diskantlage, also die obere Hälfte der Klaviatur, umfaßte, seine größte Entwicklung in den deutschen Landen, wo es im 19. Jahrhundert – mit einem Schwellkasten versehen – seine eigenständige Funktion verlor.

Das Echomanual entsprach – in geringerem Ausmaß – dem Récit und hatte eine ähnliche Funktion. Es wurde oft in den Unterbau der Orgel, manchmal in eine Nische mit Flügeltüren eingefügt, die dem Organisten klangliche Nuancen dieses Manuals erlaubten.

Das 19. Jahrhundert brachte großen symphonischen Orgeln ein Grand Chœur-Manual mit einem mächtigen unabhängigen Klangspektrum, das durch die Koppel zur Verstärkung des Hauptwerkes dienen konnte.

Das Pedal, das sich im Laufe der Jahrhunderte nur sehr langsam entwickelte, umfaßt heute etwa 30 Tasten (meistens C–f' oder seltener C–g'), die ursprünglich parallel und heute – nach der schon im 19. Jahrhundert durch den Orgelbauer Willis verwirklichten Art – oft auch fächerförmig angeordnet sind. Die flach oder geschweift liegenden Pedaltasten aus Holz, die heute rund 70 cm lang sind, lassen durch den Druck der Füße (Spitzen oder Absätze) Register erklingen, die das Fundament der Registerpyramide darstellen: Prinzipale und Grundstimmen zu 16' und 8', oft auch zu 32', Aliquoten, Mixturen usw., außerdem auch Soloregister zur Darstellung von Stimmen in der Tenor- und Altlage. Im Gegensatz zu dieser reichen Disposition verfügte das Pedalwerk lange Zeit jedoch nur über wenige eigene Register. Wegen der Größe mußten die Orgelbauer die Baßpfeifen oft hinter dem

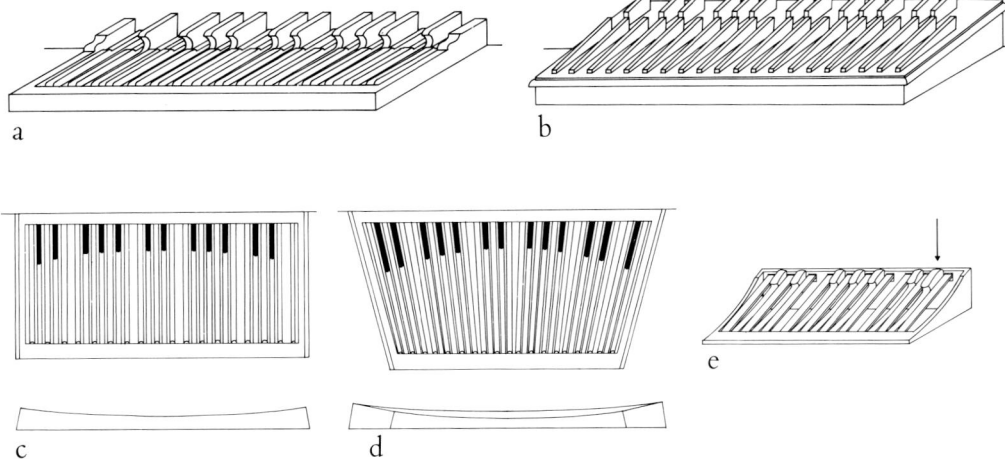

Fig. 40 Einige Beispiele für Pedalklaviaturen
a Deutsche Pedalklaviatur der Barockzeit, wie sie beispielsweise Dietrich Buxtehude kannte. Ein typisches Merkmal sind die schnabelförmigen Obertasten. Der Umfang beträgt C, D–d'.
b Klassisch-französische Pedalklaviatur »à petit ravalement« aus der Zeit Couperins mit einem Umfang von AA–f'. Der Umfang des »grand ravalement« beginnt bei FF.
c Moderne, doppelt geschweifte Pedalklaviatur mit parallelen Tasten; die seitlichen Tasten liegen etwas höher als die mittleren, außerdem nimmt die Länge der Obertasten nach den Seiten zu. Der Umfang beträgt C–f'.
d Modernes, dreifach geschweiftes Radialpedal, das »amerikanische Pedal«, mit zusätzlich strahlenförmig auseinanderlaufenden Tasten. Der Umfang beträgt C–g'.
e Das italienische Pedal der 1648 von Le Royer und 1825 von Mentasti erbauten Orgel der Kirche von L'Isle-sur-la-Sorgue. Der Umfang dieser Pedalklaviatur scheint C–e⁰ zu betragen. Die Windlade verfügt in Wirklichkeit aber nur über zwölf Töne. Ab c⁰ erklingen auf den oberen Tasten die entsprechenden Töne der tiefen Oktave, während auf der Taste des dis⁰ der »chapeau chinois« ertönt. Dieses Pedal ist ständig an das Hauptmanual gekoppelt.

großen Orgelgehäuse oder auch zu dessen Seiten, beispielsweise in den Pedaltürmen, aufstellen. Eine erstaunliche Erfindung der Orgelbaukunst des 19. Jahrhunderts ist das Doppelpedal, mit dem vor allem in der ersten Hälfte des Jahrhunderts erbaute Instrumente ausgestattet wurden: in Italien die Orgeln von Agati und Tronci in der Diözese von Pistoia (Limite sull'Arno, Oratorio della Compagnia della SS. Trinità, Agati 1821; Gavinana, Pieve di S. Maria Assunta, Agati 1838 und Tronci 1852; Pistoia, S. Pier Maggiore, Tronci 1823), in Deutschland und Rußland die heute nicht mehr bestehenden fünf Orgeln der Firma Walcker (u.a. in der Frankfurter Paulskirche, 1833) und in Frankreich die ebenfalls verlorengegangene Daublaine & Callinet-Orgel der Pariser Kirche St-Eustache von 1844. In diesem Zusammenhang sei auch auf die zwei Reihen mit Pedalhalbtasten der Kaiserorgel in der Kathedrale von Toledo in Spanien hingewiesen.

All diese verschiedenen Klangebenen kann der Organist durch Koppeln auf einer einzigen Klaviatur vereinigen. Das erste Koppelsystem, das am Anfang der klassischen Periode der Orgelgeschichte aufkam, war von genialer Einfachheit: Wie beim Cembalo wurde das Obermanual, an dessen Unterseite kleine Holzklötzchen befestigt waren, um einige Zentimeter über die auf ihrer Oberseite ebenfalls mit Holzklötzchen versehene untere Klaviatur gezogen, so daß die Klötzchen aufeinander zu liegen kamen und beim Spiel des Obermanuals auch gleichzeitig die entsprechenden Tasten des Untermanuals herabgedrückt wurden (Schiebekoppel). Später erlaubte ein anderes System das Koppeln der Manuale, die nicht mehr verschoben werden mußten, mittels eines Fußhebels

oder Registerzuges. An den Hebeln des Obermanuals waren bewegliche Gabeln angebracht, die in die auf den Tasten des Untermanuals befestigten Schraubenmuttern einhakten und somit beim Spiel auf der unteren Klaviatur die Tasten der oberen Klaviatur mit herabzogen (Gabelkoppel). Die pneumatischen und elektrischen Systeme führten zu Koppeln, die als Knöpfe oder Schalter in Höhe der Manuale eingerichtet wurden. Vor allem in großen Instrumenten ersetzte man das System der Koppeltritte schließlich durch »Champignons«, die durch einen einfachen Stoß des Fußes eingeschaltet wurden.

Seit ihrer Entstehung bis zum 19. Jahrhundert respektierten die verschiedenen Koppelsysteme die durch das Werkprinzip festgelegten Klangebenen der Orgel, das heißt, es konnte immer nur ein zweitrangiges Werk an die Hauptklaviatur gekoppelt werden. Dieses räumliche Verständnis der Registerensembles ging im 19. Jahrhundert zugunsten einer immer umfangreicher werdenden Registriermöglichkeit verloren, so daß nun alle Manuale in einer von oben nach unten verstandenen Wirkungsweise zu koppeln waren, bis schließlich im 20. Jahrhundert in einigen Instrumenten alle Register ohne jede Schwierigkeit auf jedem beliebigen Manual erklingen können.

Das Ende des 19. Jahrhunderts und die Experimente der Orgelbauer führten im Bereich des Spieltisches zu zahlreichen Neuerungen, zum Beispiel zu freien oder festen Kombinationen, die durch die Konzeption kleiner Kombinationszüge oder -hebel (meistens zwei oder drei Reihen über den eigentlichen Registerwippen) ermöglicht wurden, wobei jedoch immer nur eine Reihe wirksam war. Der Orga-

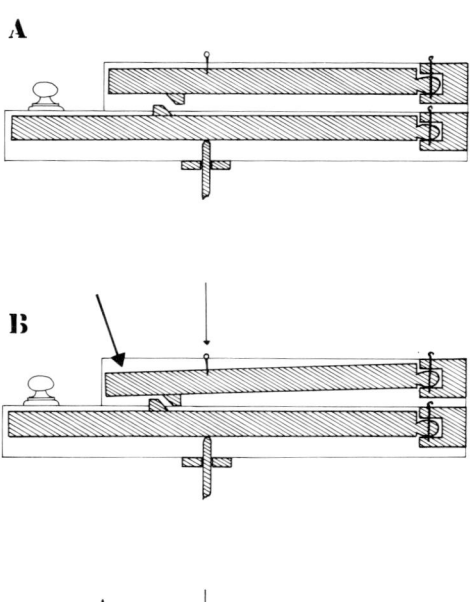

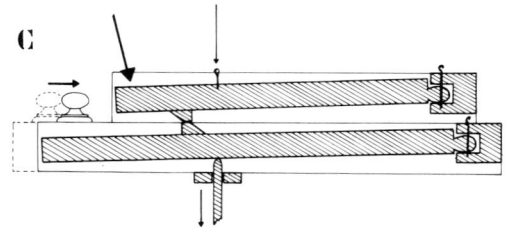

Fig. 41 System der Schiebekoppel
A Tasten in Ruhestellung (ohne Koppelung) – B Niederdrücken einer Taste auf dem Obermanual (ohne Koppelung) – C Koppeln der Manuale durch das Verschieben des Untermanuals: Die auf dem Obermanual gespielte Taste drückt auch die entsprechende Taste der unteren Klaviatur nieder.

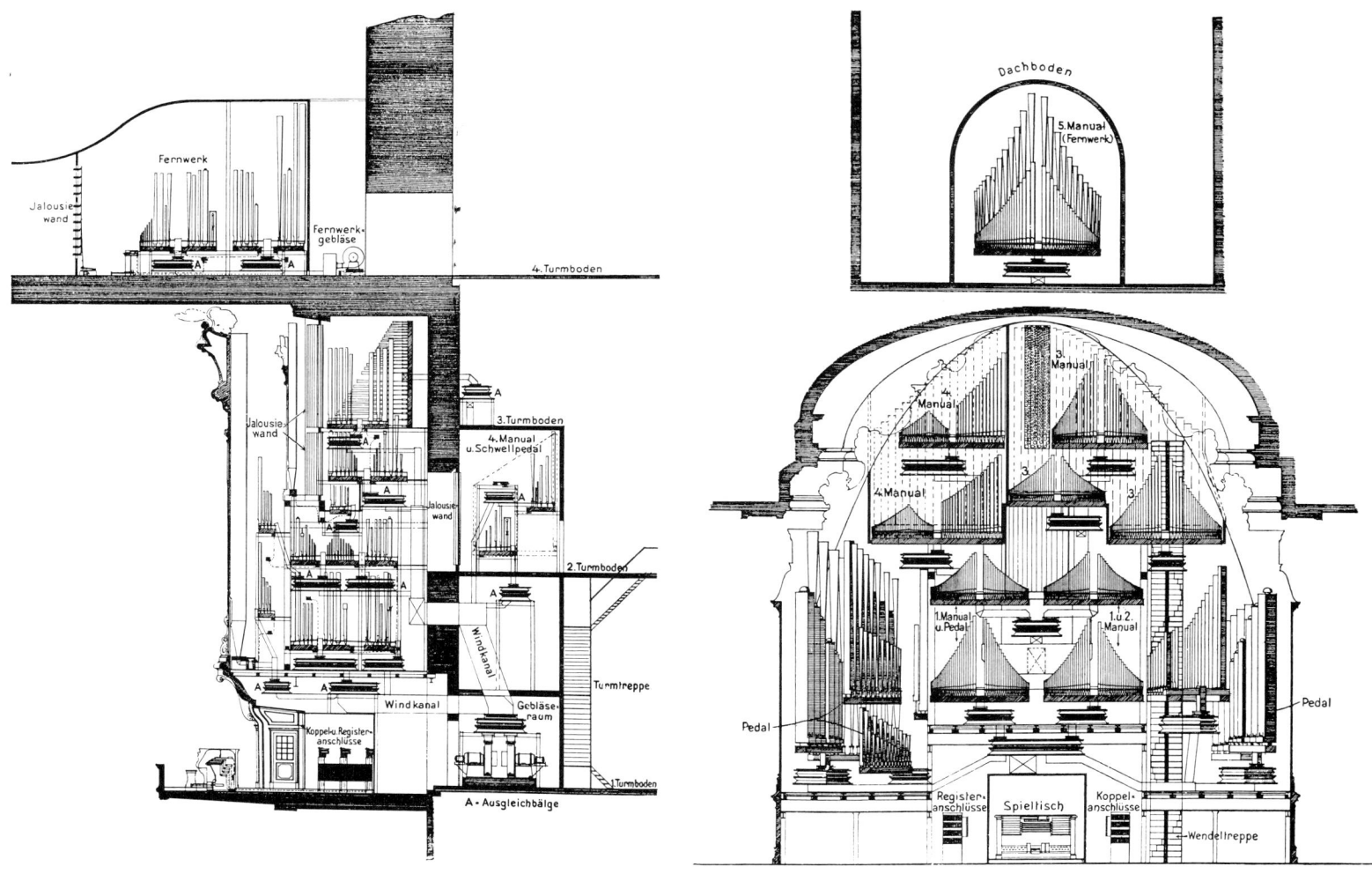

Fig. 42 Querschnitt und Aufriß der Anordnung von Registern und Mechanik der Riesenorgel von St. Michaelis in Hamburg, erbaut 1908 von Walcker (opus 1700) mit 163 Registern auf fünf Manualen und Pedal (nach Alfred Sittard, Das Hauptorgelwerk und die Hilfsorgel der großen St. Michaelis-Kirche in Hamburg, Hamburg 1912, S. 11, 12)

nist konnte somit Registrierungen im voraus zusammenstellen und die neue Registrierung während des Spiels durch das Betätigen eines einzigen Schalters einführen, ein System, das durch die Elektronik noch vereinfacht wurde: Heute können die Organisten direkt mit den Registerzügen oder -wippen und mit einem Setzknopf mehrere Kombinationen speichern und somit – falls die Technik nicht ausfallen sollte – alle Registrierungen eines Konzertes vorprogrammieren. Bei den festen Kombinationen handelt es sich um Registerzusammenstellungen (piano, mezzoforte, forte, fortissimo oder Tutti), die vom Orgelbauer eingerichtet werden. Darüber

hinaus finden wir auch bei Instrumenten mit mechanischer Registertraktur eine freie Kombination durch drehbare Registerzüge sowie Einführungtritte und Absteller für bestimmte Registergruppen (Zungen, Mixturen).

Der Schwellkasten und das Crescendo geben den Organisten die Möglichkeit, die Klangintensität ihrer Instrumente zu variieren. Beide Mechanismen werden mit dem Fuß betätigt. Die Idee des Schwellkastens besteht darin, alle Register einer Klaviatur in einem Gehäuse einzuschließen, dessen bewegliche Türen oder Jalousien der Vorderseite nach Belieben geöffnet und geschlossen werden können. Dieses Öffnen geschah anfangs durch einen mit einer Feder versehenen Fußhebel, der ohne jede Zwischenposition nur das vollständige Öffnen oder Schließen der Türen erlaubte. 1863 erfand der Orgelbauer Walcker den rechtwinkeligen Balanciertritt ohne Feder, der das Öffnen des Schwellkastens in jeder gewünschten Position und Klangstärke zuließ. Bemerkenswert ist,

daß diese Einrichtung, die es in Spanien schon im letzten Drittel des 17. Jahrhunderts (eco) und in England seit Anfang des 18. Jahrhunderts (swell box, erstmals in der Orgel der Kirche St. Magnus the Martyr, London Bridge, von Abraham Jordan 1712 verwirklicht) gab, nach ihrem Erscheinen in Deutschland in der romantischen Orgel besonders aufblühte. Es gibt nicht wenige Instrumente, die mit zwei oder drei Schwellkästen ausgestattet sind. Das Crescendo ist die Frucht des elektropneumatischen Systems: ein rechtwinkliger Balanciertritt oder eine Rolle (Rollschweller, Walze) läßt in einer vom Orgelbauer festgelegten Reihenfolge von der geringsten bis zur größten Lautstärke nacheinander alle Register der Orgel – von den Grundstimmen bis zum Tutti – erklingen.

All diese verschiedenen, äußerst technisierten Systeme, die das Suchen nach immer neuen Klangstrukturen und die übermäßige Entwicklung des Instruments zur Folge hatten, waren für die Musiker am Anfang dieses Jahrhunderts unentbehrlich

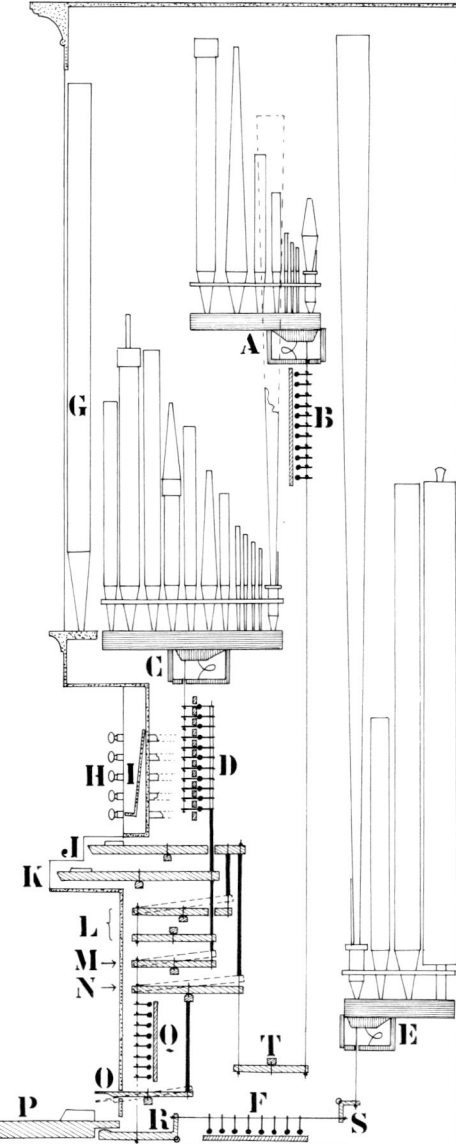

Fig. 43 Schematischer Schnitt durch eine Orgel mit zwei Manualen und Pedal mit ihrer Mechanik (Registertraktur und Windkanäle wurden zur besseren Übersicht weggelassen)
A Windlade des Positivs – B Wellenbrett des Positivs – C Windlade des Hauptwerkes – D Wellenbrett des Hauptwerkes mit umgekehrter Wirkung – E Windlade des Pedals – F Wellenbrett des Pedals – G Prospektpfeifen – H Registerzüge – I Notenpult – J Positivmanual – K Hauptmanual – L Manualkoppel Positiv/Hauptwerk – M Pedalkoppel Hauptwerk/Pedal – N Pedalkoppel Positiv/Pedal (L, M, N Wippen auf beweglichen Achsen) – O Koppeltritt Positiv/Pedal (weitere Koppeltritte weggelassen) – P Pedalklaviatur – Q Wellenbrett, das den Abstand der Pedaltasten auf den Abstand der Manualtasten reduziert – R Gegenwippe im Pedal, die die Bewegung der Pedaltasten in die Gegenrichtung umkehrt (mit Winkeln um 90°) – S Winkel, die die horizontale Bewegung der Pedalabstrakten in die vertikale Richtung umsetzen – T Wippen zur Umsetzung der Bewegung der Positivabstrakten

(sie sind für die Organisten sehr großer Orgeln auch heute noch von Nutzen), und sie begründeten einen neuen Orgelmusikstil, der in der Musik unserer Zeit eine beachtliche Stellung einnimmt. Doch wird diese Stellung heutzutage durch die Vorliebe für den Stil vergangener Zeiten eingeschränkt, da sich die Mehrheit der zeitgenössischen Orgelbauer erneut einer klassischen Konzeption der Orgel zuwendet und die Organisten, die wieder zu ergebenen Dienern des größten unter den Instrumenten werden, vergessen läßt, daß sie ein ganzes Orchester ersetzten.

Das Gehäuse

Das Gehäuse, eine Holzverkleidung zum Schutz der Orgel, hat nicht nur eine dekorative, sondern auch eine akustische Funktion, indem es die Abstrahlung des Orgelklanges in eine bestimmte Richtung lenkt und die Register zu einer klanglichen Einheit verschmelzen läßt. Es ist – wie durch den Begriff »Gehäuse« versinnbildlicht wird – ein Schmuckkästchen, das das Pfeifenwerk und die Mechanik unseres Instruments schützend umgibt.

Ursprünglich war die Orgel (zum Beispiel die des Mönchs Theophilus im 11. Jahrhundert) oft nur mit einer zeltartigen Leinwandhaube bedeckt, die das Pfeifenwerk des Instruments vor Staub schützte und vor dem Spiel mittels eines Seilzuges hochgezogen werden mußte. Am Ende des Mittelalters brachten die Orgelbauer vor den Pfeifen der Orgelfassaden eine Art Gardine an, wie wir es auf einer Zeichnung der Orgel der Kathedrale in Reims von Jacques Cellier (Ende des 16. Jahrhunderts) sehen können, deren Gardine mit Lilien verziert ist.

Was die Dekorationen betrifft, so paßte man sie oft dem jeweiligen Zeitgeschmack an, oder es wurden als überholt erachtete Orgeln einfach zerstört. Die Instrumente folgen somit zwar einer einzigen Ästhetik, weisen aber je nach der Schöpfergabe des Architekten oder Bildschnitzers individuelle Züge auf. Ihre ursprüngliche Gestalt kann man heute nur mehr selten erkennen, da die Werke fast immer im Laufe der Jahrhunderte Veränderungen erfuhren (Erweiterung um ein Positiv, Hinzufügen von Pedaltürmen, Erhöhung von Gehäuseteilen, Hinzufügen von Schmuckwerk, neue Bemalungen usw.).

Die ersten Orgelgehäuse konnten wie Schränke durch bemalte Türen oder »Flügel« aus massivem Holz oder gespanntem Stoff geschlossen werden, während die Zwischenräume der Pfeifenfüße und -mündungen mit geschnitzten und oft vergoldeten Ornamenten versehen waren. Die akustische Funktion des Gehäuses ist offensichtlich: Es vereint die Klänge, reflektiert sie und leitet sie zum Hörer hin. Darüber hinaus trugen die Flügeltüren auch der christlichen Liturgie Rechnung: Sie verschlossen vom »Gloria« des Karfreitags bis zum »Gloria« der Osternacht das Instrument und präsentierten den Gläubigen Zierwerk und Bemalungen ihrer Rückseiten. Die Orgel wurde damit – als Musikinstrument und Kunstwerk – integrierender Bestandteil der Kirchen, um schließlich als Gegenstück des gotischen oder barocken Altars zu einem wahren Juwel der Gotteshäuser zu werden.

Die mittelalterliche Orgel beruht hauptsächlich auf rechteckigen Formen, die parallel oder auch übereinander angeordnet sind. Die Gliederung der Fassaden ist nur durch den Umriß der Pfeifen und die Gestalt der Türme gegeben. Ein schlichter Dekor (meistens Rankenwerk), der die Pfeifenfüße und Pfeifenmündungen verdeckt, geschmückte Flügeltüren, drei- oder viereckige Fialen und Zinnen vervollständigen den Zierat.

Mit der Entwicklung des Instruments wurden auch die Gehäuse vielgestaltiger. Seit dem Ende des 15. Jahrhunderts war der Flamboyantstil formbestimmend: durchbrochen gearbeitete, geschnitzte Holzverkleidungen (Schleierbretter), Blattwerk, eine ganze Kleinarchitektur aus Holz mit Gehängen, Lanzettbogen, Drei- und Vierpässen, Arabesken, Statuetten, Figuren und Laternen.

In der Renaissance bildeten sich dann sowohl im klanglichen als auch im optischen Bereich nationale Unterschiede heraus. Man warf der gotischen Kunst allzu geometrische Prinzipien vor und führte – beeinflußt von antiken Vorbildern – neue Gestaltungselemente ein. So verloren die Pfeifentürme im nördlichen Europa ihre strenge Form, indem ihre flachfeldrige Anordnung durch dreieckige, halbkreisförmige oder sechseckige Grundrisse belebt wurde. Doch strahlen die Fassaden trotz der hervortretenden Türme, unterstrichen durch Pilaster und Strebepfeiler, noch immer ruhige Flächenhaftigkeit aus. Erstaunenswert sind oft die Details: Friese mit abwechselnden Triglyphen und Bukranien, Bekrönungen, Muschelgewölbe, Rosetten, Schalen, Vasen, Gesimse, Kragsteine oder Säulchen mit Kandelaberornamenten. Die

Fig. 44 Philadelphia (Pa./USA), Centennial Exhibition, Orgel, erbaut 1876 von Hilborne Roosevelt (opus 15)

In den Vereinigten Staaten verdankt man Hilborne Roosevelt die interessanteste Verwendung der Elektrizität im Orgelbau. Er war einer der ersten, die dieses Traktursystem einsetzten und dessen Vorteile auszunützen wußten, vor allem in der freien Verteilung der verschiedenen Klangebenen eines Instruments. So verfügte die Ausstellungsorgel von Philadelphia über ein an der Decke gegenüber dem Hauptgehäuse aufgehängtes Teilwerk (Electric Suspended Organ) mit dem Register Traverse Flute 8' und über ein im Turm befindliches Teilwerk (Electric Echo Organ), das mittels eines etwa 70 m langen Kabels mit dem Spieltisch verbunden war und die Register Stopped Diapason 8', Vox humana 8' und Tremulant aufwies. Den elektrischen Strom besorgten Motoren, die von sechs Leclanché-Batterien versorgt wurden. Das 38-stimmige Instrument mit den Teilwerken Great, Swell, Solo, Electric Echo, Electric Suspended Organ (58 Tasten) und Pedal (30 Tasten) kam 1881 in den Konzertsaal an der Huntington Avenue in Boston, wo es von seinem Erbauer vollständig erneuert wurde.

The Great Centennial Exhibition Organ, built by HILBORNE L. ROOSEVELT. NEW YORK.

Täfelungen des Orgelunterbaus sind wie die Emporenbrüstungen mit Skulpturen geschmückt.

Waren im Mittelalter große Instrumente eine Ausnahme, so erhielten die Orgelgehäuse seit dem 16. Jahrhundert großzügigere Proportionen mit komplexen Architekturen. Das Werkprinzip der deutschen Orgeln teilte jeder Klaviatur einen eigenen Klangkörper zu, so daß bis zum Beginn des 19. Jahrhunderts die Orgelprospekte einem Betrachter die verschiedenen Teilwerke der Instrumente klar aufzeigten. Die Prospekte der romanischen Länder dagegen spiegelten nicht – so prächtig sie sein mochten – den inneren Aufbau der Instrumente wider, sondern waren ein für die Augen bestimmtes ornamentales Fest.

Der aus der Gegenreformation geborene Barockstil steigerte diese Entwicklung, indem er den Orgelgehäusen ein immer reicher werdendes Äußeres verlieh. Die Prospekte wurden nun zu Trägern verschiedenster Ornamente, die den damaligen Zeitgeschmack bekunden: Wir finden Darstellungen der Pflanzen- und Tierwelt (aus der natürlichen und der Sagenwelt), der heidnischen Mythologie (Chimären, Drachen, Satyrn, Karyatiden, Episoden aus dem Leben antiker Helden), des christlichen Glaubens (Engel, Teufel, Allegorien, Figuren von Heiligen, Propheten und Königen), außerdem Abbildungen zahlreicher Musikinstrumente. Dieser aufwendige Schmuck beschränkte sich nicht nur

auf das Gehäuse oder die Orgelempore, sondern erstreckte sich auch auf die Prospektpfeifen selbst, die manchmal mit lebhaften Malereien oder skulpierten geometrischen Mustern (Schachbretter, Rauten, Spiralen, Schnörkel) verziert wurden. Genügten den Künstlern selbst die Pfeifenkörper noch nicht, so bemalten sie auch noch die Flächen der Labien. Diese extreme Verzierung des Pfeifenwerkes war vor allem in Spanien, Deutschland und England beliebt, doch kann man sie in australischen oder amerikanischen Orgeln des vergangenen oder sogar des gegenwärtigen Jahrhunderts ebenfalls antreffen.

Erwähnen wir auch die für optische Vergnügen ersonnenen Spielereien: Mechanismen, die es Engeln erlauben, ihre Flügel zu entfalten, eine Trompete an den Mund zu führen oder auch zu dirigieren; groteske Masken, die die Unterkiefer be-

wegen können, wie der berühmte »papotier« der Orgel in der Kirche Notre-Dame in Avesnières (Anjou) aus dem 16. Jahrhundert oder der »Roraffe« des Straßburger Münsters, die Erscheinung eines Ochsen bei den zwei Tönen des Kuckucksrufes in der Abteikirche von Ochsenhausen (Süddeutschland, 1729–1733); flügelschlagende Adler in der Orgel des Bernhardinerklosters zu Leżajsk (Polen, 1678–1693) oder das überraschende Erscheinen eines Fuchsschwanzes in einigen polnischen oder deutschen Orgeln, der jenem Unglücklichen ins Gesicht schlug, der den Registerzug »Noli me tangere« zu betätigen wagte.

An den Gehäusen der Renaissance und des Barock finden wir auch die große Tradition der mittelalterlichen Miniaturmalerei fortgeführt und zu neuer Blüte gebracht. Die Prospekte wurden oft mit Werken berühmter Meister geschmückt,

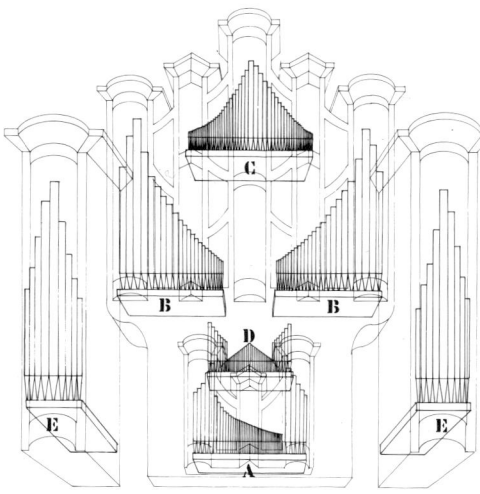

Fig. 45 Das Werkprinzip
Schema einer Orgel, deren Prospektgestaltung die Anordnung der einzelnen Klangebenen widerspiegelt
A Rückpositiv – B Hauptwerk – C Oberwerk oder Kronwerk – D Brustwerk – E Pedal

zum Beispiel die zwei Flügel der Orgel des Basler Münsters durch Hans Holbein d.J. oder die Orgel der Kirche S. Sebastiano in Venedig, die 1560 von Paolo Veronese ausgemalt wurde.

Nahezu drei Jahrhunderte lang wurde die Orgel wie eine bildliche Darstellung geschätzt. Das Gold der Skulpturen und Friese und das Silber der Prospektpfeifen harmonierten mit den einfachen Farben des Holzes; der reiche Dekor und die gelungene farbliche Komposition erhoben den Prospekt zu Gemälden und die Orgel zu dem vollendetsten Kunstwerk der Kirchen.

Im 19. Jahrhundert, dem Zeitalter der Industrialisierung, wurden individuelle Schöpfungen der Orgelmeister immer sel-

tener. Die Architekten orientierten sich zunächst an verschiedenen Zeitstilen (Empire, Louis-Philippe usw.), um schließlich ab der Mitte des Jahrhunderts in eine Schwärmerei für das Mittelalter auszubrechen. Es entstanden nun Schöpfungen gotischer Inspiration, für die die Architektur der Kathedralen zum Vorbild diente. Parallel zu dieser formalen Entwicklung verzichtete das 19. Jahrhundert auf Farben, um nur die Verschiedenheit lackierter Holzarten wirken zu lassen. Die Rolle der Gehäuse war dabei mehr die eines Mantels, hinter dem oft sinnwidrige Konzeptionen der inneren Elemente des Instruments und auch die neuen lärmenden Apparate, die den Organisten die Herrschaft über diese Monster erleichtern sollten, versteckt wurden.

Unser Jahrhundert ließ schließlich auch diese künstlichen Fassaden fallen. Die Architektur der Instrumente gab sich mit den offenen Freipfeifenprospekten zufrieden, die die Orgeln jedoch akustischer Vorteile und des schützenden Gehäuses beraubten. Nach Versuchen, diese neue Prospektgestaltung dem Werkprinzip anzupassen, findet der Orgelbau unserer Zeit wieder zurück zu den Vorteilen eines Gehäuses und eines klassischen Aufbaus des Pfeifenwerkes der Orgel in verschiedenen Klangebenen.

In der allgemeinen Entwicklung des Orgelgehäuses ist es interessant zu sehen, wie die Architekten das Instrument allmählich von der strengen, flachen Form der Gotik loslösten, im 18. Jahrhundert eine ausgesprochen räumliche Konzeption verschiedener Klangkörper erreichten und diese im vergangenen Jahrhundert aufgaben, um in unserem Jahrhundert das Aussehen der ursprünglichsten abendländischen Orgel wiederzuentdecken und sich schließlich erneut die akustischen und ästhetischen Qualitäten eines klassischen Gehäuses zu eigen zu machen.

Immer mehr Orgelbauer des 20. Jahrhunderts rufen das Orgelgehäuse zu neuem Leben zurück. Die Frage, ob individuelle Komposition oder Stilkopie historischer Prospekte, hängt dabei vom jeweiligen Klangstil der Instrumente ab. Wenn auch heute Anhänger der zeitgenössischen Kunst den modernen Orgelbau oft wegen seiner konservativen Einstellung tadeln, so muß man sich doch auf einen historischen Standpunkt beziehen und – mit aller Bescheidenheit – daran erinnern, daß unser Jahrhundert durch die Rückbesinnung auf den Wert der alten Instrumente und durch

Fig. 46 Siena (Italien), Kirche S. Maria della Scala, Orgel, erbaut 1516–1518 von Giovanni di Antonio Piffero in einem Gehäuse von Baldassare Peruzzi Die – noch erhaltene – ursprüngliche Disposition zeigt eine Besonderheit der Übergangszeit des italienischen Orgelbaus am Beginn des 16. Jh.s: Einige hohe Chöre – Principale, Ottava, XV + XXIX, XIX + XXVI, XXII + XV, Flauto in Quintadecima – sind auf einem Registerzug vereint. Die Orgel erhielt eine Springlade und eine Klaviatur mit 47 Tasten (FF-f'); eine Zungenstimme wurde im 18. Jh. hinzugefügt. Das fast vollständig bewahrte Werk wurde 1975–1976 von Tamburini restauriert.

den Wunsch, daß Orgelbauer und Musikwissenschaftler das Erbe der Vergangenheit und seine Geheimnisse begreifen und verstehen möchten, entscheidend für die weitere Entwicklung der Orgelbaukunst sein wird.

Die verschiedenen Aufstellungsmöglichkeiten der Orgel

Der beste Platz für eine Orgel ist immer der, an dem sich der Klang des Instruments am vollsten entfalten kann, doch sind die Orgelbauer oft aus praktischen, ästhetischen oder liturgischen Gründen zu einem Kompromiß je nach der beabsichtigten Funktion des Werkes gezwungen; zum Beispiel erfüllt die Orgel in den reformier-

Fig. 47 Verschiedene Beispiele für die Aufstellung von Orgeln

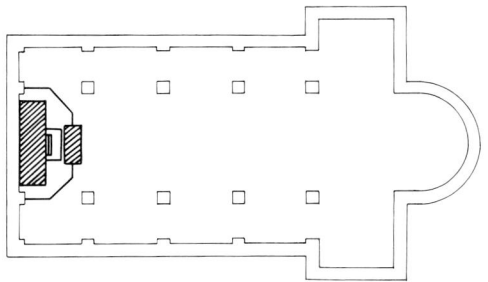

Traditioneller Aufstellungsort einer Orgel auf einer Empore an der Rückwand des Hauptschiffs einer Kirche über dem Westportal

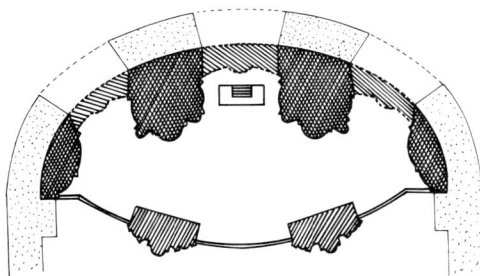

Grundriß der 1737–1750 von Joseph Gabler erbauten Orgel in der Benediktinerabteikirche von Weingarten mit mehreren um die sechs Fenster der Hauptfassade gegliederten Gehäuseteilen

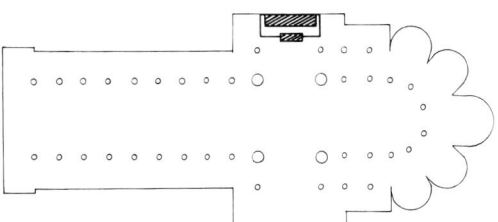

Aufstellungsort der 1487 von Oudin Hestre und 1570 von Denis Collet erbauten Orgel in der Kathedrale von Reims (Frankreich) an der Rückwand des nördlichen Seitenschiffs

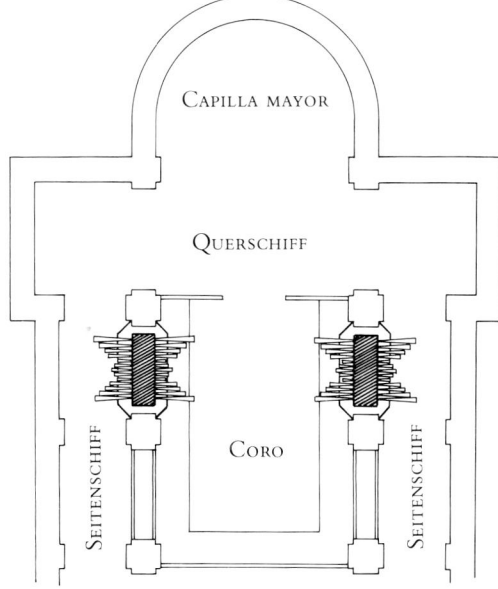

Typisch spanische Aufstellung zweier Orgeln, die sich auf beiden Seiten des Coro symmetrisch gegenüberstehen (zwei Gehäuse, vier Prospektseiten)

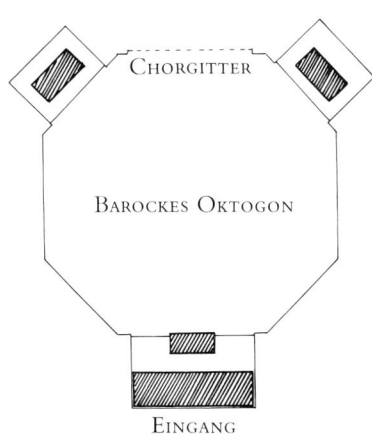

Grundriß des Oktogons der ehemaligen Benediktinerabteikirche von Muri (Aargau, Schweiz) mit der 1630 von Thomas Schott erbauten Hauptorgel über dem Eingangsportal und den 1743–1744 von Josef und Viktor Ferdinand Bossart erbauten Chororgeln auf der Epistel- und Evangelienseite

Für Portugal charakteristische Aufstellung der 1785 von Francisco António Solha erbauten Orgel in der Klosterkirche S. Martinho in Tibães

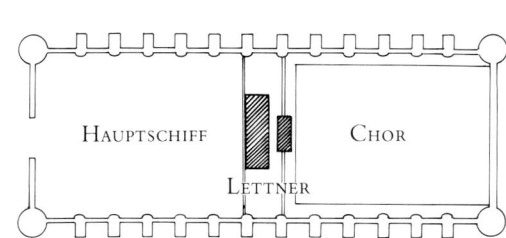

Aufstellung der 1605–1606 von Thomas Dallam und 1661 vermutlich von Lancelot Pease erbauten Orgel in der Kapelle des King's College in Cambride (Großbritannien) auf dem Lettner mit je einer Prospektseite in das Hauptschiff und in den Chor

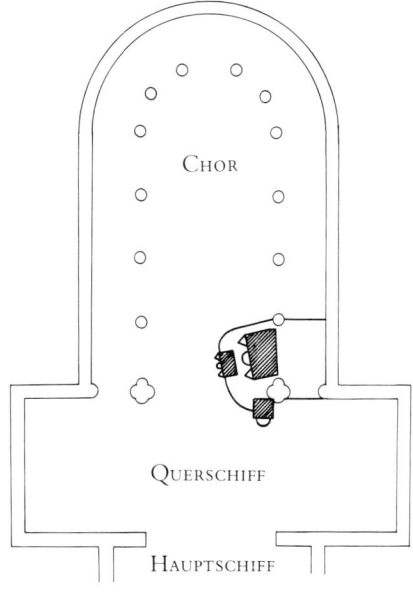

Ungewöhnliche Aufstellung der 1686–1688 von Arp Schnitger erbauten Orgel in der Ludgerikirche in Norden in schräger Position im ersten Joch des Chores mit nur einem zum Querschiff gerichteten Pedalturm, der dem für die Barockzeit einzigartigen Ensemble ein asymmetrisches Erscheinungsbild verleiht

ten Kirchen Englands und vor allem Deutschlands nicht nur durch das Begleiten des Chores, sondern besonders durch das Stützen des Gemeindegesangs eine viel spezifischere Aufgabe als in der katholischen Kirche, in der sie im wesentlichen solistisch oder im Wechsel mit dem Chor erklingt.

Der gebräuchlichste Aufstellungsort der Orgel ist in den meisten Kirchen die Empore über dem Westportal, wo das im Laufe der Jahrhunderte immer größer gewordene Instrument den größten Raum und auch die beste Klangabstrahlung findet. Um hier große Kirchenfenster oder Westrosetten nicht zu verdecken, teilen die Orgelbauer das Gehäuse oft in mehrere Klangkörper auf, wie wir es bei der Rokokoorgel der Abteikirche zu Weingarten (Württemberg, 1737–1750), die sicherlich eines der extremsten Beispiele ist, sehen können: Die Orgel ist hier in genialer Weise so aufgestellt, daß die sechs Westfenster der Kirche nicht verdeckt werden.

Zwar bietet die Westempore die besten akustischen Bedingungen und wurden die Orgeln seit dem Ende des Mittelalters dort errichtet, doch gab und gibt es je nach Zeit und Ort auch andere Aufstellungsmöglichkeiten.

Die kleinen Positive des Mittelalters wurden wegen ihrer Begleitfunktion ursprünglich im Chor oder an einer von dessen Seitenwänden aufgestellt. Auch eine große Orgel konnte – wie es in England, Spanien und Italien üblich war – im Chorraum über dem Chorgestühl installiert werden. In Italien war der bevorzugte Platz für das Instrument die Cantoria, eine kleine Sängerempore, deren streng rechteckige Form und deren Dekor mit der Reinheit der Linien der lateinischen Basiliken harmonierte.

In den iberischen Ländern, in Südamerika und Italien fanden häufig zu beiden Seiten des Chores (der spanische Coro ist ein durch Wände und Gitter abgeschlossener Raum im Mittelschiff) einander gegenüberliegende und in ihren Prospekten identische Instrumente als Evangelienbzw. Epistelorgel Platz, eine Anordnung, die – mit Ausnahme der Abteikirchen von Ottobeuren (Schwaben, Bayern) und Muri (Aargau, Schweiz) – in anderen Ländern eher selten ist.

Ein beliebter Aufstellungsort des Mittelalters waren auch die Lettner, die das Kirchenschiff vom Chor trennten. Von dort konnte sich der Klang der Orgeln, die oft einen Prospekt in den Chor und einen

Prospekt in das Kirchenschiff hatten, ausgezeichnet entfalten, und die Instrumente dienten sowohl als Chor- als auch als Hauptorgel. Während der Barockzeit wurden viele dieser einzigartigen Konstruktionen, die es vor allem in Flandern und England gab, und oft auch ihre Instrumente zerstört.

Es gibt jedoch noch weitere Aufstellungsmöglichkeiten der Orgel: Sie kann hinter dem Hochaltar versteckt, über einem der Querschiffportale oder – wie in der Renaissance – in der Nähe des Chores an einer der Querschiffwände aufgerichtet sein, wo sie zwischen Hauptschiff und Chor ein ausgezeichnetes Klangband webt. Auch in den Seitenschiffen oder -kapellen und in den Chorumgängen fanden im Laufe der Geschichte häufig Orgeln ihren Platz, ebenso als Schwalbennest an einer der Wände des Hauptschiffes, wie es für das Ende des Mittelalters charakteristisch war.

Letztlich entscheidet der Orgelbauer über die Frage des Aufstellungsortes. Es gibt Orgeln, die sich so versteckt unter einem Gewölbe und so abgeschlossen in einer Nische befinden, daß man sie für akustisch tot halten muß, die aber dank der Kunst des Orgelbauers dennoch großartig klingen.

Orgelbau und Restaurierung

Die technische Entwicklung vom Mittelalter bis zum Barock

Nach den Beschreibungen des Mönchs Theophilus (Anfang des 11. Jh.s) und des Anonymus von Bern (Ende des 11. Jh.s) war die Orgel des Hochmittelalters ein einfaches Instrument von ziemlich plumper Konstruktion. Die aus Holz oder Metall angefertigte Windlade wurde durch eine mehr oder weniger große Zahl von Bälgen versorgt, deren abwechselnder Gebrauch das Fehlen eines Luftreservoirs ausgleichen sollte. In diesem Zusammenhang sei die anachronistische Darstellung einer Orgel mit hydraulischem Windsystem nach byzantinischem Vorbild im Psalmbuch von Utrecht (etwa 830) erwähnt, wie

sie zur damaligen Zeit im Abendland unbekannt war.

Gespielt wurde die mittelalterliche, nicht registrierbare Orgel durch direkt unter den einzelnen Pfeifen liegende Tonschleifen, die der Organist mit der ganzen Hand herausziehen und wieder hineinstoßen mußte, während der Anonymus von Bern bereits winkelförmige Tasten beschreibt, die die vertikale Bewegung der Hände und Finger erlaubten und durch eine Feder automatisch in die Ruhestellung zurücksprangen.

Die Pfeifen waren von starrer Mensur, hatten also alle den gleichen Durchmesser, während ihre Länge entsprechend der Tonhöhe abnahm. Da zu lange oder zu kurze Pfeifen mit starrer Mensur nicht richtig klingen konnten, waren die damaligen Klaviaturen folglich von nur geringem Umfang, wobei die Anordnung der Tasten der der Pfeifen entsprach. Auf diesen Instrumenten war weder virtuoses noch mehrstimmiges Spiel möglich.

Um die großen Bauwerke, in denen die Orgeln aufgestellt waren, klanglich besser füllen zu können, wurden die Pfeifen bald, jedenfalls seit dem 11. Jahrhundert, verdoppelt. Es war dies der Ursprung einer außergewöhnlichen Entwicklung, die zum Plenum führen sollte. Zuvor galt es jedoch

Fig. 48 Darstellung einer mit einem Fuß versehenen Orgel mit sechs Klaviaturzügen. Miniatur aus dem Psalter von Pommersfelden (11. Jh.), Gräfl. Schönbornsche Bibliothek, Cod. 2776 (nach Buhle 1903)

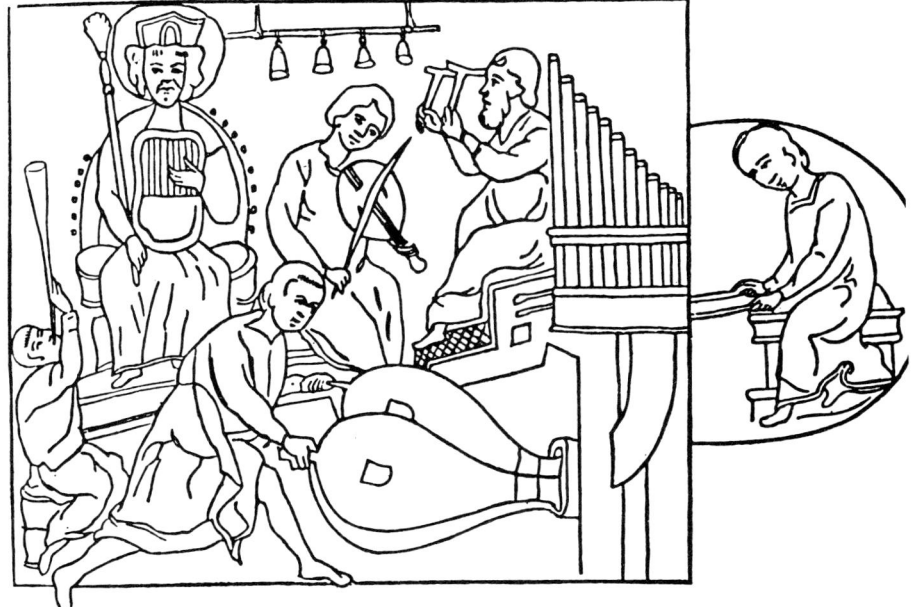

noch, grundsätzliche technische Neuerungen zu entdecken:

Abrücken von der starren Mensur und Verwirklichung fortschreitender Mensuren, um schließlich alle Bereiche des hörbaren Klangraumes (vom 32′ bis zum ⅛′) nutzbar zu machen;

Einfügen eines Wellenbrettes zwischen der Windlade und der Klaviatur, die durch ihre bequeme, den Fingern des Organisten angepaßten Maße von nun an ein polyphones Spiel erlaubten.

War der Umfang der Klaviaturen anfänglich noch sehr verschieden, so umfaßten diese im 15. Jahrhundert häufig 38 Tasten (von F bis a′ ohne die ersten beiden Obertasten Fis und Gis und ohne die letzte Obertaste gis′). Neben der Vervollkommnung der Klaviaturen war vor allem die Einführung fortschreitender Mensuren für die grundlegende Umwälzung des Orgelklanges von größter Bedeutung. Es war nun möglich, die erwähnten doppelt disponierten Grundtöne mit Oktaven, Superoktaven und sogar Quinten zu bereichern, zu denen – bedingt durch die Akustik der Räume und durch den bei den Diskantpfeifen verfügbaren freien Platz – noch zahlreiche hohe Chöre traten. Sie bildeten das erste mittelalterliche Mixtur-Plenum, dessen Chorzahl pro Taste manchmal maßlos groß sein konnte. Die Orgel von Amiens (1422) hatte beispielsweise 19 bis 91 Reihen. All diese Register erklangen jedoch stets gleichzeitig, da es nicht möglich war, die Klangfarbe der Instrumente durch das Spiel einzelner Register zu variieren. Bis zur Erfindung der Schleiflade und der Springlade im 14. Jahrhundert gab es gewisse technische Möglichkeiten, Register einzeln zu spielen: zum einen durch Windladen mit doppelten Ventilkästen, die über zwei Trakturwege mit der einen Klaviatur verbunden und durch Sperrventile nach Belieben unter Wind gesetzt wurden, zum anderen durch die Verteilung der Register auf mehrere Windladen, die jeweils eine eigene Klaviatur hatten. Diesem letztgenannten System entsprach die 1619 durch Praetorius beschriebene Dom-

orgel von Halberstadt: 1361 von Nikolaus Faber erbaut, hatte dieses besonders beeindruckende Instrument vier Windladen mit vier Klaviaturen (zwei Diskantmanuale mit 14 Tasten, ein Baßmanual mit 12 Tasten und eine Pedalklaviatur mit 12 Tasten), die das Erklingen einzelner Register und nicht ein alternierendes Spiel erlauben sollten. Die Orgelliteratur stand damals gerade an ihrem Anfang, und die oben beschriebenen Klaviaturen waren, auch wenn die älteste »Claviermusik«, der Robertsbridge-Codex, wie die Halberstädter Orgel im 14. Jahrhundert entstand, nicht für polyphones Musizieren geeignet. Außer der Verschiedenheit der Klaviaturen (die 1350 erbaute und 1425 durch Heinrich Arnold aus Zwolle beschriebene Orgel von Notre-Dame in Dijon hatte beispielsweise schon ein modernes Manual mit 47 Tasten h–a′) ist auch auf unterschiedliche Stimmhöhen hinzuweisen, die bis zu einer Oktave variieren konnten.

In diesem für ihre Geschichte so entscheidenden 14. Jahrhundert machte die Orgel in ihren Mensuren (von nun an gibt es 32′-Orgeln), im Aufbau ihres Plenums, im Klang und in der Technik ihrer Klaviaturen große Fortschritte, doch blieb in ganz Europa die Unteilbarkeit des Blockwerkes und die stilistische Einheit des Gehäusedekors unverändert. Die Gehäuse waren notwendig geworden, um die Pfeifen der Orgelfassaden zu stützen, die anderen Stimmen zu schützen und eine gute akustische Abstrahlung der Instrumente zu gewährleisten. Die Eleganz und den

Reichtum damaliger Prospekte bezeugen noch heute die kostbaren Orgelgehäuse der Alten Kathedrale von Salamanca und der Kirche auf Valeria in Sitten (Schweiz).

Im Laufe des 15. Jahrhunderts erfuhr das Instrument eine revolutionäre Entwicklung: die Erfindung der Windlade mit einzeln spielbaren Registern. Es war dies bis zu den technischen Erfindungen des 19. Jahrhunderts praktisch die einzige wichtige Neuerung; in kurzer Zeit hat die Orgel zu ihren wesentlichen klassischen Merkmalen gefunden, die je nach Land und Schule etwas variiert werden.

Ab der Mitte des 15. Jahrhunderts bildeten sich auf der Basis des mittelalterlichen unteilbaren Blockwerkes im großen ganzen zwei Orgeltypen heraus: im Süden ein Instrument, das alle Stimmen des Mixtur-Plenums auf einzelne Registerzüge verteilte und somit die italienische Orgel mit ihrem typischen Ripieno ins Leben rief, im Norden dagegen ein Instrument, das Prinzipal und Oktave genannte Grundregister aufwies, seine Klangkronen auf zwei mehrchörige, als Mixtur und Zimbel bezeichnete Registerzüge vereinte und somit schon verschiedene Registrierungen erlaubte. Bei den Zimbeln handelte es sich um sehr hoch klingende Pfeifen, die – zusammen mit der Mixtur zu reicher Zukunft berufen – vielleicht das Cymbalum oder Glockenspiel imitieren sollten, das oft zusammen mit der Orgel erklang.

Die Verwendung mehrerer Klaviaturen, die, wie bereits gesagt, als technischer Kunstgriff für Baß- und Diskantmanuale, Grundstimmen- und Mixturmanuale oder

Fig. 50 König David spielt mit beiden Händen die großen Tasten eines Positivs. Miniatur aus dem Psalter von Belvoir Castle (13. Jh.; nach Buhle 1903)

als angehängtes Pedal schon früher anzutreffen waren, fand sowohl in der Vereinigung von Orgel und begleitenden Positiven als auch in der Erweiterung alter Instrumente um Manuale mit einzeln spielbaren Registern eine neue Funktion. Das Pedal, das bis dahin durch einen Seilzug mit den Baßtasten des Manuals verbunden war, wurde ebenfalls mit eigenen Pfeifen der Baß- und Tenorlage bestückt, die kurze Zeit in unabhängigen Baßtürmen zu beiden Seiten der Orgel (»trompes«, zum Beispiel in Haarlem oder Chartres) untergebracht und bald mit den Manualregistern in einem Gehäuse zusammengefügt wurden. Ihr Umfang betrug hier F bis h und dann bis c, während die Manuale einen relativ einheitlichen Umfang von vier chromatischen Oktaven hatten, dem aber – als Erinnerung an die diatonischen »trompes« – die Obertasten der Baßlage fehlten.

Die Erfindung der Laden für einzelne Register führte zunächst zu einem Aufgliedern der Klangpyramide, die man hierzu neu zusammensetzen mußte, da die Konstruktion der neuen Windladen nur schwierig die Aufstellung einer wachsenden Zahl von Pfeifen erlaubte. Der Wunsch, die tiefe Lage des Klangbereiches mit hohen Obertönen zu versehen, führte, sobald die Pfeifenreihen eine gewisse Höhe erreichten (⅙′ oder ⅛′), zu Repetitionen: Repetitionen in die Oktave in Ripieno-Orgeln, Oktavrepetitionen ebenfalls in den neuen Mixturen, deren Chorzahl zur Höhe hin zunehmen konnte (jedoch in weit geringerem Maße als im

Mittelalter), Repetitionen in der Quinte und Quarte in den Zimbeln, meistens ohne Terz, die in anderen Stimmen oder als Einzelregister vorhanden war. Die Verdoppelung des Grundtones lebte dabei im höchsten Klangbereich des Plenums fort (findet man in der Orgel des Nordens manchmal ab einer gewissen Tonhöhe Verdoppelungen des Grundtones, deren Pfeifen auch im Prospekt aufscheinen können, so können diese Verdoppelungen in der Orgel des Südens auf einzelne Registerzüge aufgeteilt sein).

Der in Einzelregister aufgegliederten Prinzipalfamilie folgten in der ersten Hälfte des 16. Jahrhunderts die Flöten- (8′, 4′, 2′, 1′ und die Quinten 2⅔′ und 1⅓′) und Zungenstimmen (zuerst in der Form von Regalen und dann als Trompeten), außerdem kamen auch verschiedene Terzregister (Sesquialter, Nasat, »toulousaine«, Kornett) – bedingt durch die zahlreichen Reisen der Orgelbauer und die Beziehungen zwischen den Ländern – in allen Regionen Europas auf. Hatten die Orgeln vor 1600 noch ähnliche Konzeptionen, so schufen seit dem 17. Jahrhundert die nationalen und regionalen Schulen, die von nun an über alles technische und klangliche Wissen der Orgelbaukunst verfügten, jeweils eigene Orgeltypen, die von Theoretikern wie Mersenne in Frankreich (1627), Praetorius in Deutschland (1619) oder Antegnati in Italien (1608) beschrieben wurden.

Nennen wir noch einige technische Details: die Erfindung des Spanbalges, der bis zum Triumph des Magazinbalges des 19. Jahrhunderts die Windversorgung der Orgeln entscheidend verbesserte, und am Anfang des 16. Jahrhunderts die Erfindung der Schleiflade, die in Frankreich, in Spanien und in den Gebieten nördlich der Alpen gebaut wurde, und der Springlade, die vorwiegend in Italien, den Niederlanden und Norddeutschland Verwendung fand.

Italien

Die italienische Orgel entspricht im Vergleich zu den Instrumenten der verschiedenen anderen europäischen Länder noch am meisten der mittelalterlichen Konzeption: Jede Reihe des Prinzipalplenums ist in einzelne Register aufgespalten, die zusammen das Ripieno bilden. Sobald die höchsten Reihen die Obergrenze einer bestimmten Klangschärfe erreichen (⅛′ oder manchmal ⅙′), repetieren sie in die untere Oktave, so daß im Diskant des Manuals

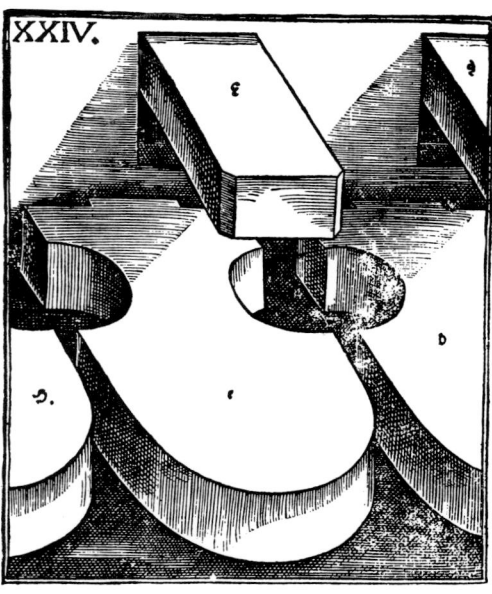

Fig. 51 Detail der Klaviatur der Orgel im Dom zu Halberstadt (nach Michael Praetorius, De Organographia, Wolfenbüttel 1619, Tafel 24)

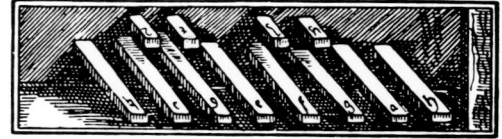

Fig. 52 Die Klaviaturen der Orgel im Dom zu Halberstadt: Diskant-, Baß- und Pedalklaviatur (nach Michael Praetorius, De Organographia, Wolfenbüttel 1619, Tafel 25)

Cantus. Organum. Saltus. Gaudium. Verecundia. Ira. Litargyrum.

zahlreiche charakteristische Verdoppelun- gen auftreten.

Die italienische Orgel ist gewöhnlich einmanualig. Gibt es ein zweites Manual, so handelt es sich meistens um ein Echo- werk im Unterbau des Gehäuses und nur selten um ein Rückpositiv. Das Pedal ist vorwiegend an die unteren Tasten der Ma- nualklaviatur angehängt und besitzt nur gelegentlich ein oder mehrere eigene Re- gister. Das Gehäuse ist oft rechteckig, be- krönt von einem imposanten Giebel. Es wurde in der venezianischen Schule in der Achse der Kirchen über dem Altar aufge- stellt, im restlichen Italien dagegen mei- stens an der Seitenwand des Chores, wo ihm – wie in Spanien – eine zweite stumme oder klingende Orgel gegenüber- stand. Die Prospekte konnten durch eine oft von berühmten Malern verzierte Lein- wand verschlossen werden.

Zu gewissen Zeiten und in manchen Re- gionen der Halbinsel waren die Register in Baß und Diskant geteilt, was das Auf- kommen der Konzertregister begünstigte. Es waren dies Register, die nicht zum Ri- pieno zählten: verschiedene Flötenarten, Nasatstimmen, Kornette und andere Solo- register. Zwar gab es in der italienischen Orgel von Anfang an Zungenstimmen, die sich bis zum 19. Jahrhundert weiterentwik- kelten, doch war ihre Zahl im Vergleich zur französischen oder iberischen Orgel nur gering. An Windladen finden wir zu allen Zeiten vorwiegend die Springlade und an mechanischen Hilfsmitteln das »ti- ratutti«, das mit einem Zug alle Register des Ripieno zieht, außerdem manchmal ein »polisire« genanntes mechanisches Kombinationssystem, die Oktavkoppelung »terza mano« sowie paramusikalische Ac- cessoires wie Glöckchen, große Trommeln und Kuckuckrufe, die dieses relativ schlichte Instrument im Laufe der Zeit be- reicherten. Zur Vermehrung der klangli- chen Möglichkeiten wurden die Klaviatu- ren sehr oft in der Tiefe (bis Kontra-F (FF) oder Kontra-C (CC) oder in der Höhe über den normalen Klaviaturumfang der Orgel hinaus vergrößert.

Ein typisches Register der italienischen Orgel ist die Voce umana, ein zum Haupt- prinzipal in Schwebung gestimmtes zwei- tes Prinzipalregister, dessen Schwebungen an das Vibrato der menschlichen Stimme erinnern. Dieses Register wurde im 17. und 18. Jahrhundert von Orgelbauern nördlich der Alpen übernommen, und man findet es in der Form einer Gambe auch in der romantischen Orgel, wo es als Vox coe- lestis eine der charakteristischsten Klang- farben wurde.

Die Iberische Halbinsel

Auf der Basis eines gemeinsamen europä- ischen Ursprungs entwickelte Spanien einen eigenen Orgeltyp, dessen Haupt- merkmal ab etwa 1560 in Baß und Diskant geteilte Register sind, die bei nur einer Ma- nualklaviatur sowohl das Hervorheben einer Melodie als auch deren Begleitung ermöglichen. Die iberische Orgel verfügt wie die italienische vorwiegend über ein, seltener auch über ein zweites Manual. Dabei handelt es sich meist um ein Echo- werk oder manchmal um ein Positiv, das in verschiedener Art aufgestellt sein konnte. Was das Pedal betrifft, so verfügte es bei einem allgemeinen Umfang von einer Oktave mit nur wenigen Ausnah- men (Toledo, »Kaiserorgel«) über nur wenige Grundstimmen zu 16' und 8' und/oder eine Koppel. In den großen Kathedralen stehen sich zwei Instrumente zu beiden Seiten des Coro mit jeweils zwei Prospektseiten, die eine ins Hauptschiff und die andere ins Seitenschiff, gegenüber. Diese Anordnung erlaubte es, die einzel- nen Instrumente mit jeweils einer ins Hauptschiff und einer ins Seitenschiff klin- genden Klangpalette auszustatten. Ein weiteres Charakteristikum der iberischen Orgel sind die horizontalen Zungenregi- ster, die Spanischen Trompeten, die in der zweiten Hälfte des 17. Jahrhunderts aufka- men und oft an ältere Gehäuse angefügt wurden.

Die Windladen (Schleifladen) sind stets chromatisch angelegt und in Baß (links) und Diskant (rechts) geteilt, was kompli- zierte Verführungen bedingt, um die meist symmetrisch angeordneten Prospektpfei- fen (Prinzipale, horizontale Zungenregi- ster) mit Wind zu versorgen. Sie weisen oft mehrere Etagen auf, die über Windka- näle miteinander verbunden sind. Einige Register stehen manchmal in einem mit Deckel versehenen Echokasten, der vom Organisten durch eine einfache Mechanik geöffnet oder geschlossen werden kann. Es ist dies die erste Form des Schwellkastens.

Was den architektonischen Reichtum der spanischen Orgeln betrifft, so dienen die kühn übereinandergestellten Prospekt- pfeifenfelder meistens nur zur Dekoration, während der innere Aufbau trotz der prunkvollen Fassaden sehr schlicht ist. Or- geln nach iberischem Vorbild finden wir auch in Südamerika und anderen spani- schen Einflußgebieten oder Kolonien. Ihre horizontalen Zungenregister werden wohl zu allen Zeiten die Orgelbauer faszinieren.

Die Niederlande

Die Orgel des 16. Jahrhunderts erfuhr in den Niederlanden wohl durch die Braban- ter Schule, die vor allem durch die Dyna- stie der Niehoff aus 's Hertogenbosch re- präsentiert ist, ihre bedeutendste Entwick- lung. Diese Orgelbauer behielten im Hauptmanual das archaische Blockwerk bei und gaben diesem in den anderen Ma- nualen auf Schleifladen einzeln spielbare Register hinzu, die dem Instrument reichste Klangmöglichkeiten verliehen. Neben dem von nun an traditionellen Klangaufbau des Rückpositivs fügten sie im Hauptgehäuse ein weiteres Registeren- semble ein, das man Brustwerk, wenn die beschränkten Dimensionen der Pfeifen ihre Aufstellung genau über dem Spiel- schrank erlaubten, oder Oberwerk nannte, wenn ihr Platzbedarf eine Konzeption im oberen Teil des großen Hauptgehäuses be- dingte. Die Brabanter Orgel besaß somit alle Voraussetzungen zur zukünftigen Ent- wicklung der klassischen Orgel, im archi- tektonischen Aufbau wie im klanglichen Bereich, vor allem aber im Pedal, das im Vergleich zu den verschiedensten nationa- len Schulen reich ausgestattet war.

Frankreich

Aus der Gegend von Lüttich kam ein eigener Orgeltyp in den Norden Frankreichs, der sich zur klassisch-französischen Orgel entwickeln sollte. Das erste Instrument dieses neuen Typs, der sich unter anderem durch den Einfluß des Rouener Komponisten Jehan Titelouze sehr schnell verbreitete, ist für das Jahr 1580 in Gisors nachweisbar.

Die klassisch-französische Orgel hatte zwei Hauptmanuale (Grand-Orgue und Rückpositiv), ein Bombardemanual (mit dem Hauptwerk durch eine feste Koppel verbundene dritte Klaviatur für die Zungenstimmen des Hauptwerkes, deren gute Windversorgung somit gewährleistet wurde) und bis zu zwei Diskantmanuale (Récit und Echo), bei denen es sich wie bei dem Bombardemanual jedoch nicht um eigenständige Klangebenen, sondern um »technische Raffinessen« handelte. Im Pedal hatte sie nur eine Flöte 8′ als Baß zum Triospiel und eine Trompete 8′, mit der gregorianische Cantus Firmi, begleitet vom Grand Plein-Jeu, vorgetragen wurden, die aber auch beim Spiel von Stücken »sur les grands jeux« in den Kadenzen erklingen konnte; für diese Funktion wurde die Trompete manchmal bis in die Kontraoktave geführt. Dieses Ravalement galt jedoch nicht für die Flötenstimme. Die Pedalstimmen standen prinzipiell in oder hinter dem Orgelgehäuse, alle Windladen waren Schleifladen.

Die Klaviatur des Grand-Orgue war sowohl das Hauptmanual als auch die Baßklaviatur, beispielsweise für das Duo- oder Triospiel. Ihre Disposition umfaßte deshalb den Prospektprinzipal und in großen Instrumenten auch den Bourdon 32′, außerdem die Obertonregister des 16′ (Grosse Tierce) und auf dem 16′ basierende Mixturen, während die Klangpyramide des Rückpositivs immer mit dem prinzipalischen oder gedeckten 8′ begann. Hatten die beiden Hauptmanuale jeweils einen vollständigen Umfang von vier Oktaven, so war der Umfang der anderen Manualklaviaturen und des Pedals oft recht unterschiedlich.

Die drei wesentlichen Registermischungen der klassisch-französischen Orgel waren:

1 Das »Plein-Jeu« mit allen Prinzipalen, Gedackten, Mixturen (Oktavrepetition) und Zimbeln (Quint- und Quartrepetition) nur des Hauptwerkes und des Rückpositivs. Das Plein-Jeu war nicht für polyphones Spiel, sondern mehr für homophone Stücke – leicht im Positiv und majestätisch im Hauptwerk – geeignet.

2 Das »Grand-Jeu« umfaßte im Hauptwerk die Zungenregister der Trompeten- und Clarinenfamilie und den Kornett zur Verstärkung der Diskantlage, im Positiv, das über keine Trompete verfügte, das Cromorne-Register, im Récit den Kornett, eventuell im Echo einen Kornett oder Zungenstimmen und schließlich im Pedal die Trompete. Diese Registermischung diente für Dialog-Kompositionen mit ihren gegensätzlichen Klangebenen, für auf dem Hauptmanual gespielte und mit dem Positiv begleitete Baß- und Diskant-Récits, für Echoeffekte und auch für Fugen von strenger Konstruktion.

3 Das »Jeu de tierce« setzte sich aus Gedackten oder Flöten, den Nasardregistern, dem Larigot und den Terzen zusammen. Diese Registrierung des Hauptwerkes, Positivs und manchmal auch des Echos eignete sich als Baß oder Diskant für Stücke mit mehreren Solostimmen (Duo, Trio, Quatuor) entweder auf zwei Manualen (»duo sur les tierces«) oder im Gegensatz zu anderen Registern, zum Beispiel den Zungenstimmen. Eines der markantesten Register der Klangwelt der französischen Orgel war die weitmensurierte Terz, die stets durch eine Terz abgedeckt war, deren enge und mehr archaische Mensur ihre Verwendung im Plein-Jeu erlaubte. Diese weite Terz fand man in späterer Zeit auch in Spanien, Italien und Mitteldeutschland vor.

Deutschsprachige Länder und Länder des Ostens

Ein Kennzeichen des deutschen Orgelbaus war die Vermehrung unabhängiger Klangebenen: Man fügte zu dem Hauptwerk und Positiv oberhalb des Spielschranks ein Brustwerk und/oder im oberen Teil des Hauptgehäuses ein Oberwerk ein. Das Pedal wurde vollständig unabhängig, sowohl durch die Zahl seiner Register, durch seine Aufstellung in den seitlichen Partien des Hauptgehäuses oder – seit Ende des 16. Jahrhunderts – in eigenen Pedaltürmen, als auch durch seinen beträchtlichen Umfang. Mit diesen verschiedenen Möglichkeiten konnten zahlreiche Instrumente konzipiert werden, deren größte all die genannten Teilwerke zugleich erhielten.

Die gleiche Vielfalt bezeugten auch die Register: Grundregister (Prinzipale, verschiedene Flöten, Quintatönstimmen, manchmal ein Gambenregister), Zungenstimmen (vor allem eine große Zahl an Regalen) und Aliquoten (Sesquialter, Terzzimbal, Rauschpfeife, Terzian). Die Einzelterz mit weiter Mensur war zunächst unbekannt, und die Zungen hatten nicht die Klangkraft der französischen oder spanischen Orgeln. Die besonders in den reichen Hansestädten entwickelte »deutsche« Orgel verbreitete sich nördlich der Alpen von der französischen bis zu der russischen Grenze und dem Einflußbereich der Orthodoxen Kirche, selbstverständlich mit unzählbaren Varianten, die hier jedoch nicht im Detail aufgezählt werden können. Es sei nur erwähnt, daß die Orgeln in Österreich, Polen und der Tschechoslowakei weniger Zungenstimmen, dafür aber eine größere Vielfalt und Zahl an 8′-Grundstimmen aufwiesen, und daß dieser Orgeltyp durch fremde Einflüsse (Casparini in Görlitz um 1700 oder Gottfried Silbermann in Sachsen nach seiner Lehrzeit in Frankreich) um neue Klänge wie die schwebenden Register Italiens oder die weitmensurierte Terz der Franzosen bereichert wurde.

Da die deutsche Orgel weniger schematisch als beispielsweise die französische oder italienische Orgel aufgebaut war, ist sie auch schwieriger zu charakterisieren. Nennen wir jedoch das Werkprinzip (die Fassade der Orgel spiegelt den inneren Aufbau des Instruments wider; »Hamburger Prospekt«), das Pedal, das für das Cantus-Firmus-Spiel auch kleinfüßige Register hatte (4′, 2′ und auch 1′) und – je nach Epoche – der Bau von Schleif- bzw. Springladen.

Die Orgel der Romantik

Entwickelte sich die Orgel seit den technischen Erfindungen vom Ende des 15. Jahrhunderts in ganz Europa auch in unterschiedlicher Weise, so blieben doch ihr Aufbau und ihre Funktion überall gleich. Die Mehrmanualigkeit und die Teilung der Register in Baß und Diskant hatte ihre Anpassung an die musikalische Umwälzung erlaubt, die in den ersten Jahren des 17. Jahrhunderts begann und die alte Polyphonie durch die begleitete Monodie ersetzte. Diese Kompositionsprinzipien durchliefen eine parallele Entwicklung. Die Orgelmusik stand dabei immer etwas am Rande, sie hinkte dem Fortschritt der übrigen Musikwelt sogar etwas hinterher. So zeigten sich am Anfang des 19. Jahrhunderts mit Beharrlichkeit gewisse schon im vorhergegangenen Jahrhundert begründete Tendenzen, das Instrument besser an den musikalischen Geschmack der Zeit anzupassen. Man suchte nach vermehrten dynamischen Möglichkeiten, nach größerer Flexibilität in den musikalischen Schattierungen, nach einem leichteren Beherrschen der Spieltische und nach neuen Klangmöglichkeiten.

Um diese Neuerungen verwirklichen zu können, mußte man jedoch die technische Struktur der Orgel grundlegend ändern. Schon am Ende des 18. Jahrhunderts erlaubte die Erfindung des Magazinbalges eine regelmäßige und reichliche Windversorgung, die dem quälenden Problem aller Orgelbauer seit Ktesibios ein Ende bereitete. Um diesen Wind gut zu verteilen, versah der französische Orgelbauer Aristide Cavaillé-Coll jede Kanzelle mit zwei Ventilen, während der deutsche Orgelbauer Walcker die Kegellade erfand, die die individuelle Windversorgung jeder einzelnen Pfeife erlaubte. Um diese doppelten Ventile, die das Spiel erschwerten, öffnen zu können, benötigte man das von dem Engländer Barker erfundene pneumatische Hilfssystem, den Barkerhebel. Derart von den Problemen der Windversorgung und der Mechanik befreit, konnte die romantische Orgel von nun an – nicht ohne einiges Zögern und manche Verirrungen – ihren Weg suchen.

Da viele Orgelbauer noch den klassischen Bauprinzipien folgten, betrafen die meisten Neuerungen der romantischen Orgel zunächst den klanglichen Bereich. Die Register der als veraltet angesehenen Musikgattung (zum Beispiel Terzregister oder allgemeiner gesagt, die kleinfüßigen Register) wurden aufgegeben und die »neuen« Klänge wie Grundstimmen zu 8′ oder kräftige oder auch zarte Zungenstimmen vermehrt. Dabei führte die bis dahin nahezu unbekannte Möglichkeit, alle Register eines Manuals durch die moderne Windversorgung gleichzeitig spielen zu können, zu einer Angleichung der verschiedenen Registerfamilien und meistens zu einer Verringerung, ja Beseitigung der Mixturen. Das Streben nach vermehrten klanglichen Nuancen hatte nicht nur die zunehmende Verwendung des Schwellkastens, sondern auch das Verschwinden der eigenständigen Positive zur Folge, die von nun an im großen Gehäuse Aufstellung fanden, wobei Einführungstritte, Koppeln und andere Spielhilfen den Organisten das Spiel und Beherrschen ihrer Instrumente erleichterten.

In Frankreich und anschließend in den angelsächsischen Ländern war das schwellbare Manual das bemerkenswerteste Kennzeichen der romantischen Orgel und ihrer klassizistischen Nachfolgerin. Verfügte es zunächst nur über einige Solostimmen (kleine Zungenregister, Kornett), so entwickelte es sich schließlich zum großen romantischen Schwellwerk von hoher, nach Belieben abstufbarer Intensität, dessen Merkmale Charakterstimmen (Oboe, Vox humana, Vox coelestis) und auch der Tuttiklang waren, der durch den Schwellkasten eindrucksvolle dynamische Effekte erlaubte. Das Hauptmanual versah man mit kräftigen Zungen und mit zahlreichen unterschiedlichen Grundstimmen und das Positiv, das nun die Funktion eines verkleinerten Hauptwerkes oder eines zweiten, allerdings nicht schwellbaren Récitmanuals hatte, mit einigen zusätzlichen Solostimmen, während im Pedal nur mehr tiefe Register disponiert wurden, deren unentbehrliche Vervollständigung zur Höhe hin zahlreiche Koppeln besorgten.

Indem Aristide Cavaillé-Coll seine Instrumente exportierte und sein Einfluß noch mehr als ein Jahrhundert lang in Ländern fortwirkte, die bis dahin anderen Traditionen unterworfen waren, wurde dieser Instrumententyp von zahlreichen nationalen Schulen übernommen. Zu diesen zählten in erster Linie die deutschsprachigen Länder, die sogar bis in unsere Zeit oft das große französische Schwellwerk ignorierten und bemüht waren, ihre dynamischen Effekte durch das aufeinanderfolgende Hinzuziehen oder Abstoßen von Registern zu erzielen – eine völlig andersgeartete Ästhetik, die sich in der romantischen und modernen Musik dieser Länder widerspiegelt. In Italien und Spanien wurde jeweils ein weitgehend eigenständiger, interessanter Instrumententyp geprägt, indem man stilistische Traditionen und neue technische und klangliche Errungenschaften zu vereinen wußte. Im allgemeinen war die romantische Orgel aber ein Instrument der Klangmassen, der Ensembles und der dynamischen Kontraste.

Die moderne Orgel

Am Ende des 19. Jahrhunderts gingen viele Orgelbauer dem technischen Fortschritt (elektrische oder pneumatische Trakturen ohne Maß und Ziel, Vereinheitlichung der Register und ihrer Mensuren, industrielle Herstellung des Pfeifenwerkes, durch die modernen Trakturen ermöglichte unlogi-

sche Konzeptionen) in die Falle. Sie bauten serienmäßig Orgeln, deren Qualität immer mehr nachließ, Orgeln ohne Stil, die eine Interpretation des klassischen Repertoires nicht zuließen und auch das Genie der großen romantischen Instrumente nicht mehr besaßen. Andere Orgelbauer suchten ein Orchester zu imitieren, ein Bestreben, dessen Resultat zwar interessant, doch weder Orgel noch Orchester war.

Damit das Instrument seinen Reichtum und seine Klangebenen wiederfinden konnte, mußte man auf die segensreichen Auswirkungen der Orgelbewegung warten. Albert Schweitzer stellte fest, daß der Orgelbau keine Fortschritte mehr machen könne, und er erkannte deshalb die Notwendigkeit, das klassische Klangideal der Orgel wiederzufinden. Diese Überlegungen führte er 1906 in seinem Buch »Deutsche und Französische Orgelbaukunst und Orgelkunst« aus, das zum Manifest der auf dem dritten deutschen Orgelkongreß in Freiburg hervortretenden Orgelbewegung wurde. In diesem Buch sagt Schweitzer, daß die umfassende Reaktion auf die Entartung der romantischen Orgel und ihre industrielle Fertigung die Rückkehr zur klassischen Ästhetik und zu der polyphonen Orgel sein müsse. So könnte jedes Werk auf dem Instrument, für das es geschrieben wurde, interpretiert werden. Daraus ergab sich die Notwendigkeit, die Prinzipien des Orgelbaus der vergangenen Jahrhunderte, insbesondere des Jahrhunderts von Bach, zu suchen, die man in den erhaltenen Orgeln Deutschlands, vor allem in Hamburg und Lübeck, wiederfinden konnte. Wurden den Orgeln romantischer Konzeption zunächst nur barocke Register hinzugefügt, was ja nur ein halber Schritt war, so baute man bald neue Instrumente unter Berücksichtigung »neobarocker« Prinzipien. Den Anhängern dieser nach dem Werkprinzip konzipierten Orgeln mit mechanischer Traktur, deren Repertoire natürlich auf Stücke aus der Zeit vor der Mitte des 19. Jahrhunderts beschränkt war, widersetzten sich Musiker, die als Virtuosen die Tradition der Konzertorgel fortzusetzen gedachten und deshalb eine Orgel mit größeren, durch die elektrische Traktur noch vermehrten Möglichkeiten wünschten.

Die Synthese der klassischen Orgel verschiedener Schulen und der romantischen Orgel, die »Universal-Orgel«, erschien einigen als ideale Lösung zur Interpretation der Orgelmusik aller Länder und aller Zeiten. Dieser Versuch schuf zwar einen neuen Orgelstil und ein neues Repertoire, doch gelang ihm die Vereinigung der allzu unterschiedlichen Techniken zur erstrebten Synthese der klanglichen Elemente nicht. Auch der zeitgenössische Orgelbau sucht noch – auf der Basis der verschiedenen bekannten Stile – nach geeigneten Mitteln, ein einheitliches Ganzes zu schaffen. Aber angesichts dieser schwierigen und vielleicht unmöglichen Aufgabe widmen sich gegenwärtig viele Orgelbauer der Analyse und dem Studium historischer Stile. Diese Forschungen können den Grund legen für einen neuen Stil, für eine moderne Orgel, der sich, auf der Vergangenheit aufbauend, eine Zukunft voller erfolgversprechender Möglichkeiten eröffnet.

Das Handwerk des Orgelbauers

Das Gelingen einer Orgel in klanglicher, technischer und optischer Hinsicht verlangt vom Orgelbauer ein profundes Wissen, eine künstlerische und intuitive Erfahrung, eine – oft in den großen Orgelbauerdynastien weitervererbte – auditive, ebenso musikalische wie künstlerische Sensibilität und eine Erfindungsgabe, die ihm erlaubt, seine Schöpfungen den immer wechselnden modischen und ästhetischen Gegebenheiten anzupassen.

Der Orgelbauer muß sein Instrument in den vorgegebenen Raum einer Kirche oder eines Konzertsaales integrieren und ihm einen Stil geben, der mit dem des Raumes harmoniert. Als Architekt erstellt er das Konzept des geplanten Instruments, als Techniker muß er über alles Wissen von der Mechanik bis zur Elektrik und vor allem der Akustik verfügen und als Künstler läßt ihn sein musikalischer Kunstsinn bedeutende Werke schaffen, deren Intonation und Stimmung er mit seinem Gehör vervollkommnet. Deshalb soll der Orgelbauer nicht nur ein gewissenhafter, vielseitiger Kunsthandwerker, sondern auch ein Künstler sein, der seinem Werk eine Seele einzuhauchen vermag.

Die Erstellung eines Instruments erfordert vom Orgelbauer Qualitäten, die verschiedenste spezielle Fertigkeiten umfassen; seine Pflichten reichen von der Holzverarbeitung über das Schmelzen des Metalls und die Konstruktion der Mechanik bis zur Montage der verschiedenen Teile des Instruments und bis zur Intonation.

Als Tischler – der Orgelbauer soll dies im vollsten Sinne des Wortes sein – muß er sorgfältig die Hölzer auswählen, diese exakt zuschneiden, präzise die Bohrungen für die Pfeifenfüße vornehmen und die verschiedenen Teile der Orgel minuziös konstruieren, da hiervon das Funktionieren des Instruments abhängen wird. Alles muß aufgeboten werden, um eine durch Temperaturschwankungen und Feuchtigkeit bedingte Deformation des Holzes zu vermeiden. Schließt die Verarbeitung des Holzes auch die Herstellung der Holzpfeifen ein, so ist die Konstruktion des Gehäuses nur selten allein die Aufgabe des Orgelbauers, der das Schnitzwerk einem spezialisierten Künstler anvertraut. Außer der Bearbeitung des Holzes muß das Zuschneiden des Leders ebenso präzise erfolgen, um entlang des Windflusses – vom Reservoir bis zu den Pfeifen – eine perfekte Abdichtung zu erreichen.

Da die Orgel ein Mechanismus mit zahlreichen Gelenken und Bewegungen ist, die um so komplexer sind, je weiter das Pfeifenwerk vom Spieltisch entfernt ist, muß der Orgelbauer auch ein Experte mechanischer Konstruktionen sein. Die nicht nur auf das System der Registertraktur, sondern auch auf das Öffnen der Ventile wirkende Mechanik der Orgel, deren Prinzip das des Hebels ist, ist eigentlich einfach, doch erfordert sie eine größtmögliche Sorgfalt, Geduld und Perfektion. Nur so kann es gelingen, daß der Organist die verschiedenen Elemente des Instruments wie Wellenbrett, Winkel, Stecher, Abstrakten und Federn beim Spiel nicht »fühlt« und mit größter Leichtigkeit die Mechanik des Instruments meistert. Im 20. Jahrhundert muß der Orgelbauer manchmal auch Elektriker sein, um – wenn er sich nicht für eine mechanische Traktur entscheidet – auch eine korrekte elektrische Traktur gewährleisten zu können.

Darüber hinaus umfaßt der Orgelbau auch das Kunsthandwerk der Metallverarbeitung. Das Metall muß geschmolzen, gemischt, gewalzt, gehämmert, zugeschnitten und zusammengefügt werden. Im ganzen Verlauf ihrer Herstellung beanspruchen die Pfeifen eine spezielle Aufmerksamkeit, da jede Etappe ihrer Anfertigung den späteren Wohlklang beeinflußt. Zuerst muß das Metall geschmolzen und zur gewünschten Legierung (eine Verbindung von Zinn und Blei) gemischt werden. Dann wird die flüssige Mischung auf eine Gießlade gegossen, deren beweglicher Schlitten mit verstellbarer Höhe durch sein Verschieben die Formung des geschmolzenen Metalls zu Platten erlaubt, deren Stärke durch den Abstand des Schlittens zur Gießlade bestimmt wird. Der noch heiße und dehnbare Metallbogen wird anschließend – um eine übermäßige Deformation des Materials zu vermeiden – gehämmert und poliert, dann geschnitten, gerollt und mit entsprechenden Werkzeugen (zylindrischen oder konischen) geformt, um Pfeifen mit verschiedenen Körpern und Mensuren zu erhalten. Die Teile der Pfeifen (Fuß und Körper) müssen schließlich noch zusammengelötet werden.

Die persönliche Konzeption des Orgelbauers offenbart sich bereits in Entwurf und Aufbau des Instruments, viel mehr aber noch während der letzten Schöpfungsphase vor der abschließenden Montage: der Intonation jeder fertigen Pfeife. Der Orgelbauer stellt eine Pfeifenreihe (das Register) auf die Intonierlade (eine Art Positiv), wo er nun den Klang jeder Pfeife erstmals hören kann, ohne in den Pfeifenfuß hineinblasen zu müssen. Er kann hier jedem Register die gewünschte Klangfarbe, Intensität, Ansprache, Schärfe und perfekte klangliche Ausgewogenheit der jeweiligen Pfeifen geben. Jede Stimme muß so intoniert sein, daß sie sich – unter Bewahrung ihrer wohl definierten Persönlichkeit – in das zukünftige Klanggebäude integriert. Ebenfalls auf der Intonierlade erfolgt ein vorläufiges Stimmen der Register, das an Ort und Stelle vollendet wird. Die Intonation wird schließlich in der Kirche oder im Konzertsaal unter Berücksichtigung der jeweiligen Akustik und des erwünschten Gleichgewichts zwischen den zahlreichen Farben der verschiedenen Klangebenen abgeschlossen.

Die Wartung der Orgel besorgt ebenfalls der Orgelbauer, der regelmäßig die Stimmung des Pfeifenwerkes vornehmen muß. Dies sollte mindestens alle sechs Monate (im Herbst und im Frühjahr) oder teilweise vor jedem Konzert erfolgen. Halten die Grundregister auch untereinander ausgezeichnet die Stimmung, so sind sie in ihrer Gesamtheit gegenüber Temperaturschwankungen sehr anfällig, die sie im Normalfall einer geheizten Kirche im Winter um fast einen Halbton differieren lassen, während die Zungenstimmen durch ihre Konzeption – obwohl jede Pfeife individuell durch ihre zahlreichen beweglichen Bestandteile sehr verletzlich ist – die Stimmung viel stabiler halten. Paradoxerweise »verstimmt« man nun die weniger zahlreichen und leichter stimmbaren Zungenregister, um sie dadurch an die eigent-

16 Lübeck, St.-Annen-Museum, Spielschrank der 1696–1699 von Arp Schnitger erbauten Orgel der Domkirche

Aus Hamburg kommend, besuchten 1703 die jungen Musiker Mattheson und Händel die Schnitger-Orgel des Lübecker Doms (45 Register auf drei Manualen [HW, RP, BW] und Pedal; Tremulant, Trommel, Zimbelstern), die sicherlich auch Johann Sebastian Bach während seiner Begegnung mit Buxtehude 1705 sah. Nach bedeutenden Umbauten durch Johann Christoph Kaltschmidt 1796–1797 und 1817 sowie Theodor Vogt 1833 baute Walcker 1892–1893 in das historische Gehäuse Schnitgers, dessen Dekor Johann Jakob Budde geschaffen hatte, ein neues Instrument (III/Ped/64) ein, das im Zweiten Weltkrieg 1942 zerstört wurde.

17 Ottobeuren, Benediktinerabteikirche, Spielschrank der 1754–1766 von Karl Joseph Riepp erbauten Dreifaltigkeitsorgel (s. Abb. 56)

18 Arnstadt, Bachgedenkstätte, Spielschrank der 1703 von J. F. Wender vollendeten Orgel der Bonifatiuskirche

Johann Sebastian Bach wirkte von 1703 bis 1707 als Organist an diesem Instrument (24 Register auf zwei Manualen [OW und BW mit je 49 Tasten] und Pedal [25 Tasten] mit zwei Pedalkoppeln, einer Manualkoppel, einem Tremulanten [OW] und einem Zimbelstern [»Glockenakkord«]). Reparaturen und Umbauten dieser Orgel erfolgten 1854–1878, 1911–1913 und 1938. Der 1864 ausgebaute Spielschrank befindet sich seit 1934 in der Bachgedenkstätte in Arnstadt.

19 Jedrzejów (Polen), Zisterzienserabteikirche, Bronzeregisterzüge der 1745 von Józef Sitarski erbauten Orgel

20 Lámego (Portugal), Kathedrale, Spielschrank der 1756–1757 von Francisco António Solha erbauten Evangelienorgel (s. Abb. 238)

21 Philadelphia (Pa./USA), Spieltisch der 1903–1904 von der Los Angeles Art Organ Company erbauten Orgel im Großen Hof (Great Court) des John Wanamaker-Warenhauses
Der Bau dieser berühmtesten und größten Orgel der Welt wurde am Anfang des 20. Jh.s der Murray M. Harris Organ Company angeboten, die jedoch aus finanziellen Gründen ablehnen mußte. Die Los Angeles Art Organ Company, die den Auftrag übernahm, geriet selbst in finanzielle Schwierigkeiten, so daß die inzwischen in Electrolian Company umbenannte Firma 1905 schließen mußte. Auf dem von Los Angeles nach Saint Louis (Missouri) für die Louisiana Purchase Exposition (Festival Hall) gebrachten Instrument spielte der »star guest organist« Alexandre Guilmant, der in sechs Wochen 39 Konzerte mit Werken von Scheidt, Frescobaldi, Pachelbel, Titelouze, Bach, Händel und Franck gab. Die von George Ashdown Audsley ursprünglich für die Convention Hall in Kansas City konzipierte Orgel kam 1911 auf Wunsch von Rodman Wanamaker durch William B. Fleming an ihren heutigen Platz. Man richtete hier in der zwölften Etage des Kaufhauses eine Orgelbauwerkstätte ein, in der von 1911 bis 1932 vierzig Personen an der Vergrößerung des Instruments und dem Bau einer weiteren Orgel für das Auditorium des Wanamaker Store in New York City arbeiteten. Gegenwärtig sind zwei Orgelbauer beständig mit der Wartung des Werkes betraut. Die ursprünglich 140-stimmige Orgel (10 059 Pfeifen) wurde bis 1930 allmählich auf 451 Register (469 Pfeifenreihen/30 067 Pfeifen) mit neun Teilwerken (Orchestral, Ethereal, Solo, String, Great, Swell, Choir, Echo und Pedal) auf sechs Manualen (C–c'''') und Pedal (C–g') vergrößert.

22 Poitiers, Kathedrale St-Pierre, Detail des Wellenbrettes (Grand-Orgue) der 1787–1790 von François-Henry Cliquot erbauten Orgel

Fig. 54   Bau einer großen Windlade (nach Dom Bédos 1766–1778, II. Teil, Kap. I, Abschnitt II, Tafel 54)

Fig. 55   Bau einer großen Windlade: der Schleifenhobel (nach Dom Bédos 1766–1778, II. Teil, Kap. II, Abschnitt II, Tafel 55)

liche Verstimmung der Labialstimmen anzugleichen.

Die Überholung einer Orgel sollte etwa alle zehn Jahre erfolgen. Sie umfaßt die vollständige Abtragung des Instruments, die völlige Entstaubung und eventuell notwendige Reparaturen (ausströmender Wind usw.) sowie Wiederaufbau und Überprüfung der Intonation (Ausgleich) und der Stimmung.

Zu Veränderungen, die die Weiterentwicklung der klanglichen Ästhetik zur Folge haben kann, zählen die Neuintonation alter Register (ein Vorgang, der nur das Pfeifenwerk betrifft) beim Bau einer neuen Orgel, die man wieder in das alte, als Dekor beibehaltene Gehäuse einfügen kann, sowie die Änderung bestehender Dispositionen (Ersatz alter Stimmen) oder die Erweiterung um neue Stimmen oder neue Klangebenen (zum Beispiel um ein Positiv), was natürlich den Bau zusätzlicher oder neuer Windladen bedingt. Seit dem 19. Jahrhundert änderte man sogar oft die Traktursysteme alter Orgeln in pneumatische und in der ersten Hälfte des 20. Jahrhunderts in elektrische Trakturen. Doch ist jede Umgestaltung eines Instruments immer nur dann gerechtfertigt, wenn es keinen historischen oder künstlerischen Wert zu respektieren gilt.

Die Restaurierung

Eine der Hauptsorgen der letzten Jahrzehnte galt ohne Zweifel der Erhaltung alter Orgeln, ein Vorhaben, das im neuen Interesse der Musiker für die Geschichte ihres Instruments und im Suchen nach einer möglichst authentischen Interpretation der Musik vergangener Zeiten begründet liegt. Lange Zeit war das Bemühen der Organisten und Orgelbauer nur auf Umbauten oder »Verbesserungen« ausgerichtet, die eine Folge der Verständnislosigkeit gegenüber früheren Stilen und eines gewissen Heißhungers nach technischer Neuerung waren und selbst vor der Zerstörung historischer Instrumente nicht Halt machten. Das gegenwärtige Anliegen historischer Objektivität stellt die Orgelbauer vor zahlreiche Gewissensprobleme, die durch mehr oder weniger fundierte oder anspruchsheischende Meinungen verschiedener Musikwissenschaftler, Organisten, »Experten«, Ästheten oder einfach von Liebhabern des Instruments noch vermehrt werden.

Die Einstellung des Künstlers muß vom bedingungslosen Respekt gegenüber dem Werk des ursprünglichen Erbauers und von der grundsätzlichen Ablehnung geprägt sein, für die Restaurierung technische Elemente, die jünger als das Erbauungsdatum der zu restaurierenden Orgel sind, zu verwenden, sei es unter dem Vorwand einer leichteren Spielbarkeit oder überhaupt aus Bequemlichkeit oder Sparsamkeit. Dieser Wille zur Wiederherstellung eines Instruments in seiner ursprünglichen Konzeption wird durch spätere Veränderungen an eben diesem Instrument oft erschwert. Was soll geschehen, wenn das Instrument eines großen Orgelbauers der Barockzeit grundlegend von einem bedeutenden Meister des romantischen Orgelbaus umgestaltet wurde? Auch wird die Arbeit des Restaurators oft durch unwiederbringlich verlorengegangene historische Teile erschwert, wenn beispielsweise ein Teil des originalen Pfeifenwerkes fehlt oder wenn gewisse Pfeifen oder auch das Gehäuse im Laufe der Zeit vollständig umgebaut wurden. In einem solchen Fall muß der Orgelbauer – unter Berücksichtigung der Unkenntnis dessen, was war, und fundiert durch das Studium aller verfügbaren Dokumente (Verträge oder noch original erhaltene Instrumente desselben Orgelbauers) – kunstvolle Rekonstruktionen anfertigen.

Am Anfang der Restaurierung steht die gewissenhafte, detaillierte und präzise Untersuchung aller Elemente des zu restaurierenden Instruments. Diese vorbereitende Arbeit umfaßt – vor dem Abbau des Werkes – eine systematische Aufstellung aller technischen Details, der exakten Mensuren des Pfeifenwerkes und der Maße der Windladen, der mechanischen Trakturelemente, des Balgsystems und auch der Struktur des Gehäuses.

Zu dieser Aufnahme des physischen Zustandes der Orgel kommt das Photographieren eines jeden Teils der Orgel hinzu; außerdem sind die heutigen Möglichkeiten der Klangaufzeichnung eine wertvolle, für Restauratoren unabkömmlich gewordene Gedächtnisstütze. Darüber hinaus muß man genau den Winddruck in den verschiedenen Tonhöhen der Register, den Verlust an Intensität gewisser Stimmen beim Tuttispiel und den Winddruck – nicht nur in den Windladen, sondern auch im Windkanal und im Balg – messen und zudem alle eventuellen Spuren früherer Mechanismen im Instrument erfassen.

Eines der wesentlichsten Probleme der Restaurierung historischer Orgeln ist das Erforschen der ursprünglichen Wind-

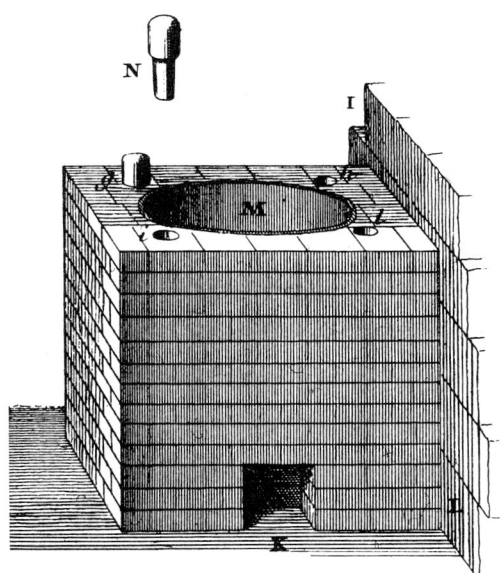

Fig. 56 Aufbau des Schmelzofens (nach Dom Bédos 1766–1778, II. Teil, Kap. VI, Abschnitt II, Tafel 64)

druckhöhe, die allein zur Wiederholung des authentischen Klanges führen kann. Dieser hängt aber auch vom Stimmton ab, der ebenfalls unbedingt wiedereingeführt werden muß, wenn – wie es häufig der Fall ist – das Pfeifenwerk in späterer Zeit abgeschnitten wurde, um die Orgel an den Kammerton des Orchesters anzugleichen (meistens war der Stimmton der Orgel tiefer als heute üblich, manchmal aber auch höher). Die Wiederherstellung der originalen Temperatur (ein bestimmtes System zur Verteilung der Intervalle innerhalb einer Oktave) ist sehr schwierig, aber unabkömmlich.

Alle Überlegungen müssen vom Studium archivalischer Dokumente begleitet sein, die die Aufgabe des Restaurators unterstützen und erleuchten können. Auch muß man im Instrument erhaltene Inschriften und Informationen der im Laufe der Zeit an der betreffenden Orgel tätigen Orgelbauer (Namen, Daten) aufnehmen. Was die Restaurierung selbst betrifft, ist sie mit einer Sorgfalt durchzuführen, die sich nicht auf vage Vermutungen

stützen darf und gewagte Konzeptionen ausschließt. Für die Instandsetzung gewisser Teile muß man die Arbeitsmethoden des ursprünglichen Erbauers der Orgel anwenden und für die Rekonstruktion fehlender oder beschädigter Teile vergleichbare Arbeiten desselben Orgelbauers aus der Entstehungszeit des zu restaurierenden Instruments zur Kopie suchen. Die Wiederherstellung der Pfeifen erfordert eine gründliche Untersuchung, die die Analyse des Metalls (Gehalt der Legierungen, Stärken) und der Erbauungsformen (Kern, Labium, Körper) miteinbezieht.

Dieses Bemühen um eine perfekte Restaurierung wird einige gewissenhafte Orgelbauer verpflichten, bestimmte Teile oder Mechanismen nur provisorisch zu restaurieren, in der Hoffnung, daß die Erforschung der Geschichte der Orgel oder die verfügbaren finanziellen Mittel der Pfarrei eines Tages eine vollkommenere Wiederherstellung erlauben werden. Nicht wiederverwendete Teile sollten deshalb im Innern der Orgel oder auf dem Dachboden der Kirche aufbewahrt werden.

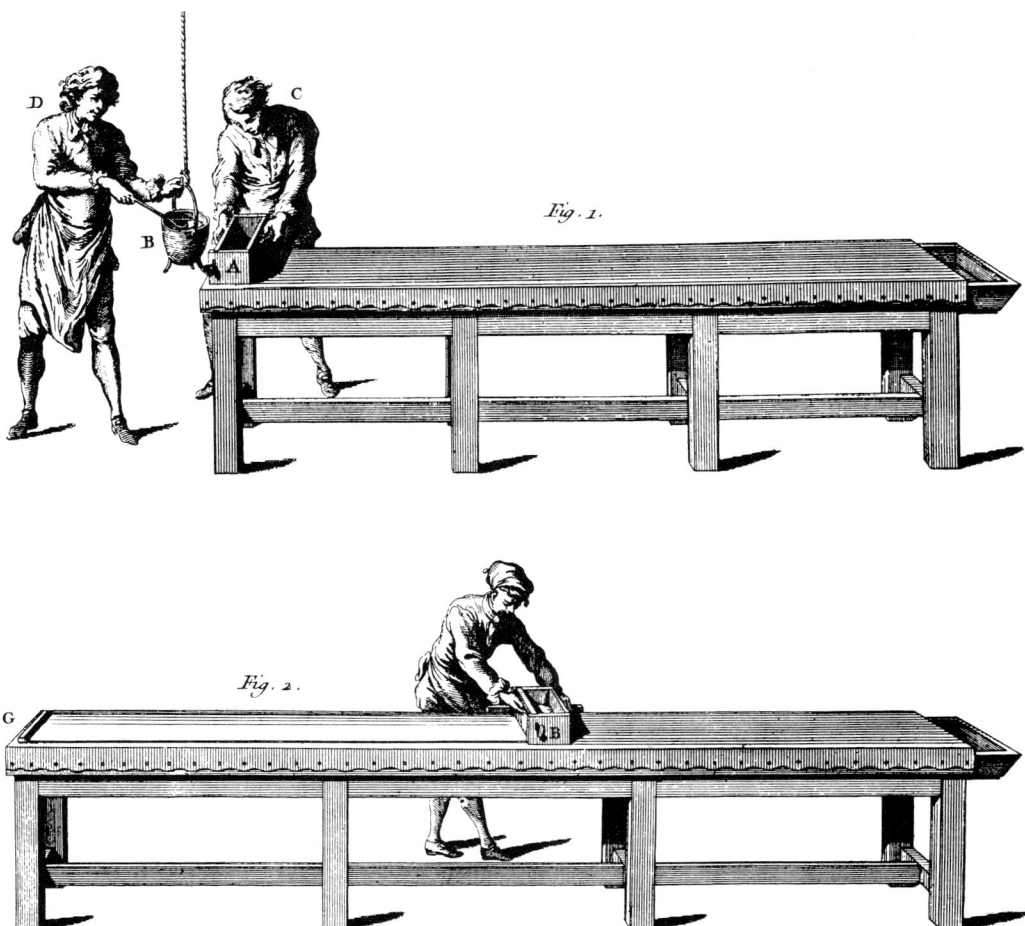

Fig. 57 Gießtisch mit beweglichem Schlitten (nach Dom Bédos 1766–1778, II. Teil, Kap. VI, Abschnitt II, Tafel 66)

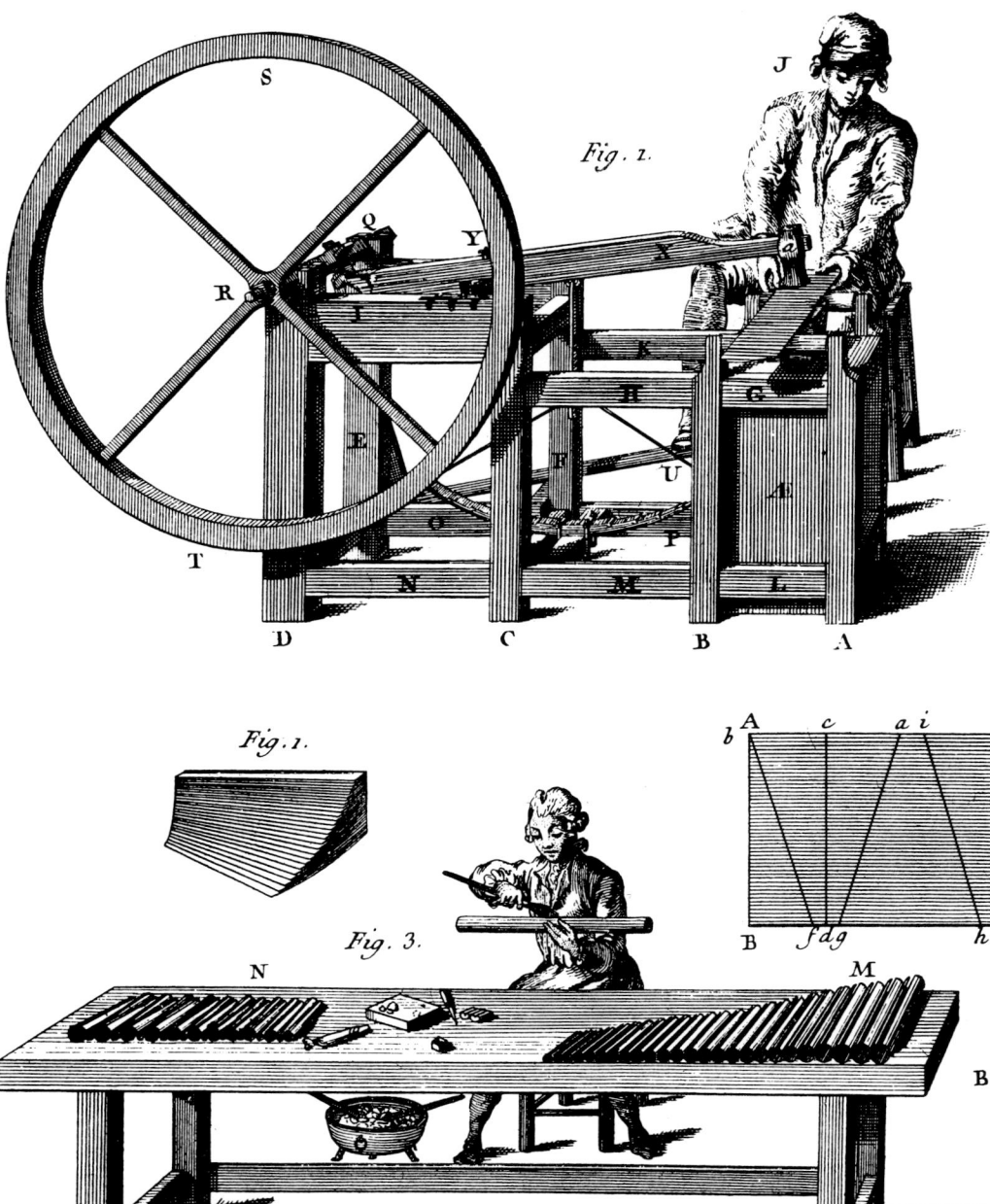

Fig. 59 Herstellung der Lippenpfeifen (nach Dom Bédos 1766–1778, II. Teil, Kap. VIII, Abschnitt I, Tafel 70)

Neben der Restaurierung der Orgel erfolgt im Idealfall gleichzeitig die sorgfältige Restaurierung der ganzen Kirche, in der das Instrument steht, um auch die ursprünglichen akustischen Gegebenheiten wiederherzustellen. Mit besonderer Fürsorge sind Holzböden, Kirchenbänke, Chorgestühl und weitere Holzteile, die alle für die Verbesserung der Niederfrequenzen unerläßlich sind, zu restaurieren. Auf jeden Fall sollten die für die Orgelrestaurierung gültigen Kriterien auch für die Instandsetzung des Gebäudes gelten.

Die Restaurierung alter Orgeln ist eine faszinierende Aufgabe, die es mit Respekt, Wissen und Kreativität zu erfüllen gilt. Die eigenen Idealvorstellungen von einer Orgel sind in den Hintergrund zu stellen, damit man das Wesen des zu restaurierenden Instruments erfassen und sich den technischen und historischen Gegebenheiten unterordnen kann. Diese Tätigkeit erfordert nicht nur viel Wissen und Erfahrung, sondern auch ein gutes Einfühlungsvermögen in Zeit und Stil des »königlichen« Instruments.

Geschichte der Orgelmusik

Die ersten Orgeltabulaturen des 14. und 15. Jahrhunderts

Die älteste Literatur für Tasteninstrumente stammt erst aus dem 14. Jahrhundert. Der Mangel an Dokumenten ist nicht nur allein auf den Zahn der Zeit oder menschliches Vergessen zurückzuführen, sondern offenbar auf die Tatsache, daß die Musiker damals meistens improvisierten oder auswendig spielten. Diente die Orgel anfänglich nur als Stütze oder Verstärkung bei der Aufführung von Ensemblemusik, indem sie vor allem die gehaltenen Töne des Cantus Firmus spielte, dessen lange Notenwerte von den Sängern nur schwer zu bewältigen waren, so entwickelte sie sich bald zu einem Soloinstrument, das die Gesamtheit der Stimmen zum Erklingen brachte. Um dem Spieler die Lesbarkeit der einzelnen Stimmen zu erleichtern, wurden diese in einem Liniensystem zusammengefaßt oder in Tabulaturschrift aufgezeichnet, einer Notationsart, die Buchstaben, Zahlen oder andere Symbole anstelle von Noten gebrauchte.

Diese verschieden notierte Literatur diente einer Musik, deren Sprache international war (viel spezifischere nationale oder regionale Unterschiede sollten sich erst im Laufe des 16. Jahrhunderts herausbilden), und sie wandte sich ohne nähere Bestimmung an alle Tasteninstrumente. Der Großteil der vom 14. bis zum 16., ja 17. Jahrhundert geschriebenen Stücke konnte auf der Orgel gespielt werden, ohne jedoch notwendigerweise für dieses Instrument komponiert worden zu sein. »Clavier« dient als Bezeichnung für alle Instrumente, die durch »claves«, durch Tasten, zum Erklingen gebracht werden, da

in der alten Musik Orgel, Cembalo oder Clavichord nicht als Instrumente mit einer jeweils eigenen Behandlung und Kompositionsweise betrachtet wurden. Jede Komposition konnte somit auf dem einen wie auf dem anderen Instrument interpretiert werden.

An musikalischen Formen der ersten Musik für ein Tasteninstrument finden wir im wesentlichen Transkriptionen polyphoner Lieder (vor allem in Motetten- oder Balladenform), Kompositionen, die auf einem vorgegebenen geistlichen oder weltlichen Thema, dem Cantus Firmus, basieren, Präludien (»Praeambeln«) und Tänze, wobei die beiden letztgenannten aus einer freien melodischen und rhythmischen Idee entstanden sind. Die frühesten Kompositionen, zusammengefaßt in »tabulatura« oder »codex« bezeichneten Sammlungen, waren zweistimmig: Über der ruhig fortschreitenden Unterstimme bewegte sich der »discantus« in kleineren Notenwerten.

Die älteste bekannte Claviermusiksammlung ist der Robertsbridge-Codex (um 1325), ein Manuskript von wahrscheinlich französischer Herkunft. Es umfaßt drei intavolierte Vokalwerke und drei Estampien, deren Oberstimmen in einem fünflinigen Notensystem aufgezeichnet sind, während die anderen Stimmen aus unter den Noten befindlichen Tonbuchstaben bestehen. Die hier erscheinende Kompositionskunst, die lebhaft bewegte und geschickt gesetzte Passagen noch dem Akkordspiel vorzieht, findet man auch in zwei weiteren Quellen vermutlich italienischen Ursprungs, die am Ende des 14. Jahrhunderts auf den Robertsbridge-Codex folgen: der Codex Reina mit zwei Claviersätzen (einer davon die Intavolierung einer Ballade von Landini) und der spätere Codex

Die venezianische Schule und die Musik für mehrere Orgeln

Die Geschichte der italienischen Musik des 16. Jh.s und besonders die der Orgelliteratur wurde vorwiegend von Musikern geprägt, die an der Basilika S. Marco in Venedig tätig waren. Hier findet man die bedeutendsten Komponisten des 16. und des beginnenden 17. Jh.s als Sänger (Marco Antonio und Girolamo Cavazzoni), als Kapellmeister (Adrian Willaert, Claudio Monteverdi) oder als Organisten, die eines der beiden auf den Emporen zu beiden Seiten des Hauptaltars aufgestellten Instrumente spielten. Zwei Orgeln gab es in der Basilika wahrscheinlich seit der zweiten Hälfte des 14. Jh.s doch sind zwei Organisten erst ab 1490 nachweisbar.

Das begehrte Organistenamt von S. Marco konnte ohne Rücksichtnahme auf die Berühmtheit eines Bewerbers nur durch ein Probespiel erlangt werden. Dieses Spiel fand an dem Instrument statt, dessen Titular der Kandidat werden wollte. Es bestand aus drei Aufgaben, die der Improvisation eine außerordentliche Bedeutung einräumten. Zuerst mußte der Bewerber über eine gegebene Motette in Fantasieform improvisieren und dabei klar die verschiedenen Stimmen zu Gehör bringen. Danach folgte die Improvisation über einen gegebenen Cantus Firmus, der fugiert in drei Abschnitten zu verarbeiten war, während die letzte Prüfung das spontane Spiel als Antwort auf chorische Einwürfe vorsah. Es verwundert deshalb nicht, daß sich die größten Organisten der Zeit an den Klaviaturen der zwei Orgeln der Goldenen Basilika ablösten. Zu den Organisten des ersten Instruments zählten Annibale Padovano (1552–1566), Claudio Merulo (1566–1585) und Giovanni Gabrieli (1585–1612), während Giulio Segni da Modena (1530–1533), Jacob Buus (1541–1551), Girolamo Parabosco (1551–1557), Claudio Merulo (1557–1565), Andrea

Gabrieli (1566–1586), Vincenzo Bellavere (1586–1588) und Giuseppe (Gioseffo) Guami (1588–1595) an dem zweiten Instrument amtierten.

Das Interesse der Venezianer für die Orgeln von S. Marco war so groß, daß jeder Priester, der im Gottesdienst zu singen wagte, bevor der Organist sein Spiel beendet hatte, eine Geldstrafe von einem Dukaten zu zahlen hatte. Diese wahre Liebe der Zuhörer für die Instrumente der Basilika, deren zarten Klang und kunstvolle Ausgewogenheit der übrigens nur wenig zahlreichen Register die Zeitgenossen hervorzuheben pflegten, wurde sicher noch vermehrt, wenn die zwei Instrumente in einem »duello di due organi rispondersi con tanto artificio, e leggiadria« (Diruta) miteinander wetteiferten. Nennen wir Annibale Padovano und Girolamo Parabosco, die als die ersten auf zwei Orgeln musizierten, später Claudio Merulo und Andrea Gabrieli. Diese Musizierpraxis war wahrscheinlich schon etwa 100 Jahre alt, doch war es gerade Padovanos Verdienst, sie zu einer virtuosen Darbietung gemacht zu haben. Es bleibt noch zu erwähnen, daß zu großen Anlässen (Festtage oder Amtseinführungen bedeutender Persönlichkeiten) ein dritter Organist hinzugezogen werden konnte, der dann auf einem Portativ spielte, und daß mehrere Orgeln die verschiedenen und zahlreichen Orchester, die auf den Emporen und im Chorraum verteilt waren, während der Konzerte unterstützten.

Die Praxis der Kirchenmusik war vor allem in den Kirchen Oberitaliens so entwickelt, daß die meisten der großen Kirchenbauten über zwei Instrumente verfügten, die entweder im Chorraum oder auf den Emporen aufgestellt waren. Beispiele dafür sind S. Antonio in Padua, S. Petronio in Bologna, die Hauptkirchen in Florenz und der Dom von Mailand. Bis zum 20. Jh. kam diesen Orgeln eine mehrfache Aufgabe zu: als Stütze des Chores oder des Priesters in den Responsorial-Gesängen, als Instrument für solistisches Orgelspiel oder Alternieren mit dem Chor oder als Begleitinstrument des Chorgesanges.

Begünstigt durch die architektonische Anlage der Kirchen mit zwei gegenüberliegenden Emporen im Chorraum schufen die oberitalienischen Komponisten eine Musik von außerordentlicher Raumwirkung, deren Monumentalität die Dialogfunktion der zwei Orgeln bei weitem übertraf. Es entstand eine neue Choral- und Orchesterliteratur, in der sich mehrere Formationen (Chöre oder Orchester) entgegentraten, einander antworteten oder in prunkvoll-barocker Steigerung gleichzeitig erklangen. Das extremste Beispiel ist wohl die 1628 für die Weihe des Salzburger Domes komponierte Messe von Orazio Benevoli, deren 53 Stimmen sich auf zwölf Chöre verteilen. Bekannter sind jedoch die zwei Chöre der

Faenza, der für das Wissen um die Musik des 14. und der ersten Jahrzehnte des 15. Jahrhunderts von wesentlicher Bedeutung ist. Dieses Manuskript, dessen Stücke in zwei sechslinigen Systemen (Tabulatur, genannt »Clavierpartitur«) mit erstmals regelmäßig gesetzten Taktstrichen notiert sind, enthält verschiedene Teile einer Orgelmesse sowie Intabulierungen von Madrigalen und von italienischen bzw. französischen Liedsätzen (Jacopo da Bologna, Bartolino da Padova, Francesco Landini, Antonio Zaccara da Teramo, Pierre de Molins und Guillaume de Machaut), deren Melodien – Teile religiöser Themen – eine Verwendung während der Messe anzudeuten scheinen. Dies würde bedeuten, daß die liturgische Funktion der Orgel nach dem Prinzip des versweisen Wechsels zwischen polyphoner Musik und dem Gregorianischen Choral bereits festgelegt war. Indem man die einzelnen Stimmen der Polyphonie spielgerecht auf die Orgel übertrug, entstand eine Musikgattung, deren Kennzeichen ein besonders lebhaft figurierter Diskant in der rechten Hand war, während in der Unterstimme die gregorianische Choralmelodie in gleichlangen Notenwerten zitiert wurde. Diese Praxis wurzelt in der Schule von Notre-Dame (»organum duplum«). Die älteste jemals auf der Orgel gespielte Kirchenmusik bestand also aus liturgischen Sätzen, die der Organist bei den Wechselversen der Psalmen und den verschiedenen Teilen des Meßordinariums (Kyrie, Gloria, Credo, Sanctus und Agnus Dei) mit spielerischen Ornamenten versah. Außerdem mußte die Orgel wahrscheinlich auch den Ton der Messe oder gewisse frei einsetzende vokale Zwischengesänge des Zelebranten mit kurzen Sätzen oder Präludien anstimmen.

Italienische Orgelmusik

Italien, die Heimat der meisten Formen der Orgelmusik und zahlreicher bedeutender Musiker, erreichte in der Entwicklung der Orgelmusik seine Blüte vor den meisten anderen Staaten Europas.

Wie anderswo auch bestand die Literatur für Tasteninstrumente vor 1500 im we-

sentlichen aus Tänzen, aus Transkriptionen oder Bearbeitungen von Vokalwerken und aus liturgischen Kompositionen (Stücke zur Messe, Versetten, Hymnen), obgleich auch schon freie – einem Präludium vergleichbare – Formen existierten. Diese freien Formen sollten, wie wir es an vielen Kennzeichen in den von italienischen Komponisten während des gesamten 16. Jahrhunderts mit Vorliebe konzipierten Werken erkennen können, schnell großen Anklang finden; die Gattung der Toccata stellte zweifellos einen wesentlichen Bestandteil der Orgelliteratur dar. Auf der anderen Seite führte die Entwicklung des Ricercars, der Canzona und der Fantasie zur Ausbildung der strengsten und orgelmäßigsten Form des Barockzeitalters, zur Fuge.

Der Typus des Ricercars und der Canzona orientierte sich an bereits bestehenden Vokalwerken, wobei das Ricercar – manchmal in der Form eines einsätzigen Präludiums oder auch Postludiums (»ricercare detto coda«) – nicht unbedingt für die Orgel bestimmt sein mußte (Ottaviano dei Petrucci, der Erfinder des Drucks von Noten mit beweglichen Typen aus Metall), veröffentlichte zwischen 1507 und 1509 in Venedig Ricercari für Laute, die Francesco Spinacino, Ambrosio Dalza und Franciscus Bossinensis zugeschrieben werden). Mit dem Begriff Ricercar wurden jedoch nicht nur kontrapunktische Stücke bezeichnet. In den 1523 veröffentlichten »Recerchari motetti canzoni« von Marco Antonio Cavazzoni findet man beispielsweise zwei ausdrücklich für Orgel bestimmte Ricercari, bei denen es sich jedoch eher um Vorspiele zu polyphonen Motetten handelt. Die weitere Entwicklung des Ricercars wurde von Jacopo Fogliano beeinflußt, ebenso von Musikern, die sich im Laufe des 16. Jahrhunderts in ihren Werken in immer neuem Studium dieser Kompositionsgattung übten, da das jeweilige Thema nach und nach mannigfache Veränderungen erfahren sollte (Vergrößerung, Verkleinerung, Umkehrung, Engführung).

Der erste bedeutende Ricercar-Komponist war Girolamo Cavazzoni, Sohn von Marco Antonio, der 1542 in seinen »Intavolatura per organo cioè recercari canzoni himni magnificati« vier Ricercari veröffentlichte. Andrea Gabrieli schrieb etwa 20 Ricercari, die – mit einer nur geringen Anzahl von Themen und gegliedert in nur wenige Abschnitte – erstmals eine äußerst komplexe kontrapunktische Verarbeitung aufwiesen. Wurde die Kunst der Ricercarkomposition im 16. Jahrhundert besonders von italienischen Musikern wie Girolamo Parabosco, Annibale Padovano, Claudio Merulo, Ascanio Maione, Luzzasco Luzzaschi, Costanzo Antegnati oder Giovanni Maria Trabaci gepflegt, so gelangte sie auch bei den italo-flämischen Meistern Jacob Buus (»Ricercari da cantare et da sonare d'organo«, 1547) und vor allem Adrian Willaert in erstaunlicher Vollendung zu voller Blüte.

Bevor wir in der Besprechung der Formen zur Canzona übergehen, muß die Sammlung »Frottole intabulate da sonare organi« – die erste in Italien gedruckte Claviermusik – genannt werden, die Andrea Antico 1517 in Rom herausgab. Es handelt sich hierbei um Intabulierungen vierstimmiger Frottole von Bartolomeo Tromboncini und Marchetto Cara. Unter dem Begriff Frottole ist ein typisch italienisches weltliches Lied zu drei oder vier Stimmen von homophoner Struktur mit betonter Oberstimme zu verstehen, das im 16. Jahrhundert sehr beliebt war.

Die Canzona (auch Canzona alla Francese oder Canzona francese), wie sie von Josquin und seinen Schülern und in Italien vom späten Giovanni de Macque entwickelt wurde, ging aus kurzen strophischen Chansons französisch-flämischen Ursprungs hervor, die – von weltlichem Charakter und auf einem galanten Text basierend – in großer Zahl für Laute und Clavier bearbeitet wurden. Im Gegensatz zum festlichen Ricercar weist die Canzona einen lebhaften Rhythmus auf. Sie ist meistens nach dem Prinzip der kontrapunktischen Imitationskunst in mehrere Abschnitte unterteilt, die sich aus homophonen Sequenzen und manchmal freien Läufen zusammensetzen. Gingen die »Canzoni alla francese« (1571, 1605) von Andrea Gabrieli zum größten Teil noch auf Vokal- oder Instrumentalwerke zurück, so wetteiferten die Komponisten sehr bald mit Canzonen, die sie speziell für Tasteninstrumente komponierten. An erster Stelle sind hier die Stücke des »Libro primo« der »Recerchari motetti canzoni« (1523), von Marco Antonio Cavazzoni zu nennen, dann die Canzonen von Claudio Merulo (»Canzoni d'intavolatura d'organofatte alla francese«, 1592), von Vincenzo Pellegrini, Giovanni (Gian) Paolo Cima, Ascanio Maione, Agostino Soderini, Giovanni Maria Trabaci, Giovanni Gabrieli und natürlich die Canzonen von Girolamo Frescobaldi. Trabaci wandte als erster das Prinzip der Variation ein und desselben Themas an, indem er dieses in jedem Abschnitt der Canzona melodisch und rhythmisch veränderte.

Die wesentliche Bedeutung des Ricercars und der Canzona darf uns jedoch keinesfalls die aus der Improvisation entstandenen weiteren Formen der italienischen Claviermusik vergessen lassen: die der Intonatio, der Toccata, der Fantasie und des Capriccio. Bei der Form der Intonatio handelt es sich um eine kurze Komposition, deren Aufgabe es war, einen der acht Kirchentöne zu intonieren, wobei sie auch als Präludium, Ouvertüre oder Toccata bezeichnet werden könnte (ihr Ursprung liegt im »tastar de corde«, dem Prüfen der richtigen Stimmung der Saiten des Instruments). Als Beispiel seien die »Intonazioni d'organe« genannt, die Andrea und Giovanni Gabrieli 1593 veröffentlichten. Die Toccata war zunächst ein freies Stück, in dem sich die Bewegung virtuoser Läufe und die Ruhe dichter Akkorde abwechselten (Toccata leitet sich vom Begriff »toccare« = »eine Klaviatur spielen« ab, ebenso Cantata von »cantare« = »singen« oder Sonata von »sonare« = »zum Klingen bringen«). Das Ziel der Toccatenform war es, die verschiedenen Register des Instruments und die virtuose Technik des Interpreten zu demonstrieren, und sie zog große Komponisten wie Andrea und Giovanni Gabrieli, Claudio Merulo und Girolamo Frescobaldi in ihren Bann. Entspricht der Typus der Toccaten Andrea Gabrielis noch der freien Improvisation, so haben die Toccaten von Merulo eine viel charakteristischere Konzeption, die gerade durch den wesentlichen Wechsel von Langsam und Schnell, durch die Verknüpfung des freien und des imitativen Stils und die Eigenständigkeit der verschiedenen Stimmen bestimmt wird. Frescobaldi führte diese Form zu ihrem Höhepunkt, indem er in die Toccata Elemente aller Gattungen einbrachte: virtuose Läufe, meditative Passagen, kontrapunktisch im Stil des Ricercars und der Canzona verarbeitete Partien, vor allem die »affetti« (ein Wort, das man nur unvollkommen mit dem Begriff »Effekte« übersetzen könnte) sowie Passagen oder Stimmführungen, die – wie Frescobaldi ausführlich in seinen Vorworten (»avvertimenti«) erläutert – die Aufmerksamkeit der Zuhörer erregen oder diese überraschen und in Erstaunen versetzen sollen. Er verglich dieses Vorhaben mit der neuen Manier, musikalisch die Bedeutung von Madrigaltexten zu versinn-

Matthäus-Passion von Johann Sebastian Bach. Diesen Monumentalstil kann man selbst in romantischen Kompositionen finden, mit denen sich einige Komponisten zu späten Epigonen der Altmeister von S. Marco machten, man denke etwa an die vier Fanfaren und fünf Orchester des »Requiem« von Hector Berlioz.

Es wäre sinnlos, all die bis zum Ende des 19. Jh.s für zwei, drei oder vier Orgeln geschriebenen Werke zu nennen. Sie bilden eine spezielle Literatur, die meistens von Organisten geschaffen wurde, die in mit mehreren Instrumenten ausgestatteten Kirchen tätig waren. Es handelt sich dabei um eine Musizierpraxis, die sich besonders im 18. Jh. nicht nur in Oberitalien, sondern auch in der Schweiz, in Österreich und Süddeutschland entwickelte. Abgesehen von zahlreichen Stücken, in denen verschiedene Orgeln Chöre und Orchester unterstützen, seien nur einige Komponisten genannt, die für das Solospiel mehrerer Instrumente geschrieben haben. In Spanien komponierte José Blanco, der in der zweiten Hälfte des 18. Jh.s Organist in Cuenca und Ciudad Rodrigo war, ein »Concierto para dos organos« in G-Dur, während Padre Antonio Soler »Seis conciertos para dos organos« schrieb. Aus Oberitalien sind vom Ende des 16. Jh.s Werke von Andrea Gabrieli (Venedig, »Ricercar per sonar« für zwei Orgeln aus den »Concerti«, 1587), Giovanni Gabrieli (Venedig, »Canzon in Echo« für zwei Orgeln oder Instrumentalgruppen aus den »Sacrae Symphoniae«, 1597), Francesco Rovigo (mit Annibale Padovano am Grazer Hof tätig) und Ruggiero Trofeo (Mailand, Turin) überliefert, ferner vom Anfang des 17. Jh.s Stücke von Giacomo Filippo Biumi (Mailand), aus dem 18. Jh. von Carlo Zenolini (Bologna, »Sonata a 3 organi col basso Partitura«), Francesco Feroci (Florenz, »Concerto CXXX alternato col primo e secundo organo«), Gaetano Piazza (Florenz, »Sonata a due organi«) und Giuseppe Sarti (Mailand), aus dem 19. Jh. schließlich Kompositionen von Ferdinando Bonazzi (Mailand, zwei »Sonate a due organi«), Luigi Cherubini (Mailand, »Messa in do ridotta per due organi«) und Armando Galliera (Mailand »Post communionem per due organi«, 1897). Nördlich der Alpen wurden in der wertvollen Bibliothek des Stiftes Einsiedeln die liturgischen Festen zugeordneten Werke für vier Orgeln des Benediktiners Marian Müller aufgefunden (»Sonata per la festa di Pasqua« in C-Dur, 1772, »Sonata pastorale per il Santa Natale« in A-Dur, 1772, »Sonata per la Pentecoste« in B-Dur, 1775), zudem die Kompositionen von Giovanni Bernardo Lucchinetti (»Concerto a due organi« und »Sonata a due organi«). Aus der Abtei Petershausen bei Konstanz stammt eine erstaunliche »Sonata per la festa di Pasqua« für vier Orgeln, vier Trompeten, vier Hörner und Pauken (1781). Zu erwähnen bleiben noch die

»Duetti« Carl Philipp Emanuel Bachs und die Ende des 18. Jh.s für den Dom zu Mailand komponierten Sonaten für zwei Instrumente von Franz Danzi und Daniel Steibelt.

Zum Abschluß dieser Aufzählung sind die zahlreichen Bearbeitungen für Cembalo und Orgel, im 18. Jh. zum Beispiel von Severo Giussani oder Johann Christian Bach, der in Bologna studierte und Organist des Mailänder Domes war, und für zwei Cembali, etwa die vierzehn Sonaten von Bernardo Pasquini, anzuführen.

Girolamo Frescobaldi

Geboren 1583 in Ferrara (getauft am 9. September); gestorben in Rom am 1. März 1643 an »bösartigem Fieber«

Girolamo Frescobaldi, Schüler des Kathedralorganisten von Ferrara, Luzzasco Luzzaschi, erfreute sich seit seiner Jugend eines großen Ansehens als Sänger und Organist. Er wurde 1604 Mitglied der Accademia di S. Cecilia in Rom und übernahm zu Beginn des Jahres 1607 das Organistenamt der Kirche S. Maria in Trastevere. Noch im Juni dieses Jahres brach der junge Musiker zu einer Reise nach Flandern auf, die ihn nach Brüssel, Amsterdam, Antwerpen und Mecheln führte, um nach seiner Rückkehr nach Italien am 1. November 1608 Ercole Pasquini als Organist der Cappella S. Giulia von St. Peter in Rom nachzufolgen, ein Amt, das er mit Ausnahme einer kurzen Reise an den Hof von Mantua 20 Jahre lang ausübte. Ab 1628 wirkte er als Organist für Ferdinando II. de' Medici in Florenz und ab 1634 bis zu seinem Tod wieder in der Ewigen Stadt als Organist des Petersdomes. Der Meister wurde in Rom in der Kirche SS. Apostoli beigesetzt.

Frescobaldi schrieb die meisten seiner Kompositionen für Orgel und Cembalo und verwendete alle gebräuchlichen musikalischen Formen: Fantasie, Ricercar, Capriccio, Toccata, Canzona, Variation (Partita) und Hymnen oder Versetten über das Magnificat. Eine besondere Erwähnung gebührt den »Fiori musicali« (1635), in denen der Meister Stücke für die Stellen des Gottesdienstes komponierte, die dem solistischen Orgelspiel vorbehalten waren. Sie sind in drei Orgelmessen (»della Domenica«, »delli Apostoli«, »della Madonna«) mit folgendem Aufbau zusammengefaßt: liturgische Toccata vor der Messe, zahlreiche Sätze über das gregorianische Kyrie, Canzona nach der Epistel, Toccata und Ricercar vor oder nach dem Credo (insbesondere das außergewöhnliche und eigenartige »Ricercar con obligo di cantare la quinta parte senze toccarla«, in dem der Organist an verschiedenen, selbst zu findenden Stellen die fünfte Stimme

bildlichen; die Toccata sollte von nun an eine lebendige und erregende Gattung sein, deren Stil am besten mit dem Wort »phantastisch« (»stilo fantastico«) bezeichnet werden könnte.

Die Fantasie, deren Form der des Ricercars vergleichbar ist, wird oft mit diesem verwechselt. Was das Capriccio betrifft, so läßt seine imitierende Struktur eine genaue Abgrenzung nicht zu. Es umfaßt sowohl volkstümliche Themen oder einfache Motive wie den Kuckucksruf, als auch dem Ricercar verwandte Themen, die hier in allen erdenklichen Variationen und rhythmischen Kombinationen mit manchmal virtuosen, ja bizarren Begleitmotiven erscheinen; man könnte das Capriccio als Demonstration kompositorischer Virtuosität ansehen.

Dieses Aufkommen neuer Formen, die ein allmähliches Loslösen der Instrumentalkunst vom Erbe vokaler Vorbilder zur Folge hatten und durch ihre Vielgestaltigkeit und ihren Reichtum an Phantasie bald die europäischen Musikstile umwälzten, beeinträchtigte jedoch keineswegs – so bedeutend es für die Entwicklung der weltlichen Musik sein mochte – die der Orgel eigene Rolle in den Gottesdiensten. Nördlich wie südlich der Alpen erlaubten die fünf Teile des Meßordinariums den Komponisten, eine Literatur zu schaffen, die dazu bestimmt war, im Wechsel mit den liturgischen Gesängen aufgeführt zu werden. Nach den Meß-Fragmenten, die in der Mitte des 16. Jahrhunderts von Jacob Buus geschrieben worden waren, muß man hier die drei Orgelmessen erwähnen, die Claudio Merulo und Girolamo Cavazzoni gemeinsam komponierten. Die charakteristischsten Ausdrucksformen der Kirchenmusik waren Hymnen, Magnificats, »versi spirituali« sowie Kompositionen über die Melodien des »Pange lingua« oder des »Veni Creator Spiritus«. In seinen »Fiori Musicali« übernahm Girolamo Frescobaldi manchmal weltliche Formen zum Gebrauch im Gottesdienst: Die Toccata konnte die Messe eröffnen (»Toccata avanti la Messa«) oder zu einer eher mystischen Betrachtung Anlaß geben (»Toccata per l'Elevazione«), während das Ricercar, ja sogar die weltliche Canzona gewisse andere Teile der Messe ausschmückten (»Ricercare dopo il Credo«, »Canzona dopo l'Epistola« und »dopo il Post Comune«).

In den zwei Jahrhunderten, die dem Tod Frescobaldis folgten, begünstigte der Siegeszug der Orchester- und vor allem der

Vokalmusik (im kirchlichen Bereich das Oratorium, im öffentlichen Leben die Oper) kaum das Entstehen einer eigenständigen Orgelliteratur. Die zahlreichen, oft als Organisten tätigen Komponisten sorgten wohl für die musikalische Ausgestaltung der Gottesdienste, doch gelangten nur mehr Gebrauchswerke von geringer Bedeutung zur Aufführung; die italienische Orgel sollte von nun an nur mehr zu wenigen herausragenden Kompositionen inspirieren. Das Schaffen Frescobaldis, ein Kompendium italienischer Clavierkunst, blieb auf der Halbinsel noch jahrzehntelang Vorbild, trug jedoch in Süddeutschland seine größten Früchte.

Man sollte die Schlichtheit der Orgelkompositionen vielleicht nicht nur als eine Folge der Unterwerfung unter die Pracht orchestraler und vokaler Ensembles sehen, sondern auch als eine Folge des stabilen Klangaufbaus der italienischen Orgel, die ihre endgültige Konzeption vor 1600 erfuhr und diese dann zwei Jahrhunderte lang unverändert beibehielt. Als sie schließlich durch die Orgelbauer Serassi einen mehr orchestralen Klangaufbau erhielt, war es – wie wir zu behaupten wagen – schon zu spät; die Vorherrschaft theatralischer Architektur (auf der Bühne ebenso wie vor dem Altar) überließ ihr nur mehr eine Paradestücke umfassende Literatur, in der modische Opernszenen und selbst Militärmärsche auf die Orgel übertragen oder imitiert wurden, ohne dabei – zum größten Vergnügen der Zuhörerschaft – mit der Verwendung der Spielhilfen »timpani«, »campanelli«, »piatti« oder der »gran cassa« zu geizen.

Wie sich nach Frescobaldis Tod die Instrumente wenig veränderten, so blieb auch die Entwicklung musikalischer Formen stehen. Die bevorzugten Formen der Komponisten blieben Ricercari, Canzonen, Toccaten, Fugen und liturgische Meßkompositionen wie Versetten und Hymnen. Diese eleganten und sorgfältig gearbeiteten Stücke, die an kleinen thematischen Einfällen reich und wie früher mit Stilelementen der Toccata, mit homophonen Passagen, mit fugierten Strukturen oder Chromatik konzipiert waren, lösten sich jedoch sehr bald von den Gesetzen der Imitationsform los, um die musikalischen Raffinessen und die unbekümmerte Spontaneität des Jahrhunderts zu übernehmen. Nach dem ungeschriebenen Gesetz, daß musikalische Formen in Italien geboren werden, um dann die Musikkunst ganz Europas zu bereichern, schufen die italienischen Komponisten am Ende des 17. und im 18. Jahrhundert zwei besonders ausdrucksvolle Gattungen: die Pastorale und die Sonate. Die Pastorale kam bereits bei Frescobaldi und nach diesem bei zahlreichen Musikern wie Manfredini, Valentini, Corelli, Vivaldi, Pasquini oder Zipoli vor und wurde auch von Händel und Bach übernommen. Die Sonate, ursprünglich ein »Klangstück« für Instrumente, hatte damals noch nicht den klassischen Aufbau; sie ging aus der Tanzsuite hervor und behielt zunächst deren einzelne Teile und den Wechsel der Tempi bei. Aus dem neuen und dem alten Verständnis des Begriffs »Sonate« (mehrteilige Canzona) resultiert jedoch nach wie vor eine gewisse Verwirrung, da eine genauere Terminologie bisher nicht gefunden wurde.

Für die Zeit vom Höhepunkt der klassisch-italienischen Orgel hin zum Instrument des 19. Jahrhunderts seien im folgenden die wichtigsten Musiker und ihre bedeutendsten Werke genannt:

Als Zeitgenossen und unmittelbare Nachfolger Frescobaldis erregen vier Komponisten unsere Aufmerksamkeit: Michelangelo Rossi veröffentlichte in zwei Bänden (der zweite aus dem Jahre 1657) die »Toccata e Correnti, per organo, o Cembalo«, deren Konzeption von der Kunst des großen Musikers kündet und die vor allem die Form der Toccata fortführten; Tarquinio Merula, Kapellmeister in Bergamo und in seiner Heimatstadt Cremona sowie Organist des Hofes von Warschau, hinterließ außer Capricci und Canzonen eine sehr schöne »Sonata cromatica«, deren verschiedene Abschnitte in der Art einer Fantasie verarbeitet sind; von Giovanni Scipione, wie Merula aus Cremona gebürtig, sind zwei Sammlungen bekannt, »Intavolatura di Cembalo, ed Organo, Toccate, Capricci, Himni sopra il Canto fermo« (1650) und »Partitura di Cembalo ed Organo« (1652), die dem Vorbild Frescobaldis entsprechen; Giovanni Battista Fasolo aus Asti gab 1645 in Venedig sein »Annuale, Che contiene tutto quello che deve fare une Organista per risponder al Choro tutto l'Anno« heraus, eine Sammlung mit Gebrauchsmusik, deren Responsorien und Präludien – kurze vierstimmige Stücke – meistens Harmonisierungen und manchmal Imitationen darstellen. Fasolo schrieb unter anderem auch Canzonen.

Zwei spätere Ricercar-Sammlungen von Komponisten, die wahrscheinlich zu Beginn des 17. Jahrhunderts geboren wurden, enthalten vollkommene und komplexe Beispiele einer bald vergangenen kontrapunktischen Kunst: die »Ricercari a4, a5, a6, con 1, 2, 3, 4, 5, 6 soggetti«, die Luigi Battiferri aus Sassocorvaro bei Urbino 1669 herausgab, und die »Ricercari in stile antico, e grave« von Fabrizio Fontana aus Turin.

Außer den Sonaten von Carlo Francesco Polaroli, einem Schüler von Legrenzi, den Fugen von Giuseppe Bencini, Antonio Caldara aus Venedig und Nicola Antonio Porpora aus Neapel, oder den Toccaten von Alessandro Scarlatti aus Palermo, die dieser vor allem für das Cembalo schrieb, muß man aus der Zeit des beginnenden 18. Jahrhunderts besonders vier Musiker berücksichtigen, deren Kompositionsstil sich allmählich von den Formen des vergangenen Jahrhunderts loslöste und die Transparenz der Cembalotechnik und Cembalopraxis übernahm: Bernardo Pasquini aus Massa di Val di Nievole bei Florenz, der als Organist in Rom und als Musiker des Prinzen Battista Borghese tätig war und an der Wende zum 18. Jahrhundert ausdrucksvolle Clavierstücke veröffentlichte. Pasquini schrieb Werke in den Formen Toccata, Capriccio, Canzona francese, Ricercar und Versett, in denen er eine Synthese fand zwischen der noch strengen Polyphonie Frescobaldis, den er als einen seiner Lehrmeister ansah, den von Merulo oder Rossi angewandten Kompositionsformen und dem melodischen Zauber, dem harmonischen Reichtum und der technischen Brillanz von Domenico Scarlatti. Von seinen zahlreichen Werken seien die 14 Sonaten für zwei Cembali (in einer Art Kurzschrift gedruckt, die nur den Baß oder den Diskant angab und dem Interpreten die Vervollständigung überließ), die Toccaten und eine bezaubernde »Introduzione e Pastorale« genannt.

Der ebenfalls in der Toscana geborene Domenico Zipoli aus Prato hinterließ eine Anzahl hübscher Stücke, die mit dem Titel »Sonate d'Intavolatura per Organo, e Cimbalo« 1716 in Rom, wo der Autor das Organistenamt an der Jesuitenkirche innehatte, veröffentlicht wurden. Der erste Teil dieser Sammlung ist ausdrücklich für die Orgel bestimmt und führt die verschiedenen musikalischen Formen des Gottesdienstes (Versett, Toccata, Canzona, Elevazione, Postcomunio, Offertorio und Pastorale) in gefälligen Kompositionen mit einfachen Harmonien und stets eleganter Stimmführung vor. Im Jahr des Erscheinens dieser Werke begab sich Zipoli nach Sevilla, wo er Jesuit wurde und sich

singen soll), Toccata während der Wandlung und Canzona nach der Kommunion. Der »Messa della Madonna« folgen außerdem noch zwei Capriccios über »Bergamasca« und »Girolmeta«.

Neben den Kompositionen seiner Zeitgenossen, darunter den Werken von Gabrieli, Luzzaschi und Gesualdo, kannte Frescobaldi auch die Musik der Komponisten Philips, Cornet und Sweelinck, zu deren Studium er während seiner Reise nach Flandern Gelegenheit gehabt hatte. Die Berühmtheit des römischen Organisten war außergewöhnlich; wegen seines Könnens als Organist und Improvisator wurde er ebenso wie aufgrund seiner eigenen Kompositionen schon zu Lebzeiten zu den bedeutendsten Musikern gezählt, und offenbar war er einer der ersten Organisten, der nicht nur die Massen – er soll, als er sich zum erstenmal in der Peterskirche hören ließ, nicht weniger als 30000 Zuhörer gehabt haben –, sondern auch die Komponisten und Theoretiker zu begeistern vermochte.

Frescobaldi war, vielleicht mit Ausnahme der Partita, nicht der Erfinder neuer Formen, sondern vielmehr deren Vollender im »stilo nuovo«, indem er seine Kompositionen in Ausdruck, Struktur und Virtuosität kontrastreich gestaltete und somit den Weg für die Formgebung der Orgelliteratur in den nächsten zwei Jahrhunderten öffnete. Er erstaunt wegen seines Fingerspitzengefühls für eine phantasievolle Virtuosität, die nie gekünstelt wirkt, wegen seiner oft kühnen Wendungen und vor allem wegen seines Strebens nach individueller, unerschöpflicher Ausdruckskraft, die von Poesie, Empfindungsvermögen und Temperament geprägt ist. Nach dem Vorbild der Komponisten Giovanni de Macque und Trabaci entwickelte er die Kunst der Chromatik und der »durezze e ligature« (Dissonanzen und Bindungen) und verlieh so den verschiedenen Formen, wie Canzona, Capriccio oder Fantasie, allmählich eine in mehrere Abschnitte gegliederte Struktur. Dabei wechseln sich lebhafte geradtaktige Passagen in fugierter Schreibweise mit mehr homophonen Partien im Dreiertakt ab, was schon die Form der Sonate andeutet. Wenn Frescobaldi auch um die Bedeutung der Verarbeitung eines einzigen Themas wußte (Exposition und Durchführungen) und somit den modernen Typus der monothematischen Komposition schuf (Ricercare oder Capriccio »sopra un soggetto solo«), so komponierte er in den Ricercare oder der Fantasie »sopra quattro soggetti« ebenso über mehrere Themen.

Der Einfluß Frescobaldis, der 1735 von Borsetti als »organista vero incomparabilis« bezeichnet wurde, prägte seinen Schüler Johann Jakob Froberger, der die kontrapunktische Kunst des italienischen Organisten in die deutsche Musik einbrachte.

schließlich als Missionar nach Lateinamerika einschiffte. Er wurde Organist der Jesuitenkirche von Córdoba in Argentinien und starb dort 1726.

Von den zahlreichen Schülern Pasquinis – mit Ausnahme der im süddeutschen Raum tätigen Musiker Georg Muffat und Johann Philipp Krieger sowie von Domenico Scarlatti, der von seinen etwa 100 Cembalo-Sonaten auch einige der Orgel widmete – schufen drei italienische Musiker interessante Werke für die Orgel: Azzolino Bernardino della Ciaia aus Siena gab im Jahre 1727 seine »Sonate per cembalo con alcuni Saggi, ed altri contrapunti di largo, e grave stile Ecclesiastico per grandi organi« heraus; sind die sechs großartigen Sonaten des ersten Teils dieser Sammlung für Cembalo bestimmt, so stellen die »saggi«, Ricercari und Versetten dem Organisten kurze – nach dem Imitationsprinzip konzipierte – Stücke bereit. Seine Pastorale kann auf der Orgel hervorragend zu Gehör gebracht werden. Giovanni Maria Casini aus Florenz verfaßte die Sammlung »Pensieri Per l'Organo in Partitura« (1714) mit Stücken, deren zwei oder drei Abschnitte über das gleiche thematische Material verfügen und deren Kennzeichen ein reicher Aufbau, eine melodische Erfindungsgabe, eine kunstvolle Chromatik und die Verwendung paralleler Terzen und Sexten sind. Francesco Durante aus Neapel vereinte die Fugen- und Toccatenkunst in den Stücken seiner »Studii«. Schließlich sind noch die Orgelmusiksammlungen »Sonate da Organo di varii autori« (1687) des Herausgebers Giulio Cesare Aresti und das »Libro di suonate d'Organo, di diversi Autori« (1743) des Giacomo Poffa zu erwähnen.

Im 18. Jahrhundert verfügte der Franziskaner Giovanni Battista (Giambattista) Martini aus Bologna über außergewöhnliches Ansehen; so profitierten Johann Christian Bach und der junge Wolfgang Amadeus Mozart von seinem Unterricht. Die Claviersonaten dieses Meisters (»XII Sonate d'Intavolatura per l'organo, e il Cembalo«, 1742; »VI Sonate per l'Organo e il Cembalo«, 1747) sind sicher mehr für das Cembalospiel gedacht, doch sind einige Sonaten und vor allem der getragene Ausdruck der Präludien, Adagios oder Fugen gut auf der Orgel darzustellen. Zu erwähnen sind noch das »Libro di Sonate d'Organo d'Intavolatura... fatto per comodo da sonare alle Messe, Vespri, Compiete, ed altro« (1720) von Giuseppe Maria Santini, die »Versetti in tutti li Tuoni Corali« von

Pietro Marzola, die Stücke von Francesco Feroci und Carlo Zenolini sowie etwas später die »112 Versetti Per Organo Per rispondere al Coro in tutti i tuoni Del Canto Fermo« von Marco Santucci; für das 19. Jahrhundert die Werke von Felice Moretti (auch Padre Davide genannt) und von Vincenzo Petrali sowie eine in Pistoia begründete Schule, die in einem Haydn verwandten Stil Märsche, Symphonien und liturgische Stücke schrieb und deren Hauptvertreter Giuseppe Gerardeschi war. Hinzu kommen eine kleine Orgelsonate von Vincenzo Bellini und die Verwendung eines Harmoniums in der kleinen Festmesse von Rossini. Am Ende des 19. und Anfang des 20. Jahrhunderts entstanden die Werke von Marco Enrico Bossi, Autor einer »Metodo di studio per l'organo moderno« mit etwa 100 spätromantischen Stücken. Ottorino Respighi hinterließ zwei Choralvorspiele und ein freies Präludium in d-moll, dessen Stil an Max Reger erinnert, und Alfredo Casella komponierte ein »Concerto Romano« für Orgel und Orchester. Mit diesen Zeitgenossen der Orgelbauer Serassi und Lingiardi hat sich die Orgelkomposition in Italien bereits ziemlich stark an die orchestrale Ästhetik angepaßt.

Orgelmusik der deutschsprachigen Länder und der Länder des Ostens

Die Zeit vor Johann Sebastian Bach

Vom 15. bis 17. Jahrhundert

Im 15. Jahrhundert besaßen die deutschsprachigen Länder eine reiche Orgelliteratur. Mehrere fragmentarische Tabulaturen der ersten Hälfte dieses Jahrhunderts (Mondsee, Sagan, Breslau, Winsum, München, Hamburg, Erlangen und die Tabulatur des Stendaler Rektors Adam Ileborgh aus dem Jahre 1448) enthalten Teile von Orgelmessen, Sätze über deutsche volkstümliche Lieder und Präludien, von denen besonders die fünf Präludien der Tabulatur von Ileborgh bemerkenswert sind. Merkmale dieser Musik sind die zweistim-

mige Polyphonie, die zur Vervollständigung der Harmonie manchmal um eine dritte Note ergänzt wird, der geschickte Satz, die freie Führung und vor allem der Umfang (bis zu zwei Oktaven) des Diskants, den ruhig ein Tenor in Terz-, Quint- oder Sextintervallen stützt.

In der Mitte des 15. Jahrhunderts blühte eine reiche Literatur auf, die oft didaktisch und damit aufschlußreich für die Entwicklung der Orgelmusik ist. Das im Lochamer Orgelbuch eingebundene Nürnberger Orgelbuch aus dem Jahre 1452 enthält das »Fundamentum organisandi« von Conrad Paumann und verschiedene Stücke anderer Meister wie Walther de Salice, Georg Puteheim, Johannes Ciconia, Wilhelmus Legrant und Anton Paumgartner. Der aus Nürnberg stammende blinde Organist Conrad Paumann war am Bayerischen Hof tätig; seine Orgellehre besteht aus Stücken, die auf deutschen Liedern oder Melodien des Gregorianischen Chorals beruhen. Sie wurde für die Organisten geschrieben und zeigt diesen in Lehrbeispielen die Entwicklung eines ausgeschmückten Kontrapunkts über einen Cantus Firmus, die Bildung von Kadenzen, die verschiedene Gestaltung der Rhythmen und die Verwendung von Intervallen. Die meisten Beispiele bestehen aus zwei, manche jedoch aus bis zu fünf Stimmen.

Ein weiteres bedeutendes Dokument ist das Buxheimer Orgelbuch, genannt nach dem Kartäuserkloster zu Buxheim (Iller), in dem es lange Zeit aufbewahrt war. Es stellt heute mit 258 aus der Zeit um 1470 stammenden geistlichen und weltlichen Kompositionen die umfangreichste Tabulatur der Claviermusik dar und enthält liturgische Werke über Melodien des Gregorianischen Chorals, Alternatimstücke zur Messe, Intabulierungen zahlreicher deutscher, flämischer oder englischer Lie-

23 Modena, Kirche S. Pietro, Orgel, erbaut 1519–1524 von Giovanni Battista Facchetti, Vergoldungen von Pellegrino Munari, Flügeltüren 1546 bemalt von Giulio und Giovanni Taraschi
Aus dem 16. Jahrhundert sind nur noch das Gehäuse mit seinen Prospektpfeifen und die Flügeltüren erhalten. Der Prospekt enthält heute eine 1964–1965 erbaute mechanische Orgel der Fratelli Ruffati, deren Disposition sich an den Vertrag des Jahres 1519 anlehnt. Danach sollte das Instrument einen Principale 10′ ab Kontra-F mit drei Reihen im Diskant (»in cima«), eine Ottava, die Register des Ripieno und zwei Flötenregister (Flauto in Ottava, Flauto in Quintadecima) besitzen.

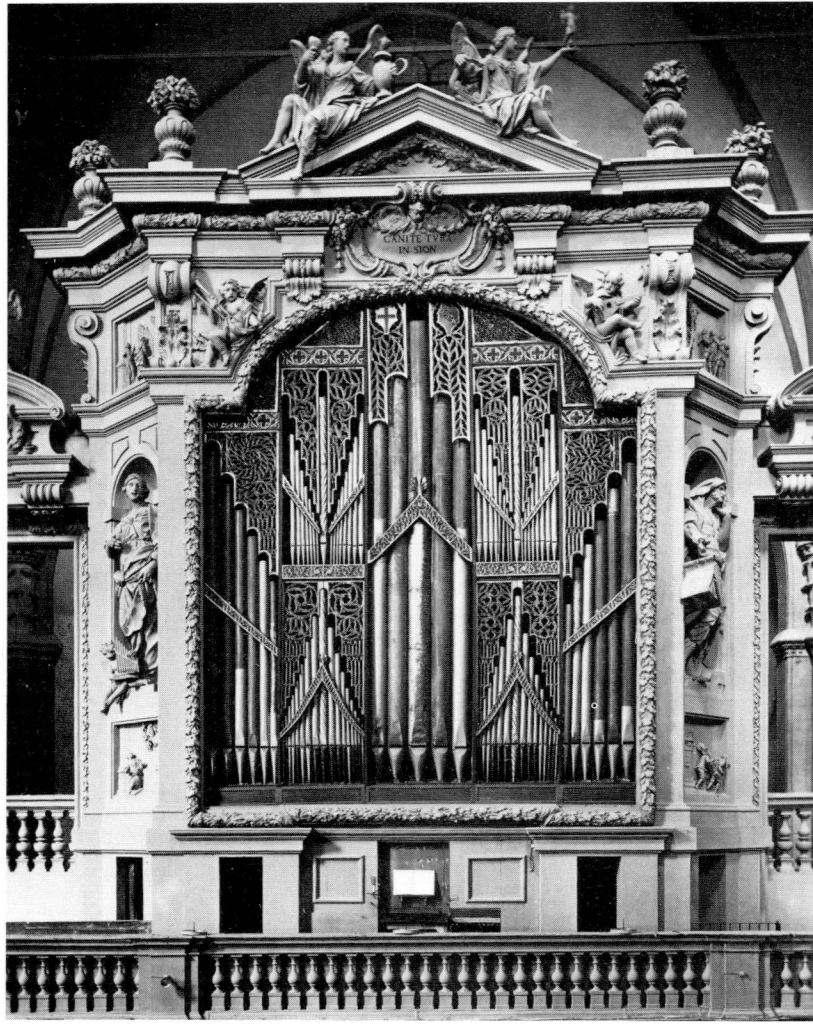

24 Bologna, Kirche S. Petronio, Orgel »in cornu epistolae«, erbaut 1470–1475 von Lorenzo di Giacomo da Prato

Gegenüber der 1596 von Baldassarre Malamini erbauten Evangelienorgel befindet sich die hier abgebildete Epistelorgel, eines der ältesten Instrumente Italiens, die, umrahmt von einem prunkvollen Barockaufbau aus dem Jahre 1675, noch über ihr ursprüngliches gotisches Gehäuse verfügt. Wie in den Kirchen S. Marco und S. Maria Gloriosa dei Frari in Venedig wurde auch hier die Orgel der Epistelseite mit größerem Klangreichtum versehen als die Orgel der Evangelienseite.

Die Epistelorgel besaß ursprünglich schon zehn Register, davon einige mit zwei oder sogar drei Chören im Diskant: neun Stimmen des auf Principale 20′ basierenden Ripienos und eine Flauto in XV auf einer Klaviatur mit 51 Tasten (Kontra-F bis a″ ohne die ersten beiden Tasten Fis und Gis). Im Jahre 1531 baute Giovanni Battista Facchetti eine neue Windlade, um drei As-Tasten (gebrochen) einfügen zu können, so daß das Manual nun über 54 Tasten verfügte. 1563 faßte Giovanni Cipri die zwei höchsten Stimmen des Ripieno auf einem Registerzug zusammen und fügte ein Flauto in XIX hinzu. 1675 »normalisierte« Giovanni Paolo Colonna das Instrument: Er beseitigte die gebrochenen Tasten und benutzte die dadurch frei gewordenen Kanzellen der Windlade zu einer Erweiterung des Klaviaturumfangs wieder auf 54 Tasten bis c″. Weitere wichtige Arbeiten nahm 1708 und 1714 Francesco Traeri vor, der die Stimmhöhe erniedrigte und die Pedalstimme Contrabassi 24′ ergänzte. Von 1974 bis 1982 restaurierte schließlich Tamburini die Orgel in den Zustand, den ihr 1531 Facchetti verliehen hatte. Ihre zwei Fassaden präsentieren noch heute auf der Chorseite die 51 Pfeifen des Principale 20′ und auf der Sakristeiseite der Ottava 10′ der gotischen Zeit.

25 Florenz, Basilika SS. Annunziata, Orgel »in cornu epistolae«, erbaut 1509–1523 von Domenico di Lorenzo im Gehäuse von Giovanni d'Alessio

Diese 12′-Orgel verfügt noch über ihre Springlade (»a vento«) und ihr originales Pfeifenwerk: sieben Ripienostimmen (die letzten drei auf einem Registerzug) auf einer 50 Tasten umfassenden Klaviatur. Der Prospekt der 1974–1975 durch Alfredo Piccinelli restaurierten Orgel ist von klassischer Schlichtheit, wie sie für den Orgelbau der Region Florenz, Lucca und Siena charakteristisch ist: Drei von einem zentralen Bogen bekrönte Pfeifentürme sind zu beiden Seiten von je zwei übereinanderliegenden, mitrenförmig angeordneten Flachfeldern umgeben.

28 Neapel, Kirche SS. Severino e Sossio, Orgel, erbaut 1690 von Giovanni Domenico di Martino und Sebastiano Solcito, umgebaut 1774 von Francesco Cimino ▷

Die Orgel ist vor allem wegen ihrer eindrucksvollen, der barocken römischen Schule nahestehenden Prospektgestaltung interessant: Die leicht geschwungene Anordnung der Pfeifen verleiht der Wand ein beschwingtes Relief, dessen Dynamik durch die Haltung der beiden Engelsfiguren noch verstärkt wird.

26 Brescia, Duomo Vecchio (Rotonda), Orgel, erbaut 1536 von Gian Giacomo
Antegnati, erweitert 1824 von Serassi (opus 422)

Die Disposition dieser Orgel (s. Anhang) wurde von Costanzo Antegnati, dem
Repräsentanten der vierten Generation dieser großen Orgelbauerfamilie, in seinem
1608 veröffentlichten Buch »L'Arte organica« als Musterdisposition mitgeteilt.
Serassi respektierte 1824 die bestehenden Register und ihren Klang, erweiterte jedoch
das Instrument beträchtlich. Er ergänzte das Pedal um drei Stimmen – 16′, 8′ und
Timbali, die auf einer Taste zwei in Halbtönen gestimmte Pfeifen zum Erklingen
brachten – und fügte im Manual ein zweites Prinzipalregister sowie Stimmen zu
$\frac{1}{3}$′, $\frac{1}{4}$′, $\frac{1}{6}$′ und $\frac{1}{8}$′ hinzu. Die geteilte Klaviatur erlaubte ihm auch den
Einbau eines Kornetts im Diskant und verschiedener Zungenregister. Die Fassade
der 1959 durch Armando Maccarinelli restaurierten Orgel entspricht noch dem
Entwurf Antegnatis; sie gliedert sich in eine zentrale und zwei seitliche Mitren mit
je fünf Pfeifen, die jeweils zwei übereinander angeordnete mitrenförmige kleine
Felder umrahmen (vgl. auch die Prospekte der Orgeln von S. Maria del Carmine in
Brescia oder des Mailänder Domes).

27 Rom, Basilika S. Giovanni in Laterano, Orgel, erbaut 1597–1599 von Luca Blasi
im Gehäuse von Giovanni Battista Montano, erweitert 1731 von Annibale Traeri
und Celestino Testa, nachteilig verändert 1934

Dieses Instrument aus der berühmtesten und bedeutendsten Epoche der Ewigen
Stadt verfügte ursprünglich über ein Manual mit vermutlich zwölf Registern
(12′-Basis), darunter die zwei Zungenstimmen Zampogna und Tromba. Der von
Papst Klemens VIII. nach Rom eingeladene Orgelbauer Luca Blasi wurde als Dank
für das gelungene, im Jubiläumsjahr 1600 vollendete Werk zum Ritter ernannt. Die
Orgel hatte 1731 nach der Erweiterung um ein Positivmanual 32 Register auf zwei
Manualen (59 Tasten) und Pedal (26 Tasten).

29 Neapel, Kirche S. Anna dei Lombardi (Monte Oliveto), Orgel, erbaut 1697 von Cesare II. Catarinozzi de Affile, restauriert 1904 von Lingiardi

Es handelt sich bei dieser Orgel um das letzte Beispiel des Schaffens Catarinozzis in Neapel, der auch die Instrumente der Abtei von Montecassino (1687) und der Kathedrale von Anagni (1702) schuf. Der nach römischer Konzeption von Mario Cartaro entworfene Prospekt dieser Orgel zeigt in einer einzigartigen Komposition von großen korinthischen Säulen, Arkaden und Gesimsen drei Mitren mit großen Pfeifen, die – ergänzt um Statuen, Masken und Girlanden – ihren optischen Ausgleich in zwei kleinen seitlichen Mitren finden. Das Foto wurde vor 1944 aufgenommen.

30 Verona, Kirche S. Tommaso Cantuariense, Orgel, erbaut 1716 von Giuseppe Bonatti

Das 20-stimmige Instrument ist nicht nur durch das Barockgehäuse oder die Prospektgestaltung interessant, die sich in zweimal zwei übereinandergestellte kleine Mitren zu je elf Pfeifen, umrahmt von zwei großen Seitenmitren mit je sieben Pfeifen, gliedert. Bemerkenswert ist zudem ein kleines, Pastorale genanntes Regalregister mit Pfeifen aus Karton, die über dem Spielschrank eingefügt sind. Nennen wir von diesem reichen zweimanualigen Werk mit Primo Organo sowie dem in die Brüstung der Cantoria eingebauten Positivo tergale auch die nachahmenden Stimmen Passere, Speranza, Grillo I, Grillo II und Rosignolo, die den Klang der Ripienoregister, Flöten und Zungen vervollständigen.

31 Bologna, Collegio di Spagna, Orgel, erbaut um 1800 von Gioacchino Pilotti, restauriert 1960 von Emilio Piccinelli

Diese Hoforgel mit sehr eigenartigem Gehäuse zeigt viele klassizistische Dekoreelemente. Klaviatur und Pfeifenwerk können durch Füllungen verschlossen werden. Das Werk verfügt über 14 Register (+ Tiratutti) auf einem Manual (45 Tasten/kurze Unteroktave) und ständig angehängtem Pedal (18 Tasten).

32 Bergamo, Kirche S. Anna in Borgo Palazzo, Orgel, erbaut 1857 von Serassi (opus 640)

Das gelungen unter dem Gewölbe eingefügte Instrument zeigt eine elegante Fassade, deren pyramidale Anordnung der Pfeifen im Zentrum mit seitlich aufwärtsgerichteten Linien an die traditionelle Prospektgestaltung der venezianischen Schule erinnert. Die große 16'-Orgel verfügt über zwei Manuale mit 61 Tasten und ein Pedal mit 24 Tasten (16 Töne), wobei das zweite Manual Organo Eco im Gehäuse des Grand'Organo, und nicht, wie im lombardischen und venezianischen Orgelbau des 18. und 19. Jh.s üblich, im seitlichen Unterbau der Orgel untergebracht ist. Die von Emilio Piccinelli restaurierte Orgel hat 59 Register (darunter Ripieno mit zehn Reihen und Timballi im Pedal sowie Griglie und Rollante).

der und Motetten, sowie 16 drei-, manchmal auch vierstimmige Präludien, die eine bemerkenswerte Pedaltechnik haben: Dem Pedal wird nicht eine der beiden Unterstimmen zugewiesen, sondern der jeweils tiefste Ton der Harmonie, so daß die eigentliche Pedalstimme abwechselnd aus Tönen des Tenors oder Kontratenors besteht. Wie schon Arnolt Schlick 1511 erläuterte, setzt diese Praxis jedoch eine 8′-Registrierung im Pedal voraus. Außer Paumann, der durch Stücke aus seinem Fundamentum vertreten ist, umfaßt die Sammlung Kompositionen großer Musiker der damaligen Zeit: Johannes Ciconia, Arnold de Lantins, Gilles de Binchois, Guillaume Dufay, Walter Frye, Hermann von Salzburg und Oswald von Wolkenstein.

Den Orgelreichtum Deutschlands im 15. und 16. Jahrhundert bekunden jedoch nicht nur die Tabulaturen, sondern auch die Komponisten selbst, die sowohl die Kompositionstechniken als auch die Aufführungspraxis weiterentwickelten. Manche Stücke wurden zu drei oder vier, ja sogar fünf, sechs oder sieben – im außergewöhnlichen Fall des »Ascendo ad Patrem meum«, das Schlick 1520 für die Krönung Karls V. komponierte, sogar zu zehn – Stimmen konzipiert. Da die deutsche Orgel zur damaligen Zeit oft schon über zwei Manuale und Pedal verfügte und somit vielfältige Spielmöglichkeiten bot – finden wir nicht bei Schlick bereits Kompositionen mit mehrstimmigem Pedalspiel? –, sollte dies jedoch nicht verwundern. An erster Stelle ist Heinrich Isaac, Organist von Lorenzo de' Medici zu nennen, der nach Florenz in Innsbruck am Hofe Kaiser Maximilians und auch in Wien tätig war und dessen Lieder von seinen Schülern auf die Orgel übertragen wurden. Der im Alter erblindete Organist des Kurfürsten von der Pfalz in Heidelberg, Arnold Schlick, veröffentlichte im Jahre 1512 in Mainz seine »Tabulaturen Etlicher Lobgesang und lidlein uff die orgeln und lauten«, eine Sammlung in zwei Teilen, deren erster Orgelwerke zu drei oder vier Stimmen über vorwiegend dem Gregorianischen Choral entnommene Cantus firmi enthält (zum Beispiel den vollständigen Zyklus des »Salve Regina«, das »Maria Zart« oder das bereits erwähnte erstaunliche »Ascendo ad Patrem meum« mit sechs Manual- und vier Pedalstimmen).

Paul Hofhaimer, auch »Fürst der Orgel« genannt, stand im Dienste des Erzherzogs Sigismund in Innsbruck, des Kaisers Ma-

ximilian und schließlich des Fürsterzbischofs von Salzburg. Er ist heute mehr als Virtuose und Lehrer bekannt, war jedoch, wie die wenigen erhaltenen Werke zeigen, auch ein großer Komponist. Seine Stücke sind nach dem Prinzip der Imitation (ein Melodiemotiv wird in einer der Stimmen vorgestellt und dann von den anderen Stimmen aufgenommen oder imitiert) mit zahlreichen Appogiaturen und Mordenten aufgebaut.

Die Schüler und Nachfolger von Paul Hofhaimer – Othmar Luscinius prägte als Bezeichnung für den Schülerkreis seines Meisters den Begriff »Paulomini«, Nachahmer des Paulus –, waren alle im süddeutschen Raum tätig: Hans Buchner in Konstanz, Hans (oder Johann) Kotter in Freiburg im Uechtland, Fridolin Sicher, ein Schüler von Buchner, in Sankt Gallen, Leonhard Kleber, vielleicht ein Schüler von Schlick, in Pforzheim, Hans Weck in Freiburg im Breisgau und Othmar Nachtigall, genannt Luscinius, in Straßburg. Diese Musiker, deren zahlreiche Kompositionen einen wesentlichen Fortschritt in der Entwicklung der Orgelmusik darstellten, waren zum größten Teil die Freunde oder Anhänger der großen Denker und humanistischen Künstler der deutschen Renaissance und bekundeten in ihren Werken die erstaunliche Wende von der musikalischen Gotik zum polyphonen Flamboyant-Stil und der neuen harmonischeren Konzeption, die sich mit dem noch beschränkten Stimmumfang der deutschen Klaviaturen abzufinden wußte; die Manuale hatten einen unterschiedlichen Umfang von drei bis dreieinhalb Oktaven (von H bis a′, f″ oder g″), während die zwei Oktaven umfassende Pedalklaviatur von F bis b oder c′ ging. Dieses Pedal war von wesentlicher Bedeutung, und die Komponisten gebrauchten es sogar für das mehrstimmige Spiel der Füße.

Eine besondere Stellung gebührt dem »Fundamentum« Hans Buchners aus dem Jahre 1525, in dem wir die schon in den ersten Tabulaturen erscheinenden wichtigsten Formen wiederfinden. Der Autor entwickelte in diesem Lehrbuch über aus gleich langen Notenwerten bestehenden Cantus Firmus-Melodien einen dem italienischen Vorbild nachempfundenen imitativen Kontrapunkt, den er im süddeutschen Raum eingeführt haben dürfte. Der theoretische Teil des »Fundamentum« behandelt besonders das Spiel des Instruments und die Problematik des Fingersatzes und zeigt außerdem zahlreiche

Fig. 60 Orgelpositiv vom Anfang des 16. Jh.s (nach Arnolt Schlick, Spiegel der Orgelmacher und Organisten, Speyer 1511)

Möglichkeiten, die ein Organist für die Verarbeitung einer gregorianischen Melodie im Wechsel mit dem Chor anwenden kann.

Von größter Bedeutung waren im ersten Drittel des 16. Jahrhunderts zwei Sammlungen, die Kotter dem Humanisten Bonifacius Amerbach aus Basel anbot, und die Tabulatur von Kleber. Diese Traktate bestehen vorwiegend aus Transkriptionen deutscher, italienischer und französischer Lieder, die teilweise auf die Autoren selbst und auf andere Komponisten zurückgehen. Die Anthologien von Kotter enthalten zudem zahlreiche über volkstümliche Themen oder »Basse-danse«-Melodien geschriebene Claviertänze.

Außer diesen Transkriptionen und Tänzen schufen die Komponisten auch freie – als Präludium, »Prooemium«, »Anabole«, Fantasie oder Finale bezeichnete – Stücke, in denen sich akkordische Passagen mit brillantem Figurenwerk abwechseln. Als Beispiele seien das »Praeambulum sex vocum« des Schweizers Ludwig Sänfli oder Senfl und die »Fantasia« in C von Kotter – die älteste bekannte Clavierfantasie, 1513 – genannt. Auch finden wir die ersten Variationen über Choralthemen (»Aus tiefer Not schrei ich zu dir«, »Maria zart von edler Art«, »Christ ist erstanden von der Marter allen«, »Komm Heiliger Geist, Herre Gott« usw.).

Der Einfluß Deutschlands sowie der italienischen und französischen Meister erstreckte sich auch auf die angrenzenden

Fig. 61   Wagen mit dem Organisten Paul Hofhaimer, Musiker des Kaisers Maximilian I. Holzschnitt aus dem »Triumphzug Maximilians I.« von Hans Burgkmaier, 1526

Länder des Ostens. Die beiden zwischen 1540 und 1550 entstandenen polnischen Sammlungen, die bedeutende Tabulatur von Johannes von Lublin, Kanonikus des Klosters Krasnik, und die Tabulatur des Krakauer Heilig-Geist-Ordens, enthalten zum einen einen Traktat, der – nach dem Vorbild von Buchners »Fundamentum« – die Regeln der Imitationsform und die der liturgischen Verarbeitung eines Cantus Firmus darstellt, zum anderen sind geistliche und intabulierte weltliche Werke sowie Tänze der wichtigsten westlichen (deutsch, französisch, italienisch) und polnischen (vor allem Nicolaus Cracoviensis und vielleicht Jakub Sowa) Komponisten zusammengetragen, dazu Orgelpräludien mit Pedal. Einen außerordentlichen Platz in der Geschichte der polnischen Musik nahm die Stadt Krakau ein. Am Hofe Sigismunds I. waren in der 1543 gegründeten Kapelle des Wawel-Schlosses die größten polnischen Meister tätig, während in der Privatkapelle des Herrschers viele ausländische – vor allem italienische – Künstler wirkten. Was Ungarn betrifft, so überwog hier der deutsche Einfluß durch Kontakte zwischen Buda und Wien, das durch König Matthias Corvinus von 1485 bis 1490 besetzt war. Corvinus' Gattin, Königin Beatrice, bemühte sich jedoch vergeblich, Hofhaimer für den ungarischen Hof zu gewinnen; dieser zog es vor, in den Dienst des Erzherzogs Maximilian zu treten. Die Schüler des großen Meisters, Joseph Grünpeck (unter Ulászló II. in Buda)

und Wolfgang Grefinger (am Hofe von Lajos II. in Buda, dann in Brassó), unterrichteten jedoch den Kanonikus János Steck aus Pécs, den Dominikaner Ferenc aus Pécs und János Szondi, die ihrerseits beide in Innsbruck studierten und somit dazu beitrugen, den Einfluß Hofhaimers auf die wichtigsten Musikzentren Ungarns auszudehnen. Darüber hinaus ist auch der siebenjährige Aufenthalt Adrian Willaerts in Buda nicht ohne Bedeutung.

Im 15. Jahrhundert gab es zwar eine sehr umfassende deutsche Clavierliteratur, doch mußte man das dritte Viertel des Jahrhunderts der Reformation abwarten, bis sich mit dem Erscheinen der Tabulatur von Elias Nicolaus Ammerbach, dem Organisten der Thomaskirche in Leipzig, 1571 ein gewisser Aufschwung abzeichnete. Vielleicht hatten die politisch-religiösen Wirren jede Edition verhindert. Ammerbachs drei Sammlungen von 1571, 1575 und 1583 führten eine neue Form der Notation ein, in der alle Stimmen nicht in Noten, sondern in Tonbuchstaben mit rhythmischen Hinweisen aufgezeichnet sind.

Weitere Sammlungen dieser fruchtbaren Schaffenszeit des ausgehenden 16. Jahrhunderts waren: »Zwey Bücher Einer Neuen Künstlerischen Tabulatur auff Orgeln und Instrumenten« aus dem Jahre 1577 von Bernhard Schmid d. Ä., dem Organisten der protestantischen Gemeinde des Straßburger Münsters, die 1583 gedruckte Sammlung mit Stücken für die Sonn- und Feiertage des Kirchenjahres von Johann Rühling, einem Organisten aus der Umgebung von Leipzig, die ebenfalls 1583 veröffentlichte erste Tabulatur »Ein Schön Nutz und Gebreüchlich Orgel Tabulaturbuch« des Augsburgers Jacob Paix, der in Lauingen als Organist tätig war und 1589 seine zweite Tabulatur »Thesaurus motetarum« herausgab, schließlich das 1598 erschienene »Tabulaturbuch auff dem Instrumente« des Dresdener Hoforganisten August Nörmiger.

In diesen Tabulaturen sind Transkriptionen berühmter Vokalwerke, deutsche, französische und italienische Lieder und Choräle sowie Tänze (Galliarden, Passamezzos) enthalten; Kompositionen, die offensichtlich auf die großen »Altmeister« (Josquin, Isaac, Hofhaimer, Senfl) zurückgehen, die sich aber auch den neuen Stil von Orlando di Lasso, Janequin, Jacobus Clemens non Papa oder Palestrina als Vorlage nahmen. Bemerkenswert ist vor allem ihre äußerst reiche Ornamentik, deren »Koloraturen« und Schmuckwerk die ein-

zelnen Stimmen »verklären« (die Zahl der Stimmen, deren Ambitus größer wurde, variiert von vier bis sechs). Die Autoren der Tabulaturen – man bezeichnet sie wohl am besten als »Koloristen« – trugen zur Verbreitung einer neuen Form bei, die die Sammlungen vom Anfang des 17. Jahrhunderts maßgeblich prägte und sich zur Variationsform entwickelte. Die Sammlung von Bernhard Schmid d. J., der in der Nachfolge seines Vaters Organist in Straßburg war (»Tabulatur Buch von Allerhand ausserlesenen, Schönen, Lieblichen Praeludijs, Toccaten, Motteten, Canzonetten, Madrigalien und Fugen von 4. 5. und 6. Stimmen: desgleichen künstlichen Passomezen und Gagliarden«, 1607) oder die Sammlung von Johann Wolz aus Heidelberg (»Nova musices organicae tubulatura. Das ist: Eine newe art teutscher Tabulatur, etlicher ausserlesenen Latinisch: und Teutschen Motetten und Geistlichen Gesängen, auch schönen lieblichen Fugen, und Canzoni alla francese, von der berühmbtesten Musicis, und Organisten Teutsch: und Welsch Landen, mit 4.5.6.7.10.12. und mehr Stimmen«, 1617) räumen in der Tat den Werken von italienischem Einfluß und Stil wie Toccaten, Intonationen oder Canzonen alla francese einen bevorzugten Platz ein, wobei im Tabulaturbuch von Johann Wolz besonders 20 Fugen des aus Lüttich stammenden Stuttgarter Hoforganisten Simon Lohet zu erwähnen sind. Von den wichtigen Organisten der Jahrhundertwende, die sämtlich von der italienischen Musikkunst beeinflußt waren, seien noch Adam Steigleder in Ulm, Christian Erbach, Organist der Fugger in Augsburg, Johann Klemm, ein Schüler Erbachs und Hoforganist in Dresden (»Partitura seu Tabulatura italica«, 1631) sowie die drei Brüder Hassler genannt: Kaspar Hassler in Nürnberg, Hans Leo Hassler, Schüler von Andrea Gabrieli und Organist in Nürnberg, Prag und Dresden, und Jacob Hassler in Prag.

Die Süddeutsche und die Norddeutsche Schule

Seit Anfang des 17. Jahrhunderts unterscheidet man in der deutschen Orgelmusik zwei deutlich voneinander abgetrennte Richtungen: die Schule des Südens, die man als die logische Fortsetzung der bisher besprochenen Musikgeschichte ansehen könnte, und die Schule des Nordens, die – auf demselben Fundament – von der starken Persönlichkeit des Niederländers

Jan Pieterszoon Sweelinck geprägt ist, den man als Vater der norddeutschen Organisten bezeichnen muß. Dieser Gegensatz, der in den Musikern Mitteldeutschlands und vor allem in Johann Sebastian Bach seine Synthese fand, betraf nicht nur den musikalischen Ausdruck, sondern auch den formalen Aufbau der Kompositionen, wobei als Ursache die architektonische und stilistische Verschiedenheit der Instrumente und die unterschiedlichen praktischen oder liturgischen Anforderungen zu nennen sind.

Der italienische Einfluß (besonders der von Frescobaldi) kennzeichnete oft den Kompositionsstil der südlichen Länder. Die dortigen Musiker, die weniger als Organisten denn als Hofmusiker oder Cembalisten tätig waren, zeigten sich gegenüber neuen Strömungen der verschiedenen nationalen Schulen aufgeschlossen, gleich wie die Höfe in Wien und München seit alters her stark auf die romanischen Staaten ausgerichtet waren. Parallel dazu beschränkte die katholische Liturgie das Orgelspiel auf kurze Zwischenspiele in Form von Versetten, Präludien, Interludien oder Postludien, so daß die Orgel zur Dienerin gregorianischer Cantus Firmi und nicht zur umfassenden und weitschweifenden Verkünderin des protestantischen Chorals wurde. Räumten die Organisten des Nordens nach dem Beispiel niederländischer Tradition Orgelkonzerten einen bedeutenden Platz ein, so mußten ihre Zeitgenossen im Süden noch andere Instrumente in ihren Kirchen (vergessen wir nicht den Einfluß der Oper und des italienischen Oratoriums) und die damit verbundene Abwertung des solistischen Orgelspiels dulden.

Ohne auf die jeweiligen Charakteristika der für Cembalo oder Orgel bestimmten Kompositionsstile eingehen zu wollen, muß man doch hervorheben, daß die Orgel in Norddeutschland das Cembalo und seine Literatur ab der Mitte des 17. Jahrhunderts vollständig verdrängte, während entgegengesetzt der Süden seit dieser Zeit immer deutlicher die weitaus zahlreicheren für Cembalo bestimmten Stücke von den im allgemeinen auf liturgischen Themen basierenden Orgelkompositionen unterschied.

Die Schule des Südens

Der italienische Einfluß im Süden kann auf mehrere Faktoren zurückgeführt werden. Zum einen unternahmen zahlreiche Musiker die Reise nach Italien, um dort bei berühmten Meistern zu lernen (zum Beispiel Hassler bei Giovanni Gabrieli, Kindermann in Venedig, Froberger bei Frescobaldi, Kerll bei Carissimi, Muffat bei Pasquini, Krieger d.Ä. in Venedig und Rom), zum anderen waren italienische Meister häufig im Süden des deutschsprachigen Raumes tätig (etwa Poglietti in Wien), so daß sich eine Literatur bildete, deren Formen (Ricercar, Canzona, Toccata, Fuge), Mittel (Chromatik, Echo, »durezze e ligature«) und Besonderheiten (beispielsweise der in Frescobaldis »Capriccio sopra il Cucho« nachgeahmte Kuckucksruf) den Kompositionsstil dieser Regionen grundlegend bestimmten. Die Kunst der »Koloristen«, die bei den Musikern zu Beginn dieses Jahrhunderts noch deutlich zu erkennen war, verlor allmählich an Bedeutung zugunsten einer von Italien ererbten thematischen, kontrapunktischen und formalen Klarheit, einer Feinfühligkeit im Umgang mit Ornamenten nach französischem Vorbild und besonders zugunsten einer der norddeutschen Schule entsprechenden abwechslungsreichen melodischen Gestaltung. Die im Süden des deutschsprachigen Raumes tätigen Komponisten sind also in ihrer geographischen Situation am Zusammenfluß der großen italienischen, französischen und norddeutschen Strömungen zu betrachten.

Die bedeutende Zahl der im Süden arbeitenden Komponisten erlaubt es nicht, auf Werke und Charakteristika eines jeden einzugehen; die wichtigsten Musiker sollen hier jedoch genannt werden:

Hans Leo Hassler aus Nürnberg war ein Schüler von Giovanni Gabrieli in Venedig. Er wirkte in Augsburg und Dresden und hinterließ bemerkenswerte Orgelkompositionen (polythematische Ricercari, Canzonen, Toccaten sowie liturgische Introiten und Versetten). Christian Erbach, Organist der Fugger in Augsburg, schrieb Stücke in Formen, die wir – wie auch die Chromatik – schon bei Hassler angetroffen haben, wobei er in seinen Ricercari jedoch vorwiegend nur ein einziges Thema verarbeitete. Johann Klemm aus Sachsen war in Augsburg der Schüler Erbachs. Er veröffentlichte 1631 die Fugen seiner »Partitura seu Tabulatura italica«, deren zwei, drei oder vier Stimmen wie bei Scheidt 1624 in jeweils einem Liniensystem aufgezeichnet sind.

Die Tabulaturen von Johann Ulrich Steigleder, der Organist in Lindau und Stuttgart war, enthalten etwa 12 Ricercari (1624) und 40 Variationen (1627), zum Beispiel über das »Vater Unser«, dessen Cantus Firmus für einen unterschiedlichen Vortrag konzipiert ist; er kann vom Organisten gespielt oder gesungen oder aber von einem anderen Instrument übernommen werden. Steigleders Kunstfertigkeit orientierte sich sehr an den Kompositionen Scheidts, der die Organisten seiner Zeit nicht nur in der Technik der Variation, sondern auch in der der Choralharmonisierung stark beeinflußte.

Der in Stuttgart geborene Johann Jakob Froberger war (mit Unterbrechungen) Hoforganist in Wien. Er hatte von 1637 bis 1641 bei Frescobaldi studiert und wurde als Cembalo- und Orgelvirtuose in den wichtigsten Musikzentren Europas gefeiert: Dresden, Brüssel, Paris und London. Mattheson berichtet, daß der große Organist zweimal in London beraubt worden sei und, da er kein Geld mehr hatte, den Dienst eines Kalkanten in Westminster Abbey angenommen habe, der ihm von Christopher Gibbons angeboten worden war. Während der Hochzeitsfeierlichkeiten für Karl II. soll Froberger seine Bälge verlassen und anstelle des wütenden Organisten die Orgel gespielt haben; dabei wurde er an seinem Stil erkannt und schließlich dem König vorgestellt. Eine fragwürdige Anekdote, die jedoch dem »very rare man of the spinets«, wie ihn William Swann nannte, voll gerecht wird. Froberger war ein universaler Künstler, der in seinen allgemein mehr für das Cembalo als für die Orgel geschriebenen Werken (mit Ausnahme seiner Fantasien und Ricercari) die Synthese verschiedener regionaler Stilrichtungen schuf. In seinen Toccaten verschmilzt eine typisch italienische freie Formgestaltung mit erlesener Ornamentik nach französischer Art und mit chromatischen Wendungen. Diese Werke – sie werden gewöhnlich auf einem Positiv oder einer einmanualigen Orgel gespielt – sind in zahlreiche Abschnitte mit verschiedenen Rhythmen gegliedert. Sie ähneln den Toccaten Frescobaldis und sind durch eine gelungene Einheitlichkeit, das Streben nach gleichmäßigem Fließen der Bewegung und den Wechsel fugierter Passagen mit freien Abschnitten gekennzeichnet. Frobergers umfangreiches Œuvre besteht außerdem aus Capricci, die dem Vorbild seines Meisters nachempfunden sind, aus nach dem Prinzip der thematischen Variation gearbeiteten Canzonen, aus rhythmisch vielgestaltigen Fantasien und aus Ricercar-Kompositionen.

Samuel Scheidt

Geboren 1587 und gestorben 1654 in Halle an der Saale

Der begabte Schüler von Jan Pieterszoon Sweelinck, Samuel Scheidt, verließ bis auf den Studienaufenthalt in Amsterdam, wo er 1605 (?) ankam, niemals seine Geburtsstadt Halle. Er war hier Organist der Moritzkirche und wurde 1609 nach seiner Rückkehr aus Amsterdam Hoforganist des Markgrafen Christian Wilhelm von Brandenburg, Verwalter des lutherischen Bistums Magdeburg. Das Leben dieses Musikers war überschattet von unglücklichen Ereignissen, die das Wesen seiner Musik beeinflußten: der Dreißigjährige Krieg (Plünderung von Magdeburg) und seine Folgen (Auflösung des Hofes und Abdankung des Markgrafen), das Wüten der Pest, der Brand der Moritzkirchenorgel 1637 und der Verlust seines Amtes als »Director musices« der Marienkirche, die damals die Hauptkirche der Stadt war.

Scheidts Werke stehen zwischen den überkommenen Kompositionsregeln und den formalen und technischen Neuerungen seiner Zeit; er war ein Vorläufer, da er – wie später Johann Sebastian Bach – um die Notwendigkeit eines gründlichen Studiums der Werke der Vergangenheit wußte. Es gelang ihm in seinen Kompositionen, die Choralmelodien, die ihn inspirierten, mit Leben zu erfüllen. Als strenger Kontrapunktiker verlieh er seinen Harmonisierungen eine der kirchlichen Aufgabe entsprechende Leichtigkeit und als Kolorist suchte er das Spiel durch das von der Geige entlehnte Prinzip der »imitatio violistica« zu bereichern: »... eine besondere art/gleich wie die Violisten mit dem Bogen schleiffen zu machen pflegen... gibt auch auff gelindschlägigen Orgeln/Regalen/Clavicymbaln und Instrumenten/einen recht lieblichen und anmutigen concentum.«

Besitzen wir auch keine theoretischen Schriften, die von der Unterrichtsmethode seines Lehrers Sweelinck künden, so hinterließ Scheidt doch ein Werk von größter Bedeutung: seine »Tabulatura nova«, die 1624 in drei Teilen veröffentlicht wurde. Diese Sammlung enthält, notiert in italienischer Partitur mit jeder Stimme auf einem eigenen Liniensystem, »Psalmen/Fugen, Toccaten, Echo, Passamezzos, Kanons und andere weltliche Gesänge«, also zahlreiche Variationen und Kanons über liturgische (Choral, lateinische Hymnen, Psalmen) und weltliche Themen (vor allem ein Kanon über das Motiv des Hexakkords) sowie Fantasien, von denen eine als »Toccata« bezeichnet ist, zwei Fugen, zwei Echostücke und Tänze (Passamezzo, Courante, Allemande), die ganz allgemein für ein Tasteninstrument geschrieben sind, wobei die

Der Nürnberger Organist Johann Erasmus Kindermann, der gleichfalls eine Reise nach Italien unternommen hatte, veröffentlichte 1645 eine Sammlung mit Orgelstücken, die »Harmonia organica«. Seine Praeambeln (Intonationen), die manchmal auch über Choralthemen konzipierten »Fugen« und die Versetten über das Magnificat sind klar aufgebaut und erfordern die Verwendung des Pedals (wie immer im Süden oder mehr noch in der Wiener Schule beschränkte sich das Pedalspiel auf einfache Orgelpunkte oder das Zitieren eines Themas in langen Notenwerten). Wolfgang Ebner aus Augsburg machte in Wien Karriere und hinterließ tanzsuitenartige Variationen. In Wien wirkte auch Alessandro Poglietti zunächst als Organist der Jesuiten und dann als Hoforganist. Er schrieb einige Werke, die sowohl dem Stil Frescobaldis als auch dem deutschen Stil entsprechen. Der Ulmer Organist Sebastian Anton Scherer gab 1664 kurze, nach italienischem Vorbild komponierte Intonationen und Toccaten heraus, die zwar trotz sorgfältiger Verarbeitung nie die Konzeption großer Formen erreichen, die aber dennoch durch ihre kühne Chromatik Aufmerksamkeit erregen.

Der in München und anschließend am Wiener Stephansdom und Wiener Hof tätige Organist Johann Kaspar Kerll erhielt seine Ausbildung in der Kaiserstadt bei Giovanni Valentini und in Rom bei Giacomo Carissimi. Er schrieb – im Gegensatz zu Froberger – vorwiegend für die Orgel und veröffentlichte 1686 in München seine »Modulatio organica«, die im Toccaten- oder Imitationsstil liturgische Versetten über die acht Töne des Magnificats enthält. In seinen Toccaten, Canzonen und Capricci zollte Kerll der italienischen Musik einen bedeutenden Tribut (»Toccata cromatica con Durezze e Ligature«, »Toccata Tutta di salti«, »Toccata per li Pedali«), wobei er sich als Schüler von Frescobaldi auch für die Kunst charakteristischer gegensätzlicher Rhythmen interessierte. Er war ein einfacher Virtuose, dessen Musikalität sich in der Entwicklung kleiner Motive, in der brillanten Gestaltung der Toccaten, deren Akkorde und Läufe ausgezeichnet klingen, in der Verarbeitung ostinater Themen (»Ciacona Variata«, »Passacaglia Variata«) oder auch in den einfachen Sätzen der Programm-Musik (»Capriccio Cucu«, »Capriccio ›Der Steyrische Hirt‹«, »Battaglia«) zeigte.

Der bedeutendste Vertreter der Schule des protestantischen Nürnberg, Johann Pa-

chelbel, war Schüler und Stellvertreter von Kerll am Wiener Stephansdom, Organist in Eisenach, Stuttgart und Gotha, und schließlich ab 1695 der Kirche St. Sebald seiner Heimatstadt Nürnberg. Er schloß sich eng an die italienische Tradition an und komponierte in den gebräuchlichen Formen der Toccata, der Fantasie, der Ciacona und des Ricercars, schrieb aber auch – eine große Ausnahme im katholischen Süden – zahlreiche Choralbearbeitungen, die zum größten Teil in den Sammlungen »Erster Theil etlicher Choräle, Welche bey währendem Gottes Dienst Zum praeambuliren gebraucht werden können« aus dem Jahre 1693 zusammengefaßt sind. Bereits im Jahre 1683 war die Sammlung »Musicalische Sterbens-Gedancken« erschienen.

Der Orgelchoral Pachelbels – Ausdruck einer diskreten und schlichten reformierten Liturgie – mußte in erster Linie den Gesang der Gläubigen einleiten, wobei das thematische Material in breiten unkolorierten Werten auf zwei charakteristische Arten behandelt wurde: der einer kurzen Fuge (Vorimitation) über die erste Liedzeile und auf kunstvollere Art mit der gesamten Melodie im Sopran, Baß (dann »pedaliter«) oder Tenor. Die Begleitung, die auch aus schnellen Figurationen bestehen kann, ist in den Stücken zu zwei (Bicinium), drei (Choraltrio) oder vier Stimmen dem Rhythmus des Cantus Firmus entsprechend ausgestaltet. Aus der Kombination dieser zwei Formen bildeten sich später die großen Choralvorspiele der Orgelliteratur heraus.

Johann Pachelbels Werk umfaßt auch zahlreiche Toccaten, die manchmal mit einer Fuge verbunden sind – einer Gattung mit großer Zukunft –, Fantasien, Fugen (oft über zwei Themen, die jeweils einzeln durchgeführt und dann kombiniert werden), die Magnificat-Fugen, Ricercari und einige Ciaconas.

Johann Pachelbels Sohn Wilhelm Hieronymus Pachelbel schrieb in einer umfassenderen und freieren Art als sein Vater Präludien, Fugen und Choralbearbeitungen. Von den Bayreuther Organisten, den Brüdern Johann Philipp Krieger d. Ä. und Johann Krieger d. J., komponierte der auch in Zittau tätige jüngere am Ende des 17. Jahrhunderts wertvolle Stücke (Ricercari, Präludien, Fugen, Toccaten, Chaconnen, Fantasien und Choralvariationen), von denen die mit einem Pedalsolo eingeleitete »Toccata mit dem Pedal aus C«, die Chaconne g-moll mit 29 Variationen und die

Passacaglia d-moll besonders hervorgehoben seien.

Gab es zur damaligen Zeit einen kosmopolitischen Komponisten, so war dies Georg Muffat, der allgemein als süddeutscher Musiker angesehen wird, der jedoch aus Megève in Savoyen gebürtig war. Muffat studierte in Paris, wo er von Lully und den französischen Organisten beeinflußt wurde, und war ab 1671 Organist in Molsheim bei Straßburg, ab 1674 im Dienst des österreichischen Kaisers Kapellmeister in Wien und Prag und ab 1678 Organist des Erzbischofs von Salzburg. Nachdem er in Rom Unterricht bei Pasquini erhalten hatte, ernannte man Muffat schließlich 1690 zum Passauer Hof- und Domorganisten, ein Amt, das er bis zu seinem Tod ausübte. Georg Muffats 1690 in Salzburg veröffentlichter »Apparatus musico-organisticus« enthält zwölf Toccaten für Orgel und drei wahrscheinlich für Cembalo bestimmte Stücke. Seine Toccaten erstaunen – verglichen mit den klassischeren Kompositionen zum Beispiel eines Pachelbel – durch ihren fast barocken Ausdrucksgehalt. Der Meister bemühte sich um eine Synthese der typischen Merkmale der verschiedenen regionalen Stilrichtungen; er übernahm die grandiose Art der französischen Ouvertüre, die reiche Ornamentik (Triller) der Pariser Cembalisten und Eigenheiten französischer Opernarien, die schnelle Verarbeitung eines Themas im strengen Fugato und die Lieblichkeit zahlreicher Melismen der italienischen Orgelkunst, sowie den Reichtum des kontrapunktischen Satzes, die Reihung verschiedener Episoden und die Grazie und Spontaneität des Wiener Geistes. Das Pedal spielt bei diesen Werken eine nur geringe, aber doch obligatorische Rolle, wobei die Stücke selbst gut auf einer Orgel italienischen Typs darzustellen sind, wenn die verschiedenen Teile der Kompositionen auch dem Wechsel der Klangfarben zweier Manuale entsprechen könnten.

Johann Philipp Förtsch, Schüler von Johann Philipp Krieger und fast Muffats Zeitgenosse, veröffentlichte 1680 32 zwei- bis achtstimmige Kanons über den Choral »Christ der du bist der Helle Tag«, die mit ihrer reichen kontrapunktischen Struktur in der Literatur des Südens eine Ausnahmestellung einnehmen. In Wien finden wir noch die Ricercari, Canzonen und Toccaten des Franz Mathias Techelmann und die brillanten Werke (Canzonen über Choralthemen, Toccaten, Fugen und Capricci) des Kerll-Schülers Georg Reutter

d. Ä., der als Theorbenspieler und Organist auch im Stephansdom tätig war. Johann Pachelbel widmete ihm und Buxtehude sein »Hexachordum Apollinis«.

Johann Kaspar Ferdinand Fischer, Kapellmeister des Markgrafen von Baden-Schlackenwerth, gab Sammlungen mit den Titeln »Musicalisches Blumen-Büschlein« (1696), »Musikalischer Blumenstrauß« (1735) und »Ariadne Musica Neo-Organoedum« heraus, die vor allem für die Orgel bestimmt sind. Die erste Sammlung besteht aus acht Zyklen, die jeweils ein Präludium, sechs Fugen und ein Finale umfassen, und deren Tonalität eine Stellung zwischen den Kirchentönen und den modernen Tonarten einnimmt. Das zuletzt genannte Buch enthält in 19 verschiedenen Tonarten kurze Präludien und Fugen und fünf Ricercari über liturgische Melodien. Der in München tätige Schüler von Kerll, Franz Xaver Anton Murschhauser, hinterließ verschiedene, oft virtuose Kompositionen, die wie bei Fischer in Zyklen geordnet sind: liturgische Stücke und vor allem Präludien, Toccaten, Intonationen und Fugen in den Sammlungen »Octi-Tonium novum Organicum« (1696) und »Prototypon Longo-Breve Organicum« (1703 und 1707). Abschließend seien noch Valentin Rathgeber und seine Sammlung »Musicalischer Zeitvertreib« (1743), deren Pastoralen für die Weihnachtszeit die Eleganz und Sorglosigkeit des galanten Stils widerspiegeln, und Georg Muffats Sohn, der Wiener Hoforganist Gottlieb Muffat, genannt, dessen 72 »Versetten Sammt 12 Toccaten« aus dem Jahre 1726 zwölf jeweils von sechs Fugen gefolgte Toccaten enthalten. Es sind dies elegante Miniaturen mit sorgfältig gearbeiteten Melodien und fakultativem Gebrauch des Pedals. Gottlieb Muffats »Componimenti musicali« von 1739 bestehen aus einer Chaconne mit 38 Variationen sowie aus sechs Suiten oder Fantasien, die sich aus einer Introduktion, etwa einer Ouvertüre im französischen Stil, und fugierten Passagen zusammensetzen.

Von den zahlreichen Schülern Pachelbels sind die zwei Erfurter Organisten Johann Heinrich Buttstedt und Andreas Nicolaus Vetters zu nennen. Weitere bedeutende Komponisten, die indirekt von Pachelbel geprägt waren und dessen Kunst in Süd- wie in Mitteldeutschland verbreiteten, waren vor allem Johann Michael Bach, Vater der ersten Frau Johann Sebastian Bachs, Johann Bernhard Bach, Georg Friedrich Kauffmann, Schüler von Butt-

weltlichen Stücke keinen Pedalpart aufweisen. Im dritten Teil folgen jedoch Werke, die auf einem liturgischen Cantus Firmus basieren und speziell für die Kirche bestimmt sind: Versetten und Variationen, ebenso zwei »Organo Pleno«-Kompositionen. Wegen der zahlreichen Musikbeispiele und vor allem wegen der »Instruktionen über die Art des Spielens und des Registrierens der Orgelstücke«, mit denen sich Scheidt im Vorwort des dritten Teils an die Organisten wendet, »welche die Musik rein und ohne sehr schnelle Koloraturen auf der Orgel zu spielen lieben«, sind die »Tabulatura nova« von einzigartigem Interesse. In seinem Vorwort konkretisiert Scheidt, daß die Stücke für ein Instrument mit zwei Manualen und Pedal geschrieben wurden und daß der Ausführung des Chorals große Aufmerksamkeit gebühre. Er teilt ausdrücklich mit, daß man die Melodie (im »discantus« oder im Tenor) klar unterscheiden müsse, indem man sie auf dem Rückpositiv mit einem scharfen Register spielt, um den Choral um so deutlicher vernehmen zu können. Befindet sich die Melodie jedoch im Alt, so empfiehlt der Autor, diese nach altem Brauch im Pedal mit 4'-Registrierung zu spielen (»diese Manier ist die schönste und zum allerbequemsten zu tun«).

Das »Görlitzer Tabulatur-Buch«, das Scheidt dem Rat der Stadt Görlitz widmete, erschien im Jahre 1650. Es enthält 100 Choralharmonisierungen, die wohl eher zum Alternieren mit dem Gemeindegesang als zur Begleitung gedacht sind.

Dietrich Buxtehude

Geboren 1637 in Oldesloe (Dänisch-Holstein); gestorben am 9. Mai 1707 in Lübeck

Der oft als deutscher Komponist angesehene »Diderik« Buxtehude war in Wirklichkeit Däne, da zum Zeitpunkt seiner Geburt nicht nur Teile Norddeutschlands, vor allem Holstein, sondern auch Südschwedens unter der Hoheit des dänischen Königreiches standen.

Die Familie Buxtehudes lebte zunächst in Hälsingborg in der Provinz Skåne, wo der Vater Organist der Marienkirche war, und übersiedelte etwa 1642 nach Helsingør auf Seeland in das Haus der Organisten der Kirche St. Olaf, während Dietrich bis 1658 das väterliche Amt in Hälsingborg versah. 1660 wirkte er an der zweimanualigen Orgel mit Pedal der Marienkirche in Helsingør, bevor er schließlich – um das Organistenamt der Lübecker Marienkirche zu erlangen – die Tochter von Franz Tunder heiratete, nach einer fest verankerten Tradition eher musikalischer als ehelicher Ausrichtung. (Bei seiner Reise von Arnstadt nach Lübeck 1705 fühlte sich Johann Sebastian Bach zwar vom Amt des großen Buxtehude, aber nicht von der 1669 geborenen Tochter des Meisters angezogen, die zwei Jahre zuvor schon Matteson und Händel auf die begehrte Orgelstelle hatte verzichten lassen.) Buxtehude wurde im April 1668 zum Organisten der Leipziger Marienkirche ernannt, deren Orgelamt als eines der besten und lukrativsten Deutschlands galt, zumal die Rolle der Stadt in der musikalischen Entwicklung des Nordens parallel zu ihrem kaufmännischen Werden von wesentlicher Bedeutung war.

Die Orgel der Marienkirche zu Lübeck wurde ursprünglich zwischen 1516 und 1518 von Berthold Hering erbaut und 1560/1561 während der Restaurierung durch Jakob Scherer um ein drittes Manual erweitert. Dieses 46-stimmige Instrument beschrieb Michael Praetorius im zweiten Band seines »Syntagma Musicum« von 1619 (»De Organographia«). Zwischen 1637 und 1641 vergrößerte Friedrich Stellwagen aus Lübeck das Instrument auf 54 Register, die 1704, auf ausdrücklichen Wunsch Buxtehudes, durch Otto Dietrich Richborn aus Hamburg noch um eine Vox humana und ein Sesquialter erweitert wurden.

Buxtehude erfüllte nicht nur seine künstlerischen Pflichten als Organist – er übte als Musiker und Interpret einen außerordentlichen Einfluß aus – und Komponist von Vokal- und Instrumentalwerken wie Psalmen, Kantaten, geistlichen Liedern und Orgelstücken, er führte ab 1673 auch die schon unter Franz Tunder berühmt gewordenen Lübecker Abendmusiken fort, die jedes Jahr

stedt, Johann Gottfried Walther, Schüler von Bernhard Bach, und Gottfried Kirchhoff, Schüler von Friedrich Wilhelm Zachow. Schließlich vereinte am Anfang des 18. Jahrhunderts Karlmann Kolb, Organist der Abtei Aschbach in Bayern, in seinem »Certamen Aonium« aus dem Jahre 1733 Präludien und fugierte Versetten in einer dem Cembalo verwandten Schreibweise.

Die Schule des Nordens

Das Entstehen einer bedeutenden Orgelliteratur in Norddeutschland stand in engem Zusammenhang mit dem Œuvre und der Kunst Jan Pieterszoon Sweelincks. Die ersten und berühmtesten Vertreter dieser Schule waren die Schüler des großen niederländischen Komponisten: Jakob Praetorius und Heinrich Scheidemann in Hamburg, Melchior Schildt in Wolfenbüttel, Kopenhagen und Hannover, Paul Siefert in Danzig, Andreas Düben d.J. in Stockholm und Samuel Scheidt in Halle.

Eine der bevorzugtesten Kompositionsformen dieser Organisten war das Choralvorspiel über lutherische Kirchenlieder, die – als Fundament der reformierten Liturgie – sich vorwiegend aus Melodien des Gregorianischen Chorals, aus volkstümlichen lateinisch-liturgischen Hymnen und aus weltlichen Melodien von Liedern oder Tänzen verschiedener Herkunft (deutsch, französisch, italienisch, niederländisch usw.) gebildet hatten. Sie standen am Anfang einer Entwicklung, die nach und nach durch die Musiker und Organisten des 16. und 17. Jahrhunderts um neue Liedschöpfungen oder Bearbeitungen bereichert wurde. Martin Luther selbst trug zu dieser Bereicherung des protestantischen Gesanges mit etwa 40 eigenen Liedern oder umgestalteten älteren Melodien bei, die er und seine Freunde zwischen 1523 und 1543 schufen oder bearbeiteten. So entstand ein Liedgut, das im 17. und 18. Jahrhundert nicht nur Orgelkompositionen, sondern auch Vokal- und Instrumentalwerken als Fundament dienen sollte, eine Tradition, die in der deutschen Literatur des 19. und 20. Jahrhunderts noch weiterlebt.

Im zweiten und dritten Viertel des 16. Jahrhunderts wurden mehr als 200 Choralbücher herausgegeben. An erster Stelle ist hier Johann Walthers 1524 in Wittenberg mit einem Vorwort von Luther erschienene Sammlung »Geystliche gesangk Buchleyn« zu nennen, deren zahlreiche Lieder wohl zumeist auf den Reformator zurückgehen. Doch trugen auch unzählige

Fig. 62 Lübeck, Jakobikirche, Stellwagen-Orgel
Im Jahre 1467 entstand an der Nordwand der Kirche ein kleineres Instrument – die Fassade wurde 1515 angefertigt –, von dem heute noch alle Prospektpfeifen des Prinzipals 16′ erhalten sind. 1637 fügte Friedrich Stellwagen ein barockes Rückpositiv und ein Brustwerk hinzu, so daß die Orgel nun 26 Register auf drei Manualen und Pedal hatte. Sie wurde im Laufe des 18. Jh.s regelmäßig instandgesetzt und im 19. Jh. nachteilig verändert. 1935 und 1947 arbeitete Kemper an dem Instrument, 1978 Harry Hillebrand. Es verfügt heute über 31 Register (darunter drei Register der Gotik und 14 von Stellwagen) auf drei Manualen (HW, RP, BW) und Pedal. (Gehäuse in den ursprünglichen Proportionen, ohne die zweite Etage des Mittelteils)

Mitarbeiter, Musiker und Dichter, einen manchmal vielleicht nur bescheidenen Beitrag zur Choralkunst bei, unter ihnen Johann Walther, Nikolaus Decius, Johannes Agricola, Hans Sachs, Matthias Greiter, Wolfgang Figulus, Nikolaus Selnecker, Johann Eccard, Philipp Nikolai, Schöpfer der Worte und Melodien von »Wie schön leuchtet uns der Morgenstern« und »Wachet auf, ruft uns die Stimme«, Melchior Vulpius, Autor der Choräle »Christus, der ist mein Leben«, »Lobt Gott, den Herrn, ihr Heiden alle« und »Gelobt sei Gott im höchsten Thron«, Hans Leo Hassler und Michael Praetorius; ferner im 17. Jahrhundert, in dem fast 450 Gesangbücher veröffentlicht wurden: Johann Crüger, Komponist ergreifender Melodien wie »Herzliebster Jesu, was hast du verbrochen«, »Nun danket alle Gott«, »Schmücke dich, o liebe Seele«, »Wie soll ich dich empfangen«, »Fröhlich soll mein Herze springen« und »Jesu, meine Freude«, und die Dichter Martin Rinkart (»Nun danket alle Gott«), Paul Gerhardt (»O Haupt voll Blut und Wunden«), Johann Rist (»O Traurigkeit, o Herzeleid«) und Johann Franck (»Jesu, meine Freude«, »Schmücke dich, o liebe Seele«).

Das Kirchenlied der Reformationszeit, gefühlvoller Ausdruck des neuen Glaubens, wurde ursprünglich einstimmig und ohne Begleitung gesungen. Wurde es in vier- oder fünfstimmigen Stücken polyphon gesetzt, so erschien die Melodie nach alter Tradition im Tenor, wobei der kontrapunktische Charakter der Komposition und die Lage des Liedes in der Mittelstimme die Aufführung durch einen Chor bedingten, da ein solcher Satz für den Gesang der Gläubigen nicht geeignet war. Erst gegen Ende des Jahrhunderts wurde die Melodie schließlich, vermutlich nach dem melodischen Vorbild Italiens, in die Oberstimme (»discantus«) verlegt und somit das Mitsingen der Gemeinde ermöglicht. Die Orgel übernahm etwa in der Mitte des 17. Jahrhunderts die Führung des Gemeindegesanges; dabei ermöglichte das Aufkommen des »bezifferten Basses« oder Continuos, besonders im Psalmbuch von Johann Hermann Schein 1627, den Instrumentalisten ein leichteres Begleiten der Melodie und den Organisten ein leichteres Ergänzen der Harmonie. Die über eine Choralmelodie komponierten Stücke (Choralbearbeitungen) stellten von nun an einen wesentlichen Bestandteil der Orgelliteratur dar.

Für die kontrapunktische Verarbeitung des Chorals gibt es drei Gestaltungsprinzipien: das einfach gebaute Choralvorspiel, die Choralfantasie und die Choralvariation bzw. Choralpartita. Das Choralvorspiel ist wegen seiner Kürze und Klarheit der Darstellung dazu bestimmt, den Gemeindegesang einzuleiten. Sein mehr oder weniger verzierter Cantus Firmus erklingt zumeist in der Oberstimme, begleitet von einer wenig komplexen, manchmal nur Note gegen Note gesetzten Polyphonie, die so wenig wie möglich vom Metrum der bearbeiteten Choralmelodie abweicht. Die Choralfantasie ist dagegen die freieste und umfassendste Form der norddeutschen Organisten, ebenso wie eine kunstvollere Art des Choralvorspiels. Die Liedmelodie wird hier in Teilabschnitte zerlegt, die jeweils einzeln in unterschiedlichster Art verarbeitet werden; wir finden den Stil der Toc-

cata, imitative Passagen, Verkleinerungen, Engführungen, Umkehrungen, Taktwechsel, Verzierungen, Themenzerlegungen, Echoeffekte usw. Werden die unverzierten oder kolorierten Zeilen der Liedmelodie in den Begleitstimmen jeweils als Fughette über das »Kopfmotiv« vorbereitet, so spricht man von der Form des »figurierten Chorals«.

Choralvariation und Choralpartita bedienen sich – vergleichbar der niederländischen oder englischen Kunst – nach Belieben unzähliger Variationsmöglichkeiten und zahlreicher figurativer Elemente. Sie stellen das Bindeglied zwischen der Praxis der »Koloristen«, die am Anfang des 17. Jahrhunderts aufgegeben wurde, und der neuen, von Sweelinck und der anglo-niederländischen Musik übernommenen Kunst dar. Was die freien Kompositionen betrifft, so folgen diese keinem genauen Schema. Sie sind – beeinflußt vor allem von der italienischen Literatur (Toccaten im »stile fantastico«) – oft in verschiedene Abschnitte gegliedert, in denen fugierte Episoden von virtuosen Teilen in einem der Improvisation nahestehenden Stil umrahmt werden. Eine außerordentliche Phantasie kennzeichnet die Konzeption dieser Formen, in denen eine Chaconne (Ciacona) einen fugierten Zwischensatz ersetzen oder ein einfacher verbindender Gedanke zu einer umfangreichen Überleitung werden kann. Die häufigste Gestalt der freien Kompositionen ist jedoch die Gliederung in fünf Teile, wobei zwei fugierte Abschnitte in drei toccatenartige Sätze eingebunden sind. Die Kunst Norddeutschlands ist gerade von dieser freien Form geprägt, die erstaunliche Dimensionen annehmen konnte und Träger der Erneuerung bis zu den Kompositionen Johann Sebastian Bachs war, in einer Vollendung, die zugleich schon Erstarrung war. Niemals war die Orgelkunst jedoch so lebendig wie in Norddeutschland im 17. Jahrhundert, eine Kunst, die sich auf Spontaneität und das Streben nach freier Gestaltung der Formen und nach klanglichen Kombinationen gründete.

Die Canzona kann ihrem Wesen nach als Antithese der Toccata verstanden werden. Sie basiert auf der von Italien ererbten Canzonenform und dem Prinzip des Fugatos (Ricercar, Capriccio), und stellt eine Idee in fugierten Abschnitten von unterschiedlicher Zahl dar, wobei immer nur ein Thema variiert wird.

Die Formen Passacaglia und Chaconne – Begriffe, die von den Komponisten ohne

an den fünf Sonntagen vor Weihnachten stattfanden. Es erklangen hier neben eigenen Orgelwerken des Meisters geistliche Kompositionen für Chöre und Orchester, die Buxtehude zunächst auf die vier Seitenemporen des großen Schiffs und ab 1699 auf zwei neuen Emporen zu beiden Seiten der großen Orgel aufstellte. Mit diesen Abendmusiken knüpfte Buxtehude an die mehrchörige, in Venedig entstandene Tradition an, die in seinem Land durch Schütz eingeführt worden war.

Als vielseitig talentierter Meister war Dietrich Buxtehude nicht nur ein Organist, den zu hören von weit her Musiker kamen, sondern auch der Lehrer unzähliger Schüler, zu denen auch der Husumer Organist Nicolaus Bruhns zählte. Er starb am 9. Mai 1707 und wurde in der Marienkirche beigesetzt, wo eine Tafel das Andenken an ihn bewahrt.

Fig. 63   Lübeck, Ägidienkirche, Orgel
Den Prospekt der 1624–1625 von Hans Scherer dem Jüngeren erbauten 37-stimmigen(?) Scherer-Orgel mit drei Manualen (RP, HW, OW) und Pedal schuf der Schnitzer Michael Sommer. 1648 erweiterte Friedrich Stellwagen das Instrument um ein Brustwerk. Weitere Arbeiten erfolgten 1795, 1808 und durch Johann Friedrich Schulze 1853–1854. 1916 baute Kemper in den historischen Prospekt eine neue Orgel ein (III/Ped/50), die seit 1981 von Johannes Klais durch ein neues Werk im restaurierten Gehäuse des Jahres 1625 ersetzt wird (III/Ped/42).

Unterschied verwendet werden – gründen auf dem Ostinatoprinzip, das seine Blüte in der Renaissance erlebte. Sie bauen sich über dem Fundament eines gleichbleibenden Baßmotivs auf, das entweder im langsamen Dreier-Tanzschritt abläuft, den melodischen Schemen bekannter Stücke (Passamezzo, Romanesca, Bergamasca) entnommen ist oder aus Motiven wie zum Beispiel dem Pentakkord besteht. Diese Baßmotive beschränken in keinerlei Hinsicht die Phantasie des Komponisten und fügen sich leicht in die Variationskunst ein, wobei das ungeradtaktige Thema (es ist in nur wenigen Chaconnen geradtaktig) fast immer im Baß erscheint. Der Unterschied zwischen den aus Spanien stammenden Formen Passacaglia und Chaconne, die zum erstenmal von den Italienern in der Instrumentalmusik verwendet wurden, kann nicht genau definiert werden.

Das Aufblühen dieser sehr umfassenden und oft virtuosen musikalischen Formen

in Norddeutschland ging weitgehend auf die Entwicklung des Orgelbaus zurück. Gab es in dem von Italien beeinflußten Süden Instrumente mit einem Manual und hinzugefügtem Pedal von nur geringem Umfang, so entwickelte der Norden größere Orgeln mit zahlreichen Registern und den verschiedensten Klangfarben, die nach dem Werkprinzip auf mehrere Klangebenen verteilt waren. Dem Pedal kam durch den Umfang seiner Klaviatur und durch seine Register nicht mehr nur die Rolle des Stützens zu, es übernahm vielmehr die Führung des Basses und sogar des Tenors und Alts, zudem seit der zweiten Hälfte des 17. Jahrhunderts virtuose Partien und auch polyphones Stimmengewebe.

Aus dieser an Komponisten sehr reichen Zeit muß man vor allem die Mitglieder der Familie Praetorius nennen, die in Hamburg als Organisten an Sankt Jakobi, Sankt Petri und Sankt Gertrud tätig waren: Jakob Praetorius d.Ä., Hieronymus Praetorius und Jakob Praetorius d.J., der bei Sweelinck gelernt hatte; außerdem den Lüneburger Organisten Johann Stephanius, den Danziger Musiker Paul Siefert und Michael Praetorius, der in Frankfurt/Oder, Groningen und Wolfenbüttel als Organist wirkte und das berühmte Buch »Syntagma Musicum« verfaßte. Weitere Meister waren Samuel Scheidt in Halle, der – obwohl er streng genommen kein norddeutscher Organist war – wegen seines Einflusses trotzdem in diesem Zusammenhang genannt werden muß, Melchior Schildt in Wolfenbüttel, Kopenhagen und Hannover, Heinrich Scheidemann in Hamburg, Delphin Strungk in Wolfenbüttel, Celle und Braunschweig, Franz Tunder in Lübeck, Matthias Weckmann in Hamburg, Jan Adam Reinken in Hamburg, Christian Flor in Lüneburg, Peter Morhardt in Lüneburg, Johann Nicolaus Hanff in Schleswig, Dietrich Buxtehude in Lübeck, Andreas Kneller in Hamburg, Vincent Lübeck in Stade und Hamburg, Georg Böhm in Lüneburg und Nicolaus Bruhns in Kopenhagen und Husum. Schließlich seien auch die zahlreichen Stücke der Tabulaturen von Celle, Pelplin und Lüneburg genannt, deren letztere freie Kompositionen (Präludien, Fantasien, Fugen, Toccaten), Variationen, Choralvorspiele und Tänze von zumeist anonymen Autoren, aber auch von Sweelinck, Scheidemann, Schildt, Weckmann und Tunder enthält.

In der zweiten Hälfte des 16. bis zum Anfang des 17. Jahrhunderts finden sich noch sehr unterschiedliche Gattungen, die

der Tradition der ersten großen deutschen Literatur von Adam Ileborgh, Arnolt Schlick und Ludwig Senfl entsprechen (Teile der Messe und Sequenzen über Hymnen oder das Magnificat), doch erweiterten die norddeutschen Komponisten durch den niederländischen und italienischen Einfluß ihr Repertoire nun um Variationswerke und auch freie Stücke wie Fantasien, kurze Präludien oder Kompositionen in Art von Fugen, Echos, Ostinatos und Kanons.

Die noch strenge Kunst der Choralbearbeitung von Jakob Praetorius d.J. und Scheidt fand durch Einflüsse der weltlichen Variation zu verschiedenen Verarbeitungs-

Fig. 64   Lübeck, Jakobikirche, große Orgel
Von 14 Instrumenten, die Lübeck im 16. Jahrhundert besaß, sind nur noch vier Prospekte erhalten, von denen die beiden Gehäuse in der Jakobikirche auch ihr altes Pfeifenwerk enthalten. Die erste große Orgel wurde zwischen 1464 und 1466 aufgestellt, ein neues Instrument mit großem gotischen Gehäuse 1504 erbaut und 1572–1573 um ein Rückpositiv erweitert. Zwischen 1671 und 1673 vergrößerte Joachim Richborn das Werk (neues bedeutenderes Rückpositiv; Hinzufügen von Pedaltürmen; 52 Register auf drei Manualen [HW, RP, BW] und Pedal), 1739–1741 wurde das Brustwerk als Oberwerk hinter das Hauptwerk verlegt und 1894 die Orgel von Marcussen im romantischen Sinne umgebaut. 1935 erfolgte eine erste Restaurierung im Sinne der Orgelbewegung durch Kemper und 1958–1965 durch Emanuel Kemper und Sohn eine zweite Restaurierung der Orgel, die heute, nach weiterer Restaurierung durch Schuke, 68 Register auf vier Manualen (HW, RP, BW, OW) und Pedal hat.

Fig. 65 Lübeck, Marienkirche, große Orgel
Das Instrument wurde 1516–1518 von Berthold Hering erbaut. Die weiteren Daten lauten: 1560–1561 Überholung durch Jakob Scherer und Erweiterung um ein drittes Manual (46 Register; diese Orgel wurde von Michael Praetorius im zweiten Band seines »Syntagma Musicum«, »De Organographia«, 1619, beschrieben). 1596–1598 Umbau und Erweiterung durch Gottschalk Johannsen Burkhard, genannt Borchert. 1637–1641 Instandsetzung und Vergrößerung des Instruments durch Friedrich Stellwagen (54 Register). 1704 Einbau der Register Vox humana und Sesquialtera durch Otto Dietrich Richborn auf Wunsch Dietrich Buxtehudes, der nach dem von 1641 bis 1667 an St. Marien tätigen Franz Tunder von 1668 bis 1707 Organist der Kirche war. 1851–1854 baute Kemper in das alte Gehäuse eine neue Orgel mit 80 Registern ein, die zusammen mit dem historischen Prospekt am 29. März 1942 bei einem Luftangriff zerstört wurde. Nach dem Wiederaufbau von St. Marien schuf Emanuel Kemper 1962–1968 eine neue große Orgel mit 101 klingenden Registern auf fünf Manualen (RP, HW, BW, OW, KW, 7 Tremulanten, 4 Glockenspiele) und Pedal (Groß-Pedal, Klein-Pedal). (Disposition s. Anhang)

Fig. 66 Lübeck, Marienkirche, Totentanzorgel
Die Orgel über der Totentanzkapelle galt bis zu ihrer Zerstörung am 29. März 1942 als eines der ältesten Instrumente Deutschlands: Sie war schon 1475 und 1477 durch J. Stephani instandgesetzt, 1557–1558 durch Jakob Scherer um ein Rückpositiv und 1621–1622 durch Henning Kröger um ein Brustwerk vergrößert worden, bevor Friedrich Stellwagen 1653–1655 an dem Werk arbeitete. Nach dem Zweiten Weltkrieg wurde die Totentanzorgel nach den 1937 aufgenommenen Maßen durch die Firma Kemper in einem schlichten Gehäuse rekonstruiert. Sie verfügt heute über 42 Register auf drei Manualen (HW, BW, OW) und Pedal. (Disposition s. Anhang)

möglichkeiten einer Melodie. So gibt es bei Jakob Praetorius d.J., Scheidt und Strungk ihrer kirchlichen Aufgabe gemäß schlicht gehaltene Choräle, mehr verzierte Choräle dagegen bei Kneller und Scheidemann, einen überschwenglichen Stil bei Weckmann, Reinken und Hanff, und Choralvariationen bei Lübeck und Böhm.

Die Orgelwerke des Organisten der Lübecker Marienkirche, Franz Tunder, sind zugleich Synthese einer Entwicklung und Ausgangspunkt einer großartigen Kunst, deren Erbe Johann Sebastian Bach war. Tunders sieben Choralfantasien überraschen durch ihren virtuosen Charakter und kontrastreichen Aufbau, durch die spontane Verwendung stilistischer und technischer Möglichkeiten und durch ihren außerordentlichen Farbreichtum, der in den zahlreichen Registern der Instrumente, die Tunder spielte, begründet ist: schnelle einleitende Notenfolgen, an die sich später Buxtehude erinnerte, sukzessives Erscheinen der Melodie in den verschiedenen Stimmen der einzelnen Variationen, plötzliche Variationen über das Thema oder einen Teil der gegebenen Melodie, Echoeffekte, imitative Passagen. Der gleiche Reichtum und dieselbe erfinderische Freiheit finden sich auch in Tunders vier Präludien, in denen der Meister zum erstenmal in Norddeutschland das charakteristische Triptychon »Toccata – Fuge – Coda im Toccatenstil« (ohne Zäsuren zwischen den einzelnen Abschnitten) einführte.

Dietrich Buxtehude, der Titularorganist der drei der Jungfrau Maria geweihten Kirchen in Hälsingborg, Helsingør und – als Nachfolger Tunders – in Lübeck, war im 17. Jahrhundert nicht nur der fruchtbarste Komponist des Nordens, sondern auch der phantasievollste Organist, dessen kontrapunktisches Talent mit keinem anderen Musiker seines Jahrhunderts verglichen werden kann. Er widmete sich umfassend der Komposition von Choralbearbeitungen (es sind etwa 48 Choralvorspiele erhalten, die zum Großteil für ein Instrument mit zwei Manualen und Pedal konzipiert sind) und zeichnete sich in allen Varianten dieser Kunst aus. Die Verwendung des Prinzips der Vorimitation, das sich oft durch alle Takte seiner Stücke zieht, und der Reichtum der Konstruktion, der schon Johann Sebastian Bach ankündigt, schränken die Freiheit des Komponisten nicht im geringsten ein, sie erlaubten ihm im Gegenteil einen sehr persönlichen lyrischen Ausdruck. So erfand der Komponist neben der symbolisch-musikalischen Übersetzung bestimmter Schlüsselworte wie »Tod«, »Schmerz« und »Sünde« (Verwendung der Chromatik) oder wesentlicher Ideen des Choraltextes (die fallende Quint als Umsetzung für den Sündenfall Adams) Kompositionstechniken, die in der Orgelliteratur Schule machen sollten: einleitende Läufe, Tonleitern, zusammenhängende Abschnitte, Pausen, verschiedenste Rhythmen, Synkopen, »Hoketus«-Formen, homophone Partien, Doppelpedal. Dergestalt konnte sich die Choralfantasie zugleich als verzierter und kontrapunktischer Choral, als Echofantasie oder auch in fugierter Schreibweise darstellen.

Der große Lübecker Organist hinterließ auch zahlreiche freie Werke: drei Stücke über einen Basso ostinato (zwei Chaconnen und eine Passacaglia), neun Canzonen und 26 große Kompositionen (Toccaten oder Präludien und Fugen). Die Passacaglia d-moll ist eines der bemerkenswertesten Werke der Orgelliteratur, Vorbotin der Passacaglia in c-moll von Johann Sebastian Bach. Die Canzonen Buxtehudes sind die Vollendung einer Entwicklung, die bei Gabrieli ihren Ausgang nahm und nun von unzähligen Komponisten nachgeahmt wurde, während die Toccaten und »Präludien« als strengeres Äquivalent der Toccaten Frescobaldis erscheinen. Sie bestehen aus drei bis sechs Abschnitten unterschiedlichen Charakters (Toccata – Fugato in Canzonenform mit einem oder mehreren vom selben Thema abstammenden Themen – Schlußtoccata) und sind durch ihre Spontaneität und ihren Reichtum, außerdem durch ihre oft überraschende Rhythmik und harmonische Kühnheit von größter Bedeutung und lassen Buxtehude als außergewöhnliche Persönlichkeit erscheinen.

Der als Organist in Kopenhagen und anschließend in Husum wirkende Buxtehude-Schüler Nicolaus Bruhns hinterließ vier bedeutende Stücke: eine 143 Takte umfassende Choralfantasie über das Adventslied »Nun komm der Heiden Heiland« sowie drei Präludien und Fugen, die sich durch virtuose Kunstfertigkeit, Reichtum und Eleganz auszeichnen.

Der außergewöhnliche Beitrag von Tunder, Buxtehude und Bruhns – ein Beitrag, der übrigens nicht nur auf diese drei Persönlichkeiten beschränkt blieb, schrieben doch, um nur einige zu nennen, auch Johann Nicolaus Hanff, Christian Flor, Georg Böhm und Matthias Weckmann wegweisende Werke – kennzeichnete die Orgelliteratur auf unverkennbare Weise und bereitete dem norddeutschen Hochbarock den Weg.

Mitteldeutschland

Die mitteldeutschen Komponisten waren in ihrer Funktion und in ihrem Wirkungsfeld die Vermittler zwischen Norden und Süden. In würdevolle Abgeschiedenheit zurückgezogen, waren sie auch nicht gezwungen, die Pflichten von Hof und Kirche gleichzeitig wahrzunehmen und eher als Cembalist denn als Organist tätig zu sein. In der Tat war der Machteinfluß der lutherischen Reform in diesen Regionen viel offensichtlicher als in denen des Südens, wobei man auch berücksichtigen muß, daß der Organist in der Rolle des Kantors die viel umfassendere Funktion eines Musikdirektors ausübte: Er war der Leiter von Chor und Orchester und zugleich der Verwalter des Kantorats, eine oft ziemlich schwere Aufgabe.

Findet man in der ersten Hälfte des 17. Jahrhunderts außer von Schütz, dessen Stil eindeutig vom Norden geprägt ist, keine nennenswerten mitteldeutschen Kompositionen, so erregen doch in der Folge Choralbearbeitungen besonderes Interesse, bedingt durch das sich klar manifestierende Luthertum. Scheidts Zeitgenosse Michael Praetorius hinterließ im siebten Band seiner »Musae Sioniae« von 1609 Choralfantasien und in seinen »Hymnodia Sionia« von 1611 Cantus-Firmus-Hymnen. In den Fantasien werden die verschiedenen Phrasen des Chorals imitativ verarbeitet und bereichert um figurative Elemente, die das Thema koloristisch ausschmücken. Ähneln die Variationen dem Stil der Virginalisten, so basieren die Hymnen auf einem Cantus Firmus in langen Notenwerten im Baß, während in den anderen Stimmen aus der Imitation gewonnene Motive erklingen.

Komponisten wie der in Berlin als Organist und am Brandenburger Hof als Cembalist tätige Wilhelm Karges, der Mühlhausener Organist Johann Rudolph Ahle oder der Merseburger Organist Johann Friedrich Alberti schrieben zahlreiche, oft nur manualiter gehaltene Choralbearbeitungen in verschiedenen Konzeptionen, in denen die Melodie im Sopran oder im Baß (pedaliter) erscheinen konnte. Weiter muß man die Capricci des Geigers Nicolaus Adam Strungk nennen, die einen deutlichen italienischen Einfluß zeigen, und die Choralvorspiele von Georg Fried-

rich Kauffmann aus dessen Sammlung »Harmonische Seelen Lust« (1733–1736), die sowohl für die private Erbauung der Organisten als auch für den Gottesdienst bestimmt sind. Der in Hasselfelde, Elbingerode, Quedlinburg und Halberstadt als Organist tätige Andreas Werckmeister, der vor allem durch seine zwischen 1681 und 1707 erschienenen theoretischen Schriften über die Orgel sowie die Prinzipien der Stimmung und des Basso Continuo bekannt wurde, komponierte für die Orgel Canzonen, während die Mitglieder der thüringischen großen Bachfamilie vor allem Choralbearbeitungen schufen: Heinrich Bach in Arnstadt, Johann Christoph Bach in Eisenach, Johann Michael Bach in Gehren und Johann Bernhard Bach in Erfurt, Magdeburg und Eisenach (zum Beispiel 44 »Choraele welche bey währendem Gottesdienst zu Präambulieren gebraucht werden können« von Johann Christoph Bach oder 72 »Verschiedene fugirte und figurirte Choralvorspiele« – einige mit Variationen – von Johann Michael Bach). Choralfantasien komponierten auch Johann Michael und Johann Bernhard Bach, während sich Johann Christoph der Komposition von Präludien und Fugen und Johann Bernhard der Komposition von Fugen und Chaconnen widmeten.

Der Organist Friedrich Wilhelm Zachow war nicht nur Lehrer von Georg Friedrich Händel und Johann Philipp Krieger, sondern auch ein qualitätvoller Komponist (zahlreiche Stücke über Choralmelodien wie Präludien, Fantasien und Variationen, sowie freie Präludien im Geiste der »Toccate di Durezze e Ligature« und verschiedene Fugen), in dessen Schaf-

33 Augsburg, Kirche St. Anna (»Fuggerkapelle«), Orgel, erbaut 1518 von Jan Behaim
Das Gehäuse der Orgel ist typisch für die italienisierende Richtung in Süddeutschland. Es präsentiert sich als Renaissance-Prospekt mit flachem Aufbau, vergleichbar den Gehäusen der Orgeln des Konstanzer Münsters, des Freisinger Doms oder der Innsbrucker Hofkirche; die Gliederung läßt sich auf Arnolt Schlick zurückführen. Das 1756 von Georg Markus Stein und 1833 von Joseph Bohl reparierte Instrument wurde 1902 von Steinmeyer im historischen Gehäuse neu erbaut. Nach dem Zweiten Weltkrieg rekonstruierte man das 1944 verbrannte Gehäuse. 1978 kam es zu einem Neubau durch Ekkehard Simon. Die erhaltenen Flügeltüren sind mit Gemälden von Jörg Breu dem Älteren geschmückt. Dargestellt sind die »Himmelfahrt Christi«, die »Himmelfahrt Mariä« und Bilder aus der »Musica theoretica« und der »Musica practica«.

34 Flensburg, Kirche St. Nikolai, Orgel, erbaut 1604–1608 von Nikolaus Maes, Orgelbauer König Christians IV. von Dänemark, und seinen Schülern Johann und Balthasar Lorentz

Das von Henrich Ringerink erstellte Gehäuse enthielt ursprünglich 38 Register auf drei Manualen (HW, RP, BW) und Pedal, bevor die Orgel 1707–1709 von Arp Schnitger umgebaut und auf 42 Register (darunter 18 Stimmen von Maes) erweitert wurde. Das Einweihungskonzert der Schnitger-Orgel spielte Vincent Lübeck. Reparaturen und Umbauten erfolgten seit 1825, bis das Werk beim Einsturz des Kirchturmes 1877 nach Blitzschlag schwer beschädigt wurde. 1878 erneuerte Marcussen die Orgel, 1922 Sauer und 1958 Kemper. Sie besitzt heute vier Manuale und Pedal mit 58 Registern.

35 Bremen, Kirche St. Martini, Orgel erbaut 1615–1619 von Christian Bockelmann

Die Orgel Bockelmanns wurde 1707–1709 durch Arp Schnitger umgebaut und um 14 neue Stimmen auf 26 Register (HW, RP, Ped) erweitert. Fortwährende Reparaturen fanden bis zum Neubau einer Orgel im historischen Gehäuse 1894 durch Furtwängler und Hammer statt. Das heutige Instrument geht auf einen weiteren Neubau 1961–1962 durch Ahrend und Brunzema zurück, die ein 33-stimmiges mechanisches Werk mit drei Manualen und Pedal konzipierten. Aus dem 17. Jh. stammt nur mehr das von Hermann Wulff gefertigte herrliche Gehäuse mit seinem leicht gebogenen Rückpositiv und den außerhalb der Empore befindlichen Pedaltürmen.

36 Stralsund, Marienkirche, Orgel, erbaut 1653–1659 von Friedrich Stellwagen

Diese letzte Orgel Stellwagens, der 1659 in Stralsund starb, ist charakteristisch für den Orgelbau der Hansestadt. Das dreimanualige Instrument (HW, RP, OP und Ped) mit 51 Registern (zwei Tremulanten [RP, OP], »Vogelgeschrei«, »Trommel«, »Zimbelsterne«) zeigt in seiner Prospektgestaltung niederländischen Einfluß, wobei hier die zahlreichen Figuren, wie in 's Hertogenbosch 1618–1638, in das nach dem Werkprinzip aufgebaute Gehäuse integriert sind. Die während des Zweiten Weltkriegs beschädigte Stellwagen-Orgel wurde 1952–1959 von der Firma Schuke in der alten Disposition wiederhergestellt.

37 Merseburg, Dom, Orgel, erbaut 1666 von Zacharias Thayßner

An dieser Orgel arbeitete vermutlich am Anfang des 18. Jh.s Zacharias Hildebrandt, bevor 1855 der Weißenfelser Orgelbauer Friedrich Ladegast unter Wiederverwendung alter Materialien und des Gehäuses eine neue Orgel mit 81 Registern auf vier Manualen (HW, RP, BW, OW) und Pedal baute. Die Ladegast-Orgel wurde 1963 durch Kuhn restauriert, wobei man elf im Laufe der Zeit entfernte Register rekonstruierte.

38 Stade, Kirche St. Cosmae, Orgel, erbaut 1668–1673 von Berendt Huß

Der Organist dieser Orgel mit 42 Stimmen auf drei Manualen (HW, RP, BW) und Pedal wurde 1674 der 20-jährige Vincent Lübeck, auf dessen Wunsch hin Arp Schnitger, ein Schüler von Huß, 1688 und 1702 die Disposition um neue Register erweiterte. Von 1837 bis 1841 reparierte Johann Georg Wilhelmy das Werk, das 1870 durch Johann Hinrich Röver grundlegend verändert wurde. 1917 erfolgte die Beschlagnahmung des Zinnprospekts, am 9. Februar 1940 zum 200. Todestag Lübecks die Benennung »Vincent Lübeck-Orgel«, 1948–1949 eine Erneuerung durch Paul Ott und schließlich 1972–1975 die Restaurierung des Instruments durch Jürgen Ahrend.

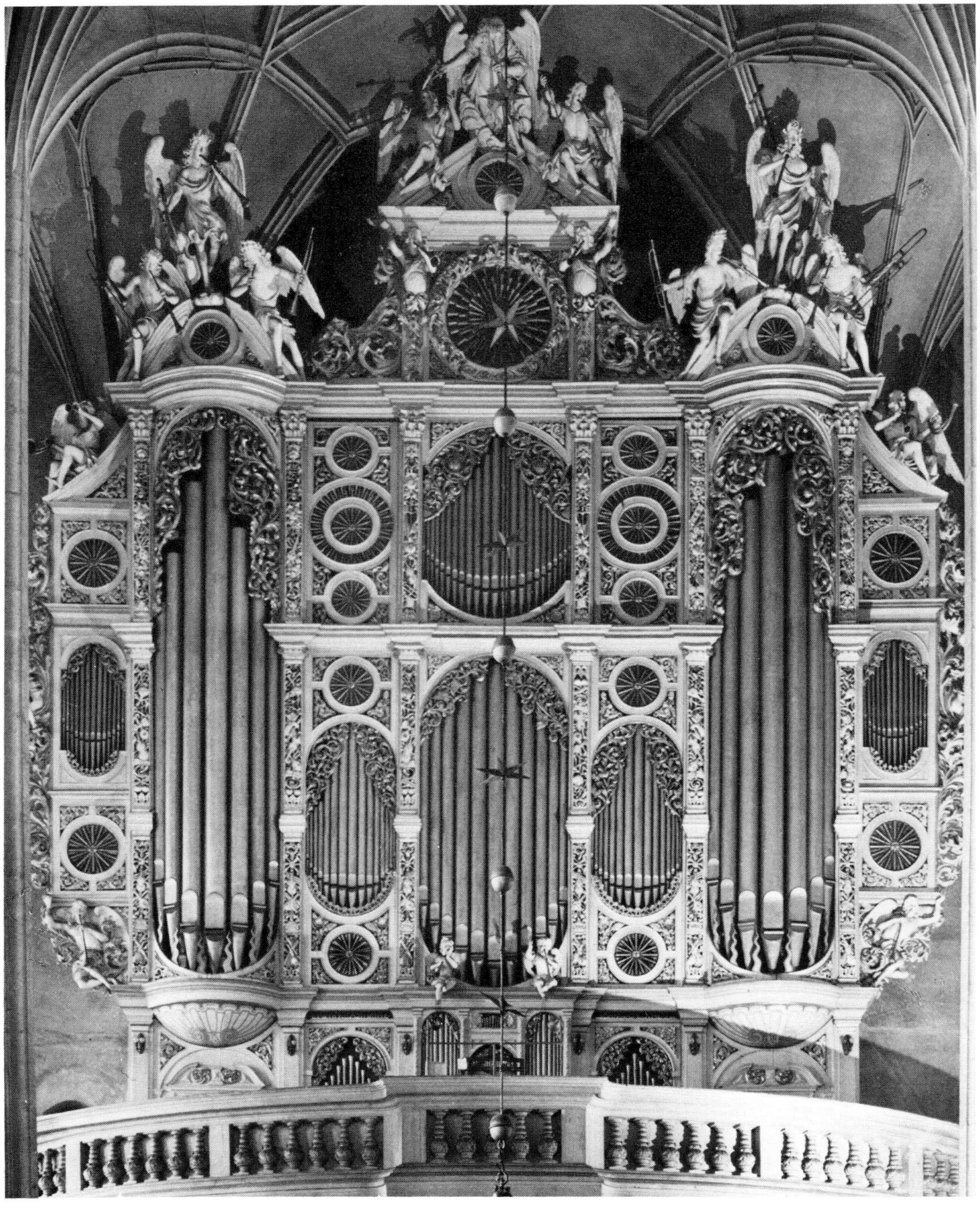

39 Cappel bei Bremerhaven, evangelische Pfarrkirche, Orgel, erbaut 1680 von Arp Schnitger
Unter Wiederverwendung von Registern eines in der Mitte des 16. Jh.s durch Jasper Johansen erbauten Werkes konzipierte Arp Schnitger 1680 diese Orgel für die Klosterkirche St. Johannis in Hamburg. Von dort wurde sie nach der Zerstörung der Cappeler Kirche 1810 durch einen Brand und nach dem Wiederaufbau dieses Gotteshauses im Jahre 1816 durch Johann Georg Wilhelmy nach Cappel übertragen. Bemerkenswert ist, daß Schnitger in die kurze Unteroktave des Hauptmanuals (I) die Obertasten Fis und Gis miteinbezog. Das Instrument mit 30 Registern auf zwei Manualen (HW, RP) und Pedal (Tremulant, Zimbelstern) wurde 1937–1939 von Paul Ott und 1976–1977 von Rudolf von Beckerath restauriert.

40 Norden, Kirche St. Ludgeri, Orgel, erbaut 1686–1688 von Arp Schnitger
Arp Schnitger übernahm beim Bau dieser Orgel etwa zehn Register eines 1616–1618 von Edo Evers aus Jever erstellten 18-stimmigen Instruments und konzipierte ein Werk mit 46 Registern (HW, OW, BW, RP und Ped) und nur drei Manualklaviaturen – Oberwerk und Brustwerk sprachen auf einer Klaviatur –; dabei zwang ihn die Stellung der Orgel auf einer Empore auf der rechten Seite des Chores dazu, nur einen Pedalturm zu bauen, wie dies übrigens einer alten norddeutschen Tradition entsprach (Lüdingworth bei Cuxhaven, von Antonius Wilde, 1598–1603; Altenbruch, von Johannes Coci, 1497–1501). Nach Veränderungen des Instruments im Laufe des 19. Jh.s mußten 1917 die Prospektpfeifen für Kriegszwecke abgeliefert werden. Instandsetzungsarbeiten fanden 1929–1930 durch Furtwängler und Hammer statt, die das Werk auf seine ursprüngliche Disposition zurückführten, außerdem 1949 und 1957–1959 durch Paul Ott (15 Register von Schnitger, 6 Register von Evers und die restlichen Stimmen von Furtwängler und Hammer) und 1981–1982 durch Jürgen Ahrend, der das Werk einer gewissenhaften Restaurierung unterzog.

41 Görlitz, Kirche St. Peter und Paul, »Sonnenorgel«, erbaut 1697–1703 von Eugenio Casparini
Der im Dienst der Republik Venedig und am Wiener Hof tätige Casparini baute in Görlitz – unterstützt von seinem Sohn Adam Horatius Casparini und von Andreas Silbermann – ein außergewöhnliches Instrument als Synthese italienischer und sächsischer Prinzipien, das nachhaltigen Einfluß auf Orgelbauer wie Gottfried Silbermann oder Johann Josua Mosengel ausübte. Der von Johann Conrad Buchau gefertigte, mit Ausnahme der seitlichen Pedaltürme flach gestaltete Prospekt zeigt sich von der italienischen Renaissance beeinflußt, wobei seine 18 Sonnen (»Rondungen«) mit jeweils 17 Pfeifen der 12-fachen Pedalmixtur dem Instrument den Namen »Sonnenorgel« verliehen. Die Orgel verfügte über 57 Register auf drei Manualen (HW, BW, OW) und Pedal, dessen 21 Stimmen Casparini auf mehrere Stellen im Gehäuse verteilte. Von diesem außergewöhnlichen Instrument, das mit zahlreichen »Spielereien« (Nachtigall, Kuckuck, Heerpauken, Zimbelstern, drehbare Sonnen) und zwei Tremulanten (BW, OW) versehen war, besteht leider nur mehr die Fassade und das Register Unda maris 8'. Nach Eingriffen 1828 und 1845 baute Wilhelm Sauer 1928 eine neue Orgel mit 89 Registern auf vier Manualen und Pedal in das alte Gehäuse ein.

42 Freiberg, Dom, Orgel, erbaut 1710–1714 von Gottfried Silbermann
Der in Sachsen geborene und bei seinem Bruder Andreas in Straßburg ausgebildete Gottfried Silbermann, der rasch zum Orgelbauer des sächsischen Hofes ernannt wurde, baute in Freiberg, wo er sich niedergelassen hatte, insgesamt vier Instrumente. In seiner ersten bedeutenden Orgel für den Dom verband er die Vorstellungen der Straßburger Orgelbauer (vor allem die Konzeption von HW, BW ohne Rückpositiv), die norddeutsche Tradition (OW) und Anregungen Casparinis zu einer großartigen Synthese. Seine Orgel im Gehäuse des Domorganisten Elias Lindner, das 1967 restauriert wurde, blieb unverändert erhalten. Sie besitzt 45 Register auf drei Manualen (BW, HW, OW) und Pedal (Disposition s. Anhang). Das Figurenwerk stammt von Johann Adam Georgi.

43 Freiberg, Dom, Detail des Orgelgehäuses

44 Rendsburg, Christkirche, Orgel, erbaut 1714–1716 von Arp Schnitger
Das 29-stimmige Werk mit zwei Manualen (HW, BW) und Pedal wurde 1766 auf die gleichschwebende Stimmung verändert und 1775 um einen Zimbelstern und Kalkantenruf ergänzt. Umbauten erfolgten 1820 durch Mieck sowie 1827 und 1836 durch Friedrich Schulze. 1879 baute Marcussen in das Gehäuse eine neue Orgel mit 33 Registern auf zwei Manualen (HW, OW) und Pedal ein, für die ein Teil der alten Pfeifen wiederverwendet wurde. 1921 arbeitete Paul Rother an dem Instrument, das 1927 elektrifiziert und 1956–1960 durch Eberhard Tolle im Sinne der Orgelbewegung verbessert wurde. 1973 konzipierte schließlich Karl Schuke im historischen Prospekt eine neue viermanualige Orgel (HW, UW, BW, SW und Ped) mit 51 Registern, in der noch fünf Stimmen von Schnitger und elf Register von Marcussen enthalten sind.

SOLI
DEO
GLORIA

45 Altenbruch bei Cuxhaven, Kirche St. Nikolai, Orgel, erbaut 1727–1730 von
Johann Heinrich Klapmeyer

Johann Heinrich Klapmeyer arbeitete mit seinem Vater Johann Werner Klapmeyer
zusammen, der einer der ersten Schüler Schnitgers gewesen war. In St. Nikolai in
Altenbruch gab es schon am Ende des 15. Jh.s eine einmanualige Orgel (12′) mit
sechs Registern, erbaut von Johannes Coci, die 1561 um ein Rückpositiv und 1621 um
ein selbständiges Pedalwerk erweitert wurde. Veränderungen nahmen 1647–1649
Hans Christoph Fritzsche, Sohn des berühmten Gottfried Fritzsche, und 1697–1699
Matthias Dropa vor, bevor Johann Heinrich Klapmeyer 1727–1730 das Werk grundlegend neugestaltete. Er übernahm das Rückpositiv ohne Veränderungen und konzipierte das Hauptwerk, Brustwerk und die zwei Pedaltürme neu, während Johann
August von Arnold die Bemalung des Gehäuses besorgte. Instandsetzungen erfolgten 1925 durch Karl Kemper, 1956–1958 durch Paul Ott und 1965–1967 durch Rudolf
von Beckerath. Das Instrument verfügt heute über 35 Register auf drei Manualen
(HW, RP, BW) und Pedal mit einem Tremulanten und zwei Zimbelsternen.

46 Rötha, Georgenkirche, Orgel, erbaut 1718–1721 von Gottfried Silbermann und
seinem Schüler Zacharias Hildebrandt

Die von Thomasorganist Johann Kuhnau aus Leipzig eingeweihte Orgel verfügt
über eine für kleine Instrumente Silbermanns typische Disposition (s. Anhang):
23 Register auf zwei Manualen (HW, OW) und Pedal mit Tremulant im Hauptwerk
und Schiebekoppel OW/HW. 1796 fügte Stephani die Koppel HW/Ped ein, 1832
veränderte man das Werk auf gleichschwebende Stimmung, 1832 und 1847 erfolgten
Reparaturen durch Urban Kreutzbach, 1935 wurde der früher entfernte Tremulant
wiedergestellt und die Orgel 1979–1980 durch Eule überholt.

47 Brandenburg, Katharinenkirche, Orgel, erbaut 1725–1726 von Joachim Wagner
Joachim Wagner – geboren in Karow bei Genthin – wirkte in Berlin. Er wurde der
»Brandenburger Silbermann« genannt und war einer der bedeutendsten Orgelbauer Preußens im 18. Jh. Unter anderem schuf er in Berlin die Orgeln der Garnisonskirche und der Marienkirche, die über 30 Register und mehr mit einer Silbermann nahestehenden Disposition verfügten. Seine Gehäuse sind im allgemeinen
reich verziert und mit beweglichen Figuren geschmückt. Nach Umbauten 1898
durch Sauer und 1936 durch Schuke besteht von der Orgel Wagners nur mehr der
Prospekt. Das heutige Instrument hat 48 Register auf drei Manualen und Pedal.

48 Ochsenhausen, Benediktinerabteikirche, Orgel, erbaut 1729–1733 von Joseph Gabler

Joseph Gabler stattete 1750 seine 51-stimmige Orgel (vier Manuale [HW, Farbenwerk, Pos, KW] und Pedal) mit einem freistehenden Spieltisch aus und nahm bei dieser Gelegenheit ziemlich bedeutende Verbesserungen an dem Instrument vor, das nun aus Gründen der Trakturführung nur mehr drei Manuale hatte. Von ihren Registern sei der Kuckucksruf erwähnt, der – während Vogelgezwitscher ertönt – unter anderem den Kopf eines Ochsen (Ochsenhausen) aus einem kleinen, auf dem Mittelturm des Positivs befindlichen Stall heraustreten läßt. Wurde die Orgel 1939 durch Reiser und Walcker ein erstes Mal restauriert, so erlangte sie ihren originalen Klangreichtum bei der zweiten Restaurierung 1969–1976 durch Reiser wieder.

49 Stade, Kirche St. Wilhadi, Orgel, erbaut 1730–1735 von Erasmus Bielfeldt

Die Orgelgeschichte dieser Kirche ist von Brandkatastrophen gekennzeichnet: 1511 traf ein Blitz Orgel und Turm, 1659 verwüstete ein Stadtbrand das 1632 neu erbaute Instrument und 1724 zerstörte wieder Blitzschlag die zwischen 1673 und 1678 von Berendt Huß und Arp Schnitger erbaute Orgel, die darüber hinaus schon 1712 beim Bombardement der Dänen teilweise beschädigt worden war. Die 40-stimmige Orgel Bielfeldts (drei Manuale und Pedal), von der heute nur mehr das Gehäuse und ein Teil des Pfeifenwerkes bestehen, wurde 1786 durch Georg Wilhelm Wilhelmy, 1824–1825 durch Johann Georg Wilhelmy, 1875 durch Johann Hinrich Röver und 1937 (Erweiterung um ein Rückpositiv) instandgesetzt. Die Restaurierung besorgte 1963 Paul Ott (40 Register auf drei Manualen [HW, RP, BW] und Pedal).

50 Weingarten, Benediktinerabteikirche, Orgel, erbaut 1737–1750 von Joseph Gabler

Diese einzigartige Orgel gruppiert sich um die sechs Fenster der Westwand der Kirche. Sie verfügt über 64 Register auf vier Manualen, die dem Hauptwerk (I), Oberwerk mit Kronpositiv (II), Echowerk (III) und Brustpositiv der Epistelseite (IV) zugeordnet sind, während die Stimmen des Pedals im Hauptgehäuse (Hauptpedal) und auch im Brustpositiv des Pedals (Brustpositivpedal) untergebracht sind. Darüber hinaus besitzt die Orgel im vierten Manual einen Tremulanten und die barocken Spielregister Rossignol (Nachtigall) mit zwei Pfeifen, Cuculus (Kuckuck) mit vier Pfeifen und Tympanum mit fünf Pfeifen. Eine besondere Erwähnung verdienen der Registerzug »La Force«, der auf der ersten C-Taste der Pedalklaviatur 49 Mixturchöre erklingen läßt (ein Alarmzeichen anstelle einer Glocke?), die komplexe mechanische Traktur, die die vier Register des Kronpositivs (Oberwerk) mit dem herrlichen freistehenden Spieltisch verbindet und das große und das kleine Glockenspiel im Pedal bzw. im vierten Manual, wobei die Glöckchen wie Trauben am Gehäuse über dem Spieltisch angebracht sind. 1887 installierte die Firma Weigle für Hauptwerk, Oberwerk und Pedal Barkermaschinen, 1953–1955 restaurierte Georg Friedrich Steinmeyer das Instrument, dessen erneute Restaurierung durch Th. Kuhn 1983 abgeschlossen wurde.

51 Naumburg, Kirche St. Wenzel, Orgel, erbaut 1743–1746 von Zacharias Hildebrandt

Hildebrandt übernahm für seinen Neubau Teile einer 1695–1705 von Zacharias Thayßner erbauten Orgel, der wiederum das Material eines Instruments der Jahre 1613–1616 wiederverwendet hatte. Die Orgel Hildebrandts im Gehäuse von Johann Goericke (1695–1699) wurde von Gottfried Silbermann und Johann Sebastian Bach nach ihrer Vollendung überprüft. Sie hatte 53 Register auf drei Manualen (HW, RP, OW) und Pedal mit zwei Tremulanten (OW, RP) und einem Zimbelstern. 1842 veränderte C.F. Beyer dieses Instrument, 1915 Ladegast und 1932–1933 Walcker, der die Disposition der Hildebrandt-Orgel rekonstruierte, den Tonumfang der Klaviaturen erweiterte und auf der neuen unteren Empore einen elektropneumatischen Spieltisch aufstellte. 1964 versuchte die Orgelbaufirma Hermann Eule nach bester Möglichkeit die alte Intonation wiederherzustellen.

52 Dresden, katholische Hofkirche, Orgel, erbaut 1750–1755 von Gottfried Silbermann

Diese letzte Orgel Gottfried Silbermanns wurde nach dem Tod des Meisters 1753 von seinem Schüler Zacharias Hildebrandt und seinem Neffen Johann Daniel Silbermann vollendet. Die einzelnen Werke des 47-stimmigen Werkes (drei Manuale [HW, BW, OW] und Pedal) waren, um mit den Worten seines Schöpfers zu sprechen, »Hauptmanual von großen und gravitätischen Mensuren«, »Brust von delicaten Mensuren«, »Oberwerk von scharffen und penetranten Mensuren« und »Pedal von starken und durchdringenden Mensuren«. 1944 wurden alle Pfeifen, die gesamte Mechanik und der Spielschrank durch Jehmlich aus Sicherheitsgründen ausgelagert und in das Kloster Marienstern gebracht. Kirche, Orgelgehäuse und Bälge fielen in der Nacht des 14. Februar 1945 der Zerstörung anheim. Ab 1962 arbeitete Jehmlich an dem Wiederaufbau des Instruments, dessen ursprünglich von Johann Joseph Hackl erbautes und von François Courdrai le Jeune verziertes Gehäuse wiederhergestellt wurde. Der bekrönende Figurenschmuck ist noch immer in Arbeit. Die festliche Weihe der wiedererstandenen Orgel fand 1971 statt. (Aufnahme aus der Zeit vor dem Zweiten Weltkrieg)

53 Roggenburg, Prämonstratenserstiftskirche, Orgel, erbaut 1752–1761 von Georg Friedrich Schmahl Diese Orgel, deren eindrucksvolles Gehäuse von Simpert Kramer mit schönem Rokoko-Dekor versehen wurde, war mit 43 Registern auf drei Manualen (HW, MW, OW) und Pedal das bedeutendste Werk Schmahls, das mit den Instrumenten von Ochsenhausen, Weingarten und Ottobeuren zu den größten Orgeln Süddeutschlands zählte. 1905 baute Hindelang in das historische Gehäuse eine neue Orgel mit 32 Registern auf zwei Manualen und Pedal ein, die 1955–1956 einem weiteren Neubau durch Leopold Nenninger mit 51 Registern auf vier Manualen (HW, RP, KW, OW) und Pedal weichen mußte.

54 Rostock, Marienkirche, Orgel, erbaut 1766–1770 von Paul Schmidt
Paul Schmidt war zu seinen Lebzeiten der größte Orgelbauer Mecklenburgs. Seine Orgel in der Rostocker Marienkirche ist in einzigartiger Weise über der Fürstenloge in zwei Geschossen bis zum Gewölbe aufgestellt. Sie hatte ursprünglich 60 Register auf drei Manualen und Pedal und wurde 1791–1793 durch E. Marx verändert. Weitere Umbauten erfolgten im 19. Jh. 1917 mußten alle Metallpfeifen für den Krieg abgeliefert werden, so daß nur mehr ein Viertel des alten Pfeifenbestandes erhalten blieb. Die leeren Pfeifenfelder des Prospekts wurden nach dem Krieg mit gemalten Pfeifen auf Karton ausgefüllt. 1938 baute schließlich Sauer eine neue Orgel mit 83 Registern auf vier Manualen (jedoch fünf Werke) und Pedal.

55 Amorbach, ehemalige Benediktinerabteikirche, Orgel, erbaut 1774–1782 von Johann Heinrich und Johann Philipp Stumm
Diese frühromantische Orgel hinter einem klassisch-romantischen Gehäuse ist eines der bedeutendsten Werke der Familie Stumm, die in sechs Generationen von 1722 bis 1896 etwa 340 Instrumente baute. 1782 hatte das Werk 46 Register auf drei Manualen (51 Tasten) und Pedal (25 Tasten). Reparaturen erfolgten 1838 und 1856, ein Umbau durch Steinmeyer 1865–1868 (III/Ped/45) und 1934–1936 (III/Ped/56). Restaurierungen fanden 1964 und 1982 statt.

56 Ottobeuren, Benediktinerabteikirche, Dreifaltigkeitsorgel, erbaut 1754–1766 von Karl Joseph Riepp
Der aus Tirol stammende Karl Joseph Riepp, ein Bewunderer von Johann Andreas Silbermann, lernte vermutlich bei Jörg Hofer in Ottobeuren und bei Merckel in Straßburg, bevor er sich in Dole und später in Dijon niederließ. Er baute 22 Orgeln in Burgund, die Instrumente in Ottobeuren und die vier Werke in der Zisterzienserabteikirche Salem (1765–1774). Die beiden Orgeln in Ottobeuren, die jeweils um einen Chorpfeiler herum konzipiert sind, bilden ein in der Geschichte des Orgelbaus einzigartiges Ensemble. Sie sind die letzten erhaltenen Orgeln Riepps und verfügen – von größter mechanischer Komplexität – jede über eine ganz eigene Persönlichkeit. Die Dreifaltigkeitsorgel auf der Epistelseite besitzt 63 Register auf den vier Manualen Grand-Orgue, Positif, Récit (mit dem einzigen Diskantregister Cornet), Echo und Pedal (insgesamt vier Tremulanten), wobei die Mehrzahl der Stimmen, mit Ausnahme des Hauptwerkes, auf Ton geschnitten sind. Diese Orgel entspricht mit ihren Kornettstimmen, Zungenregistern und Aliquoten ganz der französischen Ästhetik, während nur vier Gamben dem süddeutschen Orgelbau Referenz erweisen. Beide Orgeln wurden 1914, 1922, 1954 und 1978 überholt. Sie sind vollständig original erhalten.

57   Trebel, Kirche, Orgel, erbaut 1776–1777 von Johann Georg Stein dem Älteren
Der aus Erfurt in Thüringen stammende und in Lüneburg wirkende Johann Georg
Stein der Ältere konzipierte diese Orgel mit 19 Registern auf zwei Manualen (HW,
UW) und unabhängigem Pedal (Tremulant, zwei Zimbelsterne mit jeweils vier sehr
hohen Krallenglöckchen). Nach verschiedenen Reparaturen wurde das Instrument
1945 mit einem elektrischen Gebläse versehen.

58   Eschwege, Neustadtkirche, Orgel, erbaut 1838–1839 von Friedrich Krebaum
Dieses Beispiel eines neugotischen Prospekts enthielt ursprünglich 27 Register auf
zwei Manualen und Pedal und birgt nach verschiedenen Umbauten des 19. Jh.s seit
1929 eine neue Orgel.

59   Passau, Stefansdom, Hauptorgel, erbaut 1912–1928 von Georg Friedrich Stein-
meyer, neu gebaut 1980 von Wolfgang und Ludwig Eisenbarth
Bei einer großen Brandkatastrophe 1662 wurden die reiche Innenausstattung des
Passauer Doms und auch zwei große Orgeln ein Raub der Flammen, die nach dem
Wiederaufbau der Kirche in barocker »salzburgischer Manier« 1685–1688 durch ein
neues Instrument von Leopold Freundt ersetzt wurden. 1715–1718 konzipierte
Freundts Schwiegersohn Johann Ignaz Egedacher zwei je 10-stimmige Pfeilerorgeln
auf Schwalbennestern, deren Gehäuse erhalten blieben und sich heute auf den
Westemporen der Seitenschiffe befinden. 1731 erhielt wieder Johann Ignaz Egedacher den Auftrag, eine neue Hauptorgel zu bauen. Josef Matthias Götz schuf den
herrlichen – hier abgebildeten – 16 m hohen Prospekt mit den beeindruckenden
32′-Pedaltürmen, in den der Orgelbaumeister ein Instrument mit III/Ped/39 einfügte. Es mußte 1886–1889 einem Werk von Hechenberger mit III/Ped/72 weichen,
das dem gewandelten Zeitgeschmack Rechnung trug. 1924–1928 konzipierte Steinmeyer die damals größte Orgel der Welt mit 208 Registern, verteilt auf fünf räumlich getrennte Orgelkörper mit insgesamt vier Spieltischen, die 1980 durch Wolfgang und Ludwig Eisenbarth vollständig neu gebaut wurde. Sie verfügt nunmehr
über 231 Register, die wiederum auf fünf Orgelkörper verteilt sind und alle von
einem fünfmanualigen elektrischen Hauptspieltisch auf der Westempore gespielt
werden können: Hauptorgel, Evangelienorgel, Epistelorgel, Chororgel und Fern-
orgel, die allein noch von der Steinmeyer-Orgel stammt. Die Abbildung des Hauptprospekts stammt aus der Zeit vor 1980. Der hier noch sichtbare Freipfeifenprospekt
ist heute durch einen neuen barocken Aufbau in Sinne des Originals ersetzt.

fen der zweifache Einfluß von Scheidt und Pachelbel offenkundig wird.

Der erste bedeutende mitteldeutsche Komponist nach Samuel Scheidt war ohne Zweifel Johann Kuhnau, Organist in Zittau und Vorgänger Bachs im Kantorat der Leipziger Thomaskirche. Dieser umfassend gebildete Künstler – er war Organist, Advokat, Kantor und Musikdirektor der Leipziger Universität – veröffentlichte ein beträchtliches Œuvre: »Neue Clavier Übung« (1689, 1692), »Frische Clavier Früchte« (1696) und »Musicalische Vorstellung Einiger Biblischer Historien in 6. Sonaten« (1700). Der Orgel sind nur ein oder zwei Choräle gewidmet, doch können einige seiner anderen Kompositionen auch gut auf ihr interpretiert werden: Präludien und Fugen, Präludien-Toccaten mit verschiedenen Abschnitten (eine Form, die an Froberger erinnert), Toccaten (vor allem eine Toccata in A-Dur, die eine Norddeutschland würdige Pedalpartie aufweist) und einzelne Fugen, außerdem zwei Chaconnen, in denen man den Geist Pachelbels verspürt. Von den Programm-Musik enthaltenden biblischen Sonaten ist noch das erstaunliche Stück über den Streit zwischen David und Goliath zu nennen; es erlangt durch die Farbregister der Orgel theatralische Dimensionen, was die relative kompositorische Armut dieser Komposition vergessen läßt.

Johann Gottfried Walther war Organist in seiner Geburtsstadt Erfurt und in Weimar, wo ihn mit Johann Sebastian Bach, der der Pate seines ältesten Sohnes war, eine feste Freundschaft verband. Er verfaßte das erste deutsche »Musicalische Lexikon« (1732), in dem er als Geschichtsschreiber, Theoretiker, Sammler und Komponist Biographien, Bibliographien und Daten über die Musiker und die Musik zusammentrug. Daneben komponierte er fast 300 Orgelstücke, vorwiegend Choralbearbeitungen in der Form norddeutscher Choralfantasien (eine Neuerung in Mitteldeutschland), deren Melodien er jedoch nicht in verschiedene Abschnitte aufteilte, und Choralvorspiele mit verzierter oder unverzierter Melodie. In dreistimmigen Manualiter-Stücken setzte Walther die Melodie meistens in langen Notenwerten in den Sopran und in drei- oder vierstimmigen Stücken mit Pedal in den Baß. Dabei zeichnete sich der Komponist, der auch das Prinzip des Bicinium oder die Form der Choralfuge anwandte, durch Kanons zwischen der Ober- und Unterstimme und die Kunst der Chromatik, der Ornamentik und der Imitation aus. Seine Versetten sind weniger unabhängige Präludien als vielmehr Verse zum Wechsel mit dem Gemeindegesang. Besonders schätzte Walther Variationen; von seinen 14 Choralpartiten seien die Zyklen über »Jesu, meine Freude« und »Herr Jesu Christ, dich zu uns wend« genannt.

An freien Kompositionen schuf dieser Zeitgenosse Bachs Präludien, Toccaten und Fugen, ein fünfsätziges Konzert und 14 Transkriptionen von Violinkonzerten vorwiegend italienischer (Tomaso Albinoni und Giuseppe Torelli) oder deutscher Meister (Georg Philipp Telemann). In seinen Variationen und freien Werken nahm Walther Einflüsse Pachelbels, mehr noch von Böhm, sogar Buxtehude und vor allem von Bach auf. Findet man in Walthers Kompositionsstil auch nicht die harmonische Genialität, die tiefe Mystik oder die kühne Symbolik des Schöpfers der »Kunst der Fuge«, so beherrschte er doch sicher und methodisch sein Handwerk.

Nennen wir abschließend die zahlreichen Kompositionen, die die süd- und mitteldeutschen Meister speziell für Cembalo schrieben, Werke, denen in der Geschichte des Instruments ein besonderer Platz gebührt und die in der Qualität denen des großen Meisters Froberger würdig sind. Die bedeutendsten Sammlungen sind von Pachelbel (»Musicalische Sterbens-Gedancken«, 1683, und »Hexachordum Apollinis«, 1699), Krieger, auf dessen »Musicalische Clavier Übung« aus dem Jahre 1699 Händel aufmerksam wurde, Zachow (»Neue Clavier Übung«, 1689, 1692), Kuhnau (»Frische Clavier Früchte«, 1696, Sonaten, »Biblische Historien«, 1700) und ganz offensichtlich Fischer (»Musicalisches Blumen-Büschlein«, 1698, und »Musicalischer Parnassus«, 1738). Diese Komponisten waren die Vorläufer oder Zeitgenossen des Leipziger Meisters, mit dessen Cembalowerken sie dank ihres formalen Reichtums und ihrer Konzeption der Clavierkomposition wetteifern konnten.

Das Œuvre Bachs erschien in der ersten Hälfte des 18. Jahrhunderts wie eine große Offenbarung, einerseits Synthese und Bekräftigung der nord-, süd- und mitteldeutschen Musik, andererseits eine Ausnahme, da das Desinteresse für einen spezifischen Orgelstil immer mehr zunahm, und die Komponisten sich euphorisch der neuen Form der Sonate zuwandten. Das musikalische Empfinden gab einer weltlichen Musik der Instrumentalensembles (Symphonie, Konzert, Oper) oder solistischer Instrumente (Sonate) den Vorrang, während die große Orgelliteratur mit Johann Sebastian Bach in einer Art Schwanengesang zu Ende ging und erst etwa hundert Jahre später wiederauflebte.

Das Orgelschaffen von Johann Sebastian Bach

Die Orgelliteratur Johann Sebastian Bachs ist mit Abstand die umfangreichste, erhabenste und vollkommenste, die ein Musiker je geschaffen hat. Es ist nicht möglich, die über 260 Stücke, die der Leipziger Kantor hinterließ, im Rahmen dieses Kapitels zu nennen oder gar zu beschreiben.

Der von seinen Zeitgenossen als Meister der traditionellen Formen geschätzte Bach wurde vor allem als Musikbeamter angesehen, dessen Aufgabe es war, für Kirche oder Hof Gebrauchsmusik zu komponieren. Als bemerkenswerter Virtuose und sowohl bewunderter als auch beneideter Komponist blieb er doch der Diener einer hierarchischen Struktur. Sein Schaffen, vor allem das für die Orgel, konnte die ästhetische Entwicklung seines Jahrhunderts nicht aufhalten, die Bewegung, die unerbittlich von der gelehrten Musik (deren letzte Stütze das Luthertum war) weg und zu der Welt des Theaters und des Konzertes hinführte. Der galante Stil löschte die Tradition aus, und das Symbol dieser Tradition, die Orgel, mußte die Folgen dieser musikalischen Verweltlichung tragen.

Das Œuvre Bachs, die Synthese der großen Formen der abendländischen Musikkunst und die Vollendung traditioneller stilistischer Konzeptionen, war noch zu Bachs Lebzeiten Opfer des gelehrten Erscheinungsbildes einer vergangenen Zeit. Diese strenge Tonsprache, die mathematische Präzision mit reicher Symbolik und religiöser Mystik vereinte, blieb jedoch eine unerschöpfliche Quelle, aus der später immer wieder Komponisten schöpften.

Während nahezu eines Jahrhunderts wurden die Werke Bachs kaum gespielt und nur von einigen wissensbegierigen Musikern gekannt und geschätzt. Einer der ersten Bewunderer war Mozart; ihm folgte, ermutigt durch seinen Freund und Lehrer Carl Friedrich Zelter, Felix Mendelssohn-Bartholdy, der am Karfreitag 1829 die Matthäuspassion wiederaufführte. Hundert Jahre nach ihrer Uraufführung versetzte sie das Berliner Publikum in größtes Erstaunen. Seit diesem Zeitraum zog niemand mehr den musikalischen Wert der Bachschen Kunst in

Die große Familie der Bach

In seinem »Ursprung der musicalisch-Bachischen Familie« aus dem Jahre 1735 erläuterte Johann Sebastian Bach in einem oft etwas beißenden Ton das Leben und Wirken seiner Vorfahren. Er sah sich vor allem als Bewahrer einer Familientradition, in der Musiker ein Künstler und gläubiger Verteidiger eines lebendigen lutherischen Glaubens war. Das musikalische Ansehen dieser Familie war in Erfurt so groß, daß die Musiker dieser Stadt noch »die Bachs« genannt wurden, als schon gar keine Bachs mehr unter ihnen zu finden waren.

Die Familie Bach war seit dem Anfang des 16. Jh.s in Mitteldeutschland zu Hause und starb erst in der Mitte des 19. Jh.s aus. Ihre Mitglieder waren unabhängige Musiker, Amateure oder Berufsmusiker im Dienst einer Stadt oder eines Hofes, sie spielten Zither, waren Spielmänner, Geiger, Bratscher, Sänger und Organisten, bekleideten die Ämter eines Kapellmeisters, Kantors oder Spielmanns, eines Hof-Musikus oder Kammer-Musikus, eines Direktors der Raths-Musikanten oder eines Stadtpfeifers, und sie wirkten, wenig geneigt, ihre Thüringer Heimat zu verlassen, in Städten oder Marktflecken mit häufig berühmten Namen: Wechmar, Ohrdruf, Meiningen, Arnstadt, Eisenach, Schweinfurt, Gräfenroda, Gotha, Erfurt, Suhl, Schmalkalden und Jena.

Die Mitglieder der Bachfamilie waren nicht nur Musiker, sondern auch Komponisten, deren qualitätvolle Werke deutlich von der süddeutschen Kunst beeinflußt sind; war nicht Johann Christoph Bach (1671–1721) ein Schüler von Pachelbel? Heinrich Bach (1615–1692) und Johann Christoph Bach (1642–1703) komponierten Choralvorspiele, Motetten und Kantaten, Georg Christoph Bach (1642–1697) Kantaten, Johann Michael Bach (1648–1694) Kantaten und Motetten, Johann Nicolaus Bach (1669–1753) Choralbearbeitungen, eine Messe und das Singspiel in Quodlibetform »Der Jenaische Wein- und Bierrufer«, Johann Bernhard Bach (1676–1749) Choralbearbeitungen, Clavierwerke und Orchestersuiten, Johann Ludwig, der »Meininger« Bach (1677–1741) Kantaten und Motetten, die von Johann Sebastian Bach besonders geschätzt wurden, Johann Ernst Bach (1722–1777) ein Passions-Oratorium, Kantaten, Clavierwerke und Sonaten für Violine und Clavier und schließlich Johann Michael Bach (1754–1820) sechs leichte Clavierkonzerte, sechs Konzerte für zwei Claviere und Kantaten. Er war darüber hinaus auch der Autor der Schrift »Kurze und systematische Anleitung zum General-Baß der Tonkunst überhaupt«. Einige Familienmitglieder widmeten sich auch dem

Zweifel. Die Neuentdeckung Bachs und die Renaissance der Orgelkunst erfuhr ihre Vollendung am 6. August 1840 in der Leipziger Thomaskirche, in der Mendelssohn ein ausschließlich den Orgelwerken des großen Musikers gewidmetes Konzert spielte. In dem – von Schumann überlieferten – Programm war er um verschiedene »Schattierungen« der Kunst des Kantors bemüht: kurze Improvisation – Fuge Es-Dur (in drei Abschnitten) BWV 552 – Choralbearbeitung »Schmücke dich, o liebe Seele« BWV 654 – Präludium und Fuge a-moll BWV 543 – Passacaglia c-moll (ohne Fuge) BWV 582 – Pastorale F-Dur BWV 590 – Improvisation über den Choral »O Haupt voll Blut und Wunden«, in den er später auch den Namen Bach und einen Fugensatz einflocht.

Knüpfte der mit Bachs Söhnen befreundete Johann Nikolaus Forkel durch sein Buch »Ueber J. S. Bachs Leben, Kunst und Kunstwerke« (1802) das Band zwischen dem Jahrhundert des Meisters und dem Goethes, so lenkte Mendelssohn durch sein unablässiges Wirken (Konzerte, aber auch die erste Veröffentlichung von etwa 60 Choralbearbeitungen in England und Deutschland) die Aufmerksamkeit der Musikwelt auf Bach und rief eine breite Bewegung hervor, an der sich auch Schumann und Liszt leidenschaftlich beteiligten. In der Nachfolge der 1850 gegründeten Bach-Gesellschaft, die eine kritische Gesamtausgabe der Werke Bachs veröffentlichte, waren es Pioniere wie Philipp Spitta (1873, 1880) und Albert Schweitzer (1905, 1908), die für die Kunst des Leipziger Kantors eintraten. Nach der romantischen Epoche wurde mit der Orgelbewegung der Wunsch nach einem klassischen Instrument laut. Die zwanziger Jahre unseres Jahrhunderts führten nicht nur zu einer Erneuerung der Orgel, sondern auch zu der Wiederentdeckung des Bachschen Genies, wie es in der Orgelkunst des Komponisten in Erscheinung tritt. Die ersten Instrumente, für die Bach komponierte und denen er sein ganzes Leben lang verbunden blieb, waren die Orgel und das Cembalo; das Komponieren für diese Tasteninstrumente bildete von Mühlhausen bis Leipzig den Rahmen seines Schaffens.

Bachs Orgelwerk beruht auf einer beständigen Reflexion, die die Einflüsse der großen ästhetischen Strömungen der Zeit verarbeitet hat: die Anregungen der flämischen und norddeutschen Organisten (Sweelinck, Reinken, Böhm, Buxtehude), der süd- und mitteldeutschen Musiker

(Scheidt, Pachelbel, Kuhnau), sowie italienischer (Frescobaldi, Legrenzi, Corelli) und französischer Komponisten (Grigny, Couperin). Als Synthese der Kunst der Vergangenheit und der Neuerungen seines Jahrhunderts war das Werk Bachs den formalen Traditionen überlegen, ohne modisch zu sein. Bach betrachtete die Musik vor allem als geheiligte Kunstform, während seine Inspiration, die eines tief überzeugten Lutherianers, der vom Reformator bestimmten musikalischen Wahrheit verbunden blieb. Die Schlüsselrolle, die der lutherische Choral in seinem Œuvre spielt – Kantaten, Passionen, Choralvorspiele –, verstand sich für ihn von selbst. Bachs Orgelwerke lassen sich in vier Kategorien einteilen: Choralbearbeitungen (Harmonisierungen oder Variationen), Präludien (Toccaten, Fantasien) und Fugen, mit der Kammermusik verwandte Stücke (Triosonaten, Trios, Canzonen, etc.) und Transkriptionen (Schübler-Choräle, Konzerte).

Die Choralbearbeitungen

Die Choralbearbeitung war für Johann Sebastian Bach nicht das einfache Umsetzen eines Textes oder die Präsentation einer Melodie, sondern die musikalische Verdeutlichung und Vertiefung der wörtlichen Aussage eines Chorals.

Unter den etwa 180 Bachschen Choralbearbeitungen finden wir als häufigste Form die des kontrapunktisch verarbeiteten Chorals, zu dessen unabänderlichem – manchmal auch im Oktav- oder Quintkanon geführtem – Cantus Firmus melodisch-imitative Begleitstimmen treten (das beste Beispiel hierfür sind die Stücke des Orgelbüchleins), während im Choraltrio, dessen Form von der italienischen Sonatenkunst beeinflußt ist, die Melodie in den beiden anderen Stimmen von Arabesken begleitet wird. Nimmt der Kontrapunkt die strenge Form der Fuge an (fugierter Choral), so schuf Bach entweder Architekturen von großen Dimensionen (große Choralfugen mit Pedal) oder elegante Fugatos zu drei oder vier Manualstimmen. Während sich die Fuge von gewissen Gesetzen der Choralkunst frei machte und der Phantasie des Komponisten mehr Raum ließ, gab die Melodie im figurierten Choral – in unmittelbarem Zusammenhang mit dem Gehalt der einzelnen Choralzeilen – Anlaß zu einer ausdrucksvollen Bearbeitung (»O Lamm Gottes, unschuldig« BWV 656). Bezeichnete Bach ein

Choralvorspiel jedoch als »fantasia«, so ist diese in der traditionellen Form bewußt frei gestaltet, wobei auch nicht-thematische Passagen vorkommen können (»Valet will ich dir geben« BWV 735). Beim variierten Choral oder der Partita handelt es sich um eine Form, deren einzelne Variationen (die erste Variation ist eine vertikale Harmonisierung des Chorals) nicht unbedingt mit den Versen des Chorals verknüpft sein müssen, doch sind das Thema und sein Charakter stets durchhörbar (»Christ ist erstanden« BWV 627). In diesem Zusammenhang muß man auch die »Kanonischen Veränderungen über ›Vom Himmel hoch, da komm ich her‹« BWV 769 nennen, die letzte Vergeistigung eines subjektiven, ausdruckshaften Stils in nach dem Kanonprinzip kunstvoll konzipierten Variationen. In den einfachen Choralharmonisierungen werden die einzelnen Noten der Melodie von homophonen Akkorden gestützt, deren Choralzeilen auf den jeweiligen Schlußfermaten durch kürzere oder längere virtuose Einschübe voneinander getrennt sind. Die Freiheit dieser ungewöhnlichen harmonischen Verbindungen Bachs läßt uns die Ratlosigkeit der Gläubigen verstehen, die sich – da sie dem Organisten beim Gemeindegesang nicht mehr folgen konnten – über die Entstellung des Choralgesanges beklagten.

Das großartigste Beispiel für das tiefinnerliche Glaubensgefühl Bachs ist jedoch die Form des verzierten Chorals, in der er sich als der sensibelste Schüler Buxtehudes erweist; die reiche figurative Ausgestaltung der Melodie vertieft in eindringlicher Weise den Textinhalt des bearbeiteten Chorals (»Das alte Jahr vergangen ist« BWV 614, »O Mensch, bewein' dein' Sünde groß« BWV 622, »Ich ruf' zu dir, Herr Jesu Christ« BWV 639, »Schmücke dich, o liebe Seele« BWV 654, »An Wasserflüssen Babylon« BWV 653b und »Herzlich tut mich verlangen« BWV 727).

Bach schuf auch große Sammlungen, in denen er die Choräle nach einer liturgischen Ordnung oder dem Wesen der Werke entsprechend zusammenfaßte. Das Orgelbüchlein (BWV 599–644) – zwischen 1713 und 1715 entstanden – war ursprünglich als großes Orgelbuch mit 163 Chorälen geplant, von denen Bach jedoch nur 45 Bearbeitungen komponierte (zählt man jede der beiden nur geringfügig unterschiedenen Fassungen von »Liebster Jesu, wir sind hier« gesondert, so sind es 46) und später für die Organisten bestimmte, um »auff allerhand Arth einen Choral

durchzuführen, anbey auch sich im Pedalstudio zu habilitieren«. Mit seinen zahlreichen technischen Schwierigkeiten, die ein Organist überwinden muß, gilt das Orgelbüchlein als hohe Schule der Orgelkunst, in der die drei Hauptformen der Choralbearbeitung vorkommen: Es enthält kontrapunktische, verzierte und kanonische Stücke, die in einzigartiger Weise Auslegungen zu allen Festen des Kirchenjahres bereitstellen. Der Leipziger Meister bot somit – wie es Couperin mit seinen zwei Messen getan hatte und er selbst mit dem dritten Teil der »Clavier-Übung« noch tun sollte – den Organisten die wohl außergewöhnlichste Sammlung von Meditationen an, die je für den christlichen Gottesdienst geschaffen wurde.

Bekanntlich gab Johann Sebastian Bach unter dem Titel »Clavier-Übung« insgesamt vier Sammlungen heraus. Sind die beiden ersten Teile und der letzte Band dem Cembalo gewidmet (»Sechs Partiten« 1731, das »Italienische Konzert« und die »Französische Ouvertüre« 1735 sowie die »Goldbergvariationen« 1742), so enthält der »Dritte Theil der Clavier-Übung« aus dem Jahre 1739 Choralkompositionen für die Orgel (BWV 669–689), die Bach »denen Liebhabern und besonders denen Kennern von dergleichen Arbeit, zur Gemüths Ergezung« widmete. Da jeder Choral sowohl in einer kompositorisch wie technisch kunstvollen Bearbeitung mit Pedal (im großen »Aus tiefer Not« BWV 686 sogar mit Doppelpedal) als auch manualiter in schlichterer Konzeption enthalten ist, war es wohl Bachs Absicht, für Virtuosen und weniger versierte Organisten Stücke zur festlichen Ausgestaltung des lutherischen Gottesdienstes (Kyrie, Gloria, Gesetz, Credo, Pater, Taufe, De Profundis und Kommunion) anzubieten. Er faßte in diesem dritten Teil der »Clavier-Übung« 21 Choräle (»musikalisches Dogma«) und vier Duette zusammen, die er mit dem außergewöhnlichen Präludium und der Fuge Es-Dur BWV 552 umrahmte. Die Dualität der jeweils zwei Bearbeitungen, die entsprechend auf einem großen oder auf einem kleinen Instrument (zum Beispiel einem Positiv) interpretiert werden können, sollte vielleicht eine Verbindung zu Martin Luthers großem (in Lateinisch für die Theologen oder gebildete Personen) und kleinem Katechismus (in deutscher Sprache für die Bevölkerung und die Kinder) andeuten.

In diesem Werk muß man, wie in den meisten Schöpfungen Bachs, die Virtuosi-

Instrumentenbau: Johann Michael Bach (1648–1694), Johann Nicolaus Bach (1669–1753) und Johann Michael Bach (geb. 1685).

Eine zu Recht erstaunliche Familie, deren Mitglieder ebenso ergreifende Persönlichkeiten wie markante Charaktere waren: der Ahne Veit Bach (gest. vor 1578), der beim Knarren der Räder seiner Mühle Cythringen spielte, Johann Jacob Bach (1682–1722), Oboist in der schwedischen Armee, der an der Schlacht von Poltava teilnahm und später mit P.G. Buffardin in Konstantinopel Flöte lernte, Johann Michael Bach (1754–1820), der zahlreiche Reisen nach Holland, England und Amerika unternahm, Johann Nicolaus Bach (1669–1753), Erfinder und Erbauer des Lautenclaviers, eines Instruments, das die Klänge der Laute mit dem Tastenmechanismus verband, und Autor einer komischen Oper, als deren Schöpfer man wirklich nicht ein Mitglied der Bachfamilie vermuten würde, und endlich die Zwillinge Johann Christoph Bach (1645–1693) und Johann Ambrosius Bach (1645–1695), die lediglich an ihrer unterschiedlichen Kleidung zu erkennen waren.

Eine Familie, der eine ergreifende Frömmigkeit zu eigen war, ein tiefer ländlicher und mystischer protestantischer Glaube, der sowohl durch seine Erlesenheit als auch durch seinen verbindenden Reichtum fesselte, ein unverfälschter und erlebter Glaube, dessen Erbe und Künder Johann Sebastian Bach war.

Eine Familie mit großem Zusammenhalt, die sich regelmäßig jährlich in Eisenach, Erfurt oder Arnstadt zu Zusammenkünften zu treffen pflegte, bei denen man Gott für seine Wohltaten dankte, sich über die Ereignisse und das familiäre und künstlerische Leben der zahl- und kinderreichen Verwandtschaft unterhielt und auch gerne lachte, denn die Bachs waren fröhliche Menschen, die sich durch »Quodlibet« genannte musikalische Unterhaltungen zu vergnügen wußten. Das ernste und strenge Erscheinungsbild der Porträts des großen Bach läßt dies nicht vermuten, doch sei in diesem Zusammenhang auf seine dreißigste Goldbergvariation (Quodlibet) und auf die zwei für seine beiden Brüder geschriebenen Kompositionen »Capriccio in honorem Joh. Christoph Bachii, Ohrdruf« und »Capriccio sopra la lontananza del suo fratello dilettissimo« anläßlich der Abreise Johann Jacob Bachs nach Schweden hingewiesen.

Dieser Wille zu tiefem familiärem Zusammenhalt findet sich jedoch nicht nur bei Johann Sebastian Bach, der die Ursprünge seiner Familie zu ergründen suchte, sondern auch bei seinem Sohn Carl Philipp Emanuel Bach (1714–1788), der die von seinem Vater verfaßte Genealogie erläuterte und präzisierte sowie selbst eine Sammlung von Werken, die durch die Glieder seiner Familie komponiert worden waren, zusammenstellte und kommentierte: »Alt-Bachisches Archiv«.

Eine wirklich außergewöhnliche Familie, die zugleich mit ihrem Glauben angeborene musikalische Qualitäten fortzuführen wußte, die nur in einer Region aufblühen konnte, in der sich die zahlreichen Ideen des Nordens und des Südens trafen und in der sich, wie in einem Schmelztiegel, die befruchtenden Strömungen eines musikalischen Europa, das noch reich an Entdeckbarem war, vereinten. Das Genie Johann Sebastian Bachs erfüllte mit Nachdruck die Hoffnungen, die ihm sein Geburtsland Thüringen in die Wiege gelegt hatte.

Johann Sebastian Bach

Der älteste bekannte Vorfahre Johann Sebastian Bachs – ob von ungarischer oder deutscher Herkunft wird sicher niemals zu klären sein – war Veit Bach (gest. vor 1578), der vermutlich in Mähren oder in der Slowakei geboren wurde und sich um 1545 in Wechmar niederließ. Er war als Müller und Bäcker tätig und spielte in seiner Freizeit Cythringen, ein gitarrenähnliches Instrument. Veit Bach hatte zwei Söhne, Lips (gest. 1620) und Johann oder Hans (um 1550–1626). Dieser Johann, der Urgroßvater des Leipziger Kantors, ging bei Matz Zisecke, einem Stadtpfeifer von Gotha in die Lehre und wirkte als Spielmann in Gotha, Arnstadt, Erfurt, Eisenach, Schmalkalden und Suhl. Er starb 1626 in seinem Wohnort Wechmar an der Pest und hinterließ drei Söhne: Johann, Christoph und Heinrich. Christoph Bach (1613–1661) stand zunächst im Dienst des Weimarer Hofes, bevor er in Erfurt Mitglied der »Musicanten-Compagnie« wurde, deren Leitung in den Händen seines Bruders Johann, des Direktors der Raths-Musicanten und Organisten der Predigerkirche, lag. Ihr Bruder Heinrich wirkte dagegen in Arnstadt als Gräflicher Hof- und Stadt-Musikus. Christoph Bach hatte drei Söhne – Georg Christoph und die Zwillinge Johann Christoph und Johann Ambrosius – von denen Johann Ambrosius der Vater Johann Sebastian Bachs wurde. Von seinem Vater Christoph lernte er die Kunst des Geigenspiels, wurde als Bratschist unter der Leitung seines Onkels Mitglied der Erfurter »Musicanten-Compagnie« und folgte schließlich 1671 seinem Cousin Johann Christian, dem Sohn von Johann Bach, in Eisenach als Stadt-Musikus und Hof-Musikus nach. Dieser Johann Christian Bach hatte sich als erster der weitverzweigten Familie in Eisenach niedergelassen.

tät bewundern, mit der der Komponist die Zahlensymbolik handhabe; der Erforschung solcher Mysterien widmete sich vor allem der Musikwissenschaftler Friedrich Smend. Die Sammlung enthält insgesamt 27 Stücke, welche Zahl der Summe der Initialen »J« und »S« (der neunte und achtzehnte Buchstabe des Alphabets) entspricht. Doch ist die Zahl 27 auch das Symbol für die Verherrlichung der Dreieinigkeit ($3 \times 3 \times 3$), das sowohl das Präludium als auch die Fuge in Es-Dur (dieser Tonart sind zudem drei b vorgezeichnet) beherrscht. Beide Stücke verfügen über drei Themen (der Vater: rhythmisch-majestätisch, der Sohn: melodisch-menschlich, der Heilige Geist: leicht kontrapunktisch), wobei das erste Thema (des Vaters) stets dominiert. Diese Analyse setzt sich beim Betrachten der drei großen und kleinen Kyriebearbeitungen und der drei Vorspiele über »Allein Gott in der Höh' sei Ehr« des Gloria fort: die Zahl 9 als Symbol des Logos oder Wortes (hervorgegangen aus dem Vater), 3×3 als Verherrlichung der Trinität. Auch die weiteren Stationen des Gottesdienstes sind durch je zwei Choräle vertreten: $6 \times 2 = 12$, die Zahl der Kirche, aber auch 3×4 als Summe des Gottessymbols 3 mit dem Zahlensymbol der materiellen Welt oder des Kreuzes 4 (vier Himmelsrichtungen, vier Elemente usw.). Die vier Duette beziehen sich also auf unser Erdenleben.

Das Schaffen Bachs stellt sich uns in aller äußeren Einfachheit dar, doch versinnbildlichte der Komponist jenseits der melodischen Phrasen, der Harmonisierung und der Inspiration das unbeschreibliche Geheimnis, das nur in die kabbalistische Tradition Eingeweihte wahrnehmen können. Eine Vision, in der der Augenblick Ewigkeit erlangt: die Kunst des Kantors ist ein erhabenes Bindeglied zwischen Erde und Himmel, wobei die Inspiration das Geschenk Gottes zur Beteiligung an der Schaffung der göttlichen Welt ist. Wie die Architekten und Bildhauer der mittelalterlichen Kathedralen hielt es auch der demütige Leipziger Künstler nicht für unter seiner Würde, seine Schöpfungen mit einer verborgenen und flüchtigen Prägung zu kennzeichnen; es sind dies die so oft wahrnehmbaren Zahlen 27 (JS), 14 (BACH) oder 41 (JS BACH) und die musikalische Umsetzung seines Namens in die Noten B A C H, Siegel eines vollkommen dem Göttlichen gewidmeten Lebens.

Außer dem Orgelbüchlein und dem dritten Teil der »Clavier-Übung« hinter-

ließ uns Bach drei weitere Choralsammlungen: Die auf Wunsch des Verlegers Johann Georg Schübler angefertigten und nach diesem benannten sechs »Schübler-Choräle« sind Transkriptionen von Sätzen Bachscher Kantaten, die beim Publikum besonders beliebt waren. Sie wurden 1746 veröffentlicht. Im gleichen Jahr komponierte Bach für seinen Eintritt in die gelehrte Mizlersche »Correspondirende Societät der Musicalischen Wissenschaften« die bereits erwähnten »Kanonischen Veränderungen über ›Vom Himmel hoch da komm ich her‹« BWV 769, deren fünf drei- bis sechsstimmige Variationen mit ihrer immer umfassender und kunstvoller entwickelten Kanontechnik den Höhepunkt der komplizierten Kunst des Kontrapunktes darstellen. Diese kanonischen Veränderungen stehen würdig neben Bachs anderen Alterswerken, dem »Musikalischen Opfer« (1747) und der »Kunst der Fuge« (1749/1750). Die Frucht eines langen Schaffens sind die »Achtzehn Choräle von verschiedener Art« oder »Leipziger Choräle« (BWV 651–668), die – sämtlich in Bachs Weimarer Zeit entstanden – vom Meister am Ende seines Lebens, von 1747 bis zu seinem Tod, überarbeitet und zusammengefaßt wurden. Diese kunstvollen Stücke sind mit ihrer phantasievollen Freiheit, ihrem polyphonen Reichtum und ihrer subtilen Figuration der vollendete Ausdruck kreativer Meisterschaft. Nicht zu vergessen sind schließlich auch einzelne Choralbearbeitungen, die in keinen Sammlungen enthalten sind und ebenfalls als Meisterwerke gelten.

Die großen Formen

Die freien Formen – ursprünglich als Toccata oder Präludium zur Einleitung oder als Fuge zum Ausklang des Gottesdienstes bestimmt – finden mit Bach über ihre gewöhnliche Brillanz und Majestät hinaus zu der Vollkommenheit einer Botschaft, die sich ebenso an das Herz wie an den Geist richtet: die Arabesken und die Polyphonie des Präludiums oder der Toccata, die verborgene und intellektuelle Empfindsamkeit der Fuge. Bach versuchte sich in den verschiedensten Konstruktionen, die zwar stets die traditionellen Strukturen wahrten, immer jedoch zu einer eigenen und vollkommeneren Lösung gebracht wurden.

Die Merkmale des Präludiums (der erste Teil des von Bach zum festen Satzpaar vereinigten Diptychons) sind ein von der

Toccata entlehnter spontaner und virtuoser Charakter, Zwischenräume ausfüllende Pedalläufe, gebrochene Arpeggien, Tonleitern, Tremolos, Akkordfigurationen oder Staccato-Akkorde, punktierte Rhythmen nach französischer Art, manchmal fugierte Einschübe oder ruhige meditative Zwischengesänge und schließlich das Aufblühen reicher Polyphonie in einer majestätischen, langsamen Steigerung.

Die Form der Fuge ist niemals starr, ganz im Gegenteil! Die Fugenkunst Bachs war von den ersten jugendlichen Versuchen bis zu den großen Leipziger Kompositionen und der theoretischen Vollendung in der »Kunst der Fuge« ständig bestrebt, sich zu verfeinern und zur Freiheit zu streben, zu einer organisierten, überlegten und mathematischen Freiheit, die der Fuge beeindruckende Dimensionen gedanklicher Dichte und tadellos geführter Steigerungen verlieh. Bachs Denken entsprach fugischer Konzeption. Er erweiterte die Studien seiner Vorgänger, vereinigte die italienischen und nordischen Traditionen und schuf meisterhafte, bis zu sechs Stimmen konzipierte Fugen mit überschwenglichen Engführungen, toccatenartigen Schlußsteigerungen, zahlreichen Zwischenspielen und vom Konzert entliehenen verlängernden Da-Capo-Teilen. So leben die Bachfugen, die in ihrer Entwicklung niemals vorhersehbar sind, von ihrer Persönlichkeit, ihrem Charakter und ihrer Evolution, deren Hauptverdienst es ist, beständig den Geist wachsam zu halten.

Die großen Kompositionen Bachs bestehen aus 26 Satzpaaren: Präludien, Toccaten oder Fantasien und Fugen, sieben Stücke in drei, vier oder fünf Abschnitten wie »Toccata, Adagio und Fuge C-Dur« BWV 564, »Fantasie G-Dur« BWV 572 oder »Pastorale F-Dur« BWV 590; hinzu kommt eine große Zahl einzelstehender Werke, die zum Großteil aus Bachs Jugendzeit stammen: »Allabreve«, Canzonen, Fantasien, Präludien, Fugen, »Das kleine harmonische Labyrinth« BWV 591 und »Pedal-Exercitium« BWV 598.

Die Triosonaten und die Konzerte

In diesen der Kammermusik verwandten Werken überwiegt der italienische Einfluß. Orientierte sich die Triosonate an der gebräuchlichsten Form der barocken Kammermusik, der Sonate für zwei Oberstimmen und Baß, deren bedeutendster Vertreter Corelli war, so handelte es sich bei den Konzerten um genaue Bearbeitungen von Concerti Grossi mit ihrem typischen Wechsel von Ripieno und Concertino. Die Triokomposition nahm in Bachs Schaffen einen relativ umfassenden Platz ein, sowohl in den Orgelwerken (vor allem etwa zehn Choralbearbeitungen und die sechs Sonaten) als auch in seiner Instrumentalmusik (Sonaten für Violine, Flöte oder Viola da Gamba mit obligatem Cembalo). Sah die klassische Triokonzeption vier Instrumentalisten vor (ein Oberstimmenduo zweier meist gleichartiger Melodieinstrumente, dazu ein Tasteninstrument und ein Baß als Continuo), so muß man die Gewandtheit bewundern, mit der Bach diese Form auf zwei Manuale und Pedal übertrug, wobei der Baß, der in den langsamen Sonatensätzen noch die Harmonie stützt, in den schnellen Sätzen mit vollem Recht an der Verarbeitung des Kontrapunkts beteiligt ist.

Die zwischen 1720 und 1730 für seinen Sohn Wilhelm Friedemann Bach komponierten Triosonaten dürfte Bach für den Unterricht und zum häuslichen Spiel auf einem Instrument mit zwei Manualen und Pedal bestimmt haben, wobei man diese traditionelle Bestimmung jedoch nicht als Einschränkung ansehen darf, denn die Interpretation auf der Orgel erlaubt es, von der reichen Klangpalette dieses Instruments Vorteil zu ziehen. Zu bemerken ist noch, daß der Begriff Sonate in Bachs Kammermusik nicht mehr der italienischen Bezeichnung »Stück für Violine« und offensichtlich noch nicht der klassischen Sonatenform mit zwei gegensätzlichen Themen entsprach. Verarbeitet Bach in einigen Sätzen seiner Sonaten zwei Themen, so können diese auch in der Art einer dreistimmigen Invention realisiert sein.

Die Kunst des italienischen Konzertes entdeckte Bach in Weimar. Er bearbeitete nach dem Vorbild Johann Gottfried Walthers, der selbst sechzehn Konzerte übertrug, drei Konzerte von Vivaldi (BWV 593, 594 und 596), zwei Konzerte des Walther-Schülers, des jungen Prinzen Johann Ernst von Sachsen-Weimar (BWV 592 und 595) sowie ein zweitrangiges Werk (BWV 597) für die Orgel, indem er von jeder Partitur eine sehr persönliche Transkription anfertigte, die oft eine große Virtuosität des Interpreten erfordert. Doch erschweren zahlreiche allem Anschein nach nur geringfügige Änderungen das Notenbild und machen die Interpretation dieser Stücke in einem dem Orchester entsprechenden Tempo unmöglich, so daß der Charakter der Konzerte weitgehend verändert wird.

Johann Sebastian Bach, der vierte Sohn von Johann Ambrosius Bach und dessen Frau Elisabeth Lämmerhirt, wurde am 21. März 1685 in Eisenach geboren. Er erhielt seine musikalische Ausbildung an der Lateinschule und wahrscheinlich auch bei seinem Vater, der ihn das Geigenspiel lehrte. Außerdem hatte der junge Johann Sebastian die Möglichkeit, seinen Cousin Johann Christoph (1642–1703), den Sohn von Heinrich Bach, an der Orgel der Eisenacher St. Georg-Kirche spielen zu hören.

Die Zeit der Ausbildung: 1695–1708 (Ohrdruf, Lüneburg, Weimar, Arnstadt, Mühlhausen)
Nach dem Tod seiner Mutter 1694 und dem seines Vaters im folgenden Jahr nahm der Pachelbel-Schüler Johann Christoph Bach (1671–1721), Organist der Michaeliskirche zu Ohrdruf, seinen jüngeren Bruder Johann Sebastian bei sich auf und erteilte ihm den ersten Unterricht auf Tasteninstrumenten. Im Jahre 1700 verließ Johann Sebastian das Gymnasium von Ohrdruf und begab sich zu Fuß in das mehrere hundert Kilometer entfernte Lüneburg, um dort in die Michaelisschule einzutreten. Jetzt begann für den lernbegierigen jungen Musiker eine Zeit fruchtbarer Entdeckungen. Er kopierte die großen Werke seiner Vorgänger und Zeitgenossen und unternahm zu Fuß und ohne Geld oft weite und schwierige Reisen, um die Meisterorganisten seiner Zeit zu hören. Gleich wie er in Ohrdruf trotz des Verbotes seines Bruders nachts und bei Kerzenlicht Werke von Kerll, Froberger und Pachelbel kopierte, war es auch in Lüneburg sein großes Ziel, neben dem unverzichtbaren theoretischen Musikunterricht die verschiedensten Kompositionen kennenzulernen. In der reichen Bibliothek des Lüneburger Michaelisklosters studierte er mit Ausdauer die Partituren von Monteverdi, Frescobaldi, Cesti, Steffani, Carissimi, Orlando di Lasso, Schütz, Hammerschmidt, Rosenmüller, Krüger und Pachelbel. Darüber hinaus wollte er sein Wissen um die norddeutsche Orgelkunst vertiefen. In Lüneburg war er ein aufmerksamer Zuhörer und vielleicht Schüler von Georg Böhm, der ab 1698 der Organist der Johanniskirche war; in Hamburg, dem protestantischen Musikzentrum, hörte er oft Vincent Lübeck und vor allem den alten Meister Böhms, Jan Adam Reinken, den Organisten der Katharinenkirche; in derselben Stadt entdeckte er in der Oper, deren Leiter damals Reinhard Keiser war, die Kunst des italienischen »belcanto«; am Hof von Celle schließlich, den er mehrmals besuchte, vervollständigte Johann Sebastian seine Kenntnis der französischen Musik, die ihm Böhm nahegebracht hatte: Er studierte Marchand, Couperin und besonders Grigny, dessen »Livre d'Orgue« er fast vollständig abschrieb.

Im Jahre 1703 wurde Bach, nachdem er einige Monate als »Lakai und Geiger« im Dienst von Johann Ernst, dem Bruder des Herzogs Wilhelm Ernst von Sachsen-Weimar, gestanden hatte, zum Organisten der Neukirche (ehem. Bonifatiuskirche) in Arnstadt ernannt. Hier schrieb er seine ersten Orgelkompositionen und trug auch erste Zwistigkeiten mit undisziplinierten Chorsängern auf der einen Seite und den Autoritäten auf der anderen Seite aus, die ihm unter anderem ein zu langes Orgelspiel vorwarfen.

Bachs Vorbilder waren Buxtehude, Reinken und Bruhns, der bereits 1697 verstorben war. Reinken hatte er in Hamburg bewundert, so daß er nun in seiner unaufhörlichen Suche nach Vervollkommnung und Erforschung der Orgelwelt – wie zu einer letzten großen Wallfahrt – nach Lübeck aufbrach, um Buxtehude zu hören. Im Oktober 1705 erhielt er einen vierwöchigen Urlaub. Er reiste zu Fuß nach Lübeck und blieb vier Monate bei Buxtehude. Die entscheidende Erfahrung dieser Begegnung bestärkte den zwanzigjährigen Musiker in seiner Karriere als Organist und Orgelkomponist, ließ ihn aber auch seine Stelle als Arnstädter Organist verlieren. Doch wurde Bach im Juni 1707 zum Organisten der Blasiuskirche in Mühlhausen ernannt, wo er, für nur ein Jahr, Johann Gottfried Ahle nachfolgte. Johann Sebastian Bach heiratete am 17. Oktober jenes Jahres seine Kusine Maria Barbara Bach, die Tochter von Johann Michael, die ihm sieben Kinder schenken sollte.

Weimar: 1708–1717

Nach den Enttäuschungen von Arnstadt und den Streitigkeiten zwischen Pietisten und Orthodoxen in Mühlhausen trat Bach als Hoforganist und Kammermusiker – als Geiger und vor allem als Bratscher, da Bach dieses Instrument durch seine Lage »im Zentrum der Harmonie« besonders gern spielte – in den Dienst des Herzogs Wilhelm Ernst in Weimar. Er hatte hier Gelegenheit, die italienische Musik zu studieren, deren ausgezeichneter Kenner der Fürst war. Bach kopierte Werke von Frescobaldi und entdeckte die Kompositionen von Vivaldi und dessen Zeitgenossen. Außerdem fertigte er Transkriptionen von Orchesterwerken des »rothaarigen Priesters« an, eine Gattung, die besonders von Walther gepflegt wurde. So entstanden die sechs Konzerte für Orgel nach Vivaldi und Johann Ernst von Sachsen-Weimar, die 16 Konzerte für Cembalo solo (frühe Vorläufer seines 1735 veröffentlichten Meisterwerkes, des »Italienischen Konzerts«) und außergewöhnliche Orgelkompositionen: die Passacaglia und Fuge in c-moll, die großen Präludien und Fugen und die Toccaten. Bach war nun in Sachsen als großer Orgelvirtuose und ausgezeichneter Improvisator weit bekannt. Er wurde auch als Or-

Die Zeit nach Bach bis zum Ende des 18. Jahrhunderts

Trotz der außerordentlichen Autorität Johann Sebastian Bachs trat die deutsche Orgelliteratur nach dem Tod des Kantors auf der Stelle. Die durch das schon fast anachronistische Œuvre Bachs bestimmte polyphone Struktur konnte – erschüttert durch neue stilistische Prinzipien und das neue Ideal der »Empfindsamkeit«, das mehr Wert auf die Freiheit der Inspiration und somit auch der musikalischen Formen legte – nur verschwinden. Die Kirchenmusik verlor unaufhaltsam den ihr eigenen Wert, sie wich dem neuen Klangideal und verarmte, wobei nun das Orchester, die Oper und die Kammermusik an ihre Stelle traten. Was blieb den Organisten anderes übrig, als ihre Kunst dem neuen Geschmack anzupassen, um nicht durch die Fortführung eines alten Stils und alter Formen, die sie von der allgemeinen Entwicklung ausschließen mußten, als rückschrittlich angesehen zu werden? Aus diesem Grund steht Johann Sebastian Bach in seinem eigenen Land als ein Musiker da, dessen Werke vom großen Publikum zugunsten des modischeren Stils des unbeschwerten und galanten Empfindens im Stich gelassen wurden, und es erstaunt deshalb auch nicht, daß die großen Komponisten nicht mehr für das Pfeifeninstrument schrieben.

Weniger bedeutende Musiker, die für die Orgel komponierten, erwiesen zwar den polyphonen Formen und Prinzipien noch Referenz, doch waren auch sie versucht, sich im galanten Stil auszudrücken. Nur einzelne Musiker wurden durch große Architekturen oder gar durch die kunstvolle Verarbeitung einer Choralmelodie verlockt, und wenn, dann im Stil der Improvisation ohne Solidität und Dichte des strengen Kontrapunkts und ohne große Überzeugungskraft. Wir nennen nun Nachfolger Bachs, die in verschiedenen, mit Bach vergleichbaren oder neuen Konzeptionen Choralbearbeitungen schufen.

Es waren dies der in Buttelstedt und Buttstedt als Kantor tätige Johann Tobias Krebs, dessen Werke dem Œuvre Walthers näher stehen als dem von Bach; der Organist in Stadtilm und Weimar, Johann Kaspar Vogler, der 1737 »Vermischte musicalische Choral-Gedancken« schrieb; der Organist der Nikolaikirche in Leipzig, Johann Schneider; der Organist in Heringen und Sondershausen, Heinrich Nicolaus Gerber, ein fruchtbarer Komponist, Orgel-

bauer und Instrumentenerfinder; der in Frankenhain und Gräfenroda als Organist und Kantor tätige Johann Peter Kellner; der Dresdener Organist Gottfried August Homilius; der Freiberger Cantor und schließlich Nachfolger Bachs an der Leipziger Thomaskirche, Johann Friedrich Doles; der in Zittau wirkende Johann Trier, bekannt aufgrund seines Präludiums für drei Orgeln »In der heiligen Christnacht«; der Quantz-Schüler und Berliner Organist Johann Friedrich Agricola; der große Theoretiker und Geiger am Hofe Friedrichs des Großen, Johann Philipp Kirnberger, und schließlich der in Schwerin und Riga tätige letzte Bach-Schüler Johann Gottfried Müthel. Die Choralkunst wurde bis in das 19. Jahrhundert von zahlreichen Komponisten weitergepflegt. Nennen wir noch den in Ascher tätigen Organisten Johann Christoph Oley, der »Variirte Choräle für die Orgel« schrieb; den Stettiner Organisten Christian Michael Wolff, der »Orgelübung-Vorspiele vor fünftzig Melodien bekannter Kirchen-Gesänge« herausgab; den Autor der Sammlung »Fugirende und veränderte Choräle«, Georg Philipp Telemann; den Lobensteiner Organisten Georg Andreas Sorge; den Erfurter Organisten Georg Heinrich Reichardt; den Organisten in Rudolstadt, Johann Georg Nicolai; den in Riga als Kantor wirkenden Enkel Georg Philipp Telemanns, Georg Michael Telemann, und den Organisten in Schmalkalde, Johann Gottfried Vierling, außerdem von den Schülern Johann Christian Kittels den in Sonneborn bei Gotha tätigen Organisten Karl Gottlieb Umbreit, den Suhler Organisten Johann Ernst Rembt und vor allem den Erfurter Organisten Michael Gotthard Fischer.

Fugen, Präludien und Fugen oder Toccaten schrieben vor allem der Tennstedter Organist Bernhard Christian Weber, der Kasseler Organist Johann Christoph Kellner, der Erfurter Organist Johann Wilhelm Häßler und der Dresdener Organist August Alexander Klengel. Die Sonatenkunst, die oft dem Wesen der Triosonate nahekam, entwickelten unter anderen Georg Philipp Telemann und der Salzburger Domorganist Johann Ernst Eberlin, der 1747 unter dem Einfluß des »Wohltemperirten Claviers« von Bach seine »IX Toccate e Fughe per l'organo« komponierte, außerdem Georg Andreas Sorge, Johann Adolph Scheibe, Johann Georg Albrechtsberger, Lehrer Beethovens und Hummels, sowie Johann Wilhelm Häßler.

Die Söhne Johann Sebastian Bachs schrieben nur wenige Orgelkompositionen: Wilhelm Friedemann Bach, Organist der Sophienkirche in Dresden und der Marktkirche in Halle, war vor allem ein brillanter Improvisator, von dem die Zeitgenossen glaubten, daß nur er fähig wäre, die Werke seines Vaters gut zu interpretieren. Er schrieb für die Orgel Choralvorspiele und Fugen. Der als Organist weniger bedeutende Carl Philipp Emanuel Bach hinterließ vor allem ein »Preludio« und sechs Orgelsonaten, während die anderen Söhne des Thomaskantors nur jeweils einige kleine Fugen oder Präludien für Orgel komponierten.

In der Mitte des 18. Jahrhunderts verdienen zwei Organisten Aufmerksamkeit, der erste durch sein musikalisches Schaffen, der zweite durch seine theoretischen Schriften. Johann Ludwig Krebs, Sohn von Johann Tobias Krebs und Organist in Zwickau, Zeitz und Altenburg, schuf sicher eines der interessantesten Œuvres der damaligen Zeit. Seine zahlreichen Stücke, die in Form und Stil von Johann Sebastian Bach, dessen bevorzugter Schüler Krebs war, beeinflußt sind, offenbaren einen talentierten Musiker, der sich manchmal zu ausgedehnten Strukturen verleiten ließ. Eine machtvolle Technik, hohe Virtuosität und lange Pedalsoli prägen seine Präludien und Toccaten. Einerseits beherrschte er ausgezeichnet die Konstruktion der Fuge (er liebte es, schöne chromatische Themen zu verarbeiten) und die Kunst der Choralbearbeitung, andererseits brillierte er nach dem Vorbild seines Meisters auch in der Form des Trios, wobei er die Melodie gerne von einem Soloinstrument, einer Oboe oder Trompete, musizieren ließ.

Einer der letzten Schüler Bachs, der in Langensalza und in seiner Geburtsstadt Erfurt als Organist tätige Johann Christian Kittel, führte das Schaffen seines Meisters weiter. Er war ein von seinen Zeitgenossen besonders geschätzter Komponist und Musiker und hatte als Autor von in den letzten Jahren seines Lebens zwischen 1801 und 1808 veröffentlichten theoretischen Schriften wie »Der angehende praktische Organist, oder Anweisung zum zweckmäßigen Gebrauch der Orgel bei Gottesverehrungen in Beispielen« vor allem durch seinen Schüler Christian Heinrich Rinck einen tiefen Einfluß auf die deutschen Komponisten der ersten Hälfte des 19. Jahrhunderts. Kittel war außerdem der Autor der Sammlung »Vierstimmige Choräle mit Vorspielen«.

Die Orgelkomposition unterwarf sich jedoch vor allem in Nord- und Mitteldeutschland immer mehr der Herrschaft der symphonischen Musik und der Kammermusik, eine Entwicklung, die auch für die anderen Länder Europas typisch war. Einige wenige Komponisten versuchten zwar, der strengen liturgischen Kunst treu zu bleiben, doch übten der außerordentliche Erfolg der Mannheimer Schule und der italienische Einfluß einen unwiderstehlichen Zauber aus, der zuerst dazu führte, daß die Musiker die Orgel nun nur mehr als einfaches Tasteninstrument betrachteten, für das sie mit aller pianistischen und improvisatorischen Virtuosität Sonaten, Rondos und Charakterstücke schrieben, bis schließlich die klanglichen Charakteristika der Barockorgel und ihr umfassender Klangreichtum Farben weichen mußten, die Instrumente des Orchesters zu imitieren versuchten. In Deutschland war die klangliche Umwälzung der Orgel zur orchestralen Farbgebung vor allem das Werk des Akustik-Theoretikers und Erfinders, des großzügigen Komponisten, Pianisten, Organisten und reisenden Virtuosen, Abbé Georg Joseph Vogler, der eine »simplifizierte« Orgel mit Prinzipalen, Flöten, Gamben und Zungen ohne die hohen Töne der Mixturen konzipierte, ein Instrument, das für seinen Improvisationsstil ideale Voraussetzung war. In seinen Konzerten, die Vogler in ganz Europa gab, entfesselte er den Enthusiasmus der Öffentlichkeit, indem er die phantastischsten Effekte einer Programm-Musik zu Gehör brachte, in der Gewitter (deren erster Initiator er wohl war), Seeschlachten (»Seeschlacht bei Abukir«), Pastoralen (»Szene am Bach«, »Das Wetter im April«, »Die Spazierfahrt auf dem Rhein, vom Gewitter unterbrochen«), Schlachtenmusik (»Geschrei der Verwundeten«, »Jauchzen der Sieger«) oder die schrecklichsten Ereignisse (»Der Einsturz der Mauern Jerichos«) sowie andere exotische und afrikanische Überraschungen (Andenken an Schiffsreisen in ferne Länder) am Ohr der Zuhörer vorüberzogen; kurz gesagt handelte es sich um Sensationsmusik, deren Jünger auch Justin Heinrich Knecht war, der vor allem »Die Auferstehung Jesu« oder »Die durch ein Donnerwetter unterbrochene Hirtenwonne« komponierte und besonders minuziös in der Notation der Gefühle und der Atmosphäre war (»Sehnsuchtsvoll«, »Etwas feurig und doch angenehm« usw.). Diese Schwärmerei für Klangkombinationen und orchestrale Far-

gelbauexperte gerufen, um die Instandsetzung oder den Bau zahlreicher Instrumente zu leiten, zum Beispiel die Restaurierung der Orgel der Mühlhausener Blasiuskirche (1709) oder die Expertisen der Orgeln in der Haller Liebfrauenkirche (1716) und der Leipziger Paulinerkirche (1717).

Johann Sebastian Bach hoffte am Beginn des Jahres 1713, als Nachfolger des im August 1712 gestorbenen Friedrich Wilhelm Zachow das Organistenamt der Liebfrauenkirche in Halle zu erhalten, doch lehnte er schließlich des ungenügenden Gehalts wegen ab und blieb in Weimar. Der Herzog ernannte ihn zum Konzertmeister; er mußte somit jeden Monat eine Kantate komponieren und zur Aufführung bringen. Dabei konnte Bach durch die Arbeit mit einem Orchester wesentliche Erfahrungen für sein späteres Leipziger Kantorat sammeln. Im Herbst 1717 sollte in Dresden der berühmte musikalische Wettstreit zwischen dem bekannten, in Frankreich in Ungnade gefallenen französischen Hoforganisten Jean-Louis Marchand und dem Weimarer Konzertmeister Bach stattfinden, eine Begegnung, die der Herzog organisiert hatte, um zu seinem Vergnügen beide angesehenen Claviervirtuosen zu vereinen. Es war dies eine beliebte Art des Wettstreits, denn hatten sich nicht schon Domenico Scarlatti und Georg Friedrich Händel 1708 in Rom bei Kardinal Ottoboni miteinander gemessen? Als sich Bach, der das Œuvre und das Können seines Konkurrenten sehr schätzte, zur vereinbarten Stunde einstellte, hatte Marchand allerdings die Stadt bereits wieder verlassen.

Cöthen: 1717–1723
Im Jahre 1716 lernte Fürst Leopold von Anhalt-Cöthen, Schwager des Erbherzogs Ernst August von Sachsen-Weimar, anläßlich der Hochzeit seiner Schwester Johann Sebastian Bach kennen. Der aufgeschlossene Musikliebhaber bot dem Musiker die Stelle des Kapellmeisters in Cöthen an, wo Bach die Möglichkeit hatte, sich der Kammermusik zu widmen. Glücklich, sich den rivalisierenden Streitigkeiten des regierenden Herzogs und des Erbherzogs von Weimar entziehen zu können, sagte Bach zu und erhielt am 1. August 1717 fünfzig Taler ausgezahlt; er hatte jedoch nicht mit der Weigerung des Herzogs Wilhelm Ernst gerechnet, der seinen Konzertmeister nicht verlieren wollte und ihn am 6. November ins Gefängnis werfen ließ, um ihn am 2. Dezember in Ungnade zu entlassen. Die These, daß Bach in dieser Zeit sein »Orgelbüchlein« schrieb, dürfte unhaltbar sein.

Komponierte Bach in seinen Weimarer Jahren die meisten seiner großen Orgelwerke, so war die Cöthener Zeit der Kammermusik gewidmet: sechs Sonaten und Partiten für Violine solo, sechs Suiten für Violoncello solo, eine Partita für Flöte solo, die Sonaten für Violine, Viola da Gamba und Cembalo, die Violinkonzerte, die sechs »Brandenburgischen Konzerte«, die englischen und französischen Suiten, die Inventionen und der erste Band des »Wohltemperierten Claviers«. Doch ließ das Amt am streng kalvinistischen Cöthener Hof dem Organisten Bach keine Zeit mehr, für sein ureigenes Instrument zu komponieren. Er konnte nur kurz im Gottesdienst Orgel spielen und die Choräle seines »Orgelbüchleins« interpretieren, so daß ihn diese außerordentlich ruhigen Cöthener Jahre und die Beschäftigung mit der Kammermusik bald nicht mehr befriedigten.

Eine große Anziehungskraft übte damals das Organistenamt der Kirche St. Jakobi in Hamburg, deren Orgel Arp Schnitger von 1689 bis 1693 erbaut hatte, auf Johann Sebastian Bach aus. Er spielte hier dem 97jährigen Jakobi-Organisten Reinken vor, der vor allem seine Improvisation über den Choral »An Wasserflüssen Babylon« lobte, doch weigerte sich Bach, den üblichen finanziellen Beitrag zur Erlangung des Orgelamtes zu zahlen. Er mußte deshalb bis zum Freiwerden des Kantorats der Leipziger Thomasschule warten, um Cöthen verlassen zu können. Nachdem Telemann diese Stellung ausgeschlagen hatte, wurde schließlich Bach vor einer Reihe von Konkurrenten, darunter dem Darmstädter Kapellmeister Christoph Graupner, – vermutlich mehr wegen seines Rufes als Orgelvirtuose denn wegen seines kompositorischen Talents – zum Thomaskantor gewählt. Er bestand das erforderliche theologische Examen und wurde am 31. Mai 1723 mit großem Prunk in sein neues Amt eingeführt.

Leipzig: 1723–1750
Johann Sebastian Bachs neues Kantorenamt war im Vergleich zu Cöthen schwieriger und weniger dankbar, doch besaß Leipzig alle Reize einer blühenden Großstadt, die sowohl ein anerkanntes Musikzentrum als auch eine Hochburg des Luthertums war. So konnte Bach endlich in aller Freiheit seinen tiefen Glauben zum Ausdruck bringen, der sich nicht nur in den großen Choralwerken, sondern auch und vor allem in seinen Choralkompositionen für Orgel bekundete, obwohl der Musiker in Leipzig niemals Titular eines Instruments war. Diese Vorteile wogen zumindest am Anfang die gewaltigen Aufgaben seines Kantorenamtes auf: Er war verpflichtet, in der Thomasschule, einem Internat für arme Kinder, pro Woche fünf Stunden Latein und in den vier Oberklassen Gesang zu unterrichten. Als Musikdirektor der Stadt mußte er jeden Sonn- und Feiertag entsprechend der Tagesliturgie in einer der beiden Hauptkirchen der Stadt (in St. Thomas oder in St. Nicolaus, wobei dann in der jeweils anderen Kirche Motetten gesun-

ben machten Vogler und Knecht, der 1784 seine »Tongemälde der Natur« schrieb, zu Vorläufern einer romantisch-orchestralen Empfindung, für die Beethovens »Pastorale« eines der bekanntesten Beispiele ist.

In Süddeutschland, Österreich und auch in Böhmen blieb die Orgelmusik nach dem Beispiel der Werke Johann Ernst Eberlins melodischer. Sie fand an der figurativen Toccata, der heiteren Gewandtheit fugierter Elemente und einer farblichen Schlichtheit Gefallen, eine Konzeption, die weitgehend vom italienischen Einfluß geprägt war. So entstanden Stücke von schöner klassischer Reinheit, die sich auf der einen Seite mit dem Rahmen der Messe, in der diese kürzeren Gebilde als Zwischenspiele dienten, begnügten, deren mondäner Charakter jedoch auf der anderen Seite auch den Gefallen des weltlichen Lebens in öffentlichen oder privaten Konzerten fand. Diese Entwicklung führte die Musiker zur Realisation von Kompositionen für das Soloinstrument allein (Sonaten, Fantasien, Fugen, Toccaten, Präludien), aber auch von Werken, in denen die Orgel mit einem Instrumentalensemble (Kirchensonaten, Concerti) dialogisiert.

Charakteristisch für diese neue Konzeption, die nur von ziemlich kurzer Dauer sein sollte, sind die Orgelwerke von Wolfgang Amadeus Mozart, deren Zahl nur sehr gering ist, obwohl der Komponist dem Instrument besonders zugetan war und von dem »König« aller Instrumente sprach. Während seiner zahlreichen Reisen, vor allem nach Italien, ließ er keine Möglichkeit zum Orgelspiel aus. Neben drei Werken für die in eine Uhr eingebaute mechanische Orgel – »Adagio und Allegro in f-moll« KV 594 (Trauermusik zum Gedenken an Marschall Laudon), »Fantasie in f-moll« KV 608, deren polyphones Gewebe an Bach erinnern kann, und »Andante« in F-Dur KV 616, dessen Charakter zwischen Melancholie, Schlichtheit und Theatralik zu schwanken scheint – komponierte Mozart 17 einsätzige Kirchensonaten für verschiedene Instrumentalformationen und Orgel. Diese als Zwischenspiel für die Messe konzipierten Sonaten spiegeln eine intensive Expressivität wider, wobei die Orgel, die zumeist auf die Rolle des Continuos beschränkt bleibt, nur in wenigen Passagen solistisch hervortreten kann.

Dieser überaus melodische und oft relativ galante Stil war für Konzerte für ein Tasteninstrument typisch, die die Komponisten manchmal ausdrücklich für die Or-

gel, meistens jedoch ohne nähere Angabe für Orgel, Cembalo oder Klavier bestimmten (wenn sie nicht wie Carl Philipp Emanuel Bach wechselweise für Flöte, Oboe oder gar Violoncello komponierten). Doch war die Kunst des Konzertes offensichtlich nicht neu, da Händel, der in England lebende und vom italienischen Stil und Geist geprägte norddeutsche Musiker, schon 1735 solche Konzerte ins Werk gesetzt hatte. So verlor die Orgel im 18. Jahrhundert ihre grundlegenden Charakteristika, wobei sich die Grenzen zu den profanen Tasteninstrumenten im Kompositionsstil und auch in der Funktion immer mehr vermischten. Ausdruck hierfür ist in der Barockmusik die Rolle des Instruments als »basso continuo«, die den Interpreten nur manchmal das Spiel kurzer Orgelphrasen erlaubte, zum Beispiel Joseph Haydn in seinen Messen oder Mozart im »Benedictus« der C-Dur-Messe KV 259.

Etwa zwanzig Jahre nach Händel überließen diese allgemein dreisätzigen Konzerte (schnell – langsam – schnell) der linken Hand oft nur mehr die Stütze des Basses, während unabhängige Melodien der rechten Hand anvertraut wurden. Was das Pedal betrifft, so hatte es, wenn es überhaupt Verwendung fand, ebenfalls nur Stützfunktion.

Die Literatur an Konzerten für Tasteninstrumente ist überaus reich. Mehrere Konzerte schrieben unter anderen die der Mannheimer Schule nahestehenden Komponisten Carl Heinrich Graun und Carl Philipp Emanuel Bach; außerdem die in Wien oder Süddeutschland tätigen Musiker Gregor Joseph Werner, Vorgänger Haydns als Kapellmeister der Familie Esterházy und Autor von Pastoral-Konzerten, der Kemptener Kapellmeister Joseph Anton Auffmann, Johann Georg Albrechtsberger, der ab 1766 in Wien tätige italienische Musiker Antonio Salieri, der Bruder Franz Joseph Haydns, Johann Michael Haydn, Komponist eines Konzertes in C-Dur für ein Tasteninstrument und Viola, und schließlich Franz Joseph Haydn, der neben seinen 32 charmanten kleinen Stücken für eine mechanische Orgel um 1760 drei Konzerte in C-Dur komponierte. Für Böhmen sind František Xaver Brixi, Jiří Ignác Linek, Johann Wenzel Anton Stamitz, einer der bedeutendsten Vertreter der Mannheimer Schule, und Jan Křtitel Vaňhal (Wanhal) zu nennen.

Nicht vergessen sei die ebenso reiche wie bescheidene böhmische Orgelschule, deren Werke lange Zeit in den Archiven der Kirchen und Museen begraben lagen und deshalb nur wenig bekannt sind. Die tschechische Orgelliteratur entstand – wie anderswo auch – aus der Improvisation der Organisten zu den Zwischenspielen der Messe, wobei die Organisten, die aus diesem »kollektiven« Schatz an Manuskripten schöpften, nicht zögerten, sich dieses aus unzähligen Fugen, Präludien und Fugen, Toccaten, Pastoralen und Fantasien bestehende umfangreiche Repertoire zu eigen zu machen. Die mehrstimmigen Stücke, Widerschein der verschiedenen Entwicklungsphasen der polyphonen Musik im 18. Jahrhundert, sind Ausdruck einer empfindsamen, oft eleganten, in ihrer Kunst der Chromatik manchmal raffinierten, doch nicht überladenen Atmosphäre. Am Anfang dieser Schule stand Bohuslav Matěj Černohorský, ein Minoritenbruder in Prag, der zahlreiche Reisen nach Italien unternahm und vor allem in Padua Schüler des bedeutenden Kontrapunktikers Padre Giovanni Battista Martini war. Černohorský folgten zahlreiche, zumeist in Prag tätige Musiker, darunter Jan Zach, dessen Werke leidenschaftlich und tragisch erscheinen; Josef Seger, der sicher interessanteste Kontrapunktiker dieser Schule; der Autor der »44 Sammelte Fugen für mich«, František Xaver Brixi; der vom Wiener Adel geschätzte und von all den genannten Musikern bedeutendste Fugenkomponist, Jan Křtitel Vaňhal; der Domorganist von Preßburg, Anton Zimmermann; Jan Slavík aus Hořovice; der Organist in Prag und Stahov, Jan Křtitel Kuchař, und schließlich Antonín Rejcha, der in Frankreich der Lehrer von Liszt, Gounod, Franck und Berlioz war.

Das 19. Jahrhundert

Die erste Hälfte des 19. Jahrhunderts war für die deutsche Orgelmusik eine Zeit des Übergangs, in der die Orgel, wie in anderen Ländern auch, die Entwicklung musikalischer Formen außerhalb der Kirche erdulden mußte. Die Orgelliteratur konnte an ihr ruhmvolles Erbe nur durch den Versuch der Anpassung an diese neuen Formen anknüpfen, die auf einer subjektiven, gefühlvollen und gedanklich freien Ästhetik beruhten. Diese Ästhetik ging auf Musiker zurück, für die die Religion und somit auch die Orgel nicht im Mittelpunkt des Interesses stand, sie konnte folglich dem Instrument, dessen liturgische Funktion die Kreativität einschränkte, nicht entsprechen. Aus dieser Tatsache ergab sich das schwierige Nebeneinander einer strengen Tradition der Orgelliteratur und des neuen lyrischen und gefühlvollen künstlerischen Stils.

Auch die Orgeln selbst waren mit ihrem klassischen und scharfen Klang nicht mit der Expressivität des neuen Jahrhunderts vereinbar, und man zog ihnen Klavier und Orchester vor, die sowohl in der Intensität als auch im Ausdruck Nuancen erlaubten (erfuhr nicht auch das Cembalo dasselbe Schicksal?). Wie sollte die Orgel mit dem Saloninstrument und der neuen Begeisterung für das Konzert konkurrieren, ohne in Formen und Klang eine neue Konzeption gefunden zu haben? Ihre Umwandlung war jedoch im Gange, und nach den Versuchen von Abbé Vogler und J.H. Knecht gaben ihr die Orgelbauer Schulze und Walcker neue Kraft und eine neue Daseinsberechtigung. Es dauerte allerdings noch Jahrzehnte, bis die Musiker das Instrument endlich für Kompositionen für würdig erachteten. Bis dahin blieb den Organisten, die dem neuen Zeitgeschmack entsprechen wollten, nichts anderes übrig, als die von der Öffentlichkeit beliebten Stücke der »modischen« Komponisten auf die Orgeln zu übertragen.

Bedeutende Komponisten, die sich der Orgel widmeten und ihre Sprache erneuerten, waren selten, da sie es bevorzugten, Oratorien und Messen zu schreiben. Doch gab es in der deutschen Literatur des 19. Jahrhunderts eine große Zahl von Musikern, zumeist Organisten, die Hunderte von Stücken schrieben, in denen sie einem dürftigen traditionellen Formalismus oder einer der romantischen Strömung entsprechenden Sensibilität, der jede Kraft fehlte, verhaftet blieben.

Wir nennen hier nur die Namen der Musiker, die uns – unter so vielen anderen – am besten die Orgelliteratur dieses Jahrhunderts zu repräsentieren scheinen, um anschließend auf die bedeutendsten Komponisten etwas näher einzugehen. Auf die großen Theoretiker der Wende zum 19. Jahrhundert – Johann Christian Kittel, dessen ästhetische Theorien das Erbe Bachs im Spiegel der Natur und ihrer lebendigen Kräfte zeigen, und Georg Joseph Vogler – folgten Musiker, die mit ihren Werken und ihrer Lehrtätigkeit die großen deutschen Schulen beeinflußten: in Norddeutschland August Wilhelm Bach, Direktor des Instituts für Kirchenmusik in Berlin; in Schlesien der Breslauer Organist Friedrich Wilhelm Berner; in Thüringen

gen wurden) eine – oft von ihm komponierte – Kantate zur Aufführung bringen, mit Ausnahme der Sonntage des Advents und der Fastenzeit sowie gewisser Festtage; von 1723 bis 1744 also etwa 250 Kirchenkantaten. Außerdem hatte er jedes Jahr während der Karwoche eine Passion zu dirigieren, zu allen Gottesdiensten (Hochzeiten, Beerdigungen) anwesend zu sein und seine lebhaften Schüler (55 Internatsschüler, von denen ihn nur ein Drittel zufriedenstellte) für den Dienst in den vier Kirchen der Stadt vorzubereiten. Mit den acht Instrumentalisten, Stadtpfeifern und Kunstgeigern, Leipzigs, die in keinerlei Hinsicht mit den fähigen und disziplinierten Mitgliedern des Cöthener Orchesters vergleichbar waren, mußte er nicht nur in den zwei großen Kirchen, sondern auch auf allen offiziellen Veranstaltungen der Stadt und der Universität musikalische Leistungen vollbringen.

Bachs Aufgabe war um so schwieriger, als der Meister nicht die charakterliche Fügsamkeit hatte, die die Mitglieder des Rates, der Rektor, von dem Bach als Professor abhängig war, und das Kirchenkonsistorium, dem er in seiner Funktion als Chorleiter unterstand, wünschten. Sie erkannten alles in allem seine Fähigkeiten an, glaubten aber, er wäre unverbesserlich und zeige nur wenig Neigung für seine Arbeit. Diese Situation, die an den Nerven des Kantors zehrte, entsprach nicht im geringsten seinem stolzen und oft aufbrausenden Charakter und noch weniger seinem Streben nach Unabhängigkeit, so daß er etwa sieben Jahre nach seinem Amtsantritt hoffte, vielleicht in Danzig eine andere Stellung zu finden.

Doch kamen die Dinge allmählich ins rechte Lot. Bach gab seine Schulpflichten an drei »Präfekten« (Studenten, die aus den besten Sängern ausgewählt wurden) ab und schränkte auch das Komponieren von Kantaten ein, um sich seinen verschiedenen Interessen widmen zu können. Er kopierte und studierte die Werke geschätzter Komponisten, darunter Palestrina, Lotti und Caldara, leitete ab 1729 das »Collegium Musicum«, ein 1702 von Telemann gegründetes und aus Studenten der Universität gebildetes Ensemble, mit dem Bach in einem Café der Stadt Konzerte, Suiten und weltliche Kantaten aufführte, widmete sich der Kollaudierung neu erbauter Orgeln, wobei er sich sehr anspruchsvoll, minuziös und stets unparteiisch zeigte, gab Konzerte auf von ihm geschätzten Instrumenten, vor allem auf Werken seines Freundes Gottfried Silbermann, besuchte die Höfe in Weimar, Cöthen und Weißenfels, wo er »Kapellmeister von Haus aus« war, reiste in zahlreiche Städte, wie Kassel, Naumburg, Hamburg, Erfurt und Dresden, wo sein Sohn Wilhelm Friedemann Organist der Sophienkirche war, und begab sich auch an den Hof König Friedrichs II. von Preußen (1741 in Berlin und 1747 in Potsdam), dessen Cembalist Bachs Sohn Carl Philipp Emanuel war.

All diese Reisen unternahm Bach zur Unzufriedenheit der Mitglieder des Rates und des Konsistoriums, die sich um den Ruf ihres Kantors oder seinen Titel nur wenig kümmerten. Titel schätzte Bach ganz besonders; er nannte sich »Director Musices et Cantor« nicht nur schlicht »Cantor« und wurde 1736 zum »Königlichen Hof-Componisten« der Königlichen Kapelle in Dresden, des königlich-polnischen Hofes und des Kurfürsten August II. von Sachsen ernannt. In finanzieller Hinsicht lebte Bach weitgehend ohne Sorgen, und in seiner Wohnung im Südflügel der Thomasschule, der Dienstwohnung des Kantors, waren die Schreie von dreizehn Kindern zu hören, die ihm seine zweite Frau Anna Magdalena, geborene Wilcken, schenkte; Bach hatte Anna Magdalena fünf Monate nach dem Tod Maria Barbaras im Dezember 1721 geheiratet.

Aus Bachs Leipziger Zeit stammen fast die Gesamtheit seiner Kantaten, die großen Oratorien, die Passionen, die Messen und Motetten, schließlich die Meisterwerke »Das Musikalische Opfer«, die »Variationen über ›Vom Himmel hoch, da komm ich her‹«, geschrieben zum Beitritt in die von L.C. Mizler gegründete »Correspondirende Societät der musicalischen Wissenschaften«, und die »Kunst der Fuge«. Seine schönsten Werke vertraute der Meister jedoch der Orgel an: das großartige Präludium und die Tripelfuge in Es-Dur, die Choräle der Orgelmesse, der dritte Teil der »Clavier-Übung«, die sechs großen »Schübler-Choräle«, die »Leipziger Choräle« sowie grandiose Präludien und Fugen.

Die Reise nach Potsdam war die letzte des Kantors. Bedingt durch das lange Kopieren von Noten, die Redaktion seiner Werke und mehr noch durch ihre Gravur auf Kupfer verschlechterte sich sein Augenlicht zunehmend. Zwei während des Winters 1749/1750 durch den englischen Augenarzt Taylor vorgenommene Operationen – Taylor operierte später auch Händel – waren Fehlschläge. Der Gesundheitszustand des völlig erblindeten Künstlers verschlechterte sich zunehmend. Zehn Tage vor seinem Tod erlangte er noch einmal das Augenlicht, erlitt aber einen Schlaganfall, der ihn schließlich am 28. Juli 1750 hinwegraffte. Als letztes Werk hatte er seinem Schwiegersohn Johann Christoph Altnikol den Choral »Vor deinen Thron tret ich hiermit« in die Feder diktiert.

Johann Sebastian Bach wurde auf dem Friedhof der Johanniskirche beigesetzt. Seit 1950 ruhen seine sterblichen Überreste in der Thomaskirche in einem Steinsarkophag mit der schlichten Inschrift: »Johann Sebastian Bach, 1685–1750«.

der Erfurter Organist Michael Gotthard Fischer; die als Organisten in Leipzig tätigen Brüder Friedrich Schneider und Johann Gottlob Schneider, und der in Gießen und Darmstadt wirkende Organist Christian Heinrich Rinck, der besonders Süddeutschland beeinflußte. Weitere Musiker waren der Berliner Organist Ludwig Thiele; Adolf Friedrich Hesse aus Breslau, der bei der Einweihung der Orgel von Saint-Eustache in Paris 1844 das Pariser Publikum durch die Kunst seines Pedalspiels erstaunte; Moritz Brosig; Johann Ludwig Böhner, der Kapellmeister Kreisler von E.T.A. Hoffmann und Schumann; der Weimarer Organist Johann Gottlob Töpfer; der in Erfurt, Merseburg und Magdeburg tätige Organist August Gottfried Ritter; der Stettiner Organist Gustav Flügel; der Danziger Organist Friedrich Wilhelm Markull; der Mendelssohn-Schüler Robert Schaab; der Eßlinger Organist Christian Fink; Johann Nepomuk Hummel; der Wiener Organist und Lehrer Bruckners, Simon Sechter; Robert Führer und schließlich der Frankfurter Julius André.

Felix Mendelssohn-Bartholdy, Schüler von August Wilhelm Bach, zählt mit seinen noch der Tradition verhafteten Orgelwerken zur norddeutschen Schule, wobei sein Œuvre – es umfaßt vor allem drei zwischen 1835 und 1837 komponierte und Thomas Attwood gewidmete Präludien und Fugen opus 37 (c-moll, G-Dur, d-moll), und sechs Sonaten opus 65 (1844/1845) – als vollendetster Ausdruck der deutschen romantischen Orgel der ersten Hälfte des 19. Jahrhunderts erscheint. Bekannt ist der wesentliche Anteil Mendelssohns bei der Wiederentdeckung der Werke Johann Sebastian Bachs; die Veröffentlichung von Choralbearbeitungen des Kantors bei Coventry & Hollier in England und 1845 bei Breitkopf in Deutschland und die zahlreichen, den großen Kompositionen Bachs gewidmeten Konzerte sind hierfür der beste Beweis. Belebten die Präludien und Fugen von neuem die barocke Schreibweise, die Mendelssohn mit schönen melodischen Momenten zu verbinden wußte, so brachte er in seinen Sonaten in bewundernswerter Weise die Verschmelzung des neoklassischen und barocken Musikempfindens zum Ausdruck. Diese sechs Sonaten, die entgegen der klassischen Sonatenform in freien und sehr unterschiedlichen Formen gebaut sind, enthalten oft Choralmelodien, gediegene imitative Passagen, religiöse Rezitative, in denen der Geist der »Lieder ohne Worte«

anklingt, sowie ausgedehnte und gewandte Fugen, wobei Mendelssohns Kompositionsstil sicher weitgehend vom Klavier geprägt ist: flüchtige Läufe, Arpeggien, gebrochene Akkorde und Rhythmen voller Lebhaftigkeit.

Im Jahre 1845 schrieb Robert Schumann für Pedalklavier drei Sammlungen mit Stücken, in denen die Tradition des Bachschen Kontrapunkts mit der melodischen Sensibilität des Liedschöpfers verschmolzen ist: sechs »Studien für den Pedal-Flügel« (in Kanonform) opus 56, sechs »Skizzen für den Pedal-Flügel« opus 58 und sechs Fugen über B-A-C-H opus 60.

Die Orgelwerke von Joseph Gabriel Rheinberger zählen sicherlich zu den beeindruckendsten Orgelkompositionen des 19. Jahrhunderts in Deutschland. Rheinberger, Organist der Hofkirche St. Michael und Professor für Orgel und Komposition des Konservatoriums in München, schrieb Opern, Orchesterwerke und religiöse Chorlieder, außerdem für Orgel nicht weniger als 20 Sonaten (1869–1901), 22 Trios, 12 Monologe, 24 Fughetten, 12 Meditationen, 12 Charakterstücke sowie eine Suite für Violine, Violoncell und Orgel opus 149, zwei Suiten für Violine und Orgel opus 150 und opus 166 und zwei Konzerte für Orgel und Orchester in F-Dur opus 137 und g-moll opus 177. In diesen Kompositionen erweist sich der Meister als wahrer Nachfolger Mendelssohns, zu dessen opus 65 seine Sonaten eine interessante Geistesverwandtschaft zeigen. Rheinberger lehnte die großen Musikphilosophien des 19. Jahrhunderts ab und komponierte in einem traditionellen Stil, der einen großen Respekt gegenüber der Barockkunst offenbart. Vor allem in seinen Sonaten hinterließ uns der Komponist eine vollendete Orgelkunst, die nicht nur nach dem klassischen Vorbild konzipiert, sondern auch für eine klassische Orgel bestimmt ist (seine Werke enthalten beispielsweise keinerlei expressive Hinweise für die Interpretation). Sind die Harmonien, die Konstruktion – vor allem die Form »Sonate« – und der melodische Stil das Erbe von Beethoven, Schumann und Brahms, so wurzeln »Pathos« und Spannweite der Stücke, die ruhige Entwicklung, die hohe Ausdruckskraft und der Umfang seiner drei- bis viersätzigen »programmatischen« Sonaten, die in ihren Tonarten auf die »wohltemperierte« Zahl 24 hin ausgerichtet sind, im modernen Empfinden der zweiten Hälfte des 19. Jahrhunderts, wobei jedoch die minuziöse Anwendung des klassischen Kontrapunkts (Kanon, Basso ostinato, Passacaglia und vor allem die von Rheinberger brillant beherrschte Fugenkunst) erstaunt. Ein großartiges Œuvre, das es verdient, mit den zeitgenössischen französischen Werken von César Franck und Charles-Marie Widor auf eine Stufe gestellt zu werden!

Der Dresdener Organist Gustav Adolf Merkel, der vor allem ein Schüler Schumanns war, schuf unzählige Orgelwerke, deren romantisches Ideal wie bei Rheinberger an die Barockkunst anknüpft. Mit gleicher Meisterschaft schrieb er Choralvorspiele, Fantasien, Pastoralen und insbesondere neun dreisätzige Sonaten, wobei sich sein Stil, den bald ausdrucksvolle oder schlichte Melodien, bald majestätisch gesetzte mächtige Akkorde kennzeichnen, mit der Kunst des Kanons, der Fuge und der Passacaglia zu verbinden wußte. Eine besondere Erwähnung verdienen die 30 Pedalübungen (opus 182), in denen Merkel das Doppelpedalspiel behandelt.

Das für das 19. Jahrhundert außergewöhnliche Orgelwerk von Franz Liszt war eines der anregendsten und aufschlußreichsten dieser Zeit. Liszt verband in einzigartiger Weise die orchestrale Kraft des Instruments mit seiner brillanten pianistischen Virtuosität und schuf somit großartige, vielfältig gestaltete Werke, die durch seine Phantasie und seine tiefe Mystik zu blitzenden Visionen, dunklen Beschwörungen und einem überzeugenden, oft ergreifenden Glaubensbekenntnis wurden. Neben etwa 35 Transkriptionen, die Liszt von eigenen Orchesterwerken (»Orpheus«, oder »Dante«), Klavierstücken (»Consolations«, »Am Grabe Richard Wagners«, Angelus und Sposalizio aus den »Années de pèlerinage«) und Choralkompositionen (»Excelsior! Preludio zu den Glocken des Straßburger Münsters«, »Die Legende von der heiligen Elisabeth«, »Requiem« für Männerchor, »Ave Maria« und »Hosannah«) anfertigte, schuf er eigene Werke für das Pfeifeninstrument, von denen hier fünf genannt seien.

Die »Fantasie und Fuge über den Choral ›Ad nos, ad salutarem undam‹« (1850) ist eine dreiteilige rhapsodische Komposition mit pianistischen Arpeggien, Pedaltrillern und virtuosen Kadenzen, die – im Stil der Klavierparaphrase, die Liszt zu einer großartigen symphonischen Dichtung auszuweiten wußte – die Choralmelodie der drei Wiedertäufer aus der Oper »Der Prophet« von Giacomo Meyerbeer, dem die Komposition auch gewidmet ist, zum Thema hat. Für die Einweihung der Ladegast-Orgel im Dom zu Merseburg schrieb Liszt die Komposition »Präludium und Fuge über den Namen BACH« (1855), die, da sie nicht rechtzeitig fertiggestellt war, erst 1870 in einer zweiten Fassung vollendet wurde. Es handelt sich dabei um die wohl majestätischste Hommage à Bach der Orgelliteratur in Form einer großartigen und stark chromatischen Toccata über das aus den Buchstaben gewonnene Bachmotiv. Nach dem Tod seiner Tochter Blandine verarbeitete der Meister den Basso continuo des ersten Satzes der Bach-Kantate »Weinen, Klagen, Sorgen, Zagen« und des »Crucifixus« der h-moll-Messe des Leipziger Kantors zu Klaviervariationen, die von seiner tiefen Verzweiflung künden. Die ausgedehnte Orgelfassung »Variationen über ›Weinen, Klagen, Sorgen, Zagen‹« enstand ein Jahr später; sie hat Züge einer Fantasie, in die die jeweiligen Variationseinheiten eingegliedert sind, und schließt – wie Bachs Kantate – mit dem Choral »Was Gott tut, das ist wohlgetan«. Neben der großen Fantasie-Paraphrase in vier Abschnitten über ein »Miserere« von Gregorio Allegri und Mozarts »Ave verum corpus«, der »Evocation à la Chapelle Sixtine« aus dem Jahre 1862, ist schließlich noch die »Missa pro organo lectarum celebrationi missarum adiutment inserviens« zu nennen, die wahrscheinlich 1879 komponiert wurde.

Der Lieblingsschüler von Franz Liszt, Julius Reubke, hinterließ uns trotz seines nur kurzen Lebens eine der schönsten romantischen Orgelkompositionen, die »Sonate über den 94. Psalm«. Ihr einziger Satz hat drei Abschnitte, die auf einem – aus einem rhythmischen und einem chromatischen Element gebildeten – sich wiederholenden Motiv beruhen. Diese geniale und virtuose »programmatisch«-orchestrale Fantasie, der Reubke Verse aus dem 94. Psalm unterlegte, kündet von einer erstaunenswerten Reife des jungen Musikers, der in seiner thematischen, harmonischen und figurativen Schreibweise spürbar von Liszt beeinflußt ist.

Vertraute der bedeutende österreichische Komponist Anton Bruckner, der für seine große Improvisationskunst geschätzte Organist von St. Florian, seine tiefe Mystik lieber dem Orchester als der Orgel an (er hinterließ nur etwa zehn kurze Jugendstücke für die Orgel), so finden wir am Ende des 19. Jahrhunderts im Orgelschaffen von Johannes Brahms die innigste religiöse Versenkung: Die »Elf Choralvorspiele« opus 122 von 1896 zeigen in wunderbarer Weise die tiefe Gläubigkeit eines Komponisten am Ende seines Lebens. Behandelte Brahms nicht zweimal die Choralmelodie »Herzlich tut mich verlangen« und die noch ergreifendere Melodie »O Welt, ich muß dich lassen«? Außer diesen Juwelen, die in wenigen Zügen die Orgelkunst zweier Jahrhunderte zusammenfassen, muß man noch eine Fuge und drei Präludien und Fugen (1855/1856) erwähnen, in denen der Einfluß der vom jungen Brahms verehrten Meister Bach und Buxtehude erkennbar ist, sowie die zwei wundervollen Werke für Chor und Orgel, den 13. Psalm opus 27 und das »Geistliche Lied« opus 30, die zwischen 1856 und 1860 komponiert wurden.

Ein zu seinen Lebzeiten wenig verstandener Komponist, dessen Werke heute in Deutschland in fast jedem Konzert gespielt werden, war Max Reger, der zusammen mit Brahms die Tradition der alten Meister am treuesten bewahrte. Im Gegensatz zu den meisten seiner Vorgänger gelang es Reger, der Bach als »den Anfang und das Ende aller Musik« ansah, seine Musik in den großen klassischen Formen zu komponieren, ohne dabei akademisch zu werden. So schrieb der Musiker zahlreiche Toccaten, Passacaglien, Trios, Choralfantasien, Fugen, kunstvolle Imitationen und Kanons, wobei er diese Formen seiner stark erregten Sensibilität, seiner vom Ende des Jahrhunderts geprägten expressiven Romantik und seiner tiefen Mystik unterwarf. Die mehr als 200 Kompositionen Regers, dessen Schaffen eng mit dem großen Kantor von St. Thomas in Leipzig, Karl Straube, dem genialen Interpreten und Verfechter seiner Musik, verknüpft war, besitzen eine ungestüme Ausdruckskraft, die durch stete Spannungen in der Polyphonie, in den melodischen Linien und in der Harmonie entstehen, deren Akkorde in irrationaler Steigerung zusammenzustoßen scheinen. Das immer bewegte Tonmaterial seiner Werke, das aus minuziös, manchmal fast manieriert verarbeiteten Motiven gewebt ist, kann jedoch überladen, die reich eingeflochtene Chromatik schwerfällig erscheinen. Doch gelang es dem Meister, uns in der Woge seiner Virtuosität, in der Flut seiner Akkorde und in der Mannigfaltigkeit seiner Rhythmen mitzureißen.

Das Gesamtwerk Regers kann hier natürlich nicht im Detail zitiert werden. Unzählige Charakterstücke oder in den alten Formen konzipierte Kompositionen (vor allem opus 59, 63, 65, 69, 80, 92, 129 und

145) und einige Sammlungen mit Choralvorspielen (opus 67, 79b und 135a) offenbaren einen in seinem Elan gemäßigteren Komponisten als die großen Formen, in denen Reger einer ebenso fruchtbaren wie überschwenglichen Phantasie freien Lauf ließ und wahre symphonische Dichtungen schuf: die zwei Sonaten opus 33 und 60, die Choralfantasien – vor allem »Ein' feste Burg« opus 27, »Freu' dich sehr, o meine Seele« opus 30, »Alle Menschen müssen sterben«, »Wachet auf, ruft uns die Stimme« und »Halleluja, Gott zu loben« opus 52,1–3 –, die freien Fantasien, wie »Fantasie und Fuge über BACH« opus 46, »Symphonische Fantasie und Fuge« opus 57, »Introduktion, Passacaglia und Fuge e-moll« opus 127 oder »Fantasie und Fuge d-moll« opus 135b, und vor allem die Variationen, die Reger die freiesten Schöpfungen erlaubten und diesem Komponisten am besten zu entsprechen schienen. Hier zeigen sich Regers Kraft, Erfindungsgabe und Erneuerungsfähigkeit. Er stand am Ende des Jahrhunderts, dessen Inkonsequenzen er übernahm, und verband seine persönliche klassische Empfindung in höchstem Grad mit der chromatischen Kunst, die den Beginn einer neuen Zeit ankündigte, wobei Reger die Atonalität und auch die serielle Musik der Wiener Schule schon vorherahnte.

Der Einfluß von Brahms und vor allem von Reger begegnet uns in leicht veränderter Weise in den Werken des Österreichers Franz Schmidt und des Deutschen Sigfried Karg-Elert. In einem immer der Tonalität unterworfenen Stil schuf Schmidt, der etwa 15 Orgelwerke hinterließ (Variationen, Toccaten, Präludien und Fugen, Choralvorspiele, Chaconnen), erhabene Fresken, deren gigantische Formen denen Bruckners verwandt sind. Karg-Elert schrieb dagegen neben zahlreichen Stücken für Harmonium Orgelwerke in sehr verschiedenen Formen (Stücke über Cantus Firmi von Chorälen oder des Gregorianischen Chorals, Charakterstücke, Passacaglien, Chaconnen, Canzonen, Partiten und Fugen). Darunter befinden sich viele Improvisationen über Choralthemen und Charakterstücke, die eine überaus feine impressionistische Atmosphäre widerspiegeln.

Unter dem Einfluß der Orgelbewegung schrieben einige Komponisten, vor allem Hindemith und Distler, in einem Stil, der allgemein als »neobarock« bezeichnet wird. Folgten Schoenberg oder Křenek den dodekaphonischen Prinzipien, so komponier-

ten die meisten Musiker Orgelwerke in traditioneller Polyphonie und in klassischen Formen, wobei der Einfluß der »neo-barocken« Konzeption eine immer objektiver werdende Stilrichtung förderte. Von den zahlreichen Meistern, die die alten Formen und die polyphone Tradition pflegten, können wir nur die wichtigsten nennen: Armin Knab, Heinrich Kaminski und vor allem Johann Nepomuk David schufen Chorkompositionen, ebenso Karl Hasse, der Schüler von Straube und Reger, der jedoch die weiten Formen der Fantasie und Fuge, der Suite und der Sonate bevorzugte. Zum »neo-barocken« Empfinden trug auch Paul Hindemith mit seinen Orgelwerken bei. In seinen drei Sonaten (die beiden ersten aus dem Jahre 1937, die dritte von 1940) nahm der Komponist auf phantasiereiche Weise die klassische Form wieder auf, indem er weitläufige und geschmeidige Melodien in großzügiger thematischer Komplexität entwickelte. Wie Ernst Pepping und Hans Friedrich Micheelsen, die sich mehr der Choralkomposition widmeten, schrieb auch Hindemith zwei Konzerte für Orgel und Orchester (1928 und 1962). Entsprechen die Hymne »Pange Lingua« und die Variationen der Partita über »Lobe den Herren« von Joseph Ahrens dem neobarocken Stil, so basieren die Werke von Hermann Schroeder gewöhnlich auf einem Cantus Firmus, während Helmut Bornefeld und Helmut Walcha das Choralvorspiel bevorzugen.

Einer der interessantesten Musiker der ersten Hälfte des 20. Jahrhunderts ist sicherlich Hugo Distler, Organist der Jakobikirche in Lübeck. Er erneuerte in virtuoser Weise die barocken Formen, die er einem komplexen Rhythmus unterwarf, und komponierte zwei Partiten opus 8 (»Nun komm, der Heiden Heiland«, »Wachet auf, ruft uns die Stimme«), 30 »Spielstücke« und eine Sonate. Eine gleiche Konzeption besitzen auch die Stücke des Distler-Schülers Siegfried Reda (Choralvorspiele und Partiten), während die Kompositionen von Kurt Fiebig (Präludium und Fuge, Sonate) und Anton Heiller (Partiten, Stücke über gregorianische Themen, zwei Sonaten, ein Konzert für Orgel und Orchester und ein Konzert für Positiv, Cembalo und Orchester) in traditionelleren Formen gehalten sind.

Eine für die Zukunft der Orgelmusik eher nebensächliche Rolle spielte die Dodekaphonie. Wegen ihrer starken Abneigung gegen die Oktave empfanden die

Vertreter der Zwölftonmusik nur wenig Enthusiasmus für ein Instrument, das ganz auf die Oktave ausgerichtet ist. Arnold Schoenberg konzipierte 1940 sein einziges Orgelwerk, die »Variationen über ein Rezitativ« opus 40, deren Stil er, trotz der seriellen Verarbeitung, nicht von einer zentralen Tonalität loszulösen wußte, die aber durch ihre äußerst gedrängte Kontrapunktik, ihre komplexen Rhythmen und ihre beständigen Dissonanzen originell bleiben werden. Nach Schoenberg folgten Ernst Křenek, Giselher Klebe und Aribert Reimann in ihren Werken der Zwölftonmusik.

Auf die Komponisten der Avantgarde, die auf ihre Art die deutsche Orgeltradition fortführten, wird in einem späteren Kapitel eingegangen.

60 Innsbruck, Franziskanerkirche (Hofkirche), Presbyteriumsorgel, erbaut 1555–1561 von Jörg Ebert Österreichs größte Orgel der Spätrenaissance in der Innsbrucker Hofkirche wurde von Jörg Ebert mit 15 Registern auf zwei Manualen (»Werk« mit 41 Tasten, C-a″ ohne gis″ und mit kurzer Unteroktave; Rückpositiv mit 38 Tönen, F-a″ ohne Fis, Gis und gis″) und einem mit den Registern des »Werkes« gekoppelten Pedal (c-b mit kurzer Unteroktave) versehen (Koppel Rückpositiv/ Werk; Tremulant [»Zitter«] für die ganze Orgel). 1700–1701 erweiterte Caspar Humpel die Orgel auf 26 Register (Manuale mit 45 Tasten), 1970–1976 restaurierten Jürgen Ahrend und Brunzema das Instrument, dessen Gehäuse Hans Perckhammer gebaut und dessen Malereien Domenico da Pozzo besorgt hatte, auf seinen Originalzustand.

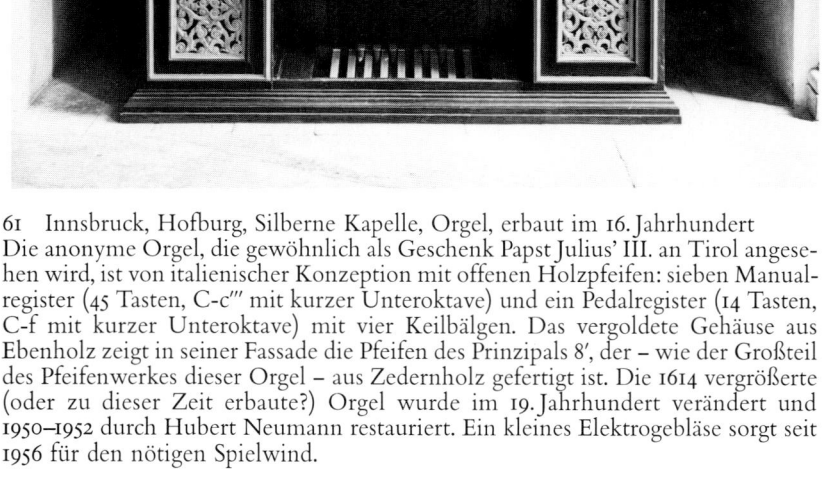

61 Innsbruck, Hofburg, Silberne Kapelle, Orgel, erbaut im 16. Jahrhundert
Die anonyme Orgel, die gewöhnlich als Geschenk Papst Julius' III. an Tirol angesehen wird, ist von italienischer Konzeption mit offenen Holzpfeifen: sieben Manualregister (45 Tasten, C-c''' mit kurzer Unteroktave) und ein Pedalregister (14 Tasten, C-f mit kurzer Unteroktave) mit vier Keilbälgen. Das vergoldete Gehäuse aus Ebenholz zeigt in seiner Fassade die Pfeifen des Prinzipals 8', der – wie der Großteil des Pfeifenwerkes dieser Orgel – aus Zedernholz gefertigt ist. Die 1614 vergrößerte (oder zu dieser Zeit erbaute?) Orgel wurde im 19. Jahrhundert verändert und 1950–1952 durch Hubert Neumann restauriert. Ein kleines Elektrogebläse sorgt seit 1956 für den nötigen Spielwind.

62 Das Hohenemser Positiv, erbaut im 16. Jahrhundert; Bregenz, Vorarlberger Landesmuseum
Das im italienischen Stil gehaltene großartige Positiv verfügt über vier Register, die durch acht Schleifen zu betätigen sind. Die Teilung in Baß und Diskant erfolgt zwischen d' und dis' der 41 Tasten umfassenden Klaviatur, die eine ungewöhnlich konzipierte kurze Unteroktave aufweist: E F G A H aus Untertasten und C D B als Obertasten, also E F ^{C} G ^{D} A ^{B} H c°. Im bekrönenden Schmuckwerk des Orgelkastens befindet sich ein Dudelsackpfeifer, der zwei Pfeifen als Zimbel ertönen läßt. Die Restaurierung des Hohenemser Positivs besorgte 1956 die Firma Walcker. Die Aufnahme zeigt den Zustand vor 1980.

63 Das Lambacher Regal, erbaut um 1580; Wien, Kunsthistorisches Museum
Dieses Tischpositiv besitzt unter seiner Klaviatur (41 Tasten, C, E-a'' ohne gis'' mit kurzer Unteroktave) eine 8'-Zungenstimme. Das Ebenholz des Instruments ist mit kleinen Engeln und weiblichen Musikanten geschmückt.

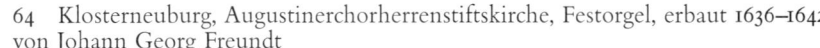

64   Klosterneuburg, Augustinerchorherrenstiftskirche, Festorgel, erbaut 1636–1642 von Johann Georg Freundt
Beim Bau dieser Orgel übernahm Freundt einen Großteil des Pfeifenwerkes einer 1556 von Jonas Scherer erbauten Orgel (III/Ped/21) und eines weiteren kleineren Instruments etwa gleichen Datums (II/Ped/18), die beide 1629–1630 durch Leonhard Marckhstainer repariert worden waren. Diese Festorgel, deren Pfeifenwerk aus feinem Zinn mit sehr weiten Mensuren gefertigt ist, verfügt über 35 Register auf drei Manualen (HW, BW, RP, C-c‴ mit kurzer Unteroktave) und Pedal (19 Tasten, C-b° mit kurzer Unteroktave). Das bis etwa 1700 mit Flügeltüren verschließbare Orgelgehäuse geht auf Jakob Khoffler, Konrad und Michael Schmidt, Georg Gemmelich und Max Peyer zurück. Die Tasten sind aus Ebenholz und die Registerzüge als schmiedeeiserne Hebel gefertigt. Reparaturen erfolgten 1716, 1821, 1832, 1885 und 1905, eine Restaurierung 1942–1949 durch die vier Orgelbaufirmen Wilhelm Zika Vater und Sohn, Th. Kuhn, J.M. Kauffmann und Rieger. Gegenwärtig wird das Instrument erneut von Th. Kuhn restauriert.

65   Frauenberg bei Admont, Wallfahrtskirche, Orgel, erbaut 1681–1685
Nach einem Chronogramm wurde die anonyme Orgel 1823 durch den Franz Xaver Chrismann-Schüler Peter Hötzel erbaut oder um ein zweites Manual erweitert, doch stammt die ursprüngliche Anlage vom Ende des 17. Jh.s. Das Werk wurde 1978 durch Krenn restauriert. Es verfügt über 18 Register auf zwei Manualen (HW, OW, C-f‴ mit kurzer Unteroktave) und Pedal (C-gis° mit kurzer Unteroktave), das hier – typisch für die Umgebung von Admont – ein Register »Bombardon« (Bombarde 16′) besitzt.

66   Salzburg, Kajetanerkirche, Orgel, erbaut 1696 von Johann Christoph Egedacher
Diese Orgel, auf der Mozart manchmal spielte, ist mit Ausnahme des 1930 durch Mauracher hinzugefügten Salicional 8′-Registers vollständig original erhalten (Instandsetzung nach dem Krieg). Sie besitzt 8 Manualstimmen und im ständig an das Manual gekoppelten Pedal einen Subbaß 16′. Bemerkenswert ist die Aufstellung des Werkes in der Chorbrüstung.

67   Scheibbs, Pfarrkirche Hl. Maria Magdalena, Orgel, erbaut 1724 von dem K.K. Hoforgelmachersadjunct Johann Moyse
Die für die Minoritenkirche in Stein erbaute Orgel wurde 1796 durch Ignaz Gatto nach Scheibbs übertragen, wo Karl Stilpp ihr Gehäuse ausschmückte. Umbauten erfolgten 1874 durch Josef Breinbauer, 1938 (pneumatische Traktur) und 1946–1947 durch Josef Mauracher. Das Instrument besitzt heute 23 Register auf zwei Manualen (HW, Pos) und Pedal, wobei etwa ein Drittel der Pfeifen noch von dem ursprünglichen Werk stammen.

68 Neuberg an der Mürz, ehemalige Zisterzienserstiftskirche Mariä Himmelfahrt, Orgel, erbaut vermutlich 1725
Diese wegen ihrer halbelliptischen Form bemerkenswerte Orgel weist Reste einer alten, wahrscheinlich 1598 von Georg Bredthaimer erbauten Orgel auf. Sie wurde 1727 und 1734 repariert, 1754 von der Nordgalerie auf die Westempore übertragen und vergrößert (II/Ped) und 1897 durch Matthäus Mauracher umgebaut (II/Ped/30). Das historische Gehäuse enthält seit 1971–1980 eine neue Orgel der Brüder Krenn mit 27 Registern auf zwei Manualen (HW, SW) und Pedal.

69 Zwettl, Zisterzienserstiftskirche Mariä Himmelfahrt, Hauptorgel, erbaut 1728–1732 von Johann Ignaz Egedacher
Johann Ignaz Egedacher aus Passau entstammte einer berühmten Salzburger Orgelbauerdynastie. Sein Vater Joseph Christoph Egedacher baute 1703 die Orgel im Salzburger Dom, und sein Bruder Johann Christoph erweiterte diese Salzburger Orgel 1705–1706. Das von Josef Matthias Götz geschaffene Zwettler Gehäuse gliedert sich in das Rückpositiv, in dem alle drei Manualwerke enthalten sind und in zwei Flügel auf der Empore mit den Registern des Pedals. Egedachers Instrument verfügte über 27 Register im Hauptwerk, Positiv und im Pedal sowie über 8 Halbregister im dritten Manual. Ignaz Gatto reparierte die Orgel 1755–1756, deren Disposition 1880 durch Josef Breinbauer etwas romantisiert wurde. Die Barockorgel wurde 1983 in der von Johann Ignaz Egedacher ursprünglich gebauten Anlage durch Gerhard Hradetzky wiederhergestellt. (Disposition s. Anhang)

70 Stams, Zisterzienserstiftskirche, Chororgel, erbaut 1756–1757 von einem anonymen bayerischen oder schwäbischen Orgelbauer
Die harmonisch in das Chorgestühl einkomponierte Orgel verfügt über 11 Manualstimmen (C-c''' mit kurzer Unteroktave) und im Pedal (C-gis° mit kurzer Unteroktave, ständig an das Manual gekoppelt) über das Register Subbass 16'. Sie wurde 1951 durch Johann Pirchner restauriert. Auf der Abbildung ist nur ein Drittel des Prospekts (Prinzipal 8') zu sehen.

71 St. Florian, Augustinerchorherrenstiftskirche Mariä Himmelfahrt, »Brucknerorgel«, erbaut 1770–1774 von Franz Xaver Chrismann
Chrismann, ein Orgelbauer slowenischer Herkunft, hatte Italien bereist und sich vom Orgelbau der Halbinsel inspirieren lassen. Er schuf in St. Florian in dem herrlichen 32'-Prospekt die bedeutendste Orgel Österreichs, die ursprünglich mit zwei Manualen und Pedal geplant war und während der zweijährigen Bauzeit auf drei Manuale und Pedal mit 74 Registern erweitert wurde. Das 1774 mit einem provisorischen Windwerk fertiggestellte Instrument wurde 1839 durch Matthäus Höfer überholt und durch die Verbesserung des Windsystems erst wirklich vollendet. 1873–1875 erweiterte Matthäus Mauracher die Orgel nach Plänen des von 1848 bis 1855 als Stiftsorganist wirkenden Anton Bruckner, wobei zwar ein Großteil der alten Register bewahrt wurde, das Instrument aber seinen frühromantischen und italienischen Charakter verlor. Bei diesem Umbau der Orgel, die nun 78 Register auf vier Manualen und Pedal hatte, wurde das zentrale Mittelfeld des Orgelgehäuses erhöht. Nach einer weiteren Veränderung 1932 durch die Brüder Mauracher (92 Register, elektropneumatische Kegelladen) erfolgte 1945–1951 durch Wilhelm Zika die Rückführung der Disposition auf Chrismann; dabei wurden auf einem zusätzlichen vierten Manual neue Stimmen hinzugefügt. Die Orgel verfügt heute über 103 Register auf vier Manualen und Pedal mit elektrischer Traktur.

72 Herzogenburg, Augustinerchorherrenstiftskirche St. Georg und Stephan, Orgel, erbaut 1749–1752 von dem »bürgerlichen Orgelmacher« Johann Hencke
Das um die perspektivische Malerei im Zentrum des Westwand herum komponierte Gehäuse, das zu den schönsten Österreichs zählt, wurde erst 1780 gefaßt. Es enthielt die Hencke-Orgel mit 39 Registern auf drei Manualen (HW, Pos, Kleinpositiv mit je 45 Tasten, C-c''' mit kurzer Unteroktave) und Pedal (18 Tasten C-a° mit kurzer Unteroktave, jedoch nur 12 wirkliche Töne). Die 1894 durch Leopold Breinbauer veränderte Orgel wurde 1964 durch Gregor Hradetzky restauriert. Einer Eigenheit Henckes zufolge sind Positiv und Kleinpositiv zusammen im Brüstungsgehäuse untergebracht. Seit der Restaurierung 1964 sind nur mehr diese Brüstungspositive original erhalten, während Windladen, Spieltisch, Hauptwerk und Pedal von Gregor Hradetzky erneuert wurden.

73   Altenburg, Benediktinerstiftskirche St. Lambert, Orgel, erbaut 1772–1773 von dem Johann Hencke-Schüler Anton Pfliegler
Das ursprünglich 25-stimmige Werk (zwei Manuale [HW, Pos] und Pedal) erfuhr 1847 tiefgreifende Veränderungen durch Matthias Metall und 1880 durch Johann M. Kauffmann. Nach den Beschädigungen im Zweiten Weltkrieg wurde das Instrument 1951 und schließlich 1977 durch die Firma Rieger erneuert. Es enthält noch einen Großteil der Pfeifen Pfieglers. Bemerkenswert ist vor allem das schwarzgoldene Gehäuse, zwischen dessen Hauptteilen das Positiv eingefügt ist. In seiner Gestaltung und in der Verteilung der Pfeifenfelder ist es typisch für seinen Erbauer.

74   Bartholomäberg, Pfarrkirche St. Bartholomäus, Orgel, erbaut 1792 von Johann Michael Grass
Diese Orgel, deren Struktur auf einen französischen Einfluß schließen läßt, wurde lange Zeit Josef Bergöntzle, dem Repräsentanten der Silbermann-Tradition in Vorarlberg, zugeschrieben. Das scheinbar mit Elementen eines älteren Instruments erbaute Werk wurde 1861 durch Alois Schönach »repariert und verbessert« und 1929 durch Franz Gattringer vergrößert, der die kurze Unteroktave beseitigte und das Pedal auf 27 Tasten ergänzte. Die Rückführung in den Originalzustand besorgte 1973 Georges Lhôte: 16 Register auf einem Manual (45 Tasten) und Pedal (18 Tasten).

75   Wien, Piaristenkirche (Basilika Maria Treu), Orgel, erbaut 1856–1858 als opus 50 von Carl-Friedrich Ferdinand Buckow
Die 34-stimmige Orgel mit drei Manualen und Pedal repräsentiert die Ästhetik der Romantik ohne Übertreibungen. Sie wurde 1895–1896 durch Brauner relativ geringfügig verändert und 1934 durch Karl Soukup mit einem elektrischen Gebläse versehen, ist also in ihrem Charakter unverändert erhalten. Franz Liszt spielte diese Orgel noch vor ihrer Fertigstellung, und Anton Bruckner legte hier in den Jahren 1859 und 1861 Prüfungen ab. (Ursprüngliche Disposition s. Anhang)

76   Frederiksborg (Hillerød), Slotskirke, Orgel, erbaut 1610 von Esaias Compenius, Prospektpfeifen und Registerzüge

77   Frederiksborg (Hillerød), Slotskirke, Orgel, erbaut 1610 von Esaias Compenius Diese für Herzog Heinrich Julius von Braunschweig-Wolfenbüttel erbaute Kabinett-Orgel wurde nach dessen Tod von seinem Sohn König Christian IV. von Dänemark geschenkt, der sie 1617 auf einer Empore der Schloßkapelle in Frederiksborg aufstellen ließ. Das Meisterwerk enthält 1001 Pfeifen aus Holz unterschiedlichster Art. Besteht der Prospektprinzipal aus Ebenholz und Elfenbein, so sind die Pedaltasten ganz aus Elfenbein, während die Registerzüge aus reinem Silber angefertigt sind. Das von Michael Praetorius in seinem »Syntagma Musicum« von 1619 erwähnte Instrument wurde 1895 durch den Schüler Cavaillé-Colls, Félix Reinburg, restauriert. Es ist bis heute original erhalten und verfügt über 27 Register auf zwei Manualen und Pedal (kurze Unteroktave). (Disposition s. Anhang)

78 Clausholm, Slotskapel, Orgel, erbaut zu Beginn des 17. Jahrhunderts von Nikolaus Maes

Dieses Werk wurde um 1700 durch die Brüder Johann und Peter Petersen Botzen aufgestellt, instandgesetzt und teilweise erneuert. Es verfügte ursprünglich über Flügeltüren und über 8 Register auf einem Manual (4 Oktaven mit kurzer Unteroktave) und angehängtem Pedal. Die Restaurierung erfolgte 1963 durch Th. Frobenius.

79 Helsingør, St. Mariae Kirke, Orgel, erbaut 1636 von Johann Lorentz

Die 1662–1663 durch Hans Christoph Fritzsche verbesserte Orgel, an der von 1660 bis 1668 Dietrich Buxtehude als Organist tätig war, zählte 24 Register auf zwei Manualen (HW, RP) und Pedal. Sie wurde 1854 instandgesetzt und 1960 durch Th. Frobenius erneuert: 29 Stimmen aus drei Manualen (HW, RP, BW) und Pedal, wobei die Prospektpfeifen des Rückpositivs noch von Lorentz stammen.

80 Tønder, Kristkirke, Orgel

Dieses Instrument, dessen Rückpositiv noch auf eine 1596 durch Mathias Mahns (Meister Matze) erstellte erste Orgel zurückgeht, wurde 1630 durch Johann Heide und 1684–1685 durch Johann Heinrich Wernitzky vergrößert und hatte dann 30 Register auf drei Manualen (RP, HW, BW) und Pedal. Nach Reparaturen 1741 durch Johann Dietrich Busch, 1754 durch Johann Daniel Busch, 1786–1788 durch Jürgen Hinrichsen Angel und um 1790 durch Boye Lorentzen veränderten Marcussen & Søn 1894 und 1927 die Orgel, die 1946 erneut umgebaut wurde, als Th. Frobenius ein Werk mit 37 Registern auf drei Manualen (RP, HW, BW) und Pedal verwirklichte.

81   Ribe, Domkirke, Orgel, erbaut 1634–1635 von Johann Heide
Im Jahre 1845 wurde das Rückpositiv der 30-stimmigen Orgel abgetragen und 1856 in der Kirche von Hostrup (Sønderjylland) aufgestellt. Nach einer Reparatur 1683–1684 durch Hans Heinrich Cahman restaurierte Th. Frobenius 1937 das Instrument, dessen Rückpositiv bei einer weiteren Überholung 1973 durch diesen Orgelbauer rekonstruiert wurde. Die Orgel verfügt heute über 40 Stimmen auf drei Manualen (RP, HW, BW) und Pedal.

82   Roskilde, Domkirke, Orgel, erbaut 1654 von Johann Lorentz, Gregor Mülisch und Peter Karstensen
Die Abbildung zeigt den Orgelprospekt aus dem Jahre 1654 mit dem barockisierten Rückpositiv einer 1555 von Hermann Raphaelis (Raphaelssen) Rottensteen-Pock erbauten und 1612 durch Nikolaus Maes reparierten Orgel. Das Instrument von Lorentz, Mülisch und Karstensen hatte 27 Register auf drei Manualen (RP, HW, OW) und Pedal. Es wurde 1833 durch Marcussen & Reuter instandgesetzt und 1877 durch A. H. Busch & Søn sowie 1926 und 1952–1957 durch Th. Frobenius erneuert. Seit den Arbeiten 1975 durch Jensen & Thomsen besitzt die Orgel 50 Register – mit teilweise alten Stimmen – auf drei Manualen (RP, HW, OW mit einem Umfang von C-g‴) und Pedal (C-f).

83 Haderslev, Domkirke (Vor Frue Kirke), Orgel, erbaut 1652 von Peter Karstensen

Die Orgel von Peter Karstensen mit 24 Registern auf zwei Manualen (RP, HW) und Pedal mit Vogelgesang und Trommel wurde 1732 durch Jürgen Hinrichsen repariert, 1782 durch Amdi Worm erneuert und 1792 wiederum durch Jürgen Hinrichsen und 1813 durch Jürgen Marcussen repariert. Sie mußte 1893 einem Instrument weichen, das 1863 von Furtwängler & Söhne mit 39 Registern auf zwei Manualen und Pedal für die Hamburger Nikolaikirche geschaffen worden war. Um dieses Werk in den Prospekt der Domkirke einfügen zu können, wurde das Gehäuse von Emil Hansen verändert. 1932 baute Marcussen ein neues Werk mit 52 Stimmen auf drei Manualen (RP, HW, SW) und Pedal, für das 29 Register Furtwänglers wiederverwendet wurden. Weitere Neubauten erfolgten 1951 durch Marcussen und Poul-Gerhard Andersen (im wiederhergestellten Prospekt) mit 69 Registern und 1977 durch Marcussen & Søn: 73 Register auf vier Manualen (RP, HW, BW, SW) und Pedal mit zwei Spieltischen, von denen einer nur zwei Manuale und das Pedal umfaßt.

84 Møgeltønder, Pfarrkirche, Orgel, erbaut 1679 wahrscheinlich von Joachim Richborn

Die einmanualige Orgel Richborns mit 9 oder 10 Registern und angehängtem Pedal wurde 1730 durch Reinerus Caspary repariert und zwischen 1954 und 1957 durch Rudolf von Beckerath restauriert, der ein Rückpositiv mit 8 Stimmen und ein Pedalwerk mit 7 Stimmen dem alten Instrument – der ältesten spielbaren Orgel Dänemarks – hinzufügte. Die Abbildung zeigt den Zustand des Instruments vor der Erweiterung durch Rudolf von Beckerath, dessen Orgel nun über 25 Register (8 im Hauptwerk aus dem Jahre 1679) verfügt.

85 Ålborg, Domkirke (Budolfikirke), Orgel, erbaut 1750 von Hartvig Jochum Müller

Die Orgel Hartvig Jochum Müllers wurde 1959 durch Th. Frobenius restauriert und um ein Rückpositiv erweitert. Sie zählt heute 40 Register auf drei Manualen (RP, HW, BW) und Pedal.

86 Odense, Domkirke (St. Knudskirke), Orgel, erbaut 1752 von Amdi Worm
Das alte Werk mit 42 Registern auf drei Manualen
(HW, RP, BW) und Pedal wurde 1862, 1935 und 1965
durch Marcussen & Søn erneuert. Es besitzt heute 56
Register, verteilt auf Hauptwerk, Rückpositiv, Brustwerk, Crescendowerk und Pedal.

87 Orgelgehäuse eines etwa 1370 durch Meister Werner aus Brandenburg erbauten Instruments; Stockholm, Statens Historika Museet

Dieses Orgelgehäuse aus Sundre auf Gotland ist das älteste Zeugnis des schwedischen Orgelbaus und sicherlich der Orgelbaukunst überhaupt. Es enthielt ursprünglich ein Blockwerk mit wahrscheinlich Principal 4' im Prospekt, die Tastenanordnung des Manuals (18 Tasten in zwei Reihen) und des Pedals (8 Tasten) sind noch sichtbar. Den Erbauer nennt die folgende Inschrift: »Hoc opus est Sundris per Vernerum fabricatum / In Brandborgh natum subtilior arte magistrum«.

88 Övertorneå, Kyrka, Orgel

Paul Müller baute 1608 für die deutsche Kirche St. Gertrud in Stockholm diese Orgel, die 1625 durch George Herman und Philip Eisenmenger (Erweiterung um ein Rückpositiv) und 1647–1651 durch George Herman (Erweiterung um ein Oberwerk) erneuert wurde. Sie zählte nun 35 Register auf drei Manualen (HW, RP, OW) und Pedal, sollte aber noch oft umgebaut werden. 1780 übertrug sie Matthias Swahlberg nach Övertorneå in Nordschweden, wo er sie umgebaut (ohne Rückpositiv) wiederaufstellte. Das 1969–1971 durch Grönlunds wiederhergestellte Werk verfügt gegenwärtig über 25 Stimmen auf zwei Manualen (HW, OW) und Pedal.

89 Torrlösa, Kyrka, Orgel, erbaut vermutlich 1628

Das Rückpositiv der für die Marienkirche von Hälsingborg erbauten Orgel, wo ihre Organisten ab 1641 Johann Buxtehude und von 1657 bis 1660 Dietrich Buxtehude waren, wurde 1849–1850 durch Sven Fogelberg nach Torrlösa übertragen und erneuert. Ihr heutiger Zustand geht auf Th. Frobenius zurück, der 1962 das alte Rückpositiv durch ein neues Werk ersetzte; das alte Gehäuse mit seinem Pfeifenwerk wurde eingelagert. Sie verfügt über 24 Register auf zwei Manualen (HW, RP) und Pedal, wobei sechs dieser Register noch von der ursprünglichen Orgel und die übrigen Stimmen aus dem Jahre 1850 stammen.

90   Orgel der Kirche von Virestad, erbaut 1690–1700 von Hans Heinrich Cahman; Växjö, Smålands Museum
Cahman war Schüler und Schwiegersohn von Hans Christoph Fritzsche. Die Orgel wurde 1855 durch Söderling in die Kirche von Uråsa übertragen und kam 1895 in das Smålands Museum. 1952 führten die Brüder Moberg eine Restaurierung durch: 8 Register auf einem Manual (C-c''' mit kurzer Unteroktave).

91   Hallestad, Folkströms Kapell, Orgel, erbaut 1700 von Johann Agerwall
Die für die St. Larskyrka in Linköping erbaute Orgel mit 6 Registern auf einem Manual (C-c''' mit kurzer Unteroktave) und angehängtem Pedal (C-e°) wurde 1741 durch Jonas Wistenius instandgesetzt, 1767 in die Kirche von Vinnerstad übertragen und hier 1823 von C. Rylander und 1845 von Becker repariert. An ihrem heutigen Platz fand sie 1870 Aufstellung. Die Restaurierung besorgten 1953 die Brüder Moberg.

92   Fresta, Kyrka, Orgel, erbaut um 1720 von Eric Mansson German
Der Erbauer dieses 6-stimmigen Instruments (mit Tremulant) war 1712 Schüler von Arp Schnitger in Hamburg. Sein für die Barnhuskyrka in Stockholm konzipiertes einmanualiges Werk wurde 1788 durch Jonas Ekengren nach Fresta übertragen. 1961 von J. Grönvall restauriert, besitzt es heute 5 Register.

93 Lövstabruk (Leufsta Bruk), Kyrka, Orgel, erbaut 1725–1728 von Johan Niclas Cahman
Dieser deutsche Orgelbauer, der Sohn von Hans Heinrich Cahman, behielt in seinen Werken die Tradition des Nordens mit einzelnen Gehäuseteilen bei. Das 1773 durch Olof Schwan, 1933 durch John Vesterlund und 1946 durch Bo Wedrup und Eric Dalin reparierte Instrument wurde 1963–1964 durch Marcussen & Søn wiederhergestellt: 28 Register, verteilt auf zwei Manuale (HW, RP) und Pedal.

94 Bingsjö, Kapell, Orgel, erbaut 1738 von Daniel Stråhle
Die ursprünglich für die Kirche von Svärdsjö mit 11 Registern erbaute Orgel wurde 1770 durch Matthias Swahlberg repariert, 1774 durch Fredric Salling um ein angehängtes Pedal erweitert, sowie 1807 durch Salling und 1870 durch Gustaf W. Becker umgebaut. Sie kam 1908 durch Jonas Nylander nach Bingsjö, der sie hier erneuerte. Nach einer Wiederherstellung 1968 durch Harry Noberg hat das Werk 7 Register.

95 Stockholm, Katarinakyrka, Orgel, erbaut 1751 von Jonas Gren und Peter Stråhle
Das 30-stimmige Werk mit zwei Manualen (HW, OW) und Pedal wurde 1863 durch Per Larsson Åkerman und Carl Johan Lund erneuert (25 Register). Åkerman & Lund konzipierten 1909 im historischen Gehäuse ein neues Werk mit 45 Registern, das sie 1938 und 1975–1976 erneuerten. Es verfügt heute über 56 Register – von 1751 stammen noch 7 Stimmen – auf drei Manualen (HW, OW, SW) und Pedal.

96 Järlåsa, Kyrka, Orgel, erbaut 1754 von Jonas Gren und Peter Stråhle
Die Orgel wurde mit einem Manual, angehängtem Pedal und 10 Registern für die Kirche von Västerlövsta erbaut, durch Daniel Wallenström 1855 verändert und 1882 nach Järlåsa übertragen. Hier erfuhr das Werk, das heute über 9 Stimmen auf einem Manual (C-c‴) und Pedal (C-g°) verfügt, 1929 durch C.R. Löfvander eine Erneuerung.

97 Hökhuvud, Kyrka, Orgel, erbaut 1783 von Olof Schwan und Matthias Swahlberg
Nach Umbauten 1857 durch C. Granlund und 1936 durch Nils Hammarberg wurde die Orgel 1973–1974 durch Rolf Larsson wiederhergestellt: 10 Register auf einem Manual (C-d‴) und angehängtem Pedal (C-g°).

98 Västra Eneby, Kyrka, Orgel, erbaut 1850 von Sven Nordström
Das fast vollständig original erhaltene Instrument wurde 1925 durch C.A. Lund restauriert. Es hat 17 Register, verteilt auf zwei Manuale (HW, OW mit einem Umfang von C-f''') und angehängtem Pedal (C-h°). Die originalen Prospektpfeifen sind stumm.

99 Kazimierz Dolny, Kirche Sw. Jana Chrzciciela i Bartłomieja, Orgel, erbaut 1607–1620
Das 1781 und 1883 instandgesetzte Instrument eines nicht mehr bekannten Orgelbauers verfügt noch über seine originale Disposition: 35 Register auf zwei Manualen (HW, Pos) und Pedal. Es wird gegenwärtig restauriert.

100 Thorn (Toruń), Kirche Sw. Jakuba, Orgel, erbaut 1611 von Johann Hellwig
Die Orgel Hellwigs hatte 23 Register auf zwei Manualen und Pedal. Nach Neubauten am Ende des 19. Jh.s durch W. Sauer und 1920–1930 durch M. Wybrański ist nur mehr das Gehäuse original erhalten. Die heutige Orgel hat 27 Stimmen auf zwei Manualen und Pedal.

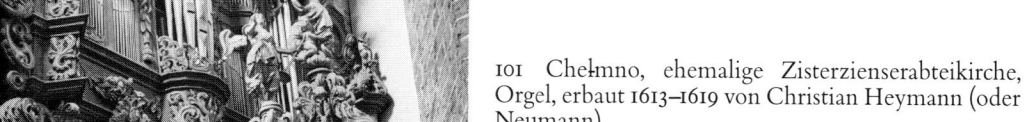

101 Chełmno, ehemalige Zisterzienserabteikirche, Orgel, erbaut 1613–1619 von Christian Heymann (oder Neumann)
Das Gehäuse der einst 33-stimmigen Orgel mit drei Manualen und Pedal wurde von Anus und Hans Krüger geschaffen. Es nahm im 19. Jh. eine neue Orgel auf, die heute 11 Register auf zwei Manualen und Pedal zählt.

102 Pelplin, Zisterzienserabteikirche, Orgel, erbaut 1677–1680 von Johann Georg Wolff und Daniel Nitrowski
Das Gehäuse von Maciej Szoller enthielt ursprünglich eine Orgel mit drei Manualen und Pedal mit 45 Registern, die 1870 durch die Brüder Tertletzki erneuert, 1898 durch Julius Witt repariert und in unserem Jahrhundert durch B. Goebel nochmals erneuert wurde. Sie verfügt heute über 21 Register, verteilt auf zwei Manuale und Pedal.

103 Ležájsk, Bernhardinerklosterkirche, Orgel, erbaut 1680–1693 von Stanislav Stu-
dziński und Jan Głowiński

Nach dem Plan Studzińskis baute Głowiński dieses außergewöhnliche Instrument
mit folgender achtteiliger Konzeption: Hauptwerk und Schwellwerk im Zentrum,
davor das Rückpositiv, an beiden Seiten der Empore je ein eigenständiges Werk mit
Pfeifen des Pedals, zwei Positive auf den seitlich der »Hauptorgel« gelegenen Emporen in den Seitenschiffen und zwei verzierende Gehäuse an den Seitenpfeilern, in
denen Vogelstimmen enthalten sind. Der Dekor dieser Gehäuse wurde 1729 beendet und 1904–1906 erneuert. Bis heute mußte diese Orgel zahlreiche Arbeiten über

sich ergehen lassen: Reparaturen 1729 und 1766–1778 (neue Prospektpfeifen), Instandsetzung 1852–1854 durch Roman Duchenski, Umbau im Stil der Romantik
(mit Barkerhebeln) durch Schlag und Aleksander Zebrowski, Reparaturen 1926 und
1958 durch Hasse, Erneuerung und Erweiterung 1965–1967 durch Robert Polcyn. Die
Orgel hatte nun 41 (15 neue) Register auf drei Manualen und Pedal (mit Timpanum,
Cuculus, Avicula), wurde aber durch denselben Orgelbauer noch weiter instandgesetzt. Er erneuerte und vergrößerte das Positiv des nördlichen Seitenschiffs (II/
Ped/21) und stellte auch das Positiv des südlichen Seitenschiffs (I/Ped/13) wieder
her. Die Klaviaturumfänge betragen im Manual C-f''' und im Pedal C-d'.

105 Swieta Lipka, Jesuitenkirche, Orgel, erbaut 1719–1721 von Johann J. Mosengel Das Gehäuse der 40-stimmigen Orgel (zwei Manuale und Pedal) stammt aus dem Jahre 1751. Es ist mit beweglichen Figuren geschmückt, während der zentrale Mittelturm des Hauptprospekts ein Glockenspiel besitzt. Das Instrument wurde 1905 durch Max Terlecki und B. Goebel umgebaut sowie 1945 und 1965 durch Czesla Kruszewski erneuert.

104 Frombork, Kathedrale, Orgel, erbaut 1683–1684 von Daniel Nitrowski Die Orgel mit 26 Registern auf zwei Manualen (HW, Pos) und Pedal (mit Totentrommel und Zimbelstern) wurde 1702 durch Jana Staniszewski, 1804 durch Mietke, 1830 durch Scherweit und 1855–1857 durch Terletzki instandgesetzt. 1934–1935 bauten Emanuel Kemper und 1966–1970 Dominik Biernacki und Zygmunt Kamiński ein neues Werk.

106 Krakau (Kraków), Kirche Sw. Anny, Orgel, erbaut 1724 von Szymon Sadkowski Nach Veränderungen 1804–1816 durch Blazej Głowacki, in der zweiten Hälfte des 19. Jh.s durch Sapatski und 1908 durch Aleksander Zebrowski wurde dieses Instrument von Robert Polcyn 1958–1963 erneuert. Es verfügt heute über 26 Register auf zwei Manualen (HW, Pos) und Pedal.

107 Oliva (Danzig), ehemalige Zisterzienserabteikirche, Orgel, erbaut 1791–1793 von Jan Wulf, dem Mönch Michael des Klosters, und Friedrich Rudolf Dalitz In dem 1763–1788 von Wulf erstellten Gehäuse vollendete Dalitz, ein Schüler Gottfried Silbermanns, eine Orgel mit 83 Registern auf drei Manualen (HW, OW, FW) und Pedal (4 32'-Register im 32-stimmigen Pedal und 1 32'-Register im Manual) mit 25 beweglichen musizierenden Engelsfiguren. Nach Reparaturen um 1831 durch J.B. Wisniewski und 1840 durch K.F. Schuricht erneuerten 1863–1865 F.W. Kaltschmidt, 1938 J. Goebel und 1955 Dominik Biernacki und Zygmunt Kamiński die Orgel, die heute 101 Register besitzt.

108 Prag, Teinkirche (Tynskem Chramu), Orgel, erbaut 1670–1673 von Johannes Mundt
Diese Orgel mit 29 Registern auf zwei Manualen (HW, Pos) und Pedal (zwei Zimbelsterne) ist die älteste Orgel Prags. Sie wurde niemals umgebaut und zuletzt 1823 durch Josef Gartner in größerem Umfang überholt.

109 Brünn (Brno), Minoritenkirche, Orgel, erbaut 1732 von Anton Richter in einem Gehäuse von Anton Riga
Nach einer Reparatur 1847 durch Franz Seibler wurde das Instrument 1928 durch Jan Mudroch »romantisiert«. Es verfügt über 24 Register auf zwei Manualen (HW, Pos) und Pedal.

110   Prag, Kirche im Karlshof, Orgel, erbaut 1733–1740 von Bedřich Semrád
Nach einer Reparatur 1873 durch Vocelka und einer Instandsetzung 1969 durch die
Werkstatt Igra verfügt diese Orgel noch weitgehend über ihre originale Disposition: 16 Register, verteilt auf zwei Manuale (HW, Pos mit je 45 Tasten und kurzer
Unteroktave) und Pedal (C-d').

111   Teplá, ehemalige Prämonstratenserklosterkirche, Orgel, erbaut 1754–1756 von
Antonín Gartner
Die 33-stimmige Orgel mit drei Manualen (HW, RP [von Gartner »Brustpositiv«
genannt] und »Tischpositiv« mit je einem Umfang von C-c''') und Pedal (C-c')
wurde im Laufe des 19. Jh.s, vor allem 1891 durch Christoph Müller, geringfügig
verändert und 1960–1961 durch die Werkstatt Igra aus Prag repariert. Sie besitzt
heute 33 Register.

112   Tragbares Positiv, erbaut am Beginn des 18. Jh.s; Györ (Raab), Xantus János
Múzeum
Dieses tragbare Positiv eines unbekannten Meisters enthält eine Klaviatur mit 47
Tasten (C-c''' mit kurzer Unteroktave), von denen die ersten beiden Obertasten
zerbrochen sind, und vier Register.

113 Sopron (Ödenburg), Georgskirche, Orgel, erbaut 1633 vermutlich von Johann Wöckherl

Die von Wien nach Ödenburg übertragene Orgel wurde 1734 instandgesetzt und vielleicht um das Pedal erweitert sowie 1957 durch die Budapester Orgelbaufirma Johann Seidl überholt und auf 18 Register, verteilt auf zwei Manuale und Pedal, vergrößert, wobei die alten Stimmen noch vorhanden sind.

114 Fertörákos, römisch-katholische Kirche, Orgel, erbaut 1784 von Josef und Johann Wiest

Das 10-stimmige Werk mit einem Manual und Pedal wurde 1957–1958 durch die Budapester Orgelbaufirma Johann Seidl restauriert und um zwei Pedalregister erweitert.

115 Császár, römisch-katholische Kirche, Orgel, erbaut am Ende des 18. Jh.s

Ein nicht mehr bekannter Orgelbauer stattete die Orgel mit 10 Registern auf einem Manual und Pedal aus.

116 Vilnius (Wilna; Litauen), Alte Kathedrale, Orgel, erbaut im 18. Jh. wahrscheinlich durch die Werkstatt oder Schule von Casparini
Nach den Arbeiten durch Juozapas Radavičius am Ende des 19. Jh.s und durch A.
Schuke 1969 besitzt die Orgel 49 Register auf drei Manualen (HW, SW, OW) und
Pedal.

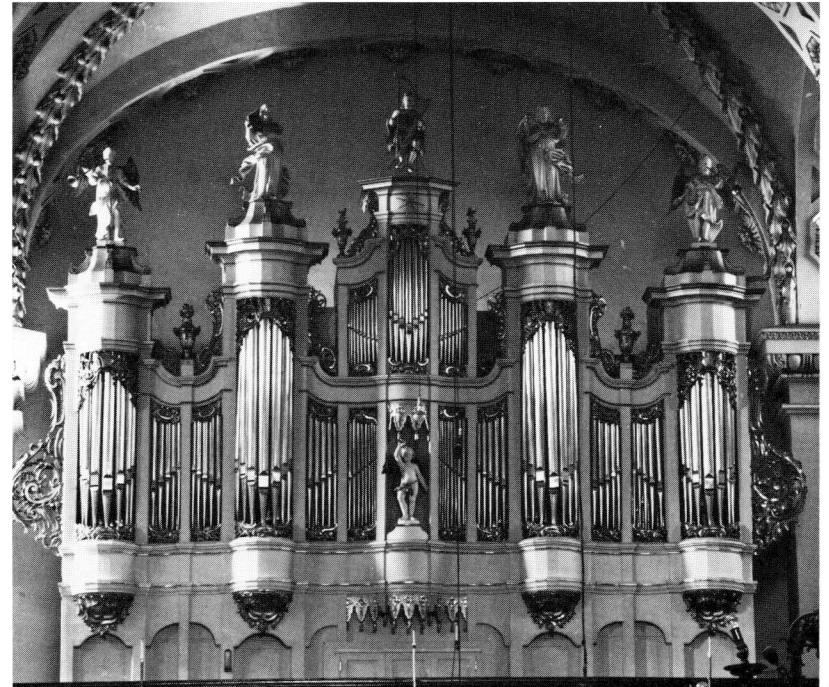

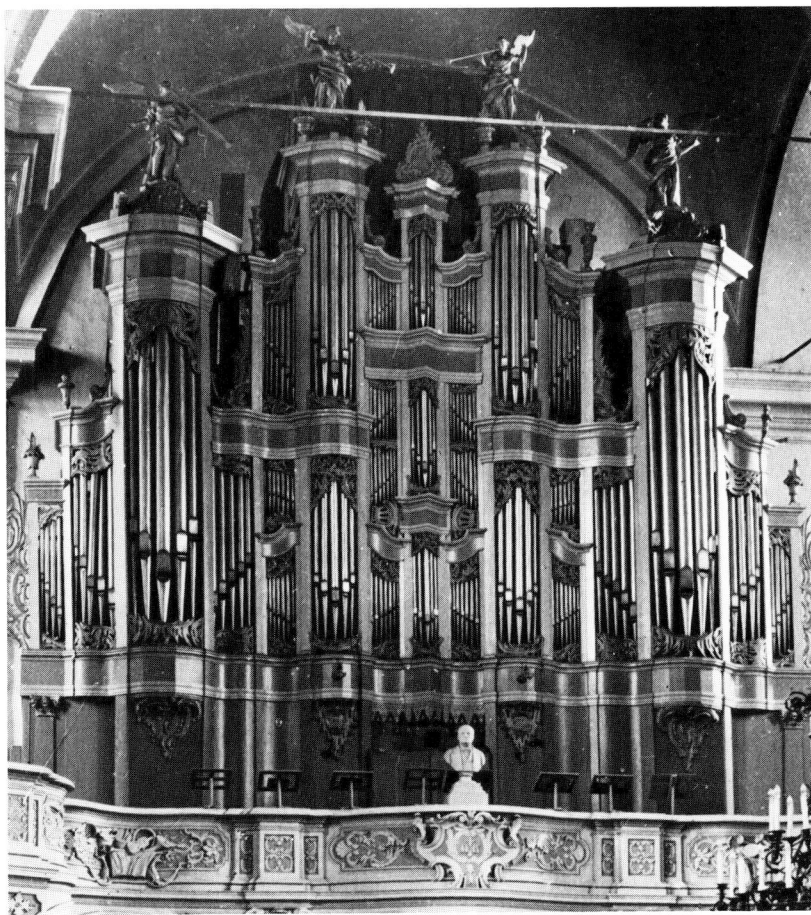

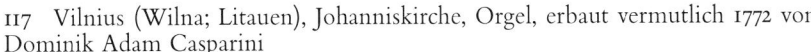

117 Vilnius (Wilna; Litauen), Johanniskirche, Orgel, erbaut vermutlich 1772 von
Dominik Adam Casparini
Die ursprünglich für die Jesuitenkirche in Poltsk/Plock erbaute Orgel wurde 1837
nach Vilnius übertragen und um ein drittes Manual erweitert. Sie besitzt 39 Stimmen auf drei Manualen und Pedal.

118 Tytuvėnai (Litauen), Kirche, Orgel, erbaut 1780 von Eugenio Casparini oder
einem seiner Schüler
Dieses der Orgel in der Dominikanerkirche von Vilnius (1776, Dominik Adam
Casparini) vergleichbare Instrument zählt 24 Register auf zwei Manualen und Pedal
mit Zimbelstern, Paukenton und Glockenspiel.

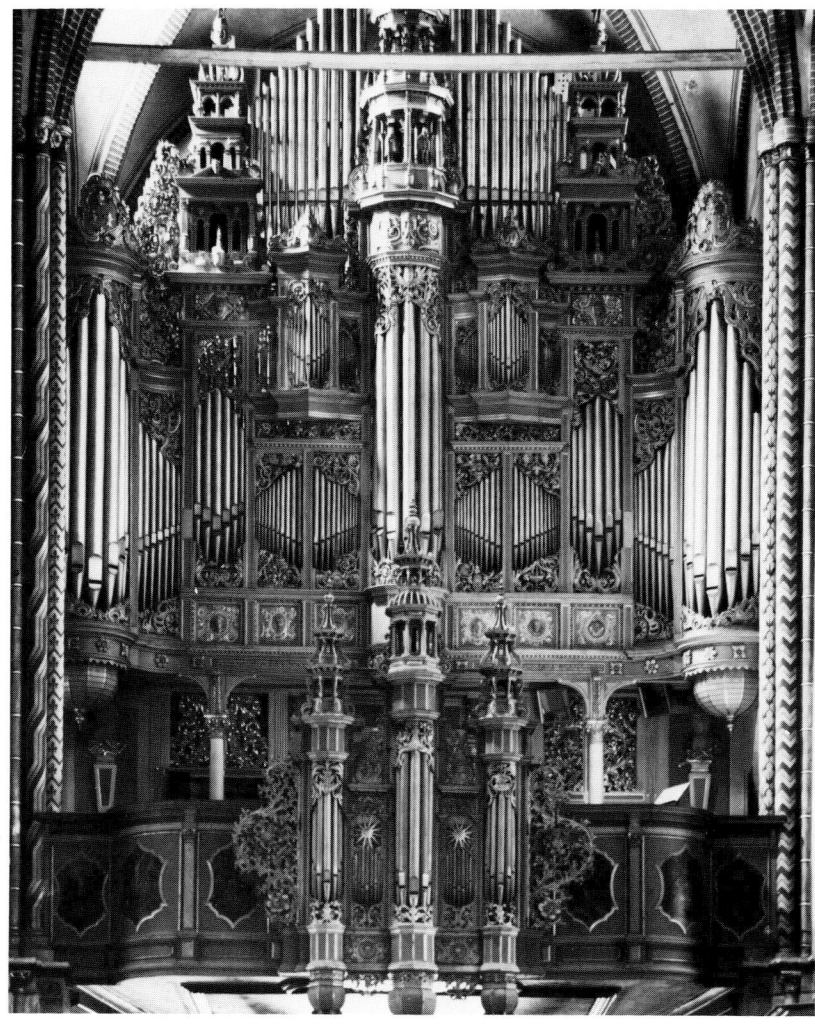

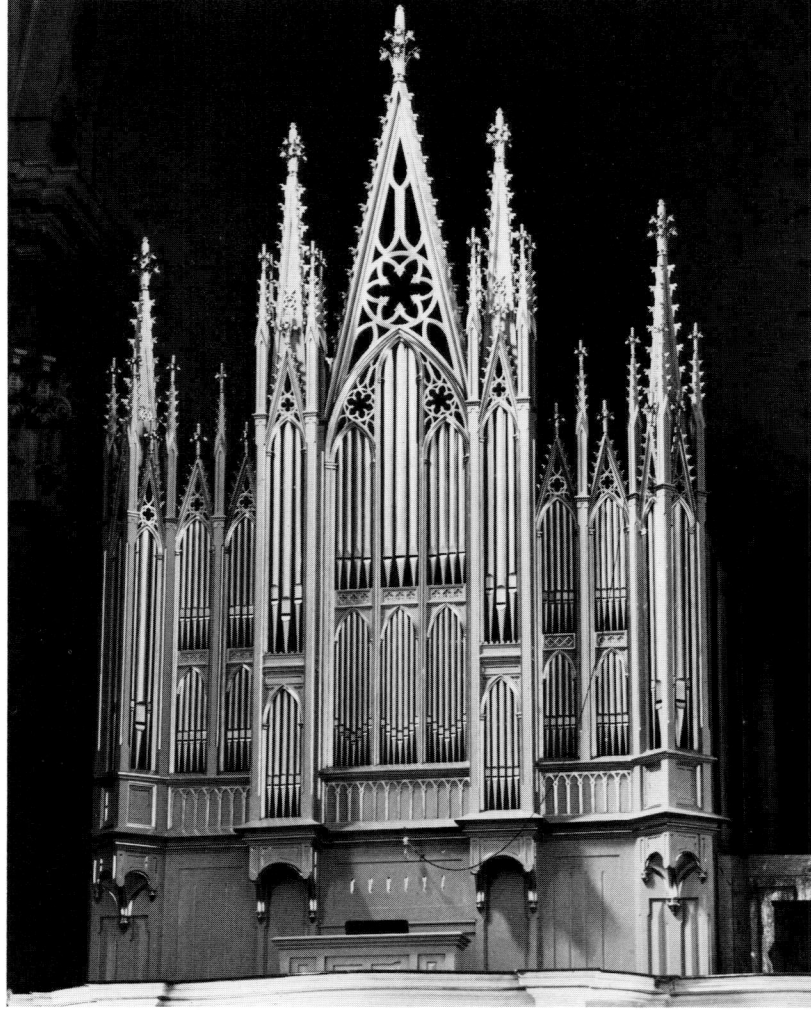

119 Riga (Lettland), Mariendom, Orgel, erbaut 1881–1884 von Eberhard Friedrich Walcker & Co.
Für diese zu ihrer Zeit größte und modernste Orgel der Welt komponierte Franz Liszt seine Choralbearbeitung »Nun danket alle Gott«. Das opus 413 der Firma Walcker erhielt 124 Register auf vier Manualen (C-f''') und Pedal (Hauptpedal, Schwellpedal mit einem Umfang von je C-d'), die intakt erhalten sind. Wichtige Änderungen erfolgten durch Emil Martin im Jahre 1907 und durch Hermann Eule 1961, der etwa 700 während des Zweiten Weltkriegs beschädigte Zinnpfeifen ersetzte. 1981 restaurierte die Firma Flentrop die Orgel.

120 Kaunas (Litauen), Kathedrale, Orgel, erbaut 1882 von Juozapas Radavičius
Der litauische Orgelbauer Juozapas Radavičius stattete die Orgel mit 62 Registern auf drei Manualen und Pedal aus.

121 Moskau, Großer Saal des Konservatoriums, Orgel, erbaut 1900 von Aristide Cavaillé-Coll (Charles Mutin)
Die auf Initiative von Charles-Marie Widor einige Monate vor dem Tod von Aristide Cavaillé-Coll (Oktober 1899) in Auftrag gegebene Orgel war das letzte Werk, das dieser Orgelbauer konzipierte. Sie wurde mit 50 Registern auf drei Manualen (Grand-Orgue, Positif expressif, Récit expressif mit jeweils C-g''') und Pedal (C-g') von seinem Nachfolger Charles Mutin im Jahre 1900 auf der Pariser Weltausstellung präsentiert und 1901 nach Moskau übertragen, wo sie eine Zeitlang als Versteck für die Waffen der Bolschewiken dienen mußte. Erst 1958 wurde sie durch Hermann Lamann und Sauer repariert und verändert, ferner 1965 durch Ladegast. 1974–1976 erfolgte eine Restaurierung durch Michel Merklin & Kuhn (die frühere Firma Merklin). Von den Registern der Cavaillé-Coll-Orgel sind noch 36 erhalten.

122 Sitten, Valeria, Kirche Notre-Dame, Orgel, erbaut um 1390–1420

Die Schwalbennestorgel, die älteste spielbare Orgel der Welt, vom burgundischen Orgelbau beeinflußt, präsentierte sich im 15. Jh. als kleines Positiv auf 4′-Basis. Aus dieser Zeit sind noch drei gotische Register erhalten: Superoctav 2′, Quint minor 1⅓′ und Mixtur 1′. 1687 wurde die Orgel durch Christoher Aeby geschickt vergrößert. Seither basiert die Klangpyramide auf dem Prinzipal 8′ (im Prospekt) und über ein ständig an das Manual angehängtes Pedal mit 9 Tasten (kurze Oktave, Bass 16′ und 8′). Das Manual wurde damals von ursprünglich drei auf vier Oktaven erweitert (C-c‴ mit kurzer Unteroktave) und auf sieben Register ergänzt (Aeby fügte die Koppelflöte 4′, die Quint major 2⅔′, die kleine Terz zur Mixtur 1′ und höchstwahrscheinlich die Octav 4′ hinzu). Das vollständig original erhaltene Instrument wurde 1954 durch Th. Kuhn repariert. Das geschnitzte Gehäuse besitzt zwei von Peter Maggenberg um 1435 bemalte Flügel, die auf den Innenseiten links die mystische Vermählung der hl. Katharina und rechts die hl. Maria Magdalena zu Füßen des Auferstandenen (Noli me tangere) zeigen.

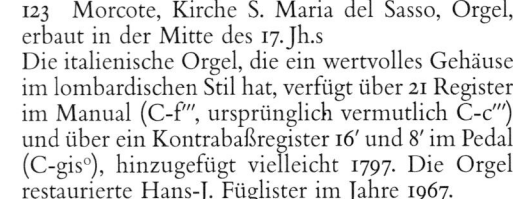

123 Morcote, Kirche S. Maria del Sasso, Orgel, erbaut in der Mitte des 17. Jh.s
Die italienische Orgel, die ein wertvolles Gehäuse im lombardischen Stil hat, verfügt über 21 Register im Manual (C-f''', ursprünglich vermutlich C-c''') und über ein Kontrabaßregister 16' und 8' im Pedal (C-gis°), hinzugefügt vielleicht 1797. Die Orgel restaurierte Hans-J. Füglister im Jahre 1967.

124 Tischorgel, erbaut im 17. Jahrhundert (oder um 1700) von einem unbekannten Meister: Basel, Historisches Museum (Inv.-Nr. 1870.886)
Das in seiner Konzeption äußerst seltene Instrument ließ auf seiner Klaviatur (C-c''') drei Register erklingen.

125 Orgelpositiv, erbaut im 16. Jh. von einem unbekannten Meister; Basel, Historisches Museum (Inv.-Nr. 1927.258)
Das aus der Kapelle der Familie Ab-Yberg aus Schwyz stammende Tischpositiv enthält vier Register, die durch Eisenhebel aktioniert werden. In moderner Benennung lautet die Disposition: Prinzipal 2' im Prospekt, Quinte 1⅓', Gedackt 4', Zimbel ½' 1-fach.

126   Rheinau, ehemalige Benediktinerstiftskirche, als Sarkophag gestaltete Chororgel, erbaut 1709–1710 von Johann Christoph Albrecht
Das Gehäuse der 6-stimmigen Orgel mit einem Manual (C-c‴ mit kurzer Unteroktave) schuf Joseph Anton Tschupp. Die Orgel wurde 1727 durch Maurus Briol repariert und um ein Pedal mit zwei Registern erweitert, 1746 durch Johann Conrad Speisegger umgebaut und auf 12 Manualregister (darunter ein Diskantregister Suavial) vergrößert, 1808 durch Maucher repariert, 1840–1841 durch Friedrich Haas verändert und schließlich in einer Restaurierung durch Th. Kuhn 1944 auf ihren Zustand des Jahres 1746 zurückgeführt.

127   Rheinau, ehemalige Benediktinerstiftskirche, Orgel, erbaut 1711–1715 von Johann Christoph Leu in einem Gehäuse von Judas Thadäus Sichelbein
Die Orgel sollte ursprünglich ein Glockenwerk erhalten, das jedoch – nach der Intervention des Klerus aus moralischen Gründen – durch ein Oberwerk/Flötenwerk mit 6 Registern ersetzt wurde, so daß die Orgel nach ihrer Vollendung über 41 Stimmen auf drei Manualen (HW, RP, OW) und Pedal, mit Vogelgesang und Zimbelstern, verfügte. Reparaturen und Umbauten fanden 1745 durch Johann Conrad Speisegger (Ergänzung um zwei Register), 1756 durch Maucher (Erweiterung um drei Register) und 1941–1942 durch Friedrich Haas (39 Register, darunter 14 neue Stimmen) statt, bevor Th. Kuhn 1941–1942 das Werk wiederherstellte.

128   St. Urban, ehemalige Zisterzienserklosterkirche, Orgel, erbaut 1716–1721 von Josef Bossart
Die einzelnen Werke dieser dreimanualigen Orgel (C-c‴ mit kurzer Unteroktave) mit 39 Registern sind in dem einzigartigen Gehäuse wie folgt verteilt: Das Brustwerk befindet sich zu beiden Seiten des Spielschranks, darüber Hauptwerk und Oberwerk, dessen Pfeifen hinter dem dreifachen Kreuz des Prospekts aufgestellt sind. Das Pedal hat 18 Tasten (C-a° mit kurzer Unteroktave). Das Instrument mit seiner vom italienischen (Mixture V), französischen (hochgebänkter Cornet V) und deutschen Orgelbau beeinflußten Disposition ist die älteste bestehende Orgel Bossarts. Sie wurde im 19. Jh. verändert und 1944 durch Th. Kuhn repariert.

129   Ernen, Pfarrkirche St. Georg, Orgel, erbaut 1679 von Christopher Aeby
Die ursprünglich 11-stimmige Orgel erfuhr im Laufe ihrer Geschichte zahlreiche Veränderungen: 1745 und 1791 durch Felix Carlen, 1871 durch Edward Konopka und 1896 durch Kuhn. 1968 restaurierte Hans-J. Füglister das Werk, das heute 13 Manualregister und – typisch für das Wallis – 3 Pedalregister besitzt.

130 St. Katharinental, ehemalige Dominikanerinnenklosterkirche, Große Orgel, erbaut 1735–1741 von Johann Jakob Bommer

Von diesem Instrument, dessen Rückpositivgehäuse aus dem Jahre 1705 stammt, bestehen heute nur mehr die Gehäuse, die Prospektpfeifen und die mechanische Balganlage mit fünf mit dem Fuß zu betätigenden Bälgen. Nach zahlreichen Eingriffen zwischen 1754 und 1864 wurde die Orgel 1941–1943 und 1965–1969 durch Th. Kuhn restauriert. Sie besitzt heute 19 Register auf zwei Manualen (RP, HW mit C-c‴, kurze Unteroktave) und Pedal (C-a⁰ mit kurzer Unteroktave).

131 Muri (AG), ehemalige Benediktinerklosterkirche, Große Orgel, erbaut 1743–1744 durch Josef und Viktor Ferdinand Bossart

Die Orgel Bossarts mit 33 Registern auf zwei Manualen (RP, HW) und Pedal wurde 1619–1630 durch Thomas Schott neu gebaut (28 Register), 1662 durch Jodokus Schnyder überholt und zwischen 1695 und 1698 anläßlich des Umbaus der Kirche durch Hans Melcher abgebaut und instandgesetzt. Sie erfuhr zwischen 1778 und 1832 mehrere Reparaturen, 1833 einen Umbau durch Konrad Bloch, der das Rückpositiv als Oberwerk zwischen den Türmen des Pedals aufstellte, 1851–1852 eine Wiederherstellung durch Friedrich Haas und 1920–1921 einen erneuten Umbau durch Friedrich Goll, der das Instrument mit pneumatischer Traktur grundlegend erneuerte. Eine Rekonstruktion erfolgte 1965–1970 durch Metzler: 34 Register (darunter 17 alte Stimmen) auf zwei Manualen (RP, HW mit jeweils einem Umfang von C-f‴) und Pedal (C-f′) mit Vogelgesang. Vater und Sohn Bossart verwirklichten in dieser Kirche ein in der Geschichte der Orgel einzigartiges Ensemble, bestehend aus drei Orgeln: der Hauptorgel und zwei Chororgeln.

132 Muri (AG), ehemalige Benediktinerklosterkirche, Evangelienorgel, erbaut 1743–1744 von Josef und Viktor Ferdinand Bossart

Die Evangelienorgel mit 7 Manualstimmen (c⁰-c‴ mit kurzer Unteroktave) und einem Subbaß 16′ im Pedal (C-a⁰) blieb bis heute original erhalten. Sie wurde zusammen mit ihrer größeren Schwester, der Epistelorgel (16 Register), 1962–1963 durch Metzler restauriert.

133 Toggenburger Hausorgel, erbaut 1754 von Wendelin Looser und seinem Sohn Joseph Looser; Ebnat-Kappel, Heimatmuseum der Albert-Edelmann-Stiftung
Das Gehäuse dieser 6-stimmigen Orgel mit einem Manual von 48 Tasten (C–c''') besteht aus mit Ölfarbe bemaltem Tannenholz. Im 18. Jh. und in der ersten Hälfte des 19. Jh.s wurden im Emmental, im Toggenburg und in den Kantonen Zürich, Appenzell und Graubünden kleine Hausorgeln erbaut, da Zwinglis Lehre Musik in der Kirche ausschloß. Diese Tradition, die die Orgel als »Teufels Trommeten« ansah, bestand lange Zeit und führte zur Pflege des Choralgesanges und zu der Abendmusik im Familienkreis. Zu den Schöpfern solcher kleiner Orgeln zählen unter anderem Caspar Bärtschi, Melchior Grob, Ulrich und Heinrich Ammann, Johann Conrad Speisegger und Johann Jakob Bommer.

134 Arlesheim, Dom- oder Stiftskirche, Orgel, erbaut 1759–1761 von Johann Andreas Silbermann
Von der Silbermann-Orgel mit 32 Registern (darunter 5 geteilte, 2 Diskant- und 1 Baßregister) auf drei Manualen (Pos, GO, Réc) und Pedal, die 1888 durch Carl Weigle romantisiert wurde, bestehen heute noch 19 Stimmen, darunter die Pfeifen des Rückpositivprospekts, und die beiden Gehäuse. Das Werk wurde 1959–1962 durch Metzler rekonstruiert, wobei fehlende Register neu konzipiert und im Pedal 5 Stimmen hinzugefügt wurden: 37 Register auf drei Manualen (Pos, GO, Réc/Echo mit C–c''') und Pedal (C–d').

135 Basel, Peterskirche, Orgel, erbaut 1767–1770 von Johann Andreas Silbermann
Die ursprünglich für die Theodorskirche in Basel gebaute Orgel kam nach ihrer Abtragung aus dieser Kirche in das Historische Museum der Stadt und wurde 1968 durch Neidhart und Lhôte auf dem Lettner der Peterskirche aufgestellt. Das neue Instrument umfaßt 30 Register auf drei Manualen (GO, Pos, Echo) und Pedal.

heimer Orgelbuch enthaltenen Transkriptionen von Werken des Guillaume Dufay und des Gilles de Binchois, einige Werke – zum Beispiel das dreistimmige »Salve Regina« – von Jacob Obrecht, und alle Motetten, deren Einfluß in den Praeambeln des »Fundamentum organisandi« von Conrad Paumann wahrgenommen werden kann.

Die ersten eigenständigen Kompositionen für Orgel gehen jedoch auf die im 16. Jahrhundert in Venedig tätigen großen flämischen Komponisten Adrian Willaert und Jacob Buus zurück. Sie entwickelten, wie bereits ausgeführt, geschickt die Form des Ricercars, dessen Herkunft übrigens umstritten ist; einige halten das Ricercar für eine typisch italienische Form, andere wiederum glauben, daß gerade die beiden flämischen Musiker das Ricercar aus ihrer Heimat mitgebracht hätten. In diesem Zusammenhang muß man jedoch bedenken, daß mit dem Begriff Ricercar nicht immer nur ein kontrapunktisches Stück bezeichnet wurde, und daß man unter dieser Bezeichnung auch Kompositionen aller Gattungen, selbst über Tanzmelodien, finden kann. Von Willaert seien die um die Mitte des 16. Jahrhunderts in Venedig nicht in Tabulatur, sondern in Einzelstimmen veröffentlichten »Ricercari per sonar con tre stromenti (organo)« erwähnt, von Jacob Buus die »Ricercari da cantare e sonare d'organo ed altri stromenti« aus dem Jahre 1547 (die zweite Sammlung in Tabulaturschrift 1549), deren im Vergleich zu Willaert oft viel weitläufigere Strukturen von scholastischerer Art sind. Vergessen wir auch nicht, daß Willaert und viele andere Italiener im Markusdom zu Venedig das mehrchörige Instrumentalspiel einführten, auf das zweifellos die Echoeffekte der be-

Die Entwicklung der Fantasieform bei, deren neue Konzeption die bis dahin in dieser Art komponierten Stücke bei weitem übertraf. Diese großen monothematischen Fantasien bestehen im allgemeinen aus drei Abschnitten: Der erste stellt das Thema in seiner originalen Gestalt in allen Stimmen in fortwährender Wiederholung vor, während im zweiten Abschnitt das Thema in der Vergrößerung behandelt wird, verwoben mit einem lebhaften und sehr unterschiedlich gestalteten Kontrapunkt. Im letzten Teil der Fantasien, die von einer toccatenartigen Coda beendet werden können, erklingt das Thema schließlich in seiner Verkleinerung. Der Erfolg Sweelincks bei seinen Zeitgenossen ging großenteils auf die Originalität seiner zwei- bis dreiteiligen Echofantasien zurück. Nach einer fugierten Einleitung erklingen im zweiten Teil kleine Motive oder Melodiefragmente in steter Wiederholung, während der dritte Abschnitt imitative Passagen und nochmals Echoeffekte verbindet oder auch die Form italienischer Toccaten oder von den englischen Virginalisten beeinflußter Sequenzen annehmen kann. Die Echoeffekte werden dabei durch die Wiederholung der Motive vor allem in der unteren Oktave oder auch – gespielt auf einem zweiten Manual – durch die Wiederholung auf der gleichen Tonhöhe erzeugt.

Auch die Verwendung der Chromatik, die in der »Fantasia cromatica« zum Höhepunkt geführt ist, erlaubte es dem Komponisten, seinen Sinn für das Phantastische auszudrücken. Außer der Fantasie besitzen auch die anderen Formen Sweelincks eine hohe Eigenständigkeit, ergreifende Ausdruckskraft und erstaunliche Klangreinheit, wobei die Toccaten weder monoton noch rein virtuos wirken. Die Varia-

Fig. 67 's Hertogenbosch, Kathedrale St. Jans, Orgel, erbaut 1618–1638 von Floris II. Hocqué, Hans Gottfuß sowie Galtus und Germer van Hagerbeer
Das Gehäuse der ursprünglich 37-stimmigen Orgel mit drei Manualen (HW, RW, BW) und Pedal konzipierten Frans Simons und der Tiroler Gregor Schysler. Es ist eines der großartigsten Beispiele des Brabanter Orgelbaus, der die verschiedenen Teile des Instruments genau festlegt. Nach wichtigen Veränderungen 1787 durch Heinemann wurde das Instrument 1953 von Léon Verschueren ungeschickt erneuert und 1984 von Flentrop restauriert. Es verfügt nun über 48 Register auf drei Manualen (C–f''') und Pedal (C–f').

Stimmen erscheinen, der Zweierrhythmus wechselt mit dem Dreiertakt, usw.). Das ausdrucksvollste Beispiel ist wohl die Variation über das Lied »Mein junges Leben hat ein Endt«. Die »Fantasia cromatica«, die Toccaten und die Variationen über weltliche Themen sind Stücke, die ohne

136 Samedan, reformierte Kirche, Orgel, erbaut 1772
Die Orgel in ihrem von Italien beeinflußten Gehäuse wurde 1772 von Jacob Fret-
schini gestiftet und 1969 durch Th. Kuhn rekonstruiert. Sie besitzt 17 Register auf
zwei Manualen und Pedal.

137 Freiburg im Uechtland, Kathedrale St. Nikolaus, Orgel, erbaut 1824–1831 von
Aloys Mooser
Das bedeutendste und am besten erhaltene Instrument Aloys Moosers, der auch bei
den Söhnen Silbermanns sowie in Deutschland und Wien tätig war, erscheint wie
eine Synthese des klassischen und romantischen Orgelbaus. Es verfügt über 61
Register auf vier Manualen (Petit Pos, GO, Grand Pos, Echo mit jeweils 54 Tasten)
und Pedal (C-c') mit je einem Tremulanten im Petit Positif und Echo und einer
Koppel Grand-Orgue/Pédale. Die Orgel wurde 1852 durch Friedrich Haas,

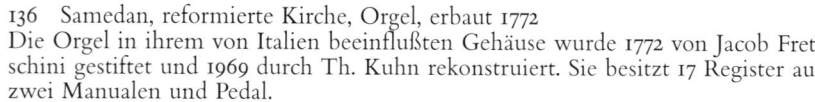

Jan Pieterszoon Sweelinck

Geboren im Mai 1562 in Deventer oder Amsterdam; gestorben am 16. Oktober 1621 in
Amsterdam

Jan Pieterszoon Sweelinck verbrachte sein Leben fast ausschließlich in Amsterdam, das er
nur selten für einige Tage zu Reisen nach Antwerpen, Rotterdam oder Deventer verließ. Er
wurde mit fünfzehn Jahren etwa 1577 – in der
Nachfolge seines 1573 gestorbenen Vaters,
der ihn sicherlich den ersten Musikunterricht
vermittelte, und Cornelis Boscoops – Organist
der römisch-katholischen St. Nikolaus-Kirche,
die nach der Bekehrung der Stadt zum Kalvi-
nismus 1578 in Oude Kerk (Alte Kirche) um-
benannt wurde. Sweelinck erhielt seine musikalische Ausbildung bei dem gelehrten Pfarrer
der Gemeinde, Jacob Buyck, und anschließend bei Jan Willemszoon Lossy in Haarlem.
Er kannte die Werke von Gioseffo Zarlino, Merulo und der Gabrieli, zu deren Studium er in
Amsterdam und nicht – wie lange Zeit angenommen wurde – während einer Reise nach
Venedig Gelegenheit gehabt hatte, stand auch
auch mit den zwei englischen Virginalisten
John Bull und Peter Philips, die sich in den
südlichen Niederlanden niedergelassen hatten, in Verbindung. Sweelinck wurde in der
Alten Kirche beigesetzt.
In der katholischen Liturgie mußte die Orgel
den Gottesdienst und seine Gesänge einleiten, die Chöre begleiten oder mit dem Chor-
gesang alternieren: eine rein liturgische Funktion, die jede zur Unterhaltung gespielte Musik
ausschloß. Auch nach der Reformation und
den ersten puritanischen Verboten, die die Orgel als päpstliches Instrument ansahen – der
Humanist Erasmus dachte beispielsweise, daß
allein der Teufel Orgel spielen könne – wiesen
die protestantischen Autoritäten der Stadt dem
Organisten eine beschränkte Aufgabe zu. Er
mußte vor und nach dem Gottesdienst spielen, manchmal den Gesang der Psalmen unterstützen und darüber hinaus auch zu gewissen Stunden zum Vergnügen der vorbeispa-
zierenden Mitbürger über liturgische Gesänge
improvisieren (eine noch heute praktizierte typisch holländische Tradition), wobei uns das
damalige Repertoire nahezu unbekannt ist. Es
bestand sicherlich aus Improvisationen und
Variationen über Kirchenlieder und offensichtlich auch über Melodien aus dem bedeutenden Genfer Psalter. Der Organist stand, da er

Kunst der Harmonisierung und der Anwendung des Imitationsprinzips für die
weitere Entwicklung der Choralkomposition in Norddeutschland von großer Bedeutung.
In den spanischen Niederlanden wirkten Pieter Cornet sowie die Engländer Bull
und Philips. Pieter Cornet – ab etwa 1603
Organist der katholischen Hofkapelle in
Brüssel – hinterließ nur wenige Kompositionen vorwiegend liturgischen Charakters
(sieben Fantasien in verschiedenen Tonarten, eine Toccata und fünf Versetten über
das »Salve Regina«), die nach wie vor im
Schatten Sweelincks stehen, doch durch die
Synthese anglo-niederländischer, italienischer und spanischer Stilmerkmale nicht
uninteressant sind. Zu ihren Kennzeichen
gehören die Exposition eines Themas und
seines Gegenthemas und eine virtuose
Schlußsteigerung.
Die Kompositionen von Dr. John Bull,
der ab 1613 als Organist am Brüsseler Hof
und später an der Kathedrale von Antwerpen tätig war, sind zum Großteil im »Fitzwilliam Virginal Book« enthalten. Seine
Variationskunst, insbesondere die Fantasien über das »Salvator mundi«, das »Miserere« oder den Hexachord, beeinflußte
Sweelinck sehr. Erwähnt seien auch die
von Bull in Antwerpen komponierten
zwei Fantasien über alte flämische Weihnachtslieder. Der Kompositionsstil von Peter Philips, der als Kollege von Cornet
auch das Organistenamt des Brüsseler
Hofes innehatte, blieb durch den starken
italienischen Einfluß, der seine Fantasien
kennzeichnet, der Tradition verhaftet.
Weitere Meister der niederländischen
Orgelkunst waren Charles (oder Carl)
Luython aus Antwerpen, der erste Organist des kaiserlichen Hofes in Prag; Samuel
Mareschall aus Tournai, Organist am Basler Münster; Simon Lohet aus Lüttich, Organist des·Stuttgarter Hofes, und Charles
Guillet aus Brügge, der auf die Empfeh-
lung Gioseffo Zarlinos hin 1610 bei Ballard
in Paris die Sammlung »Vingt-Quatre Fantaisies à Quatre Parties Disposées Selon
l'Ordre des Douze Modes« herausgab.
Die Orgelwelt der spanischen Niederlande gründete sich – wie in den Werken

ten in den Kirchentonarten, Sätze zum
»Salve Regina«, die »Missa Duplex«, Fugen, Fantasien und Präludien und Fugen.
Die Werke waren wohl vorwiegend für die
katholische Liturgie bestimmt, in der die
Orgel eine nur sehr beschränkte Aufgabe
hatte. Die deshalb nur kurzen drei- oder
vierstimmigen Versetten Kerckhovens sind
schlichte fugierte Stücke in Präludien- oder
Fugatoform mit betonter Solostimme. Die
Fugen sind meistens nur über ein Thema
gebaut, ebenso die acht Fantasien von größerem Umfang, die auch kühne und sorgfältig gearbeitete Passagen sowie zahlreiche Gegenmotive, Imitationen und Ornamente besitzen. Mit ihren Echoeffekten
steht die Fantasie in D-Dur »pro duplici
organo« ganz in der Tradition Sweelincks,
wobei hier das Spiel auf zwei Manualen
vorgeschrieben ist (Boven = Obermanual;
Onder = Untermanual).
Zwei weitere Komponisten aus der Umgebung von Lüttich zeigen eine deutliche
Verwandtschaft zu den Meistern des be-
nachbarten Frankreich: Abbé Lambert
Chaumont veröffentlichte 1695 seine
»Pièces D'orgue sur les 8 Tons Avec leurs
variétés leurs agréemens leurs Mouve-
mens et le Mélange des Jeux propres à
chaque espèce de Verset«, insgesamt etwa
100 Stücke (zwölf bis fünfzehn pro Tonart), die an die französische Orgelkunst anknüpfen, sowie Allemanden und Chaconnen. In derselben Art schrieb auch der
Organist von Notre-Dame in Maastricht,
Henri du Mont, der 1638 nach Paris übersiedelte, Präludien und Allemanden, die
wohl für die Orgel komponiert wurden.
Sweelincks Werke hatten mehr Einfluß
in Deutschland als in seiner Heimat, in
der seine zahlreichen Schüler, darunter Jan
Pieters van Rijnsburch, Michael Utrecht
und sein älterer Sohn Plemp oder Dirk
Sweelinck, nur in sehr formeller Weise
komponierten. Vielleicht ist dies das
Schicksal, das die Musikgeschichte Mei-
stern bestimmt, die, wie Sweelinck oder
Bach, die verschiedenen Strömungen einer
Epoche zusammenfassen, vereinen und
zum Höhepunkt bringen. Von Sweelincks
Schülern veröffentlichte nur Anthony van
Noordt, Organist der Nieuwe Kerk in Am-

tasien. Als die Niederlande ihre kulturelle Unabhängigkeit immer mehr verloren, glich sich ihre Orgelliteratur an die ihrer großen Nachbarn, besonders Deutschlands, an. Die eigenständige Orgelliteratur erlosch mit Organisten, die man hier nur aufzählen kann: Gijsbert van Steenwijck, Organist in Arnhem und Kampen; Quirinus van Blankenburg, Theoretiker und Anhänger des neuen »tempérament égal« sowie Organist in Den Haag; Matthias van den Gheyn, Organist und Glöckner in Löwen; Conrad Frederik Hurlebusch aus Braunschweig, der, in Amsterdam als Organist wirkend, wie die meisten Organisten der nördlichen Niederlande Harmonisierungen kalvinistischer Psalmmelodien verfaßte. Diese oft auch als Glöckner tätigen Musiker gaben das Komponieren für Orgel jedoch bald auf, zufrieden mit der gewissenhaften Erfüllung ihrer liturgischen Pflichten, wobei sie einer manchmal übersteigerten Virtuosität, die die Reaktion der Autoritäten provozierte, freien Lauf ließen. Auch bevorzugten sie im 18. Jahrhundert immer mehr die Improvisation für die modische Nachahmung von Gewittern, Stürmen, Schiffbrüchen, Vogelgesang, Pastoralen und Schlachten.

Betrachtet man den Beitrag der Niederlande (und des heute zu Belgien gehörenden Flanderns) zur Geschichte der Orgelmusik, so sind einige in dieser Zeit einflußreiche Persönlichkeiten zu nennen, auf die noch zurückzukommen ist. Es sei auch nicht vergessen, daß Belgien vor allem den berühmten Komponisten und Organisten César Franck für sich beansprucht.

Auf den großen Einfluß Jacques Nicolas Lemmens', den dieser auf die französische Schule ausübte, werden wir noch zu sprechen kommen; er ist aber auch in den Werken seiner Schüler Joseph Callaerts und Alphonse Mailly sowie in den Kompositionen von Joseph Jongen spürbar, in dessen »Sonata Eroica« zudem das Erbe von Reubke und Liszt offensichtlich ist, und dessen »Toccata« in der virtuosen Tradition Widors steht. Vergleichbar dem universalen Marcel Dupré, konzipierten Paul de Maleingreau (»Symphonie de la Passion« opus 20 oder »Symphonie de l'Agneau mystique« opus 24) und der in England tätige belgische Komponist Guy Weitz (zwei Symphonien) umfangreiche Kompositionen religiösen Charakters.

Die eine vollendete Synthese französischer und flämischer Einflüsse zeigenden Werke von Flor Peeters, dessen Wirken als Herausgeber alter Musik und Pädagoge umfassend ist, sind oft über gregorianische Themen oder flämische Melodien aufgebaut. Er schrieb Stücke von großzügiger und immer bezaubernder Harmonie, außerdem auch ein Konzert für Orgel und Orchester (opus 52).

Von den niederländischen Komponisten, die für ihre Stücke vor allem Volkslieder oder kalvinistische Choräle wählten, ist Hendrik Andriessen Senior, dessen Harmonien Louis Vierne nahestehen, zu nennen, ebenso Marius Monnikendam, Anthon van der Horst, der in seinen großen Kompositionen oft sehr virtuos ist, Cor Kee, der in seinen Psalmbearbeitungen noch tonal komponierte, sich bald aber der seriellen Musik, der Verschiedenheit der Rhythmen und Tempi sowie dissonanten Akkorden zuwandte, Jacob Bijster, der im Vergleich zu Henk Badings eher traditionell schrieb, Jan Koetsier, Hermann Strategier und Albert de Klerk. Die Kompositionen von Piet Kee schließlich zeigen eine Rhythmik und einen Kontrapunkt von schöner freier Konzeption. Der Beitrag der Niederlande zur zeitgenössischen Musik wird später behandelt.

Englische Orgelmusik

Im Vergleich zur Vokalmusik wurde das Komponieren einer für Orgel bestimmten Musik in England lange Zeit hindurch als nur nebensächlich erachtet, doch räumte die Kirchenmusik dem Instrument dennoch einen auserwählten Platz ein. So besaßen die meisten großen Kirchen vor den Zerstörungen der Religionskriege zwei Instrumente, das eine im Chor und das andere auf dem Lettner, wobei die Organisten – wie auf dem Kontinent auch – mit den Gesängen alternieren oder die verschiedenen Teile des Meß-Ordinariums spielen mußten.

Unsere Kenntnis der damaligen Literatur, von der nur wenige Dokumente erhalten sind, beschränkt sich auf einige Manuskripte. Sehen wir vom Robertsbridge-Codex, dessen außerenglischer Ursprung sehr wahrscheinlich ist, und vom indirekten Einfluß Dunstables und seiner

testen Tagen des Winters. Zudem widmete er sich der Vokalmusik und leitete das »Collegium Musicum« von Amsterdam, mit dem er auch eigene Werke zur Aufführung bringen konnte.

In den Niederlanden gab es zur damaligen Zeit keine gedruckte Orgelliteratur, und auch das Œuvre Sweelincks, den seine Zeitgenossen »Phoenix der Musijcke« nannten, scheint keine Ausnahme gemacht zu haben. Es wurde zu Lebzeiten des Musikers nicht veröffentlicht, obgleich man die Manuskripte seiner Werke in allen bedeutenden europäischen Musikzentren, von Oxford bis Bartfa in Ungarn und von Uppsala bis Padua oder Paris, wiedergefunden hat. Der Einfluß des großen Amsterdamer Organisten war außerordentlich. Vor allem als Lehrer genoß er einen solchen Ruf, daß viele Musiker der Niederlande und vor allem Norddeutschlands – man bezeichnete Sweelinck auch als deutschen oder »Hamburger Organistenmacher« – nach Amsterdam kamen, um den Meister zu hören und bei ihm zu lernen. Zu seinen Schülern zählten sein Freund Samuel Scheidt, mit dem er Variationen veröffentlichte, Heinrich Scheidemann und Johannes Praetorius. Sweelinck stand an der Spitze einer Schule, deren Einfluß durch die neuen Dimensionen, die er den Formen der Fantasie und der monothematischen Variation verliehen hatte, wesentlich für die Entwicklung der Orgelmusik war.

Als Erbe verschiedener abendländischer Schulen vereinte Sweelinck in seinem Schaffen die verschiedensten Stilmerkmale: die virtuose und brillante Größe der Venezianer, die südlich der Alpen entwickelte vollendete Kunst der Chromatik und der Dissonanzen, sowie die intimen Strukturen des Kompositionsstils der Virginalisten und ihre so verschiedene rhythmische Gestalt.

138 Middelburg, Koorkerk, Orgel, ursprünglich erbaut für die Nicolaaskerk in Utrecht
Peter Gerritsz schuf 1478–1480 das Hoofdwerk, Cornelius Gerritsz 1547 das Bovenwerk (Springladen). Das Rugwerk (Schleifladen) entstand 1580, das Pedal mit Trompete 8′ stammt von 1600. Auf dem Obermanual mit einem Umfang von 42 Tasten erklingen die drei Reihen des Blockwerkes und 7 Stimmen, die auf zwei Windladen stehen, während das zweite Manual über 8 Stimmen verfügt.

139 Alkmaar, Laurenskerk (Grote Kerk), kleine Orgel im nördlichen Umgang, erbaut 1511 von Jan van Covelens oder Jan von Koblenz (Hoofdwerk) und 1555 von Allaert Claesz (Borstwerk und Pedal)
Zahlreiche Reparaturen 1625 durch Jan Jacobsz, 1651 durch Jacobus Galtus van Hagerbeer, 1703–1704 durch Jan Duyschot, 1779 durch Pieter Müller, 1781 durch M. Körnelein, 1854 durch C.F.A. Naber und 1894–1895 durch L. Ypma. Seit der Restaurierung 1939 durch Flentrop zählt die Orgel 14 Register, davon noch neun originale Stimmen, auf zwei Manualen und angehängtem Pedal.

140 Middelburg, Nieuwe Kerk (Abteikirche), Orgel, erbaut 1690–1692 von Jan Duyschot

Dieses im Antwerpener Barockstil erschaffene Meisterinstrument wurde mit 30 Registern (HW, Pos, Ped) für die Lutherse Oudekerk von Amsterdam erbaut. Sein Gehäuse schuf Jan Albertsz Schut, die Skulpturen Jasper Wagenaar und die Malereien vermutlich Filip Tideman. Seit 1954 enthält das historische Gehäuse eine neue Orgel von W. van Leeuwen mit 39 Registern (HW, Pos, BW, Ped).

141 Haarlem, Bavokerk (Grote Kerk), Orgel, erbaut 1735–1738 von Christian Müller

Müller schuf unter Wiederverwendung einiger Metallpfeifen eines 1630–1633 durch Galtus Germersz van Hagerbeer erbauten Instruments eine Orgel mit 60 Registern auf drei Manualen (HW, RW, BW) und Pedal (zwei 32′-Pedaltürme), die in dem vom Dekor des Rückpositivs bis zum Zierat der Gehäusebekrönung 23 m hohen monumentalen Prospekt von Jan van Logteren zu stehen kam. Die Orgel wurde mehrmals umgebaut: 1761 durch J. Schmidt, im 19. Jh. durch die Orgelbauer Friedrichs, Bätz, Gabry und vor allem C.G.F. Witte, der 1866 radikale Änderungen vornahm. 1905 wurde eine Barkermaschine für das Hoofdwerk hinzugefügt und das Instrument schließlich von 1959–1961 durch die Firma Marcussen in den – mehr oder weniger – originalen Zustand des Jahres 1738 zurückgeführt. Dabei ergänzte die Werkstatt zwei Register, einige Töne im Pedal und drei Pedalkoppeln.

142 Den Haag, Nieuwe Kerk, Orgel, erbaut 1700–1702 von Jan Duyschot
Die einst 35-stimmige Orgel (HW, RW, BW, angehängtes Ped) mit ihren von Theodorus van der Schuer bemalten Flügeltüren wurde nach mehreren Instandsetzungen 1727, 1736, 1793 und 1842 durch C.G.F. Witte 1867 dem romantischen Stil angepaßt (26 Register).

143 Sneek, Martinikerk (Grote Kerk), Orgel, erbaut 1710–1711 von Arp Schnitger und Rudolph Garrels
Die 36-stimmige Orgel (HW, RP, BW, Ped), deren Hamburger Prospekt unverkennbar ist, wurde 1726 von Christian Müller und 1779 von Lambertus van Dam repariert. Umbauten der Jahre 1896–1897 und 1925 waren so schwerwiegend, daß heute außer den Prospektpfeifen nur mehr 8 Register original erhalten sind.

144　Gouda, Janskerk, Spieltisch der 1733–1736
von Jacob François Moreau erbauten Orgel
Das ursprünglich 52-stimmige Werk (HW, RP,
OW, Ped) im Gehäuse des Hendrik Carré aus
Den Haag wurde zwischen 1958 und 1960 durch
die Firma Flentrop restauriert. Es umfaßt heute
53 Stimmen.

145   Roermond, Ancien Grand Séminaire, Orgel,
erbaut um 1740 von Jean-Baptiste Le Picard
Das große Gehäuse dieser Orgel mit 23 Registern
auf zwei Manualen (GO, Pos) und angehängtem
Pedal ist für die südlichen Niederlande typisch. Nach
Umbauten 1888 durch Vermeulen, 1927 durch Pere-
boom und 1953 durch Verschueren umfaßt die Disposition dieses Instruments 34 Register auf drei
Manualen (GW, RP, BW) und Pedal mit noch einigen erhaltenen Stimmen des 18. Jh.s.

146   Nijkerk, reformierte Kirche, Orgel, erbaut 1756
von Matthijs van Deventer
Das Gehäuse dieser zweimanualigen Orgel zeigt
eine charakteristische holländische Gestalt mit reichen Rokokoskulpturen.

147   Utrecht, Domkerk, Orgel, erbaut 1831 von
Johan Bätz
Bätz übernahm ein Positiv der Renaissance ohne
jede Veränderung als Rugwerk, wobei die beiden
anderen Manuale (HW, BW) der 50-stimmigen
Orgel nicht an das Hoofdwerk, sondern an dieses
Rugpositief zu koppeln waren. Die Klaviaturumfänge der 1975 durch die Gebrüder van Vulpen
restaurierten Orgel beträgt in den Manualen C-f'''
und im Pedal C-d'.

148   Boxtel, Kirche St-Pierre, Orgel, erbaut 1842 von
Franciscus Cornelius Smits
Diese Orgel, deren Gehäuse in barocker Konzeption für die Mitte des 19. Jh.s überraschend ist, blieb
original erhalten: Sie verfügt über 28 Register auf
drei Manualen (54 Tasten) und angehängtem Pedal
(27 Tasten), das allerdings 1956 durch J. F. Clercx mit
8 Stimmen versehen wurde.

149 Lüttich, Kirche St-Jacques, Orgel, erbaut 1600–1601 von Nicolaas Niehoff oder Floris (Florent) Hocqué dem Älteren, beide von Brabanter Herkunft
Die Orgel, deren »Lütticher« Gehäusestil im Maasgebiet weit verbreitet ist, mußte viele Umbauten über sich ergehen lassen: 1669 nahm André Severijn wichtige Änderungen vor, zwischen 1815 und 1829 arbeitete Arnold Graindorge an dem Instrument, 1854, zur Zeit, als die Flügeltüren der Orgel zerstört wurden, Arnold Clérinx und 1888–1889 Charles Anneessens. 1965 wurde die Orgel abgetragen. Etienne Schumacher plant ein neues Instrument mit 53 Stimmen.

150 Antwerpen, Kirche St-Paul-des-Dominicains, Orgel, erbaut 1648–1658 von Nicolaes van Haeghen
Die Orgel, deren von Erasmus II. (Artus dem Älteren) Quellin entworfener und von Peter Verbruggen dem Älteren erstellter Prospekt nach Hamburger Vorbild in den spanischen Niederlanden eine große Ausnahme ist, hatte ursprünglich wohl 47 Register auf drei Manualen. Nach zahlreichen Umbauten 1732–1736 durch Jean-Baptiste Forceville und seinen Schüler Pieter van Peteghem den Älteren (Erweiterung um zwei Pedaltürme), 1824 durch Jean-Joseph Delhaye, 1842–1846 durch François Bernard Loret-Vermeersch, 1870 durch Geurts Vater und 1885 durch Veuve Geurts ist die Orgel heute völlig verfallen (49 Stimmen auf drei Manualen [GO, Pos, Réc] und Pedal).

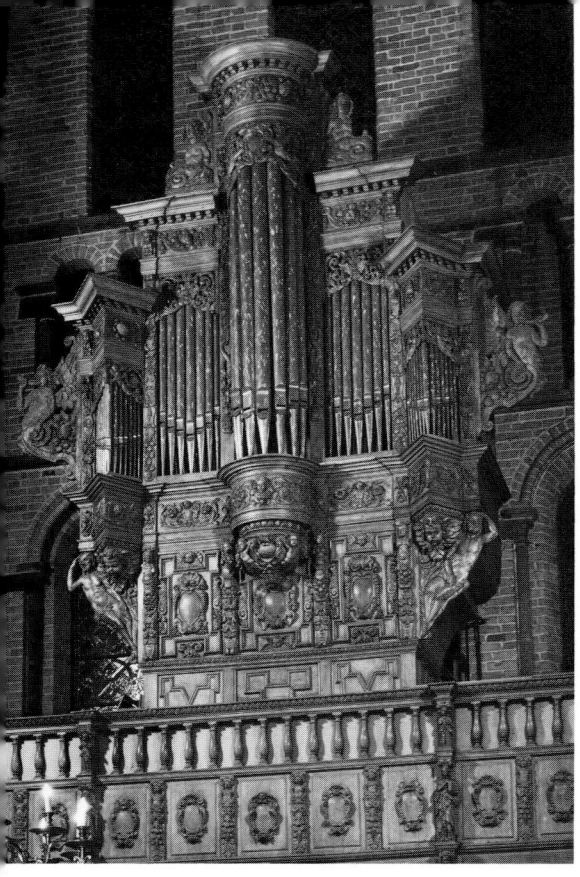

151 Lissewege, Kirche Notre-Dame, Orgel, erbaut 1651–1652 von Boudewijn Ledou
Das vielleicht von Walram Rombaut entworfene Gehäuse der einmanualigen Orgel gleicht in seinem Aufbau dem des Instruments, das Boudewijn Ledou für die Kirche Notre-Dame in Watervliet schuf.

152 Brügge, Kirche Ste-Anne, Orgel, erbaut 1707–1709 von Jacob van Eynde
Das 19-stimmige Werk (GO, Pos mit 48 Tasten, Rossignol, Tremulant) mußte 1876–1877 einem neuen Instrument von Louis Hooghuys mit 12 Stimmen auf zwei Manualen (56 Tasten) weichen, das am Anfang des 20. Jh.s durch Aimé Hooghuys oder Jules Anneessens um ein Pedal mit 27 Tasten und zwei Registern ergänzt wurde.

153 St-Hubert, Basilika, Orgel, erbaut 1685 von Antoine Le Picard
Die Familie Le Picard stammt aus Noyon und hatte sich in Wallonien niedergelassen. Die Orgel von St-Hubert mit 37 Registern auf drei Manualen (GO, Pos, Echo) und Pedal ist mit ihrer französischen Konzeption – getrennte Gehäuse, Reichtum an Mixturen und Zungen – die erste und bedeutendste nach diesem Typ gebaute Orgel Walloniens. Instandsetzungen erfolgten 1772 und 1842 (Louis und Jacques Möller). 1934 veränderte Jules Anneessens das Instrument nach dem romantischen Klangideal (44 Register auf drei Manualen [GO, Pos, Réc] und Pedal).

154 Antwerpen, Kirche St-Charles-Borromée, Orgel, erbaut 1720–1722 von Jean-Baptiste Forceville oder Karel Dillens
Im breiten Gehäuse von Jan Pieter van Baurscheit Vater und Sohn umrahmen die Gehäuse des Hauptwerkes das Positiv, eine Anordnung, die man auch in St-Pierre in Malines (1713) und St-Jacques in Antwerpen (1726) findet. Das Instrument von Forceville, der um eine Synthese barocker französischer und deutscher Prinzipien bestrebt war, hatte ursprünglich 22 Register auf zwei Manualen. Es wurde 1808–1810 durch Jean-Joseph Delhaye verändert, 1858 um eine Hauptwerkspedalkoppel erweitert, 1866 mit einem neuen Balgsystem und mit zusätzlichem Zierat am Gehäuse versehen, 1877–1878 durch H. Vermeersch instandgesetzt, 1928 durch Geurts Vater mit einem elektrischen Gebläse und neuen Registern ausgestattet und 1958 durch G.D' Hondt in der Stimmung erhöht. Heute verfügt das Instrument über 23 klingende Stimmen auf zwei Manualen (54 Tasten) und Pedal (30 Tasten).

155 Cambridge, Kings's College Chapel, Orgel, erbaut 1605–1606 von Thomas Dallam
Das auf einem Lettner befindliche zweimanualige Werk, dessen Gehäuse aus Eiche von Chapman und Hartop gefertigt wurde, entging den Wirren des 17. Jh.s – nur mehr zehn Gehäuse stammen aus der Zeit vor 1660. Im Jahre 1661 ergänzte Lancelot Pease ein Positiv (Choir Organ) und schuf sicher auch das heutige Positivgehäuse und vielleicht den Chorprospekt des Hauptwerkes. Nach Reparaturen und Vergrößerungen 1640 durch Henry Jennings, 1677 durch Thomas Thamar, 1688 durch Renatus Harris, 1804 durch John Avery sowie 1859 und 1906 durch William Hill wurde die Orgel 1934, 1950 und 1968 durch Harrison & Harrison erneuert. Sie verfügt heute über vier Manuale, Pedal und 78 Register.

156 Old Radnor (Wales), St. Stephen's Church, Orgel, erbaut in der ersten Hälfte des 16. Jh.s
Das Gehäuse dieser Orgel ist vom Übergang der Gotik zur Kunst der Renaissance geprägt. Es ist – trotz einiger Zweifel an seinem Alter – wohl das älteste Orgelgehäuse Großbritanniens und umfaßte ursprünglich 5 oder 7 Register (Great Organ mit 5 und vielleicht Choir Organ mit 2 Stimmen). Seit 1872 enthält es ein Werk von J. W. Walker & Sons mit 15 Registern auf zwei Manualen (Great, Swell) und Pedal.

157 Adlington Hall (Cheshire), Orgel, erbaut um 1670 von Bernard Smith
Beim Bau der Orgel dürfte Bernard Smith Pfeifen und vielleicht auch Gehäuseteile eines älteren Instruments wiederverwendet haben. Beim Besuch in Adlington Hall 1741 und 1751 spielte Georg Friedrich Händel sicherlich auf dieser Orgel, deren Konzeption (Great Organ mit 12 Stimmen und Choir Organ mit 3 Stimmen) bei der Restaurierung durch Noël Mander vollständig bewahrt wurde. In dem aus der Zeit um 1475 stammenden Saal ist das Instrument zwischen zwei Eichen aufgestellt, die ihre Wurzeln im Fußboden haben.

158 Framlingham, St. Michael's Church, Orgel, erbaut 1674 von Thomas Thamar für die Kapelle des Pembroke College in Cambridge und übertragen nach Framlingham 1708
Die Orgel in dem etwa um 1630 entstandenen Gehäuse wurde 1741 durch John Byfield repariert (Einbau oder Erweiterung der Swell Organ), 1898 durch Alfred Hunter umgebaut und 1970 durch Bishop & Son restauriert. Von ihren 20 Registern auf zwei Manualen (Great, Swell) und Pedal sind noch 6 Stimmen und zwei Halbregister alt.

159 London, St. James's Church, Picadilly, Orgel, erbaut 1685–1688 von Renatus Harris für die Queen's Chapel (»Popish Chapel«) in Whitehall, übertragen an den heutigen Platz (allerdings ohne das Gehäuse der Choir Organ) 1691 durch Bernard Smith
Das im Juli 1692 von Henry Purcell und John Blow gespielte Instrument, dessen Skulpturen Grinling Gibbons schuf, hatte ursprünglich 20 Register, die auf die Manuale Great und Swell mit je 49 Tasten und Echo mit 25 Tasten verteilt waren. Zahlreiche Instandsetzungen und Umbauten fanden statt: 1803 durch England, 1821 durch Davis (Erweiterung um Pedalregister), 1831, 1852 und 1866 durch Bishop, der das Werk nach deutschem Vorbild umkonzipierte, ein neues Manual (Swell Organ) einbaute, das Pedal erneuerte und das Instrument mit 39 Registern (davon 11 alte Stimmen) vollendete, 1914 und 1954 durch Rothwell (elektropneumatische Traktur). Heute ist die Orgel unspielbar.

160 Chamber Organ mit zwei Manualen und sechs Registern, erbaut am Ende des 17. Jh.s von Bernard Smith; Compton Wynyates, Sammlung des Marquis of Northampton

161 Cambridge, Trinity College Chapel, Orgel, erbaut 1708 von Bernard Smith Nach der 1686 erfolgten Reparatur einer 1660 von Thomas Thamar erbauten Orgel konzipierte Smith 1694 ein erstes Instrument und 1708 die abgebildete Orgel, die nach dem Tod des Orgelbauers von Christopher Schreider (oder Shrider) vollendet wurde. Ihr Hauptgehäuse mit den zwei Prospektseiten geht auf das Jahr 1708 zurück, doch dürfte das Gehäuse der Choir Organ noch von 1694 stammen. Das Werk wurde bis heute mehrmals verändert, vor allem 1870 durch Sir Arthur Blomfield, der an jeder Seite des Hauptprospekts einen Turm und ein Flachfeld ergänzte, und 1912–1913 durch Harrison & Harrison. 1975 fügte die Orgelbaufirma Metzler in das historische Gehäuse ein neues Instrument nach der Tradition von Father Smith ein. Es verfügt auf vier Manualen und Pedal über 42 Register, von denen noch sieben von Smith stammen.

162 London, Church of St. Magnus the Martyr, London Bridge, Orgel, erbaut 1712 von Abraham Jordan
Die viermanualige Orgel war das erste Instrument, das mit dem von den Orgelbauern Abraham Jordan Vater und Sohn (die wohl die Echokästen des iberischen Orgelbaus kannten) erfundenen Schwellkasten ausgestattet wurde. Das noch nicht sehr ausgereifte System bestand aus einer von unten nach oben gleitenden Holzplatte, deren Bewegung ein über eine Rolle laufendes Seil besorgte. Das Ende dieses Seils war mit einem Pedal verbunden, das dem Organisten das – geräuschvolle – Schließen des Schwellwerkes erlaubte. Das Instrument wurde im 20. Jh. durch R. Spurden Rutt & Co erneuert.

163 Great Packington, Pfarrkirche St. James, »Händel-Orgel«, erbaut nach 1749 von Thomas Parker
Die ehemalige Chamber Organ der Gopsall Hall in Leicestershire wurde nach Vorschlägen Georg Friedrich Händels, die wir aus einem Brief an Charles Jennens vom 30. September 1749 kennen, erbaut: Thomas Parker konstruierte das erste Manual (Great/7 Register) und Johann Snetzler – wohl noch immer in Absprache mit dem großen Musiker – das zweite Manual (Choir/3 Register).

164 Eton College, Orgel, erbaut 1760 von Johann Snetzler
Die für König Georg III. erbaute Chamber Organ verfügt über 8 Register. Das linke Pedal schaltet den Prinzipal 4′ und alle hohen Stimmen aus, das heute nicht mehr vorhandene rechte Pedal bediente den Mechanismus der »swell-box«.

165　York, Kathedrale (Minster), Orgel, erbaut 1829–1832 von William Hill
Die 52-stimmige Orgel (Great und Choir mit je 60, Swell mit 49 und Pedal mit 19
Tasten) erhielt von Thomas Elliot ein neugotisches Gehäuse, dessen Zierat aus
Holz jede Pfeifengruppe, sogar jede Pfeife umschließt. Nach Instandsetzungen und
Umbauten 1859, 1903, 1931 und 1960 besitzt die Orgel heute 78 Register auf vier
Manualen und Pedal. Während des Brandes der Kathedrale vom 9. Juli 1984 scheint
das Instrument nur Wasserschaden erlitten zu haben.

166　Ely, Kathedrale, Orgel, erbaut 1851 von Hill & Son
Hill & Son erneuerten und erweiterten die 1831 von Elliot & Hill erbaute Orgel. Das
Gehäuse der einst 42-stimmigen Orgel (Great, Choir, Swell und Pedal) konzipierte
Sir Gilbert Scott »in Nachahmung des Orgelprospektes des Straßburger Münsters«.
An- und Umbauten erfolgten 1867 und 1884, bis die Firma Harrison 1908 ein neues
Instrument mit vier Manualen (Great, Choir, Swell, Solo), Pedal und 69 Registern
erstellte. Nach leichten Veränderungen 1956 und 1962 vergrößerte dieselbe Firma
die Orgel um ein fünftes Manual (Positive Organ) auf 78 Stimmen.

167   Eton College, Upper Chapel, Orgel, erbaut 1886 von Dr. Arthur George Hill im Gehäuse von J.L. Pearson
Die mehrmals, vor allem aber 1902 durch Hill, einen der letzten großen Repräsentanten des Orgelbaus der Viktorianischen Zeit, veränderte imposante Orgel mit ihrem 32′-Prospekt verfügt heute über 64 Register auf 5 Manualen (Great, Swell, Choir, Positive, Solo) und Pedal.

168   Woodstock, Blenheim Palace Chapel, Orgel, erbaut 1891 von Father Henry Willis
Das in der Long Library befindliche luxuriöse Instrument mit 52 Registern auf vier Manualen (Great, Swell, Choir und Solo mit 58 Tasten) und Pedal (30 Tasten) wurde 1931 durch Henry Willis III mit einem Welte-System versehen, das das Spiel der Orgel durch von großen Organisten aufgenommene Rollen erlaubte. Instandsetzungen fanden 1949 durch Henry Willis & Sons und 1978–1979 durch Wood, Wordsworth & Co statt.

169   Selby, Abteikirche, Orgel, erbaut 1909 von William Hill
Das von John Oldrid Scott erstellte Gehäuse, dessen Konzept sich an der deutschen oder spanischen Gotik orientiert, weist klarere Linien als die Gehäuse seines Vaters auf. Die Orgel wurde mehrmals verändert und vergrößert: 1930, 1947–1950 und schließlich 1975 durch John T. Jackson & Son. Sie besitzt heute vier Manuale und Pedal mit 72 Registern.

Schüler auf gewisse Schriften wie das Buxheimer Orgelbuch ab, so gibt es bis zur Mitte des 16. Jahrhunderts nur wenige eigens für Orgel komponierte Werke.

Die zwei einzigen aus dem 15. Jahrhundert bekannten Stücke sind eine dreistimmige, John Dunstable zugeschriebene Komposition und eine Version des »Felix namque«, ein Thema, das die englischen Komponisten bis etwa 1650 oft zu bearbeiten pflegten. Eine weitere beliebte Melodie war die der Messe »Gloria tibi Trinitas«, deren Worte »In nomine Domini« John Taverner als erster in Musik setzte. Die in ihren ersten Takten das Thema als Cantus Firmus entwickelnde musikalische Form wurde seither als »In nomine« bezeichnet.

Über Melodien des Gregorianischen Chorals komponierten im Jahrhundert der Tudors der in Boston (Lincolnshire) und Oxford tätige Organist John Taverner, der in London in der Mitte des 16. Jahrhunderts tätige walisische Komponist Philip ap Rhys, John Redford, Organist der Londoner St. Paul's Cathedral, Hugh Ashton, Christopher Tye, Richard Alwood, Thomas Preston, John Thorne und Robert Coxsun, während zahlreiche anonyme Stücke von der Kunst namentlich nicht mehr bekannter Meister künden.

Da die Form der Orgelmesse nur wenig entwickelt war (Taverner, Philip ap Rhys, Preston), stellten Hymnenbearbeitungen oder Kompositionen über Melodien des Gregorianischen Chorals den Hauptteil des Orgelrepertoires dieser Epoche dar. Der Kompositionsstil kann mit einigen Stücken der von Pierre Attaingnant in Paris veröffentlichten Sammlung verglichen werden. Bei den Werken handelte es sich allgemein um umfangreiche dreistimmige Fantasien, die nach dem Variationsprinzip mit sehr unterschiedlichen und oft komplexen Rhythmen gearbeitet wurden. Die wichtigste Quelle für die Kenntnis der englischen Orgelmusik am Anfang des 16. Jahrhunderts ist das »Mulliner Book«, in dem Thomas Mulliner um 1560 etwa 120 Werke für Orgel oder Virginal von Komponisten wie Taverner, Redford, Alwood, Tye und Tallis sammelte. In diesem Buch finden wir außer Tänzen spezielle Musikformen wie die »voluntaries« (dieser Titel bezeichnet hier ein freies Präludium, doch wurde der Begriff bald auch für viele andere Orgelmusikformen verwendet) und »points« (kurze monothematische Stücke im Imitationsstil). Außerdem muß man auch die etwa 50 zwei-, drei-

und sogar vierstimmigen Orgelsätze über liturgische Cantus Firmi für Clavier allein von John Redford nennen, die den Kompositionen der niederländischen Kunst des 15. Jahrhunderts ähnlich sind und durch eine kühne melodische Führung erstaunen.

In der zweiten Hälfte des 16. Jahrhunderts und in den ersten dreißig Jahren des folgenden Jahrhunderts blühte die Variationskunst auf, die in England ihren Höhepunkt fand, und das Virginal wurde zum dominierenden Tasteninstrument. Es ist schwierig, im einzelnen zu bestimmen, welche Stücke für Virginal geschrieben wurden und welche Werke auch auf der Orgel interpretiert werden konnten, doch eignen sich offensichtlich viele Stücke dieser Tastenliteratur für die Orgel. Das ist nicht weiter erstaunlich, wenn man weiß, daß die meisten der großen Virginalisten auch als Organisten tätig waren: Thomas Tallis, William Byrd, John Bull, William Blitheman, Orlando Gibbons, Thomas Tomkins und Thomas Warwick, die vor allem an der Königlichen Kapelle tätig waren, sowie der Organist von St. Paul's in London, Thomas Morley, und der Organist der Königlichen Kapelle in Brüssel, Peter Philips.

Die rund 600 Kompositionen der Musiker dieser zweiten Periode der englischen Musik, die zu Recht das Goldene Zeitalter genannt wird, sind zum Großteil in für die Zeit um 1600 charakteristischen Manuskriptsammlungen, den »Virginal Books« – zum Beispiel »My Ladye Nevell's Booke« (1585/1590), »Benjamin Cosyn's Book« oder die einzige gedruckte Sammlung »Parthenia, or the Maydenhead of the First Musicke that ever was printed for the Virginalls« (1612/1613) – enthalten, von denen sicherlich das »Fitzwilliam Virginal Book« (1621/1622) mit nahezu 300 Stücken am berühmtesten ist. Die Kunst der Virginalisten bestand vorwiegend aus Variationen, die in einem wahrscheinlich von Cabezón ererbten Stil zu extremer phantasievoller Virtuosität gesteigert wurden: Variationen über liturgische Hymnen, Fantasien, Variationen über die Noten des Hexachords, »fancies«, Pavanen, Gallarden, Liedtranskriptionen oder Präludien. Die englische Variationskunst, deren Schreibweise nur scheinbar schlicht ist (Ausschmückung der originalen Melodie, Verzierungen, Triolen), umfaßt ein geschicktes Abwandeln von Rhythmus, Harmonie und Kontrapunkt. Außer der Variation trifft man auch zahlreiche Werke an, die auf

Fig. 68 Die Orgel, die Königin Elisabeth I. von England 1599 dem türkischen Sultan Mehmed III. schenkte (nach einem Stich der »Illustrated London News« vom 20. Oktober 1860)

einem Cantus Firmus basieren und sicherlich für die Orgel bestimmt sind, vor allem die der komponierenden Organisten der älteren Generation dieser Sammlungen wie Blitheman, Bull, Redford, Preston, Tallis und Tomkins.

Seit der zweiten Hälfte des 16. Jahrhunderts erfuhr das englische Musikleben gewaltsam die Folgen politisch-religiöser Unruhen, denn die autoritäre Politik der ersten beiden Herrscher der Stuarts, ihr konservativer Standpunkt als Oberhaupt der anglikanischen Kirche und ihr Wille zu regieren, ohne sich um das auf seine Vorrechte pochende Parlament zu kümmern, stürzten das Land, in dem seit 1534 Politik und Religion eng miteinander verbunden waren, in eine tiefe Krise. Diese gipfelte in der Enthauptung Karls I., im Sieg von Cromwell und im Triumph des strengen und starren Puritanismus. So waren von 1649 bis 1660 die musikalischen Aktivitäten, besonders in den Kultstätten, dem Diktat einer unbeugsamen Religion unterworfen. Die Musik in der Kirche wurde eingeschränkt oder sogar verboten, die Orgeln wurden großenteils das Opfer der Bilderstürmer oder abgetragen, um für den Metallwert verkauft zu werden. Die Musiker und vor allem die Organisten waren zur Untätigkeit gezwungen; die einen gingen ins Exil, die anderen versuchten zu überleben, wobei manche, ihrer Arbeit beraubt, vor Hunger starben.

Nach der Wiederherstellung der Monarchie 1660 erlangte die Musik sowohl am Hof als auch in der Kirche ihre vollen Rechte zurück. Auch der Orgelbau lebte durch die Initiative erfinderischer englischer (Renatus Harris und Abraham Jordan) oder deutschstämmiger (Bernhard Schmidt – »Father Smith« – und Johann Snetzler) Orgelbauer wieder auf. Doch war der Einschnitt in das Musikleben so schwerwiegend, daß die große Tradition der Virginalisten nur mehr eine weit zurückliegende Erinnerung war. Diese Unterbrechung in der Entwicklung der Orgelliteratur bekundet auch die Tatsache, daß im Gottesdienst dem Singen von Hymnen und Psalmen noch immer der größte Stellenwert eingeräumt wurde, und die Rolle der Orgel somit vorwiegend die des Stützens mit nur gelegentlichem solistischem Spiel war. Die Organisten und Komponisten entwickelten nur selten eine liturgische Melodie in geschickten Variationen, sie schufen vielmehr vergnügliche Stücke, die das ästhetische Empfinden des Jahrhunderts widerspiegelten.

Die Musik der ersten zwei Drittel des 17. Jahrhunderts war noch vom Stil der Virginalisten geprägt; in dieser Übergangszeit finden wir wenige Werke von Edward Gibbons und Christopher Gibbons, dem älteren Bruder bzw. Sohn von Orlando Gibbons, außerdem von Benjamin Rogers und von Matthew Locke, der uns in seiner »Melothesia, or, Certain General Rules for Playing upon a Continued-Bass« (London 1673) interessante Präludien und Voluntaries hinterließ.

John Blow, eine bedeutende Persönlichkeit des englischen Musiklebens, war von 1668 bis 1679 und nach dem Tod Purcells von 1695 bis 1708 Organist der Westminster Abbey und der St. Paul's Cathedral in London, Kammermusiker des Königs und Komponist der Königlichen Kapelle. Er schrieb Orgelverse, Präludien und Voluntaries, von denen das durch seine schnellen, toccatenartigen Läufe bemerkenswerte »Voluntary for Full Organ«, das »Voluntary for the two Diapasons and Flute«, das

»Voluntary for the Cornett Stop« oder der »Verse for the Cornett und Single Organ« besonders erwähnt seien, da deren Titel zugleich die Registrierung der Stücke nennen, was Ende des 17. Jahrhunderts noch eine Seltenheit war.

Henry Purcell, Schüler von John Blow und wie dieser einer der größten Meister seines Landes, der ebenfalls als Titular der Orgeln von Westminster amtierte, komponierte nur etwa zehn sehr verzierte Stücke für die Orgel: »verses« und Voluntaries, wobei das Purcell zugeschriebene, vielleicht jedoch von Blow stammende »Voluntary on the old 100th Psalm Tune« sehr wahrscheinlich für die Interpretation auf einem zwischen c' und cis' geteilten Manual bestimmt ist; die Komposition zitiert nach einer fugierten Introduktion das Choralthema in der linken Hand und dann im Sopran. Erwähnt sei auch das »Voluntary for Double Organ« in d-moll, das durch seine flimmernden Läufe erstaunt.

Die Form des in der Claviermusik seit dem 16. Jahrhundert auftretenden Voluntarys war nicht genau definiert, und die Musiker nannten ihre Kompositionen nach Belieben »voluntary«, »fancy«, »verse«, »In nomine«, »Fantasia« oder Präludium. Ursprünglich war das Voluntary ein einsätziges Stück mittlerer Länge, das sich bald zu einer zweiteiligen Form weiterentwickelte. Im ersten, einem Präludium vergleichbaren langsamen Abschnitt erklingen gewöhnlich »Diapasons« oder »Full Organ«, während der zweite, schnelle Satz entweder fugiert oder einen Kornett, eine Trompete oder seltener ein anderes Register zum Klingen bringt. Ebenso profitierte das Voluntary von den Möglichkeiten des Orgelbaus: Bot ihm ein einmanualiges Instrument den Vorteil in Baß und Diskant geteilter Register, so stellte ihm das Aufkommen eines zweiten (»Double Organ«) und später eines dritten (»Echo Organ«) Manuals vom Solo- bis zum Echospiel einen größeren Reichtum an Registriermöglichkeiten bereit. Am Ende des 17. und während des 18. Jahrhunderts näherte sich das Voluntary der Suite, der vier- oder fünfsätzigen Barocksonate oder dem Satzpaar Präludium und Fuge an. In diesem Zusammenhang sei daran erinnert, daß die Musikverleger Coventry & Hollier bei Mendelssohn drei Voluntaries bestellten, die dieser, da er die genaue Bedeutung des Begriffs nicht kannte, schließlich als »Sonaten« bezeichnete.

Bevor auf das bemerkenswerte Œuvre Händels einzugehen ist, sei noch auf die

Fig. 69 London, St. Paul's Cathedral, Orgel, erbaut 1694–1697 von Bernard Smith
Die Orgel stand ursprünglich auf dem Lettner der Kathedrale in einem Gehäuse, das von Sir Christopher Wren mit zwei Fassaden – nach Osten und nach Westen – entworfen und von Grinling Gibbons angefertigt worden war. Sie hatte 27 Register auf drei Manualen. Nachdem man 1859 den Lettner entfernt hatte, wurden die beiden Prospektseiten des Gehäuses 1872 durch Henry Willis an ihrem heutigen Platz an der nördlichen bzw. südlichen Chorwand aufgestellt, wobei Willis für das Gehäuse der heute nach Norden gerichteten Fassade eine Kopie der Choir Organ anfertigte. Seine 52-stimmige Orgel mit vier Manualen wurden mehrfach restauriert: 1897–1900, 1930, 1946–1949 und 1960. Zwischen 1973 und 1977 erneuerte Noël Mander das Werk, indem er für die Chororgeln die Disposition von Willis imitierte. Die Orgel verfügt heute über 105 Register, die in drei räumlich getrennte Werke aufgeteilt sind: Chancel Section (Great, Swell, South Choir, North Choir, Solo und Pedal), Dome Section (fünftes Manual, Pedal) und West Section.

Psalmharmonisierungen »with their interludes of great variety« von Daniel Purcell, dem Bruder von Henri Purcell, und auf die stets zweiteiligen Voluntaries des Schülers und Nachfolgers Blows in Westminster, William Croft, hingewiesen.

Georg Friedrich Händel, Erbe der großen norddeutschen Tradition, Schüler von Friedrich Wilhelm Zachow, Freund des renommierten Orgelvirtuosen Johann Mattheson, mit dem er 1703 die Reise nach Lübeck unternahm, um Buxtehude in der Marienkirche zu hören, und überzeugter Bewunderer der italienischen Musikkunst, von der er sich manchmal über Gebühr beeinflussen ließ (»il caro Sassone« nannte ihn Domenico Scarlatti), wurde in Halle geboren, wo er von 1702 bis 1703 als Organist der Domkirche (Schloßkirche) tätig war. Er unternahm 1710 eine erste Reise nach England und ließ sich zwei Jahre später endgültig in diesem Land nieder, wo sein Gönner, der Kurfürst von Hannover, 1714 als Georg I. zum König gekrönt wurde. Der für seine Improvisationen an den »chamber organs« geschätzte und berühmte Meister brachte einer etwas brachliegenden Musiklandschaft neue Impulse, so daß ihm das musikalische England des 18. Jahrhunderts umfassend zu Dank verpflichtet ist. Es erübrigt sich, hier auf seine Karriere einzugehen, von der nur seine Ernennung zum Komponisten des Herzogs von Chandos im Sommer 1717 erwähnt sein soll, da er hier mit dem ebenfalls sehr berühmten deutschen Musiker Johann Christoph Pepusch aus Berlin zusammentraf. Pepusch gilt als Lehrmeister einer ganzen englischen Organistengeneration, insbesondere von William Babell, William Boyce, John Keeble, John Travers, James Nares und Benjamin Cooke.

Händel komponierte Fugen und Voluntaries »for the organ or harpsichord«, in denen er den rhythmischen Gegensatz der beiden Sätze und ihre Charakteristika (Soli des Kornetts, der Trompete oder Flöte und Echopassagen) respektierte. Unsterblichkeit erlangte er jedoch als Begründer der Konzerte für Orgel und Orchester, eine Gattung, die zahlenmäßig, jedoch nicht immer qualitativ in England und in den deutschsprachigen Ländern, vor allem in Wien und Prag, größte Bedeutung erlangte. Historisch gesehen gingen diesen Schöpfungen Händels nur wenige Kompositionen voraus: die drei Konzerte von Vivaldi (zwei Konzerte für Orgel und Violine und ein Konzert für zwei Orgeln und zwei Violinen), die Clavierkonzerte des Nürnberger Organisten Johann Matthias Leffloth, die von Walther und Bach für Orgel übertragenen Instrumentalkonzerte und schließlich Bachs Sinfonien der Kantaten BWV 29, 35, 49, 146 und 169.

Diese 16 Konzerte, die Händel als Zwischenmusik für seine Oratorienaufführungen – der erste Satz des neunten Konzertes (opus 7, Nr. 3) greift beispielsweise die Keimzelle des »Halleluja« aus dem »Messias« auf – schuf und immer selbst interpretierte, um nach einer einleitenden Improvisation, die dem »Warmspielen« diente, seine brillante Virtuosität zu beweisen, wurden in vier Editionen veröffentlicht: die ersten sechs Konzerte (opus 4) im Jahre 1738, die zwei Konzerte, die später die Nummern 13 und 14 tragen sollten, zusammen mit den vier Orgeltranskriptionen der Concerti Grossi (opus 6, Nr. 1, 5, 6 und 10) 1740, die sechs Konzerte 7 bis 12 (opus 7) 1761 und die Nummern 15 und 16 schließlich 1797. Zu erwähnen ist noch das Projekt eines Konzertes für zwei Orgeln in der Übertragung des ersten Satzes der Komposition opus 7, Nr. 4.

Händel, der 1735 zum erstenmal eines seiner Werke gespielt hatte, interpretierte am Ende seines Lebens – nachdem er auf seiner letzten Reise nach Halle 1750 in Holland das Opfer eines Unfalls geworden war und nachdem er 1753 das Augenlicht verloren hatte – noch immer seine Konzerte in wohltätigen Konzertveranstaltungen, wenn er nicht vom Clavier aus das Orchester für die Aufführung seines »Messias« dirigierte.

Händels Werke sind vielleicht für Cembalo, vorwiegend jedoch für eine mit nur wenigen Registern und ohne Pedal disponierte englische Orgel bestimmt, wie sie Abraham Jordan auf Wunsch Händels im Covent Garden Theatre in London oder Richard Bridge bauten, dessen von Händel disponiertes Werk sich heute in der Kirche von Great Packington befindet. Es verfügt auf einem Manual mit 56 Tasten (C–d‴ /kurze Unteroktave) über sieben Register: Open Diapason 8′, Stopped Diapason 8′, Prinzipal 4′, Twelfth (Quinte 2 ⅔′), Fifteenth (Doublette 2′), Great Tierce (1 ⅗′), Trumpet 8′ (Jordan) oder Flute (Bridge). Lediglich das siebte Konzert (opus 7, Nr. 1) erfordert ein selbständiges Pedal, es wurde wahrscheinlich für eines der Konzerte Händels auf dem Kontinent geschrieben. Was das Orchester betrifft, so werden die Saiteninstrumente und das Cembalo (Continuo) durch zwei Oboen und – im Fall von opus 7, Nr. 1 und 4 –

Fagotte bereichert, doch bilden zwei Konzerte eine Ausnahme: das sechste (opus 4, Nr. 6), das anstelle der Oboen für Flöten konzipiert ist, während die Violinen gedämpft pizzicato-Akkorde spielen, und das sechzehnte in F-Dur, das dem üblichen Instrumentarium noch zwei Hörner zugesellt. Die Konzerte sind von den italienischen Formen der Sonata da Camera, der Sonata da Chiesa und des Concerto Grosso mit dem Wechsel der Orgel oder einiger Instrumente (Concertino) mit dem Orchester (Ripieno) beeinflußt, doch übertreffen sie durch ihren erfinderischen Gehalt, die Leichtigkeit der Rhythmen, das Einfließen der großen deutschen Polyphonie (vor allem die Form der Passacaglia), durch die mit Purcell oder Blow vergleichbare Eleganz, Lebendigkeit und Phantasie, und schließlich durch die rhythmische Brillanz der französischen Ouvertüre alle Vorbilder. Die Zahl ihrer Sätze beträgt allgemein wie bei der Sonata da Camera vier: Introduktion, Allegro, Adagio und abschließendes Allegro von oft tänzerischem Charakter, doch kann diese Zahl von zwei bis sieben, wie im zehnten Konzert, variieren. Zu erwähnen bleibt noch, daß bei den »ad libitum«-Stellen die ausführenden Organisten improvisieren können.

Diese originellen und diskret auf äußeren Effekt angelegten Stücke, deren Innigkeit und Feinheit an die inzisive Technik des Cembalos erinnern, scheuen sich nicht, auch die Ideen anderer Musiker oder solche Ideen, die der Meister selbst für frühere Werke ersann, zu verwerten. Nach Romain Rolland »schuf Händel nicht nur seine Musik, er schuf auch die Musik der anderen«. Für die englischen Komponisten war er hinsichtlich des Kompositionsstils und der Form ein Vorbild, das sie noch lange Zeit nach seinem Tod leitete.

Das lebhafte Interesse für das Œuvre dieses temperamentvollen Deutschen, den die Engländer schließlich als einen der ihren betrachteten, beweisen unzählige Konzerte für ein Tasteninstrument, die von etwa 1740 bis weit ins 19. Jahrhundert geschrieben wurden: 32 »Concertos for the Organ or Harpsichord with instrumental parts« des Reverend William Felton aus Hereford, die während eines Vierteljahrhunderts in London veröffentlicht wurden (opus 1, 1744; opus 2, 1747; opus 4, 1752; opus 5, 1755; acht Konzerte, opus 7, 1759?); außerdem »Six Favourite Concertos for the Organ, Harpsichord or Piano Forte: with Instrumental Parts« von Thomas Augustine Arne aus London, Autor des berühm-

Fig. 70 Entwurf einer »chamber organ« von John Linnell, »cabinet-maker« des 18. Jh.s, als die Kunst der »chamber organs« in England ihren Höhepunkt erreichte; London, Victoria and Albert Museum, GC 5961

ten »Rule, Britannia«, dessen Werke auf der einen Seite noch mit dem galanten Stil liebäugeln, auf der anderen Seite aber schon die klassische Konzeption andeuten; weiter die Konzerte des Francesco Geminiani-Schülers Charles Avison aus Newcastle-on-Tyne, die von Philip Hayes aus Oxford oder Henry Burgess d. J., die wie die sechs Konzerte Charles John Stanleys aus London dem originalen Schema sehr verhaftet bleiben; der blinde Stanley hatte bei John Reading und Maurice Greene gelernt und setzte nach dem Tod seines Freundes Händel die Tradition der Oratorien-Zwischenspiele fort. Die Konzerte für Orgel und Klavier von Thomas Sanders Dupuis, des wohl ersten Komponisten, der an einer Überdosis Opium starb, eröffneten dem Soloinstrument allmählich eine neue virtuose Dimension. An weiteren Konzerten seien die Partituren der in Norwich geborenen Musiker William Crotch, Organist in Cambridge und Oxford, und John Charles Beckwith, die »Six Concertos for the organ or Harpsichord« (opus 1; 1781) von Charles Wesley und die elf Konzerte (eines über die Melodie »Rule, Britannia«) seines Bruders Samuel Wesley genannt.

Diese außerordentliche Beliebtheit der Konzerte für Orgel und Orchester löste die Orgel aus ihrer liturgischen Funktion, an deren Stelle nun die weltliche Prägung der Orchestermusik trat, doch schrieben zahlreiche Musiker auch noch Solokompositionen für das Instrument, die allerdings, wie bereits erwähnt, nicht mehr die üblichen Formen hatten. Man findet ziemlich viele unbedeutende Fugen, deren drei Stimmen durch vermehrte Themeneinsätze und freie Zwischenspiele ein reicheres Stimmengewebe vorzutäuschen versuchten, wobei die meisten Orgelwerke sowohl auf der Orgel als auch auf dem Cembalo und später auf dem Klavier gespielt werden konnten. Kennzeichen des umfangreichen englischen Orgelschaffens waren – gemäß der Musiktradition der elisabethanischen Zeit – elegante Freiheit, schlichte und direkte Schönheit und, mehr noch als eine liturgische Bestimmung, das Vergnügen der Interpretation auf »chamber organs«, die das gebildete Bürgertum in dem »musicroom« aufzustellen pflegte, und die von den besten Künstlern der Zeit, Orgelbauern wie Kunsttischlern, gebaut wurden: Father Smith, Johann Snetzler, Samuel Green, Robert Adam, Thomas Chippendale und John Linnell. Diese zur Unterhaltung gespielte Musik entwickelte sich allmählich zu Charakterstücken, die als Ausdruck von Gefühlen und seelischen Empfindungen in der Orgelliteratur des 19. Jahrhunderts eine bedeutende Rolle spielten. Darüber hinaus bestand das Repertoire der Organisten auch aus manchmal sehr geschickten Transkriptionen großer Orchester- und Vokalkompositionen.

Die große Zahl englischer Komponisten des 18. und 19. Jahrhunderts, die meistens nur etwa zehn Orgelstücke schrieben (vor allem Voluntaries, Fugen, Interludien oder »selected pieces«) erlaubt es, im folgenden nur auf die bedeutendsten Autoren etwas näher einzugehen.

In den drei ersten Vierteln des 18. Jahrhunderts finden wir besonders die Werke von sechs Musikern, die, wenn sie Händel zum Teil schon nicht persönlich kannten, doch wenigstens seine Kunst schätzten. Der für seine Improvisationen bewunderte Thomas Roseingrave aus Winchester, der eine Studienreise nach Italien unternahm und mit Alessandro und Domenico Scarlatti in Verbindung stand, hinterließ uns zwei Sammlungen: »Voluntaries and Fugues made on purpose for the organ or harpsichord« und »Six double Fugues for the organ or harpsichord«. Maurice

Greene aus London, Organist vor allem von St. Paul's und Freund Händels, bemühte sich in seinen etwa 20 Voluntaries um die zweiteilige Form und eine sangliche, oft einfache Führung der verschiedenen Stimmen. Der Schüler von Greene und Pepusch, William Boyce aus London, schrieb zehn Voluntaries, deren Merkmale ein frischer, lebhafter Satz und eine rhythmische Leichtigkeit sind, wobei die zwei Abschnitte seiner Stücke dem Satzpaar Präludium und Fuge oft nicht unähnlich sind. Charles John Stanley veröffentlichte außer den bereits erwähnten Konzerten 1742 drei Sammlungen mit zehn Voluntaries (opus 5, 6 und 7); die dreistimmigen, meist zweigeteilten Werke, die sich offensichtlich am Stil Händels orientieren, sind mehr melodisch als kontrapunktisch verarbeitet und besitzen, wie bei Boyce, abwechselnd Soli- und Echopassagen. Der Stil der Voluntaries des Oxforder Organisten William Walond und des Londoner Organisten John Bennett nähert sich dagegen der barocken Sonatenkonzeption.

Die neuen stilistischen Errungenschaften des kontinentalen Europa und vor allem der großen deutschen Schule beeinflußten auch das englische Orgelschaffen der zweiten Hälfte des 18. Jahrhunderts, was im eigentlichen Bereich der Kirchenmusik selbst jedoch weniger offensichtlich war. So sind die wenigen Werke von Charles Burney und John March, zweier für ein Jahrhundert, das seinen Weg suchte, typischer Musiker, Ausdruck eines galanten Stils, der den Geschmack des Publikums befriedigen konnte. Wenn Charles Burney, der im Orchester Händels Violine spielte, »Six Cornet Pieces with an Introduction for the Diapasons, and a Fugue. Proper for young Organists and Practitioners on the Harpsichord« (1751) und »Preludes, Fugues, and Interludes for the Organ... for Young Organists...« (1787) hinterließ, so erscheint sein musikalisches Schaffen im Hinblick auf seine intellektuelle Wißbegierde doch nur als zweitrangig. Er war vor allem der führende Beobachter des Musiklebens seiner Zeit und veröffentlichte in London von 1776 bis 1789 die bedeutende Schrift »A General History of Music« in vier Bänden, zu der noch weitere grundlegende Arbeiten hinzukommen. Von John Marsh sind fünf Sammlungen »Voluntaries for Young Practitioners« überliefert. Aufgrund seiner akustischen Studien baute er ein Cembalo mit Vierteltönen – bereits um 1590 gab es ein solches Instrument in Padua – und war außerdem wie Burney lebhaft an der Astronomie und überdies am Militärwesen interessiert.

An der Wende zum 19. Jahrhundert lebte die englische Orgelliteratur noch immer von der Erinnerung an Händel, ging aber auch schon auf die Anfänge der deutschen Romantik ein. Man blieb weiterhin der Fugen- und Sonatenkunst verpflichtet, ohne allerdings eine bestimmte Richtung zu verfolgen. In diesem Zusammenhang sind Thomas Attwood, einer der Lieblingsschüler Mozarts und der erste, der das Talent seines späteren Freundes Mendelssohn erkannte (Mendelssohns drei Präludien und Fugen aus opus 37 sind ihm gewidmet), George Guest, William Crotch und William Russell zu nennen. Es war jedoch vor allem das Verdienst zweier Mitglieder der Familie Wesley, daß die englische Orgelmusik eine besondere Ausdruckskraft und einen Höhepunkt ihrer Entwicklung erreichte. Die aus Bristol stammenden Söhne des Reverend Charles Wesley und Neffen des berühmten Predigers John Wesley, der die strenge Methodistenbewegung begründet hatte, Charles Wesley und vor allem Samuel Wesley, schrieben Stücke, die sicher noch der Musik des 18. Jahrhunderts entsprachen (Konzerte, kurze Charakterstücke, Voluntaries, Variationen, Fugen, Interludien, »mouvements«), deren Ästhetik aber – vor allem in formaler Hinsicht (Fugen, Präludien und Fugen) – die tiefe Bewunderung widerspiegelte, die diese zwei Musiker für das Werk Johann Sebastian Bachs empfanden. Samuel Wesley, einer der größten Organisten seiner Zeit, war in England für die Wiederentdeckung Bachs verantwortlich; er spielte nicht nur in seinen Konzerten Kompositionen des Thomaskantors, er gab zwischen 1810 und 1813 auch das »Wohltemperierte Clavier« 1810 und die Triosonaten (in einer Fassung für zwei Klaviere) in Zusammenarbeit mit Karl Friedrich Horn heraus und förderte die englische Übersetzung von Forkels Bachbiographie (1820). In diesem Zusammenhang gewinnt die Begegnung zwischen Samuel Wesley und Felix Mendelssohn während dessen Konzert in der Christ Church (Newgate Street, London) am 12. September 1837 – einen Monat vor dem Tod des englischen Organisten – symbolischen Wert.

Wenn das 19. Jahrhundert auch keine großartigen Orgelwerke hinterlassen hat, so war es doch das bevorzugte Jahrhundert großer Orgelinterpreten: Thomas Adams, der »Thalberg der Orgel«; Samuel Wesleys Sohn Samuel Sebastian Wesley, Thomas (Attwood) Walmesley, großer Bewunderer von Bach und Freund Mendelssohns, und vor allem William Thomas Best. Der in Liverpool als Organist tätige Best transkribierte und adaptierte zahlreiche Orchesterwerke für die Orgel, gleich wie es der berühmte Gründer musikalischer Editionen, Vincent Novello, mit zahlreichen Vokalwerken alter englischer Autoren machte. Best verfaßte »The Modern School for the Organ« (1853) und »The Art of Organ Playing« (ab 1869) und veröffentlichte auch Stücke großer Meister. So erscheint er in seinem Land als der erste große Verfechter der »uralten« und symphonischen Orgel, und dies zu einer Zeit, in der das Studium der Werke der Vergangenheit den bereits am Anfang des Jahrhunderts zu beklagenden Verlust eines nationalen schöpferischen Sinns aufwog. Zugleich öffnete sich der englische Orgelbau einer großzügigeren Ästhetik, die auf der Weltausstellung von 1851 offenbart wurde: Wie Aristide Cavaillé-Coll schufen begabte Orgelbauer wie William Hill, Henry John Gauntlett und Father Henry Willis großartige Instrumente, in denen sich das klassische Erbe harmonisch mit romantisch-orchestralen Tendenzen verband.

In England blieb diese Ästhetik, die dank der liturgischen Musiktradition der großen anglikanischen Kathedralen eine feste Grundlage besaß, bis in die fünfziger Jahre des 20. Jahrhunderts bestimmend, und die Schreibweise der Komponisten, die allgemein nur wenige Werke für die Orgel schufen, entsprach eben diesem Empfinden.

Nach Sir Edward Elgar und seiner großen Sonate in G-Dur aus dem Jahre 1895 (opus 28) ist Basil Harwood zu nennen, der in seinen zwei Sonaten und seinem Konzert von der deutschen Romantik und dem Œuvre Rheinbergers beeinflußt wurde. In ihrem Land sehr berühmt sind der für seine Bearbeitungen anglikanischer Kirchenlieder bekannte Komponist Sir Charles Villiers Stanford und der tief von Bach beeinflußte Sir Hubert Parry. Zu erwähnen sind ferner Charles Wood, Walford Davies, Martin Shaw, Geoffrey Shaw, Frank Bridge, Herbert Howells, Alec Rowley, Eric Thiman, Herbert Murrill, Benjamin Britten und sein einziges Orgelwerk »Prelude and Fugue on a theme by Victoria« (1947) sowie Richard Arnell und Peter Hurford.

Französische Orgelmusik

Von den Anfängen
bis in das 19. Jahrhundert

Aus der Zeit vor dem 16. Jahrhundert sind keine Dokumente französischer Orgelmusik erhalten, doch muß man auf den Höhepunkt der organalen Kunst in der Pariser Schule von Notre-Dame hinweisen, wo sich zwischen 1150 und 1250 unter den Kathedralorganisten Leoninus und Perotinus die organa und einige diesen ersten polyphonen Stil betreffende Regeln entwickelten. Die vor allem vokalen zwei-, drei- und auch vierstimmigen Kompositionen (organum duplum, triplum, quadruplum) wurden wohl auch auf der Orgel oder von Ensembles, die eine Orgel umfaßten, musiziert.

Die erste französische Orgelliteratur geht auf den Drucker und Musikverleger Pierre Attaingnant zurück, der 1531 sieben in »tabulature des Orgues Espinettes et Manicordions« notierte Sammlungen veröffentlichte: vier Bände mit weltlichen Liedern und Tänzen, die zur häuslichen Erbauung auf Spinetten und »Manicordions« (wohl Clavichorden), sicher aber auch auf Portativen, Hausorgeln oder Regalen gespielt wurden, und drei Bände mit liturgischer Orgelmusik, auf die im folgenden einzugehen ist.

Der erste Druck enthält zwei als »Kyrie fons bonitatis« und »Cunctipotens« bezeichnete Orgelmessen, deren Versetten nach dem alternierenden Prinzip komponiert sind. Mit den etwa gleichzeitigen Kompositionen Buchners sind dies die ersten bekannten Beispiele einer Orgelmesse, die alle Teile des Ordinariums umfaßt. Im zweiten Band findet man zwei Präludien, Sätze in den acht Tönen für das »Magnificat« und Sätze über das »Te Deum«, im letzten Band schließlich – »reduict en la tabulature du Jeu d'Orgues« – ein Präludium sowie Transkriptionen von polyphonen Motetten berühmter Musiker, wie Obrecht, Févin, Loyset Compère, Brumel, Lafage, Pierre Moulu, Claudin de Sermisy und Mathieu Gascongne, und von zwei italienischen Liedern. Diese frühen, vom Ende des 15. und Anfang des 16. Jahrhunderts stammenden Beispiele der Orgelmusik sind bei weitem keine Meisterwerke, doch hatte der Sammler und Herausgeber Pierre Attaingnant wohl vor allem die Absicht, den Organisten seiner Zeit nützliche und für die Praxis bestimmte Stücke zur Bereicherung eines wenig umfangreichen Repertoires bereitzustellen. Originale Werke der auf zwei fünflinigen Systemen notierten zwei- bis dreistimmigen Kompositionen sind die drei Präludien sowie die Versetten der ersten und einige Sätze über das »Magnificat« und »Te Deum« der zweiten Sammlung. Bei den Bearbeitungen der Chormotetten des dritten Teils handelt es sich jedoch durchweg um schlichte Übertragungen, von denen einige mit dem einfachen Stil etwa einer Fantasie vergleichbar sind, wobei die Oberstimme der überwiegend nach dem Imitationsprinzip gebauten Kompositionen mit den üblichen figurativen Zusätzen versehen ist.

In den zwischen Attaingnant und Titelouze liegenden hundert Jahren bestand die französische Orgelliteratur – mit Ausnahme der im 16. Jahrhundert sehr beliebten Tänze (Pavane, Gaillarde, Branle) – aus Fantasien, die meistens für ein Tasteninstrument (Orgel, Spinett, Monicordion) oder für Bratschen komponiert wurden: die »Fantazie sus Orgue ou espinette« des am Hofe Heinrichs II., Karls IX. und Heinrichs III. tätigen Organisten Guillaume Costeley, die hauptsächlich über weltliche Melodien konzipierten drei »Fantaisies instrumentales« (1612) des Protestanten Claude Le Jeune, die 42 »Fantaisies a III, IV, V, et VI Parties« (ein Jahr nach dem Tod des Musikers in Einzelstimmen veröffentlicht) des »surintendant« am Hofe Heinrichs IV., François Eustache Du Caurroy, und die 24 Fantasien »tant pour les violes que pour l'orgue« des Flamen Charles Guillet.

Die Werke dieser Meister sind vor allem durch die klare Abgrenzung zwischen der instrumentalen und der vokalen Musik interessant, aber auch durch die Entwicklung eines Orgelstils, der – basierend auf der Form des Ricercars und dem Prinzip der Imitation – durch Jehan Titelouze seine typische Prägung fand.

Jehan Titelouze, Begründer der französischen Orgelmusik im 17. Jahrhundert, wurde 1588 in der Nachfolge von François Josseline zum Organisten der Kathedrale Notre-Dame in Rouen ernannt; außerdem war er auch ein anerkannter Theoretiker, Freund von Marin Mersenne, ein Dichter, ein von den Organisten gesuchter Interpret, Orgelbauexperte und Pädagoge. Seine

Kompositionen wurden in zwei Bänden bei Ballard in Paris veröffentlicht: die »Hymnes de l'Eglise pour Toucher sur l'Orgue, avec les Fugues et Recherches sur Leur Plain Chant« im Jahre 1623 und »Le Magnificat, ou Cantique de la Vierge pour Toucher sur l'Orgue, Suivant les Huit Tons de l'Eglise« im Jahre 1626. Enthält die erste Sammlung lateinische Hymnen, die je drei oder vier »versets« umfassen, so finden wir im zweiten Buch je sieben Versetten zu jedem der acht »Magnificats«: insgesamt 95 Stücke zu drei, vorwiegend jedoch vier Stimmen, die in zwei je fünflinigen Systemen notiert sind. Schrieb Titelouze im Vorwort der 1623 erschienenen Sammlung, es gebe seit Menschengedenken in Frankreich keine gedruckte Orgelmusik, so irrte er – wie man heute weiß – beträchtlich, doch läßt diese Bemerkung deutlich werden, daß die Orgelmusik des 16. Jahrhunderts zu dieser Zeit nicht mehr verbreitet war. Erwähnt sei auch die Spielanweisung des Komponisten, der in den Jahren 1600 und 1601 seine Orgel durch Crespin Carlier erneuern und auf zwei Manuale und ein 30 Tasten umfassendes Pedal vergrößern ließ, um hier »den Baß mit den Füßen, den Tenor auf dem einen und den Alt und Sopran auf dem zweiten Manual zu spielen«. Seine einfach rhythmisierten Werke konzipierte Titelouze nach dem Prinzip der Imitation über Melodien des Gregorianischen Chorals, wobei er noch den alten Kirchentonarten treu blieb, die in der weltlichen Musik bereits der Dualität des Dur- und Mollsystems Platz gemacht hatten. Da aus drucktechnischen Gründen in den Partituren noch keine Ornamente angegeben werden konnten, forderte Titelouze von den Interpreten, seine deshalb oft schlicht und schmucklos scheinende Musik mit den verschiedensten Verzierungen auszugestalten. Die vor allem in der – von Titelouze »recherche« genannten – Ricercarform komponierten Stücke haben eine dichte und majestätische Polyphonie, die – in bescheidenen Grenzen – durch chromatische Bindungen und gelegentliche Dissonanzen (vor allem in den »Magnificats«) oft schon neuzeitliche Harmonien zeigt.

Das für das 17. Jahrhundert einzigartige Œuvre von Titelouze begründete auf der einen Seite die französische Orgelkunst des »Grand Siècle«, stellte auf der anderen Seite aber auch das Ende einer Entwicklung dar; der Kompositionsstil der Organisten sollte nach Titelouze eine beachtliche Veränderung erfahren, wie es in der

»Fantasie« von Charles Racquet, dem mit Mersenne befreundeten Titularorganisten der Pariser Kathedrale Notre-Dame, offenbar wird: Diese Fantasie über ein einziges, in verschiedenen Abschnitten behandeltes Thema ist ein ungewöhnlich ausgedehntes Stück, in dem sich der Komponist an verschiedene außerfranzösische Vorbilder anzulehnen scheint. Wir finden den traditionellen Nachahmungsstil, Imitationen mit der kolorierten Version des Themas, lebhafte kontrapunktische Bewegungen, Augmentationen und auch einen toccatenartigen Abschnitt über einem Orgelpunkt.

Die zeitgenössischen Pariser Organisten und Nachfolger von Titelouze, von denen manchmal nur sehr wenige Werke überliefert sind, waren Florent Helbic, genannt Bienvenu, Jean Lesecq, Marin Deslions, Etienne Richard, Pierre Chabanceau de La Barre und dessen Sohn Joseph de La Barre, Charles Couperin – Bruder von Louis Couperin und Vater von François »Le Grand« Couperin –, Jacques-Denis Thomelin, Lehrer von François Couperin, und der aus Lüttich stammende Henri Du Mont.

Vor allem das Schaffen von François Roberday, Organist von Notre-Dame-des-Victoires und Kammerdiener der französischen Königinnen Anna und Maria Theresia von Österreich, erscheint als das bedeutendste nach Titelouze. In seinen »Fugues et Caprices à Quatre Parties«, die 1660 in Orgeltabulatur veröffentlicht wurden, und – wie der Autor in seinem »Advertissement« erläutert – auch für Bratschen oder andere ähnliche Instrumente bestimmt sind, finden wir noch die polyphone Kunst eines Titelouze sowie den freien Stil von Frescobaldi und Froberger. Der Druck enthält neben drei als »fugue« bezeichneten Kompositionen von Frescobaldi, Ebner und Froberger eigene Werke Roberdays, deren Themen, von zeitgenössischen Musikern wie de La Barre, Couperin, Cambert, d'Anglebert, Froberger, Cavalli und Bertali übernommen – war die damalige Zeit nicht vom Geschmack eines Mazarin beherrscht? –, von Roberday in meisterhafter Vollendung des Kontrapunkts verarbeitet wurden. Diese Sammlung kennzeichnet den Einfluß Italiens, der Renaissance und des italienisierenden süddeutschen Raumes auf Frankreich.

Ab der Mitte des 17. Jahrhunderts war der gelehrte strenge Stil von Titelouze vergessen. Den Musikstil der Zeit beherrschte nun nicht mehr das Italien Frescobaldis, sondern das der Oper, deren Gefälligkeit der Melodien die französische Musikwelt und besonders Cavalli und Lully in Paris faszinierte. So nahm die Orgel die gleiche Entwicklung, auf dem langen Weg zur Vollendung, wie sie auch volkstümliche Instrumente wie Laute und Cembalo durchliefen, und dies um so mehr, als die Organisten meistens auch Cembalisten waren und die Suitenform des Cembalos, die Effekte und das Rezitativ (»Récit«) des Theaters und schließlich den Zeitgeschmack für eine preziöse Musik auf die Orgel übertrugen; so zum Beispiel Etienne Richard, »maître d'épinette du Roi«, Jean Denis, Autor einer Abhandlung über die Stimmung des Spinetts und eines berühmten Präludiums zum Überprüfen der Stimmung, Henri Du Mont, Robert Cambert und vor allem der Organist und Cembalist der Königlichen Kapelle, Jacques Champion de Chambonnières.

Durch das Einfließen von Elementen und Formen der weltlichen Musik nahm die französische Orgelkomposition ein völlig neues Gepräge an, obwohl als Grundlage weiterhin der Gregorianische Choral diente. Die liturgischen Aufgaben wurden 1662 im »Caeremoniale Parisiense« für die Gemeinden der Diözese Paris in allen Einzelheiten festgelegt: Intonation des Chortones durch ein kurzes Präludium, Orgelspiel im Wechsel mit dem Chor zum Kyrie, Gloria, Sanctus und Agnus Dei sowie solistisches Orgelspiel während des Offertoriums, der Elevation und am Ende der Messe. Doch konnte der Gebrauch der Kirchentonarten, in denen noch Nicolas Gigault, Nicolas Lebègue, Guillaume-Gabriel Nivers und François Couperin schrieben, weder den neuen Tonarten noch dem Aufkommen volkstümlicher Themen widerstehen, ein Phänomen, das bereits mit Gigault und Lebègue auftrat und seinen Höhepunkt in den Noëlbearbeitungen von Pierre Dandrieu, Louis-Claude Daquin, Michel Corrette und Claude-Bénigne Balbastre fand.

In dieser von großem Prunk gekennzeichneten Zeit beeinflußte vor allem die von den Organisten meisterhaft beherrschte Kunst der Improvisation die Kompositionen für Orgel, die zugleich melodisch und klanglich verzaubern sollten. Mit nur wenigen Ausnahmen komponierten die Musiker von nun an nicht mehr in den großen abstrakten Formen, sondern unzählige kurze Stücke in leicht faßlicher Satzweise in fest umrissenen Typen, denen zur Einleitung ein Präludium

voranstand: das »Récit«, in dem eine Stimme entweder im Sopran (»... de dessus«), im Tenor (»... en taille«) oder im Baß (»Basse de...«) solistisch verarbeitet wird, während die übrigen Stimmen nur eine untergeordnete Begleitfunktion haben, sowie elegante Duos, Trios, Echos oder Dialoge, die es den Organisten erlaubten, die Klangfarben ihrer bald um ein drittes und ein viertes Manual erweiterten Orgeln bestens zur Geltung zu bringen: »fonds d'orgue«, »Pleins-Jeux«, »dialogues sur les Grands Jeux« und Soloregistrierungen.

Wie Père Marin Mersenne, der uns in seiner »Harmonie universelle« aus dem Jahre 1636 eine der ersten Beschreibungen der Orgelregister aus der Zeit der Frühklassik gab, beschrieben auch die meisten Komponisten des »Grand Siècle« ihre Theorien und oft auch die gewünschten Registrierungen in einem Vorwort. Außer dem späten Text (1766–1770) von Dom Bédos (»L'Art du facteur d'orgues«, III. Teil, 4. Kapitel), »Les principaux mélanges ordinaires des Jeux de l'Orgue, Lus, examinés, corrigés & approuvés par les plus habiles & les plus célèbres Organistes de Paris, tels que Messieurs Calviere, Fouquet, Couperin, Balbâtre, & autres«, muß man auch auf die »préfaces« von Guillaume-Gabriel Nivers (»Premier Livre d'orgue«, 1665), Nicolas Lebègue (»Premier Livre d'orgue«, 1676, und »Seconde Livre d'orgue«, 1678), Nicolas Gigault (»Livre de musique pour l'orgue«, 1685), André Raison (»Livre d'orgue«, 1688), Jacques Boyvin (»Premier Livre d'orgue«, 1689), Gilles Jullien (»Livre d'orgue«, 1690), Lambert Chaumon (»Livre d'orgue«, 1695), Gaspard Corrette (»Messe de 8e ton«, 1703), Michel Corrette (»Premier Livre d'orgue«, 1737) und der zwei anonymen Manuskripte von Tours (um 1715) und Caen (1746), »La Manière très facile pour apprendre la facture d'orgue«, hinweisen.

Den auf die perfekte Interpretation seiner Stücke und die genaue Beschreibung der Klangfarben bedachten französischen Organisten des 17. Jahrhunderts kann man wegen seines improvisatorischen und koloristischen Talents – in der Art des provençalischen Organisten Luis de Aranda (de Rende) – sicherlich als »rossignol charmant«, als »bezaubernde Nachtigall«, bezeichnen.

Das große Aufblühen des melodiösen Orgelstils unter Ludwig XIV. begann mit Louis Couperin, der ab 1653 die Orgel von St-Gervais in Paris spielte, an der bis

1826 noch zahlreiche Mitglieder seiner Familie amtieren sollten. Louis Couperin schrieb mehr als 200 fast ausschließlich für das Cembalo bestimmte Kompositionen, die teilweise auch auf der Orgel gut interpretiert werden können. Seine Allemanden, Sarabanden, Chaconnen »en rondeau«, Fantasien und Tänze (Pavanen, Gaillarden, Branlen) weisen oft interessante chromatische Bildungen und großartige Dissonanzen auf. Aus seinem Œuvre seien die Passacaglia mit 39 Variationen und das »Carillon de Paris« genannt, das aus Tradition in St-Gervais immer zwischen den Vespern von Allerheiligen und Allerseelen gespielt wurde. Couperin war übrigens der Schöpfer des später in der großen französischen Schule so beliebten »Basse de Trompette«.

Nach Louis Couperin gab es auf dem Weg, der zum Höhepunkt der französischen Orgelkunst mit Louis Marchand, François Couperin und Nicolas de Grigny führte, zahlreiche als Organisten tätige Komponisten, deren Stücke ständig zwischen der liturgischen Funktion und dem konzertanten Spiel zu schwanken scheinen. Das Œuvre des Organisten von St-Sulpice, Guillaume-Gabriel Nivers, eines Schülers von Henri Du Mont und vielleicht von Chambonnières, prägte sicherlich zum erstenmal den neuen melodischen Stil. Ein Merkmal dieses Stils war die begleitete Monodie, die an die Stelle der Polyphonie von Titelouze und Roberday trat. Nivers schuf neue Formen, in denen er die klanglichen Möglichkeiten und die verschiedensten Farben seines Instruments zum Klingen brachte; seine drei »Livres d'orgue« (1665, 1667, 1675) enthalten prägnante, vielseitige Stücke.

Mehr der Tradition verhaftet ist das Werk von Jean-Henri d'Anglebert. In seinem »Livre de pièces de clavecin« veröffentlichte er 1689 fünf Fugen über das gleiche Thema und ein »Quatuor sur le Kyrie«, deren ricercarartiger strenger Kontrapunkt an Titelouze erinnert.

Der aus Laon stammende Organist von St-Merry, Nicolas-Antoine Lebègue, ein gesuchter Orgelbauexperte und renommierter Lehrer, zu dessen Schülerkreis vermutlich auch Nicolas de Grigny zählte, war einer der fruchtbarsten Komponisten seiner Zeit. Er komponierte ab 1676 innerhalb von zwölf Jahren vier Orgelbücher, in denen er die noch in den Kirchentonarten geschriebenen Versetten seiner Messen und »Magnificats« in Suitenform gruppierte. Diese Versetten weisen die konzertanten »Récit«-Formen (»... de Cornet«, »... de Cromorne«, »... de Trompette«) sowie Duos, Trios usw. auf, wobei Lebègue auch neue Registrierungen einführte. Seinen etwas weltlich gehaltenen Kompositionen war ein großer Erfolg beschieden, zumal dem Meister für die Symphonien seines dritten Bandes, der auch reizvolle Noëlbearbeitungen enthält, offensichtlich Lullys Orchester-Ouvertüre als Vorbild gedient hat.

Nicolas Gigault, Organist mehrerer Pariser Pfarren, hinterließ zwei Sammlungen mit Orgelmusik. Enthält sein »Livre de Musique dédié à la Très Sainte Vierge« aus dem Jahre 1683 vor allem Noëlkompositionen, die mit den bereits erwähnten Noëls von Lebègue zu den frühesten der in Frankreich bis zum 19. Jahrhundert so beliebten Variationen über populäre Weihnachtslieder gehören, so präsentiert das 1685 veröffentlichte »Livre de Musique pour l'orgue« ein »Te Deum« und mehr als 180 kurze Stücke, die in drei kirchentonalen Messen zusammengefaßt sind.

André Raison, Lehrer von Clérambault, wirkte vor allem als Organist der Pariser Abtei Ste-Geneviève-du-Mont. Er gab 1688 sein erstes Orgelbuch mit fünf Messen (»Cinq Messes suffisantes pour tous les tons de l'Eglise«) und einem »Offerte du Vᶜ ton« über das »Vive le Roy« heraus, das der Komponist dem von seiner Krankheit genesenen König zum Einzug in das Pariser Rathaus am 30. Januar 1687 widmete. Was die Messen betrifft, so könnten diese, wie Raison im Vorwort der Sammlung erläutert, mit dem gleichen »Air« wie auf dem Cembalo, nur wegen der Heiligkeit des Ortes etwas langsamer gespielt werden. Bemerkenswert ist auch das »Trio en Passacaille« des »Christe« der zweiten Messe; das Thema hat vermutlich Johann Sebastian Bach zu seiner Passacaglia in c-moll inspiriert, deren Basso ostinato mit dem ersten Teil des Raison-Themas identisch ist. In der zweiten Sammlung, »Second Livre sur les acclamations de la paix tant désirée« aus dem Jahre 1714 finden wir dagegen einige Noëls mit Variationen. Raison war, da er nie über gregorianische Choralmelodien schrieb, ein »weltlicher« Komponist, der vor allem wegen seines Gefühls für Improvisation, Farbreichtum und Brillanz Interesse erweckt.

Jean-Nicolas Geoffroy, Gilles Jullien und Jacques Boyvin, die bei Pariser Organisten gelernt hatten, trugen die Orgelkunst der französischen Hauptstadt in die Provinzen des Landes. Der Lebègue-Schüler Jean-Nicolas Geoffroy war Organist der Pariser Kirche St-Nicolas-du-Chardonnet, bevor er 1690 Organist der Kathedrale von Perpignan wurde. Er ist vermutlich der Autor eines in der Pariser Bibliothèque du Conservatoire aufbewahrten »Livre d'orgue«, das Noëls mit Variationen und einige Transkriptionen von Instrumentalwerken Lullys enthält. Der vielleicht von Gigault geprägte Gilles Jullien brachte die Orgelmusik aus Paris nach Chartres, wo er ab 1668 als Organist der Kathedrale wirkte. Er veröffentlichte 1690 ein »Livre d'orgue« mit acht den Kirchentonarten entsprechenden Suiten zu je zehn Stücken, von denen besonders die Präludien erwähnenswert sind. Jacques Boyvin, vielleicht ein Schüler von Lebègue, war ab 1674 Organist der Kathedrale von Rouen. Er zeigt sich in seinen zwei nach den acht Kirchentönen geordneten Sammlungen (1689, 1700) mit Suiten »dans les huit Tons à l'usage ordinaire des Eglises« als ein von harmonischem Reichtum, einem gewissen Sinn für die Polyphonie – seine Fugen tragen den Stempel des Schaffens von Titelouze – und dem Farbreichtum seines Instruments inspirierter Musiker, der besonders darauf bedacht war, seine Kunst des Registrierens in vollstem Licht erstrahlen zu lassen.

Am Ende des 17. Jahrhunderts vollendeten François Couperin und vor allem Nicolas de Grigny das Werk ihrer Vorgänger, die der Orgelmesse allmählich einen den Forderungen des »Caeremoniale Parisiense« entsprechenden Rahmen verliehen hatten. 21 Orgelsätze erlaubten dem Organisten das Alternieren mit dem Chor zu den vier großen im Gregorianischen Choral gesungenen Gebeten, während das Offertorium, manchmal die Elevation und auch das Deo Gratias (»Sortie« der Messe) freiere Orgelstücke zuließen. Die traditionelle Ordnung der Orgelmesse umfaßt fünf Stücke zum Kyrie, neun zum Gloria, drei zum Sanctus und zwei zum Agnus Dei, außerdem ein Offertorium und ein abschließendes Deo Gratias. Wie zahlreiche Orgelbücher zeigen, waren zwei weitere Charakteristika dieser Zeit die Festlegung des formalen Aufbaus der Versetten und der Registrierungen. Entspricht das Anfangsstück jeder Gruppe jeweils der Form des »Grand Plein-Jeu« mit dem gregorianischen Cantus Firmus in langen Notenwerten im Pedal, so ist das zweite Stück des Kyrie und Gloria oft eine Fuge. Die sechs »couplets« des Gloria sind zum Großteil für Soloregister bestimmt, während die letzten Versetten des Kyrie und Gloria oft in der Form eines »dialogue sur les Grands Jeux« komponiert sind.

Der Neffe von Louis Couperin, François (II) Couperin, wurde von Jacques-Denis Thomelin und vermutlich auch von Michel-Richard de Lalande unterrichtet. Er übernahm 1685 offiziell das väterliche Organistenamt von St-Gervais, das ihm beim Tod des Vaters 1679 zugesichert und in der Zwischenzeit von de Lalande, dem Freund der Familie, ausgeübt worden war. Bereits 1690 komponierte der junge Musiker, der bald zum Cembalisten des Herzogs von Burgund und zum »compositeur ordinaire de la musique du roi pour le clavecin« ernannt wurde und dann nur mehr Instrumental- und Vokalwerke schrieb, sein einziges und einzigartiges »Livre d'Orgue«, bestehend aus zwei Messen zum Gebrauch für Festtage in Pfarreien und zum Gebrauch in Klöstern. Die »Messe des Paroisses« ist größer und musikalisch reicher angelegt als die zweite. Sie enthält über den gregorianischen Melodien der IV. Messe hervorragende, manchmal noch jugendliche Stücke, von denen besonders das dreiteilige »Offertoire sur les Grands Jeux« – die ausgedehnteste Komposition des gesamten Repertoires der französischen Orgelmusik – zu nennen ist: Ein festlich-grandioses Vorspiel (nach Art Lullys) und ein ausgedehnter Fugensatz im Gigue-Rhythmus umrahmen eine einmalige, mit chromatischen Fortschreitungen und Dissonanzen belebte drei-, dann vierstimmige Fuge. Erfordert diese Messe eine große Orgel, wie sie Couperin in St-Gervais zur Verfügung stand, so kann die zweite »Messe des Couvents« auch auf einem kleinen Instrument mit angehängtem Pedal gespielt werden. Sie entspricht in ihrem Aufbau der ersten Messe, basiert jedoch – alle Stücke sind hier in G-Dur notiert – auf keiner erkennbaren gregorianischen Melodie.

In Nicolas de Grigny besitzt die französische Orgelschule ein Genie, dessen Werke mit keinem anderen französischen Komponisten verglichen werden können: ein wenig umfangreiches, aber einzigartiges Œuvre, das von den zeitgenössischen Organisten und Komponisten, die die Äußerlichkeit der Zeit der Größe des Denkens vorzogen, jedoch bald vergessen war. Nicolas de Grigny, in Reims geboren, ging schon früh nach Paris, wo er bei Nicolas Lebègue studierte und 1693 Organist der Abteikirche von St-Denis wurde. Er kehrte wahrscheinlich 1696 nach Reims zurück, um dort das Organistenamt der Kathedrale zu übernehmen, das er bis zu seinem frühen Tod 1702 ausübte. De Grigny veröffentlichte 1699 sein »Premier Livre d'Orgue«, das ihn als den anspruchsvollsten der Komponisten, den bedeutendsten »Schüler« von Titelouze und dessen dem neuen Stil huldigenden Nachfolgern erweist. Er war ein ausgezeichneter Denker, dem die seltene Synthese von inhaltlicher Tiefe und dauernder Form gelang; darin kann er mit Bach verglichen werden. Seinen neuzeitlichen Stil schöpfte er aus authentischer Tradition, indem er – entgegen dem modischen Geschmack für das begleitete »Récit« – in sorgfältig gearbeiteten polyphonen Stücken zu fünf Stimmen einen eleganten und immer klaren Kontrapunkt einflocht, die geschicktesten Dissonanzen setzte und kunstvoll das Gewebe einer Fuge entwickelte, und dies ohne Eckigkeit, sondern im Gegenteil mit einer bis dahin nie gekannten Geschmeidigkeit und mit überreicher Ornamentik. Seine Werke (eine große Messe und fünf Hymnen) sind großartige Schöpfungen, in denen die Originalität immer präsent, die Kompositionstechnik außergewöhnlich und die Inspiration ständig erneuert ist. Eine ungewöhnliche Andacht kennzeichnet seine Werke, zum Beispiel die Hymnen oder »Récits« – wahre Glaubensbekenntnisse – und vor allem das »Pange lingua«, den einzigen »ornamentierten Choral« der französischen Literatur. Grignys Kompositionen sind allein dem Schaffen Bachs vergleichbar, der übrigens 1703 in Lüneburg fast alle Seiten des Orgelbuchs von Grigny bis auf die »Pleins-Jeux« abschrieb; es war dies die höchste Weihe eines Genies, das der Leipziger Kantor ebensosehr wie Frescobaldi schätzte.

Die französische Orgel hat nun ihren Höhepunkt erreicht. Doch kam die Kunst Grignys an diesem Anfang des 18. Jahrhunderts nicht zu spät, da die liturgische Orgel unwiderruflich vor der konzertanten Orgel in den Hintergrund treten mußte?

Einer der Orgelkomponisten, die die Tradition noch etwa fünfzehn Jahre aufrecht erhielten, war der bedeutendste Zeitgenosse von Couperin und Grigny, Louis Marchand aus Lyon, der in Nevers, später in Auxerre und von 1689 an in verschiedenen Pariser Kirchen und auch an der Chapelle Royale in Versailles als Organist tätig war. In seinem zügellosen Leben wetteiferten Strebertum und Intrigen mit dem Ruhm des Cembalovirtuosen. Seine posthum gedruckten Orgelwerke sind in fünf

Bänden aufgeteilt, deren erster mit dem Titel »Pièces choisies, Livre premier« von seiner Tochter im Todesjahr des Komponisten herausgegeben wurde. Er stellt eine Auswahl des Besten dar, was Marchand geschrieben hat, während die anderen Sammlungen viele kurze – wohl für den Unterricht oder als Gerüst zur Improvisation gedachte – Stücke enthalten. Marchands großes Œuvre, das neben ausgezeichneten Kompositionen auch viel Unbedeutendes umfaßt, entsprach ganz der Zeit: Neben grandiosen, der Tradition verhafteten Stücken stehen Werke im galanten Stil frivoler Rokoko-Eleganz. Seine Meisterwerke sind von einer immer phantasievollen, harmonisch oft kühnen Sprache und zudem von machtvollen Klangarchitekturen gekennzeichnet (zum Beispiel der grandiose »Dialogue« in C-Dur aus dem Jahre 1696 oder das »Plein-Jeu« zu sechs Stimmen mit virtuosem Doppelpedal aus dem »Premier Livre«), ebenso von einem angeborenen Sinn für Lyrik (denken wir an das Quatuor desselben Bandes) und melodische Wendungen, die die Virtuosität dieses großen Cembalisten zur Geltung bringen. Dieser musikalische Reichtum seines Schaffens findet heute leider weniger Aufmerksamkeit als die eher unbedeutende Episode des mißglückten Wettstreits mit Johann Sebastian Bach 1717 in Dresden.

Die letzte, um 1680 geborene Generation des 17. Jahrhunderts setzte der großen französischen Schule taktvoll ein Ende. Die Organisten oder meistens Cembalisten widmeten sich zwar noch der liturgischen Orgelmusik, brachten in diese aber all die anspruchslose Virtuosität und den gefälligen Charme der Zeit ein.

Der Stellvertreter und wahrscheinlich auch Schüler von Marchand, Jean Adam Guillaume Guilain – hinter diesem Namen verbirgt sich anscheinend der Deutsche Freinsberg – hinterließ eine Sammlung mit Orgelstücken für das Magnificat in den acht Kirchentonarten (1706), in der der in Paris als Organist und Cembalist tätige Guilain trotz des gegebenen Titels nur vier Suiten zu je sieben Stücken in den ersten vier Kirchentonarten aufnahm: sechs mit dem Chor alternierende Versetten und ein abschließendes Amen. Auf der einen Seite sind die Werke dem Stil Marchands nachgebildet, zum Beispiel das Quatuor der »Suite du troisième ton«, auf der anderen Seite scheinen sie aber auch von der italienischen Instrumentalmusik beeinflußt.

Auch der aus Beauvais stammende Pierre du Mage, der Organist der Stiftskirche zu St-Quentin, bemühte sich, nach dem Vorbild seines Lehrers, des »berühmten Monsieur Marchand«, zu komponieren (»de faire selon la savante école et dans le goût de l'illustre Monsieur Marchand«). Sein »Premier Livre d'Orgue« aus dem Jahre 1708 enthält eine »Suite du premier ton«, die acht schöne Stücke umfaßt.

Jean-François Dandrieu (oder d'Andrieu), Organist von St-Merry in Paris und der Chapelle Royale, schrieb ein »Livre de Noëls« und ein »Premier Livre de Pièces d'Orgue«, das ein Jahr nach seinem Tod herausgegeben wurde. Er war vielleicht der Schüler Lebègues und wirkte neben seiner Tätigkeit als Organist auch am Cembalo, über dessen Prinzipien der Begleitung er eine interessante Arbeit schrieb. Dandrieus Stücke (sowohl in den Dur- als auch in den Molltonarten) haben einen gefälligen Stil, wobei manchmal auch liturgische Melodien verarbeitet sind. Dieser Meister war der letzte französische Komponist, der ein großes »Offertoire« komponierte.

Louis-Nicolas Clérambault, der Organist von St-Cyr und als Nachfolger Nivers' in St-Sulpice, war der Nachkomme einer Familie, die seit dem Ende des 15. Jahrhunderts im Dienst der Könige von Frankreich stand. Sein Schaffen zeigt schon die Züge des galanten Stils nach dem modischen Geschmack des Jahrhunderts. Er komponierte ein »Premier Livre d'Orgue« – gewidmet seinem Lehrer Raison – mit Suiten im ersten und zweiten Ton, die zwar in der Tradition der französischen Formgebung und Polyphonie stehen, die sich aber aus Elementen der lyrischen Expressivität Italiens und der Tanzmusik zusammensetzen. Sie zählen jedoch zu den gefälligsten und meistgespielten Kompositionen des französischen Repertoires.

Weitere Komponisten am Ende des »Grand Siècle« waren Gaspard Corrette aus Delft, der wahrscheinlich bei Boyvin gelernt hatte, in Rouen als Organist tätig war und die letzte Orgelmesse der französischen Literatur schrieb (»Messe du 8e ton pour l'orgue à l'usage des Dames Religieuses et utile à ceux qui touchent l'orgue«), sowie der in Paris und Rouen als Organist tätige Lebègue-Schüler François d'Agincourt, der sechs Orgelsuiten hinterließ, der Pariser Organist Louis-Antoine Dornel, Nicolas Siret, Schüler von François Couperin und Organist der Kathedrale von Troyes, und der in Amiens und Paris wirkende Organist Charles Piroye.

Die Noëlkomponisten

In dieser Zeit, in der die liturgische Orgelmusik gegenüber der Kunst der Cembalisten und überhaupt gegenüber dem neuen Lebensstil an Wert verlor, entwickelten die französischen Organisten die Variationskunst über allgemein bekannte Melodien, die sich grundlegend von den bis dahin auf der Orgel gespielten Formen unterschied. Die Variation über Weihnachtslieder übernahm von den englischen Virginalisten die Verzierungskunst und auch die »doubles« der damaligen Lautenspieler, Bratscher und Cembalisten, wobei die außerordentliche Popularität dieser neuen Gattung auf den ausgesprochen volksliedhaften Charakter der teilweise noch aus dem 16. Jahrhundert stammenden Melodien, auf ihren ländlichen und tonmalerischen Charakter und ihre ergreifend schlichte Ausdruckskraft zurückzuführen ist. Dazu kam vor allem der Zauber größter Fingerfertigkeit der Musiker, die in den Noëlbearbeitungen der überschwenglichsten Virtuosität und den phantasievollsten klanglichen und technischen Möglichkeiten ihrer Instrumente freien Lauf ließen (Echoeffekte, dialogisierende Solostimmen, wuchernde Ornamentik usw.). Vielleicht war der außerordentliche Erfolg dieser variierten Melodien auch unbewußt Ausdruck wehmütiger Erinnerung an eine Zeit, die das 18. Jahrhundert unwiederbringlich auslöschte, das Bedauern um das Fortleben modalen Kolorits und freier, einfacher Rhythmen, denn diese Variationen gründeten noch auf bereits verlassenem Grund und jenen regionalen Eigenheiten, die allmählich durch den kulturellen Zentralismus aufgesogen wurden (»Noëls« aus der Provence, Burgund, dem Poitou, der Gascogne, Lothringen oder sogar der Schweiz).

Die Komponisten, die vom Ende des 17. bis zum Anfang des 19. Jahrhunderts Noëlbearbeitungen schrieben, waren Lebègue in seinem zweiten und dritten »Livre d'Orgue« von 1678 bzw. 1682, Gigault, der 1682 das erste »Livre de Noëls variés« herausgab, Abbé Pierre Dandrieu, Onkel von Jean-François Dandrieu und Organist von St-Barthélemy, mit »Livre de Noëls«, »O filii«, »Chansons de Saint-Jacques«, »Stabat Mater« und »Carillons« (ab 1714) und André Raison in seinem »Second Livre d'Orgue« von 1714, außerdem von der folgenden Generation Jean-François Dandrieu, der großenteils die Werke seines Onkels bearbeitete, dem Geschmack sei-

ner Zeit (1730) anpaßte und unter dem gleichen Titel wieder veröffentlichte, Dornel, Louis-Claude Daquin mit seinem »Nouveau Livre de Noëls pour l'orgue et le clavecin«, dessen Stücke auch mit Violinen, Flöten, Oboen und anderen Instrumenten musiziert werden können, schließlich Michel Corrette (»Nouveau Livre de Noëls avec un Carillon«, 1733), Claude Balbastre (»Receuil de Noëls formant quatre Suites avec des variations«), Jean-Jacques Beauvarlet-Charpentier, Guillaume Lasceux und Nicolas Séjan, die eine bereits dekadente Kunst ohne großen Erfolg fortführten.

Für diese Zeit, in der die französische Orgel allein durch die virtuose Leistung der Organisten die Bewunderung der Massen erregte, sind nur wenige bedeutende Werke zu nennen. Die Euphorie der Menschenmassen nahm manchmal solche Ausmaße an, daß Ordnungsdienste eingerichtet werden mußten, um die zahlreichen, mit ihren Kutschen die Straßen verstopfenden Bewunderer im Zaum halten zu können. Um Aufruhr zu vermeiden, mußten die kirchlichen Behörden schließlich am Weihnachtsabend das Spiel von Noëls in der Mitternachtsmesse untersagen. Viele Musiker unterwarfen sich dem Geschmack der Öffentlichkeit, indem sie ihre Variationen über Weihnachtslieder ohne nähere Angabe für Orgel, Cembalo, Klavier oder für Melodieinstrumente schrieben. Es gab nur wenige Komponisten, die qualitätvolle Orgelwerke komponierten, so zum Beispiel der Rouener Michel Corrette, wahrscheinlich der Sohn von Gaspard Corrette und Organist in Paris; er hinterließ drei »Livres de Pièces d'Orgue« und eine Sammlung mit »Offertoire«-Stücken, die neben ziemlich trivialen Natur-Beschwörungen gute Überraschungen bereithalten. Der ebenfalls in Paris tätige Organist Claude Balbastre aus Dijon pflegte gerne Ouvertüren von Rameau zu transkribieren, während der Pariser Nicolas Séjan, der Neffe und Schüler von Forqueray, der zusammen mit Daquin und Balbastre Organist von Notre-Dame war, recht geschickt Fugen schrieb, ebenso Guillaume Lasceux und der in Lyon und Paris wirkende Organist Jean-Jacques Beauvarlet-Charpentier, dessen Spezialität die Imitation von Stürmen, Donner und Gewittern war. Nennen wir auch noch Guillaume-Antoine Calvière, Christophe Moyreau aus Orléans, Michel Corrette II, Sohn des bereits genannten Komponisten (»Pièces pour l'orgue d'un genre nouveau«,

1786), Jacques-Marie Beauvarlet-Charpentier, Sohn von Jean-Jacques Beauvarlet-Charpentier, Pierre Février, Eloi-Nicolas-Marie Miroir und schließlich Jean-Nicolas Marrigues.

Die Zeit der Revolution, des Empire und der Restauration gab sich somit mit wenig bedeutenden Fugen, ziemlich zweifelhaften tonmalerischen Improvisationen (Gewitter, Pastoralen, Carillons, Märsche, Jagdmusik usw.), Ouvertüren und gefälligen, dem Kircheninstrument aber unwürdigen Symphonien zufrieden, ebenso mit unzähligen Transkriptionen von Symphonien Mozarts oder Haydns (für deren Interpretation Guillaume Lasceux ein »Essai théorique et pratique sur l'art de l'orgue« schrieb), von Bühnenmusik, Opernliedern, Opernchören und Klaviermusik. Immerhin konnten in den Wirren der Revolution Improvisationen über das »Ça Ira« oder die »Marseillaise« zahlreiche Orgeln vor der Zerstörung bewahren.

Wie in Italien, Deutschland und England stand auch in Frankreich die Orgelmusik im Zeichen des Niedergangs und in Erwartung von Boëly und César Franck.

Das 19. Jahrhundert

Zu Beginn des 19. Jahrhunderts leistete allein Alexandre-Pierre-François Boëly einen wesentlichen Beitrag zur französischen Orgelkunst. Er erhielt seine musikalische Ausbildung bei seinem Vater, Organist der Chapelle Royale in Versailles, und auf dem Pariser Conservatoire bei dem Österreicher Ignaz Anton Ladurner, der ihn mit den Werken von Bach und Beethoven bekannt machte. Als Organist der Pariser Pfarrei St-Germain-l'Auxerrois, wo er seiner Orgel ein deutsches Pedal einbauen ließ, vermittelte der Musiker der neuen Generation der französischen Orgelschule, zu der unter anderen Gigout, Franck und Boëlys Schüler Saint-Saëns zählten, den polyphonen Reichtum von Bach, Walther und Kirnberger, von Froberger und Couperin. Boëly war in seinem Schaffen und in seinen neuen Harmonien ein Mann der Synthese und ein Prophet zugleich; mit der Edition alter französischer und deutscher Musik des 18. Jahrhunderts und mit eigenen Kompositionen verlieh er der französischen Orgel eine Eigenständigkeit, die diese seit Grigny verloren hatte. In seinen Werken, die er für Orgel, aber auch für Pedalklavier, Klavier zu drei Händen oder Harmonium schrieb, spürt man in den Präludien, Fugen und Kanons, deren erster Repräsentant Boëly in Frankreich war, ein großes kontrapunktisches Können, während wir in den Versetten über einen Cantus Firmus, den Tierces en taille, Pleins-Jeux, Dialogues, Duos, Trios, Quatuors und Noëls die Formen der altfranzösischen Meister wiederfinden.

Boëly verhalf der französischen Orgelmusik zu einem Neubeginn, der trotz des allgemeinen Desinteresses der Öffentlichkeit auch von dem 1819 zum ersten Orgelprofessor des Pariser Conservatoire ernannten François Benoist und von Clément Loret mitgetragen wurde, ebenso von den Musikverlegern Louis Niedermeyer und Joseph d'Ortigue, die sich in der »Ecole de musique religieuse classique« und ab 1857 durch die Zeitschrift »La Maîtrise« um die Wiederbelebung des Gregorianischen Chorals verdient machten. Bedenkt man, daß Anton Reicha ab 1818 am Conservatoire die Kunst des strengen Kontrapunkts unterrichtete, daß große deutsche Organisten in Paris zahlreiche Konzerte spielten, daß Félix Danjou 1840 sein »Répertoire complet de l'organiste« mit klassischen Orgelwerken veröffentlichte und daß der erste Abt der Benediktiner von Solesmes, Dom Prosper Guéranger, 1843 die gregorianische Musik reformierte, so wird man verstehen, daß die französische Orgelmusik in dieser Zeit, in der noch dazu Aristide Cavaillé-Coll seine erste Orgel in der Basilika von St-Denis baute (1841), einen Weg antrat, der zu großer Blüte führte.

Bis zu den bedeutenden Kompositionen César Francks, dessen »Six Pièces« 1862 veröffentlicht wurden, beherrschten Antoine-Edouard Batiste und vor allem Louis James Alfred Lefébure-Wély – gefeiert von den für Offenbach schwärmenden Massen – in einer sowohl mondänen als auch bourgeoisiehaften Weise das Orgelspiel der Zeit. Eine Ironie des Schicksals war es, daß ausgerechnet Lefébure-Wély, dem modischen Interpreten von Gewittern und Szenen des Jüngsten Gerichts, die Ehre zuteil wurde, die großen Pariser Cavaillé-Coll-Orgeln einzuweihen, die in der Folge zu wertvollen Kompositionen im neuen Musikstil inspirierten. Die Werke des erstaunlichen Improvisators Lefébure-Wély, der als Organist von St-Roch, der Madeleine und St-Sulpice tätig war, besitzen Charme, sollten aber nicht allzu ernst genommen werden.

Wie bereits erwähnt, waren in Frankreich die Weichen für eine Wiederbelebung der Orgelmusik gestellt. Die Erneuerung ging von dem deutschstämmigen, in Lüttich geborenen und in Paris bei François Benoist ausgebildeten César Franck aus. Der 1857 zum Kapellmeister und ersten Organisten von Ste-Clotilde ernannte hervorragende Improvisator, der während seines Studiums eine gründliche Klaviertechnik vermittelt bekommen hatte, kannte sowohl die klassichen Meister der Musik (Mozart, vor allem Beethoven, Schubert, Mendelssohn und Bach, dessen Werk er erst spät durch Boëly kennenlernte) als auch die symphonische Ästhetik der neuen Orgelbaukunst Cavaillé-Colls, die ihn ab seinem 40. Lebensjahr zwölf bedeutende Orgelkompositionen schaffen ließ.

César Franck, von Franz Liszt mit Johann Sebastian Bach auf eine Stufe gestellt (»l'égal de notre maître à tous, le grand Jean-Sébastien Bach«), näherte sich von neuem den klassischen Formen der Sonate und der Fuge, die er seiner eigenen Ästhetik unterzuordnen wußte, wobei er sich – wie dies vor allem Liszt, und mehr noch Wagner taten – auch in der zyklischen Verarbeitung von Themen in großangelegten Werken versuchte. Seine zum Großteil dreiteilig konzipierten Kompositionen entwickeln weitausschwingende thematische Bögen, die von seiner ganz persönlichen Lyrik geprägt sind. Neben zahlreichen – vor allem in der Sammlung »L'Organiste« enthaltenen – weniger bedeutenden Stücken für Orgel oder Harmonium schrieb Franck 1862 seinen ersten Zyklus »pour grand orgue«, die »Six Pièces« opus 16–21. In dieser Sammlung finden wir eine »Fantaisie« in C-Dur, eine »Grande Pièce Symphonique« (in Wirklichkeit die erste »Orgelsymphonie« vor denen Widors), ein dem »Techniker« der Zeit, Camille Saint-Saëns, gewidmetes »Prélude, Fugue et Variation«, eine geniale, Aristide Cavaillé-Coll zugeeignete »Pastorale«, eine hervorragende »Prière« und schließlich ein brillantes »Finale«, das der Organist von Ste-Clotilde wohl nur Lefébure-Wély widmen konnte. Die für die Einweihung der Orgel des Palais du Trocadéro (1877) komponierten und ein Jahr später veröffentlichten »Trois Pièces« bilden das Triptychon »Fantaisie« in A-Dur, »Cantabile« und »Pièce héroïque«, während die »Trois chorals« (in E-Dur, h-moll und a-moll) aus Francks Todesjahr 1890 das »musikalische Testament« (d'Indy) des Meisters, das Bekenntnis wahren Glaubens, darstellen. Diese Choräle – großangelegte Fantasien über frei erfundene textlose Cantus firmi – sind ebensosehr Gebete wie Meditationen.

Die Generation der großen französischen Organisten, die ab 1870 einen Großteil ihres Schaffens der Orgel widmete, gründete sich sicherlich auf das Francksche Denken, aber auch auf die große deutsche Tradition, deren wesentlichen Einfluß man nicht vergessen sollte. Der Belgier Jacques Nicolas Lemmens, der durch seine Schüler Loret, Guilmant und Widor die neue »symphonische« Schule in Frankreich entscheidend prägte, stand an der Spitze einer Linie, die er über seinen Lehrer Adolf Friedrich Hesse, der bei Friedrich Wilhelm Berner und Ernst Köhler studiert hatte, bis auf Johann Sebastian Bach selbst zurückführte, da Berner und Köhler den Musikwissenschaftler Johann Nikolaus Forkel kannten, der wiederum ein Schüler Carl Philipp Emanuel Bachs war. In die französische Kultur gelangte somit die Kenntnis des Orgelwerkes Bachs, zu dessen Fürsprecher sich Lemmens in Brüssel und seine französischen Meisterschüler machten: Clément Loret unterrichtete Eugène Gigout und dieser Léon Boëllmann, Alexandre Guilmant war der Lehrer von Marcel Dupré, während Charles-Marie Widor Albert Schweitzer, den Vater der Orgelbewegung, sowie Louis Vierne und Charles Tournemire, die beiden letzten großen Repräsentanten der französisch-symphonischen Orgelschule, prägte.

Dieses zweifache französisch-deutsche Erbe und die Kenntnis des kunstvollen Kontrapunkts sowie der deutschen Strukturen und Formen, wie Choral, Sonate, Symphonie oder symphonische Dichtung, führten zum Aufblühen der französisch-symphonischen Orgel am Höhepunkt ihrer technischen (größte Fingerfertigkeit, unabhängiges Pedalspiel, gegenseitige technische Ergänzung von legato und staccato) und vor allem ihrer klanglichen Möglichkeiten (erhabene Grundregister, mächtige Zungenchöre, verschmelzende Gamben, leuchtende Mixturen, ausdrucksvolle Crescendi). Dieses wunderbare musikalische und klangliche Aufblühen ist einer dieser in der Geschichte der Orgelkunst seltenen Verbindungen zwischen erfüllter Tradition und einem zu seiner Vollendung geführten Instrumentalbau zu verdanken. Beide Elemente verloren jedoch nach einigen Jahrzehnten ihre Vitalität, das erste durch ein Übermaß an Formalismus in der Überbewertung der Modulation und der Chromatik, das zweite durch

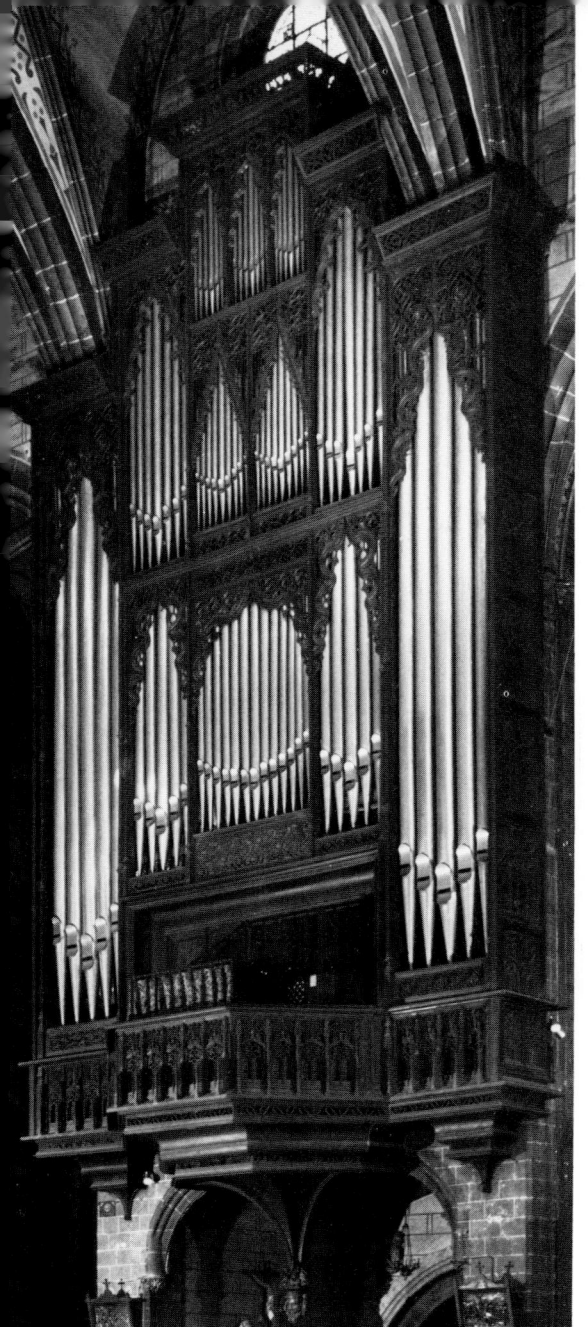

171 Perpignan, Kathedrale St-Jean-Baptiste, Orgel, erbaut 1490–1504
Dieses außergewöhnliche gotische Orgelgehäuse im Flamboyant-Stil, dessen Flachfelder in mehreren Etagen angeordnet sind, besitzt am unteren Abschluß der
Empore einen Maurenkopf mit beweglichem Unterkiefer. Es konnte ursprünglich
durch zwei bemalte Flügeltüren geschlossen werden, die 1843 abgenommen und als
Bilder in der Kathedrale aufgehängt wurden, außerdem verfügte es ab dem 16. Jh.
über ein Rückpositiv, das man jedoch im 19. Jh. wieder entfernte. Die anfänglich
spanische Orgel mit 21 Registern auf zwei Manualen und Pedal, deren zentrales
Pfeifenfeld über dem Spielschrank gegensätzlich angeordnete Pfeifen hatte, bauten
die Brüder D. und G. Eustache 1682 um, bevor 1688 Jean de Joyeuse ein neues Werk
mit 28 Stimmen (drei Manuale und Pedal) in das Gehäuse einsetzte. Weitere Arbeiten erfolgten 1744 durch Claude Moucherel, 1786 durch Jean Pujol und in sehr
nachteiliger Weise 1844. Aristide Cavaillé-Coll konzipierte deshalb 1854–1857 eine
neue Orgel ohne Rückpositiv mit 57 Registern auf vier Manualen und Pedal, die
1928 durch Maurice Puget um 17 Register erweitert wurde.

172 St-Bertrand-de-Comminges, Kathedrale Notre-Dame, Orgel, erbaut 1535–1550
Das in Frankreich einzigartige rechtwinklige Gehäuse aus dem 16. Jh. ist ein Meisterwerk des Bildhauers und Architekten Nicolas Bachelier. Über das erste Instrument mit etwa 20 Registern ist nichts mehr bekannt. Im 18. Jh. verfügte die Orgel
über ein Echomanual und etwa 1760 – nach Arbeiten durch Jean-François Lépine
d.Ä. – über etwa 30 Register und ein neues Positiv, bevor das Werk in der Revolu-

tion 1793 zugrunde gerichtet wurde. 1835 erneuerte Daublaine die Orgel, deren
Positiv er entfernte und dafür ein Récit expressif mit 42 Tasten mit den Stimmen
des Positivs einfügte. 1901 stellten die Brüder Magen den in der Revolution einge-
schmolzenen Prospekt wieder her. Die Orgel hatte nun zwei Manuale mit 54 Tasten
und Pedal mit 25 Tasten, außerdem verfügte sie noch über die alten Windladen des
Hauptwerkes und einige alte Register, von denen die Orgelbauer Chauvin und
Swiderski 1976 ein paar für den Bau eines neuen Instruments mit 39 Registern auf
drei Manualen (GO, Pos, Echo mit 54 Tasten) und Pedal (30 Tasten) übernahmen.

173 Caudebec-en-Caux, Kirche Notre-Dame, Orgel, erbaut 1542–1543 von Antoine
Josseline und Gilbert Cocquerel
Das für die Normandie typische Orgelgehäuse (s. St-Maclou in Rouen oder Le
Grand-Andely) zählt zu den schönsten Renaissance-Prospekten Frankreichs. Die
Orgel des 16. Jh.s wurde 1738–1740 durch die Brüder Jean-Baptiste und Louis Lefebvre
erneuert und um das Rückpositiv erweitert (vier Manuale und Pedal mit etwa 40
Registern). Nach einer Instandsetzung 1930 wurde die durch Bombardierungen des
Zweiten Weltkriegs beschädigte Orgel zwischen 1956 und 1959 durch Chéron mit 40
Stimmen auf drei Manualen (Pos, GO, Réc mit 56 Tasten) und Pedal (30 Tasten)
erneuert. Das heutige Instrument geht auf eine Restaurierung durch die Firma
Haerpfer & Erman zurück. Es verfügt über 45 Stimmen auf vier Manualen (Pos,
GO, Réc, Echo) und Pedal mit mechanischer Traktur.

174 La Ferté-Bernard, Kirche Notre-Dame-des-Marais, Orgel, erbaut 1536
Das heptagonale Orgelgehäuse über dem 1501 durch den Tischler Evrard Baudot
erbauten Schwalbennest, das dem wenig älteren Schwalbennest des Straßburger
Münsters gleicht, wurde 1536 von Sainctot-Chemin geschaffen, während im gleichen Jahr Pierre Bert oder vielleicht auch der als Orgelbauer tätige Evrard Baudot
die alte Orgel des Jahres 1501 durch einen Neubau ersetzten. Von diesem Instrument ist nur bekannt, daß es im 18. Jh. über ein Hauptwerk mit 12 Stimmen und
über ein Positiv verfügte. Nach schwerwiegenden Eingriffen im Laufe des 19. Jh.s
erneuerte 1938 Paul Bertin die Orgel.

175 Rouen, Kirche St-Maclou, Orgel, erbaut 1541 von Antoine Josseline
Die beiden Säulen und die Treppe der Empore wurden von Jean Goujon geschaffen,
der auch das vielleicht sogar von ihm hergestellte Gehäuse bemalte; der Zierat
stammt von Martin Guilbert. Im Laufe ihrer Geschichte erfuhr die Orgel verschiedene Veränderungen und Erweiterungen: 1572 Instandsetzung durch Nicolas Dabenest, 1631 Erweiterung um das Rückpositiv, 1732 Umbau durch Charles Lefebvre (40
Register auf vier Manualen und Pedal: Pos = 11, GO = 16, Réc = 2, Echo = 7, Ped = 4,
mit insgesamt drei Voix humaine-Stimmen), 1771 Umbau durch Jean-Baptiste-
Nicolas Lefebvre auf 38 Stimmen, danach Verfall des Instruments, 1866 Neubau
durch Merklin & Schütze ohne Rückpositiv, dessen Fassade stumm bestehen blieb
(25 Register auf zwei Manualen und Pedal). Nach Instandsetzungsarbeiten 1881 und
1924 wurde die Orgel nach den Bombardierungen 1944 abgetragen und 1959–1966
durch Haerpfer & Erman mit drei Manualen und Pedal, 30 Registern und elektrischer Traktur neu gebaut.

176 Caudebec-en-Caux, Kirche Notre-Dame, Detail des Hauptprospekts der 1542–1543 von Antoine Josseline und Gilbert Cocquerel erbauten Orgel (s. Abb. 173)

177 Chartres, Kathedrale Notre-Dame, Orgel, erbaut 1545–1552
Das einzigartige Schwalbennestgehäuse schufen die Tischler R. Foubert und Jacques Bely, die dabei Teile des ursprünglichen, 1475 durch den Mönch Gombault Rogerie erbauten Prospekts übernahmen (Stützpfeiler, Balustraden und Zinnen, Schluß-vignetten). Einige Daten der reichen Orgelgeschichte sind: 1596 Instandsetzung des Positivs, 1846 Eingriff durch Gadault, 1911 Wiederherstellung durch Abbey (39 Regi-ster auf drei Manualen mit 56 Tasten und Pedal mit 30 Tasten), 1950–1951 grundle-gende Reparatur durch Gouault, 1965–1971 Neubau eines Instruments im histori-schen Gehäuse, dessen 32′-Türme wiederhergestellt wurden, durch die Firma Danion & Gonzalez. Die Orgel verfügt über 67 Stimmen auf vier Manualen (GO, Pos, Réc expressif, Solo mit 56 Tasten) und Pedal (32 Tasten) bei elektrischer Traktur.

178 Dreux, Kirche St-Pierre, Orgelgehäuse, erbaut 1614 von Toussaint Fortier
Das erste Instrument, dessen Erbauer nicht mehr bekannt ist, wurde 1750 durch Louis-Alexandre Cliquot erneuert. Nach mehreren Veränderungen schuf 1867 Aristide Cavaillé-Coll eine neue Orgel, die heute nach Eingriffen 1902 und 1952 durch das Haus Gutschenritter 22 Stimmen auf zwei Manualen (GO, Pos) und Pedal besitzt.

179 Paris, Kirche St-Etienne-du-Mont, Orgel, erbaut 1631–1636 von Pierre Le Pescheur
Die Orgel Le Pescheurs im Gehäuse von Jehan Buron hatte ursprünglich 34 Register auf drei Manualen (Pos, GO mit 48 Tasten, Réc mit 33 Tasten) und selbstständigem Pedal (32 Tasten). Instandsetzungen und Vergrößerungen erfolgten 1679 durch Jacques Carouge, 1714 durch Julien Tribuot, nach dem Brand 1760 durch Nicolas Somer und nach dessen Tod durch François-Henry Cliquot von 1766 bis 1772, der alle Zungenstimmen erneuerte. Im 19. Jh. arbeiteten Pierre-François Dallery, John Abbey und 1873 Aristide Cavaillé-Coll an dem Instrument, wobei Cavaillé-Coll die alten Register der Orgel bewahrte und ein neues drittes Manual als Récit expressif mit 42 Tasten hinzufügte. Im 20. Jh. erfolgten grundlegende Veränderungen durch Théodore Puget 1911 (39 Register) und 1932 (52 Register), bis schließlich 1938–1956 die Firma Gloton (heute Beuchet-Debierre) eine neue Orgel in den historischen Prospekt einbaute: 83 Register auf vier Manualen (GO, Pos, Réc expressif, Echo expressif mit je 61 Tasten) und Pedal (32 Tasten) bei elektrischer Traktur.

180 La Flèche, Kapelle St-Louis du Prytanée militaire, Orgel, erbaut 1639–1640
Das ursprünglich von Ambroise Levasseur, Jacques Nadreau oder Jousse erbaute Instrument wurde zwischen 1655 und 1658 durch den holländischen Jesuiten G. Hermans instandgesetzt und hatte vermutlich 40 Register auf vier Manualen (Pos, GO, Réc, Echo) und Pedal mit Tremulanten und einer Rossignolstimme. Die Orgel mit ihrem großartigen Gehäuse im Stil Louis-Treize wurde durch Victor Gonzalez 1936, 1937, 1947 und schließlich 1962 verändert. Sie hat heute 44 Register auf vier Manualen (Pos, GO, Réc, Echo) und Pedal. Gemäß der Tradition soll es sich bei dem Kopf der Karyatide (Unterbau) um das Bildnis Ludwigs XIII. handeln. Der Hauptprospekt der Orgel läßt noch sehr schön das Gehäuse des ursprünglichen Instruments erkennen, das sich in drei Pfeifentürme und zwei Flachfelder gliederte und in späterer Zeit zu beiden Seiten um je ein großes Pfeifenfeld erweitert wurde.

181 La Flèche, Kapelle St-Louis du Prytanée militaire, Detail des Gehäuses der 1639–1640 erbauten Orgel
Dieses Detail des Orgelgehäuses zeigt die Balustraden des Rückpositivs und die Gruppe von Engelsfiguren, die den Mittelturm des Hauptprospekts stützen.

182   Le Grand-Andely, Stiftskirche Notre-Dame, Orgel, erbaut 1573 von Nicolas Dabenest

Die ursprüngliche Orgel, von der heute nur mehr das herrliche Gehäuse besteht, wurde 1641 durch Guillaume Lesselier (William Lesselie) instandgesetzt, der in Aberdeen in Schottland geboren worden war und sich in Rouen niedergelassen hatte. Weitere Wiederherstellungen erfolgten 1778 und 1861, bis Aristide Cavaillé-Coll 1891 in das Gehäuse eine neue Orgel mit 24 Registern auf zwei Manualen und Pedal einfügte, die 1922 mit einem elektrischen Balgsystem versehen wurde.

183 Valréas, Pfarrkirche Notre-Dame, Orgel, erbaut im 17. Jh.
Ein Jahrhundert nach dem Bau einer ersten Orgel 1506 durch Antoine Milani schuf Jean Duvivier zwischen 1602 und 1614 ein einmanualiges Instrument, das 1648 durch Pierre Valon im Hauptwerk auf 11 Register vergrößert und um ein Positiv mit 5 Stimmen erweitert wurde. 1667 erhielt das provenzalische Gehäuse von Duvivier seine heutige Gestalt, als Nicolas Béraud das Positiv entfernte, den Hauptprospekt seitlich vergrößerte, ein Pedal mit 8 Tasten einfügte und zwei Rossignols ergänzte. 1723–1724 kam die Orgel auf einer neuen Empore zu stehen, restauriert durch Jean Eustache. Im 19. Jh. schließlich erhielt das Werk ein zweites schwellbares Manual, doch blieb der Registerbestand des Hauptwerkes unangetastet. Die Restaurierung besorgte 1966 Ernst Muhleisen: 25 Register auf zwei Manualen (GO, Pos mit je 54 Tasten) und Pedal (30 Tasten).

184 Paris, Kirche St-Gervais, »Couperin-Orgel«, erbaut im 17. Jh.
Diese Orgel wurde von Mitgliedern der Familie Couperin von 1653 (Louis Couperin, Onkel von François Couperin le Grand) bis 1826 (Tod von Gervais-François Couperin, der das Instrument in der Revolution rettete) gespielt. 1601 baute der Flame Matthieu Langhedul auf der Empore des südlichen Querschiffs ein Instrument mit 22 Registern auf zwei Manualen (Pos, GO mit 45 Tasten) und Pedal (9 Tasten), das 1628–1629 durch Pierre Le Pescheur auf die Westempore übertragen und erweitert wurde (Vergrößerung der Klaviaturumfänge in den Manualen auf 48 Tasten und im Pedal auf 25 Tasten, Einbau einer dritten Klaviatur [25 Tasten] mit eigenem Kornett). 1649 ergänzte Pierre Thierry im Pedal ein 4′-Register und 1659 – auf Wunsch Louis Couperins – ein viertes Manual als Echo mit 7 Registern. Unter Charles Couperin fügte Alexandre Thierry einen großen Kornett hinzu. Thierry erneuerte unter dem Interimsorganisten Michel-Richard de Lalande die große Windlade und erweiterte das Instrument im Pedal um Bourdon 16′ und eine Trompete. Als François Couperin 1685 Titular der Orgel wurde, verfügte diese über eine vollkommene Konzeption (Disposition s. Anhang). Verschiedene Änderungen, Instandsetzungen und Erweiterungen folgten: 1714 durch François Thierry, 1758–1759 durch den Tischler Pierre-Claude Thiessé, der das große Gehäuse erneuerte, 1762–1763 durch Nicolas Rébillé (Erneuerung des Rückpositivgehäuses) und Louis Bessard, der ein fünftes Manual und Solostimmen ergänzte und die Mechanik, Windladen und Klaviaturen (51 Tasten) erneuerte, 1767–1768 durch François-Henry Cliquot, der ein neues Pedal und neue Register konzipierte. 1812 veränderte Pierre-François Dallery das Werk und 1842 stellte Louis-Paul Dallery die von seinem Vater entfernten Pleins-Jeux wieder her. Nach der Bombardierung durch die Dicke Bertha am Karfreitag 1918 wurde die Orgel 1921–1924 durch Béasse wiederhergestellt (moderne Pedalklaviatur, elektrisches Gebläse) und 1967–1974 durch Gonzalez annähernd in den Zustand des Jahres 1769 zurückgeführt.

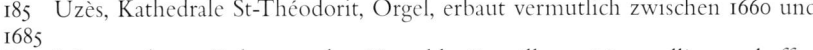

185 Uzès, Kathedrale St-Théodorit, Orgel, erbaut vermutlich zwischen 1660 und 1685
Das Gehäuse, dessen Dekor von dem Vergolder Pouville aus Montpellier geschaffen wurde, ist das einzige Frankreichs, das seine Flügeltüren bis heute bewahren konnte. Das Instrument zählte im 18. Jh. wohl 34 Register auf drei Manualen (Pos, GO, Réc) und Pedal. Es wurde 1841–1843 durch Daublaine & Callinet erneuert (46 Register auf drei Manualen mit je 54 Tasten und Pedal mit 25 Tasten) und mußte 1961–1964 einem neuen Werk von Alfred Kern weichen, der etwa 20 Register des 18. Jh.s und einige Stimmen von 1843 wiederverwendete. Die Orgel verfügt über drei Manuale und Pedal mit 44 Registern, die später noch durch eine Grosse Tierce 3 ⅕′ ergänzt wurden.

186 Paris, Kirche St-Louis-des-Invalides, Orgel, erbaut 1679–1686 von Alexandre Thierry
Das Gehäuse dieser Orgel, die über 37 Register auf vier Manualen (Pos, GO, Réc, Echo) und Pedal verfügte, wurde von Jules Hardouin-Mansart entworfen und von Germain Pillon geschaffen. Bis zur Instandsetzung der Orgel 1806 durch Jean Somer, der vor allem die Klaviaturumfänge vergrößerte, mußte die Orgel mehrere Reparaturen und Erweiterungen über sich ergehen lassen. Sie wurde 1852 von Charles Gadault umgebaut (40 Stimmen auf drei Manualen und Pedal) und 1957 durch die Firma Beuchet-Debierre vollständig erneuert (61 Register auf drei Manualen und Pedal mit elektrischer Traktur).

187 Le Petit-Andely, Kirche St-Sauveur, Orgel, erbaut 1674 von Robert Ingout und Philippe Quesnel im Gehäuse von Quesnels Bruder
Ingout und Quesnel schufen diese Orgel ursprünglich für die Abtei Trésor-Notre-Dame, von wo sie 1792 nach St-Sauveur übertragen wurde. Charles Reinburg stellte das Werk 1926 wieder her, das durch Charles-Marie Widor eingeweiht und 1963–1969 durch die Firma Gonzalez erneut restauriert wurde. Das Instrument verfügt heute noch weitgehend über seinen originalen Bestand: 35 Register auf drei Manualen (Pos, GO mit 48 Tasten, Echo mit 37 Tasten) und Pedal (ursprünglich 17 Töne und zwei Register, seit 1926 29 Tasten mit drei Registern). Die Stimmung der Orgel, die an Nebenregistern einen Tremblant doux und eine Rossignol besitzt, ist ½ unter Normal.

188 Auch, Kathedrale Ste-Marie, Orgel, erbaut 1688–1695 von Jean de Joyeuse
Jean de Joyeuse, in den Ardennen geboren, lernte etwa 15 Jahre in Paris und brachte
den Pariser Orgelbau nach Südfrankreich, vor allem nach Rodez und Auch, wo er
1688–1695 die abgebildete Orgel mit 37 Registern (darunter ein »jeu de brode« =
Grosse Tierce $3^{1}/_{5}'$) auf vier Manualen und Pedal schuf. Das Gehäuse dieses
Instruments, das 1954–1958 durch Victor Gonzalez und Georges Danion wiederher-
gestellt wurde (43 Register auf vier Manualen und Pedal) zählt zu den schönsten
Orgelprospekten Frankreichs im Stil Louis-Quatorze. Es wurde von dem Tischler
Payerle erstellt.

189 St-Quentin, Stiftskirche St-Quentin, Orgel, erbaut 1699–1703 von Robert
Cliquot
Das »königliche« Gehäuse der ursprünglich 50-stimmigen Orgel (vier Manuale und
Pedal) wurde von Jean Bérain entworfen und durch Pierre Vaideau erbaut. Die einst
auf der zentralen Kuppel thronende Königskrone wurde in der Revolution durch
ein Kreuz ersetzt. Reparaturen der Orgel erfolgten 1718 durch Cliquot, 1727 durch
Boudos und 1737 durch François Thierry. 1850 baute der Cavaillé-Coll-Schüler
Antoine Sauvage eine neue Orgel mit 52 Stimmen auf drei Manualen und Pedal, die
1888 durch Augustin Brisset instandgesetzt und schließlich 1917 zerstört wurde; nur
das historische Gehäuse blieb erhalten. Es enthält heute eine neue Orgel von
Haerpfer & Erman mit 75 Registern auf vier Manualen und Pedal aus den Jahren
1961–1967.

190 Marmoutier (Maursmünster), Abteikirche, Orgel, erbaut 1709–1710 von
Andreas Silbermann
Silbermann vollendete dieses Instrument nur teilweise; die Disposition wurde erst
1746, zwölf Jahre nach dem Tod des Meisters, von seinen Söhnen Johann Andreas
und Johann Daniel vervollständigt: Ergänzung eines Cromorne-Registers, eines
Echomanuals und von Zungenstimmen im Pedal. Die Orgel besaß nun 29 Register
auf drei Manualen (Pos, GO mit 49 Taten, Réc mit 25 Tasten) und Pedal (25 Tasten)
mit zwei Tremulanten und einer Schiebekoppel Pos/GO, hatte aber keine Pedalkoppeln. Nach einigen Reparaturen und Änderungen im Laufe des 19. Jh.s führten
1955 Muhleisen und Kern das Instrument weitgehend in seinen originalen Zustand
zurück (das Pedal verfügt heute über 27 Tasten).

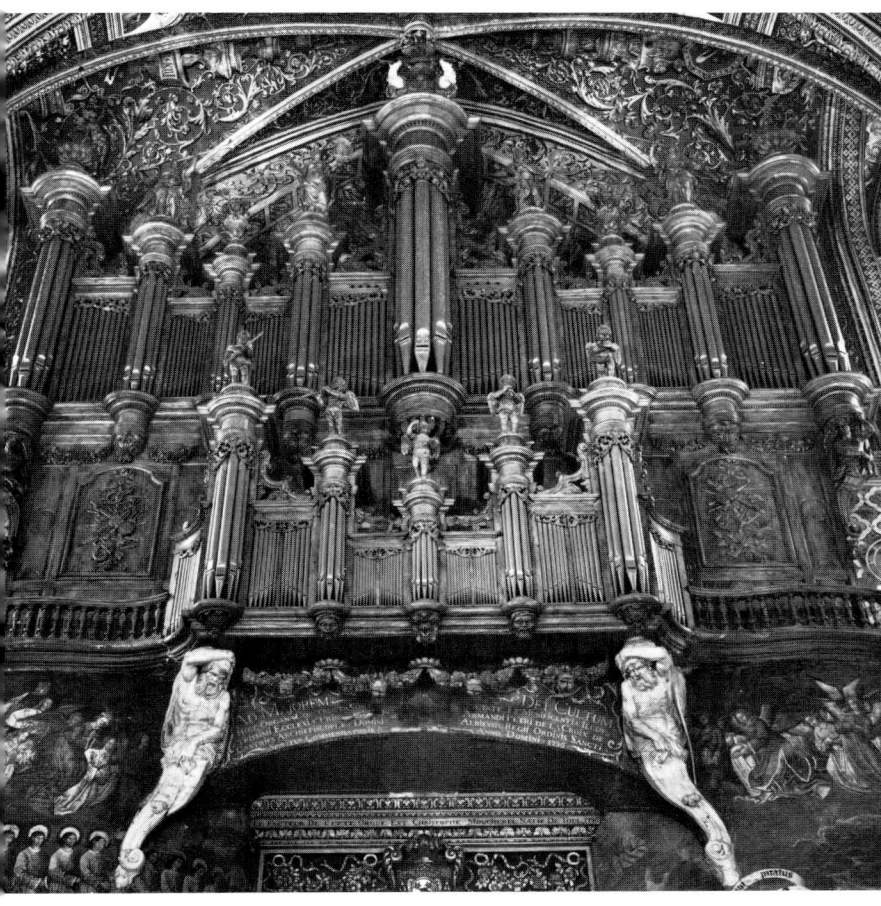

191 Albi, Kathedrale, Orgel, erbaut 1734–1736 von Christophe Moucherel
Moucherel, Schüler der Orgelbauer Legros, die ihrerseits bei Alexandre Thierry
gelernt hatten, liebte es, Instrumente mit ausladenden Prospekten zu bauen. Seine
Orgel in Albi verfügte über 43 Register auf vier Manualen (Pos, GO, Réc, Echo) und
Pedal. Wichtige Daten der Orgel sind: 1747 Instandsetzung mit geringfügiger Erwei-
terung durch François L'Epine und seinen ältesten Sohn Jean-François, 1778–1779
Erweiterung durch Joseph Isnard, 1824–1825 Veränderung der Disposition durch
Antoine Peyroulous, 1838 ein Umbau durch die Brüder Claude und 1865 durch
Thibault Maucourt. Nach dem völligen Verfall der Orgel wurde 1971 Schwenkedel
mit einer Erneuerung betraut. Als man bei der Abtragung die Qualität der Materia-
lien von Moucherel, L'Epine und Isnard erkannte, erstellte man ein neues Projekt:
1977 wurde Bartolomeo Formentelli mit der Restaurierung des Werkes beauftragt,
das bis 1981 in den originalen Zustand der Jahre 1734–1736 zurückgeführt wurde. Das
Instrument umfaßt heute 55 Register auf fünf Manualen (GO, Pos, Bombarde, Réc,
Echo) und Pedal mit aufgehängter Mechanik und französischem Pedal.

192 Ebersmünster, Abteikirche, Orgel, erbaut 1730 von Andreas Silbermann
Von den Orgeln Silbermanns blieben bis in unsere Zeit nur die Instrumente von
Marmoutier und Ebersmünster unversehrt erhalten. Die Orgel in Ebersmünster
verfügt über 30 Register auf drei Manualen (Pos, GO mit 49 Tasten, Réc mit 25
Tasten) und Pedal (25 Tasten) mit einem Tremulanten für das Hauptwerk und einer
Schiebekoppel Pos/GO. Silbermanns Orgeln besitzen eine französische Disposition
und Konzeption (hochgebänkter Kornett V hinter den Prospektpfeifen), die mit
Merkmalen der deutschen Tradition verbunden sind.

193 St-Maximin-la-Sainte-Baume (Var), Basilika, Orgel, erbaut 1772–1773 von Bruder Jean-Esprit Isnard und seinem Neffen Joseph Isnard
Die Orgel konnte in der Revolution durch den Organisten Fourcade, der zur rechten Zeit revolutionäre Lieder zu spielen wußte, vor Beschädigung und Zerstörung
bewahrt werden. Sie fasziniert durch ihre zahlreichen Zungenstimmen (14, darunter
11 der Trompetenfamilie) und die Gravität ihrer »Pleins-Jeux« (22 Prinzipalregister):
42 Stimmen auf vier Manualen (Pos, GO, Résonance [ein ständig an das Pedal
gekoppeltes Manual] und Réc) ohne eigene Pedalstimmen. Eine sorgfältige Wiederherstellung erfolgte 1953–1957 durch Pierre Chéron.

194 Paris, Kirche St-Sulpice, Orgel, erbaut 1781 von François-Henry Cliquot und 1857–1863 von Aristide Cavaillé-Coll
Cliquot baute 1781 in das von Chalgrin entworfene tempelartige Gehäuse, das von Jadot ausgeführt und von Duret verziert wurde, ein für seine Zeit außergewöhnliches Instrument mit 64 Registern auf fünf Manualen (Pos, GO, Bombarde, Réc, Echo mit je 56 Tasten) und Pedal (36 Tasten) ein, das von 14 Keilbälgen mit Luft versorgt wurde. Im Einweihungskonzert spielten Armand-Louis Couperin, Claude Balbastre, Nicolas Séjan und Jean-Jacques Charpentier. Nach einer Instandsetzung 1818 durch Nicolas Somer bauten Callinet und Ducroquet 1833–1845 und Daublaine & Callinet 1845 die Orgel um (46 alte Register, 20 neue Stimmen). Von 1857 bis 1863 erstellte Aristide Cavaillé-Coll im historischen Gehäuse mit dem historischen Pfeifenmaterial eine neue einzigartige Orgel mit 100 Registern auf fünf Manualen und Pedal (mit sechs Barkermaschinen), die der Erbauer selbst 1883 überholte. Kleinere Änderungen bzw. Instandsetzungen fanden 1903 durch Charles Mutin, 1922 (elektrisches Gebläse), 1934 durch Beuchet-Debierre, 1952 und 1975 statt. Heute besitzt das Instrument 102 Register, von denen ein Drittel auf Cliquot zurückgeht. An der weltberühmten Orgel amtierten Lefébure-Wély, Charles-Marie Widor, Marcel Dupré und Jean-Jacques Grunenwald.

195 Souvigny, ehemalige Benediktinerprioratskirche St-Pierre-et-St-Paul, Orgel, erbaut 1782–1783 von François-Henry Cliquot
Die Cliquot-Orgel mit ihren 28 Registern auf drei Manualen (Pos, GO mit 50 Tasten, Réc mit 27 Tasten) und französischem Pedal (C-a⁰ für die Flötenstimmen und FF,GG-a⁰ für die Zungenregister) blieb nahezu unverändert erhalten (Schiebekoppel Pos/GO, Tremblant fort und ein Tremblant doux jüngeren Datums). 1887 erhöhte Goydadin die Stimmhöhe um einen Ganzton und ersetzte die Keilbälge Cliquots durch Magazinbälge. Nach dem Einbau eines elektrischen Gebläses 1960 durch Merklin stellte Philippe Hartmann 1963 die inegale Stimmung und 1976–1977 drei Keilbälge wieder her.

196 Poitiers, Kathedrale St-Pierre, Orgel, erbaut 1787–1790 von François-Henry Cliquot
Die große 16'-Orgel im Gehäuse von Berthou und Favre (Louis-Seize-Stil) ist eines der seltenen erhaltenen Beispiele des französischen Orgelbaus vom Ende des 18. Jh.s, wobei von den 44 Registern dieses Instruments (vier Manuale: Pos und GO mit 53 Tasten, Réc und Echo mit 34 Tasten, Ped mit 28 Tasten, Schiebekoppel Pos/GO, keine Pedalkoppel) vor allem die zahlreichen Zungenstimmen und das 16fache Plenum bemerkenswert sind. Die Originalität des Instruments wurde durch kleinere Eingriffe 1813–1821 durch Pierre-François Dallery, 1835 durch Henry, 1871 durch Merklin & Schütze (deutsche Pedalklaviatur und Einbau von Magazinbälgen anstelle der alten Keilbälge) und 1925 (elektrisches Gebläse) nicht beeinträchtigt. (Disposition s. Anhang)

197 Avignon, Kathedrale Notre-Dame-des-Doms, Orgel, erbaut 1819 von Piantanida
Der aus der Lombardei stammende Piantanida schuf zahlreiche Instrumente. Er
ließ sich Anfang des 19. Jh.s in der Provence nieder, zu einer Zeit, da der italienische
Orgelbau diese Region beeinflußte. Piantanida baute insgesamt sieben Werke, unter
anderem das von Notre-Dame-des-Doms; die »goldene Orgel« im Gehäuse von
korinthischem Stil wurde jedoch erst 1837 auf der Empore über dem Chor aufgestellt. Piantanida übernahm die Prospektpfeifen des alten, aus dem 17. Jh. stammenden Instruments und konzipierte ein rein italienisches Werk mit in Baß und Diskant geteilten Registern (zwischen h° und c'), Ripieno, 17-Tastenpedal, »timbali ai
pedali« und 26 Registern. Das Instrument wurde 1860 und 1881 durch Théodore und
Eugène Puget instandgesetzt, 1939 durch Maurice Puget verändert (Anpassung an
die Tonhöhe der Chororgel von Cavaillé-Coll/Mutin) und 1967 durch Alain Sals
restauriert.

198 L'Isle-sur-la-Sorgue, Stiftskirche, Orgel, erbaut 1822–1827 von Mentasti
Mentasti übernahm für seinen Neubau im italienischen Stil teilweise das Pfeifenwerk einer 1648–1649 durch den Flamen Charles Le Royer erbauten 12-stimmigen
Orgel, deren Renaissance-Gehäuse über dem heutigen Prospekt noch erkennbar ist.
Das Instrument Mentastis, der auch in Avignon, Cavaillon und Valréas tätig war, ist
trotz der französischen Namen der 17 Register, geteilt meistens in Baß und Diskant,
typisch italienisch. So verfügt das zweimanualige Instrument (GO mit 52 Tasten,
Réc mit 30 Tasten, Pedal mit 17 Tasten), das 1978–1982 von Jean Deloye restauriert
wurde, auch über eine große Trommel und den »chinesischen Hut«. Sein Prospekt
spiegelt sich auf der gegenüberliegenden Chorseite in einer stummen Fassade wider.
Die Abbildung zeigt das Instrument vor der letzten Restaurierung.

199 St-Etienne (Loire), Kirche Notre-Dame, Orgel, erbaut 1837 von Joseph und Claude-Ignace Callinet
Die Orgelbauerfamilie Callinet, Erben der großen französischen Tradition von Riepp und Rabiny, schuf in der Zeit zwischen Cliquot und Cavaillé-Coll etwa 100 Instrumente. Ihre Orgel in St-Etienne, deren vier Hauptwerk- und drei Rückpositivtürme an Mollau in den Vogesen erinnern, erhielt vermutlich 36 Register auf drei Manualen (GO, Pos, Réc) und Pedal. Sie wurde 1870–1872 durch Baucourt und 1964–1965 durch Merklin umgebaut und verfügt heute über 38 Stimmen auf vier Manualen (GO, Pos, Réc, Echo) und Pedal, wobei 15 Register noch auf Callinet zurückgehen.

200 St-Denis bei Paris, Basilika, Orgel, erbaut 1837–1841 von Aristide Cavaillé-Coll
Cavaillé-Coll fügte in das neugotische Gehäuse des Architekten François Debret seine erste große Orgel mit 70 Registern auf drei Manualen (54 Tasten) und Pedal (25 Tasten) ein, wobei er in dieser 32′-Orgel – einem seiner Meisterwerke – zum erstenmal den pneumatischen Hebel von Charles Barker verwendete und erstmals auch »jeux harmoniques« und Windladen mit doppelten Ventilkästen verwirklichte. 1901 nahm Charles Mutin Änderungen vor, wobei er unter anderem das Pedal auf 30 Tasten vergrößerte, drei Zungenstimmen durch Terzregister ersetzte und zwei Schwebestimmen einfügte. Das gegenwärtig unspielbare Instrument soll demnächst von Gonzalez restauriert werden. (Disposition s. Anhang)

201 Nantua, Abteikirche, Orgel, erbaut 1847 von Nicolas-Antoine Lété
Als Orgelbauer der Übergangszeit blieb Lété auf der einen Seite der französischen Tradition der Orgelbaukunst treu, auf der anderen Seite wußte er aber auch von den Techniken seiner Zeit Gebrauch zu machen; er konzipierte zum Beispiel von ihm erfundene »isopneume«-Ventile zur Erleichterung der Mechanik. Seine Orgel in Nantua (43 Register auf drei Manualen [GO, Pos, Réc] und Pedal) wurde 1948 durch Ruche und 1971 durch Hartmann instandgesetzt.

202   Luçon, Kathedrale Notre-Dame, Orgel, erbaut 1854–1857 von Aristide Cavaillé-Coll

War das 1853 vollendete Gehäuse für eine Orgel geplant worden, deren Projekt schließlich nicht ausgeführt wurde, so war auch die Orgel Cavaillé-Colls ursprünglich nicht für Luçon, sondern für die Kathedrale von Carcassonne bestimmt. Sie hatte 40 Register auf drei Manualen (GO, Pos, Réc expressif mit 54 Tasten) und Pedal (27 Tasten) mit Tremolo und dem Gewitterzug »orage«; ein geplantes Euphone expressif-Manual gelangte nicht zur Ausführung (keine Windlade, kein Pfeifenwerk). Nach einer Instandsetzung 1899 durch Louis Debierre erfolgte 1967–1968 eine Erweiterung durch Kurt Schwenkedel, der ein Echowerk als viertes Manual mit 9 Stimmen einfügte und die Disposition der Orgel vor allem im Pedal erweiterte.

203   Paris, Basilika Ste-Clotilde, Orgel, erbaut 1859 von Aristide Cavaillé-Coll

Die Cavaillé-Coll-Orgel der Basilika Ste-Clotilde, deren erster Titular César Franck war, hatte ursprünglich 46 Register auf drei Manualen (GO, Pos, Réc expressif mit je 54 Tasten) und Pedal (27 Tasten) in einem Gehäuse des Architekten Gau, dessen Holzwerk Pyanet und Th. Lechesne besorgt hatten. Das Instrument wurde 1933 unter Charles Tournemire von Beuchet-Pleyel umgebaut. Während der Amtszeit des seit 1945 an Ste-Clotilde wirkenden Jean Langlais erweiterte die Firma Beuchet-Debierre 1962 die Orgel auf 60 Stimmen, in denen die 46 Register César Francks noch bis auf vier erhalten sind, doch wurde die Zusammensetzung der Mixturen geändert, ein neuer Spieltisch gebaut und das Werk elektrifiziert.

204   Lyon, Kirche St-François-de-Sales, Orgel, erbaut 1880 von Aristide Cavaillé-Coll

Cavaillé-Coll, der für die Orgeln eine so wenig hohe Aufstellung wie möglich forderte, stellte dieses Instrument direkt auf den Boden der Kirche. Es zählt 45 Register auf drei Manualen (GO, Pos, Réc expressif mit je 56 Tasten) und Pedal (30 Tasten) und ist bis heute original erhalten; nur die Mechanik der drei Barkerhebel ist etwas geräuschvoll. Eine Überholung erfolgte 1964 durch Michel Merklin und Kuhn.

scher Wärme, elegant im Stil, phantasievoll in den Melodien und kühn in der Entfaltung kontrastierender Klänge, die die weite Akustik der Kathedralen in einzigartiger Weise veredeln. Seine Symphonien – das Sprachrohr erregter Sensibilität und einer tief beunruhigten Seele – entsprechen oft dem zyklischen Prinzip mit reicher chromatischer Sprache und stets gegenübergestellten Themen. Die Werke, Ausdruck tiefer Mystik, entwickeln sich majestätisch, improvisatorisch in den langsamen Sätzen (»cantilène«, »romance«, »méditation«, »adagio«) und mit transzendenter Virtuosität in den Charakterstücken wie den »Vingt-Quatre Pièces en style libre« (1913) oder den »Vingt-Quatre Pièces de fantaisie« (1926/1927). Neben dem »Triptyque« und den beiden »Messes basses« für Orgel oder Harmonium sind vor allem Viernes sechs je fünfsätzige Orgelsymphonien (1898–1930) die tragenden Pfeiler seines umfangreichen Werkes, von denen besonders die Marcel Dupré gewidmete »Troisième Symphonie« opus 28 von 1911 hervorgehoben sei.

Charles Tournemire aus Bordeaux war Organist in St-Médard und St-Nicolas-du-Chardonnet, bevor er 1898 das Organistenamt von Ste-Clotilde übernahm. Geprägt von der Ästhetik Francks und der musikalischen Entwicklung seiner Zeit, war er vor allem ein »liturgischer« Organist, dessen Mystik die Tradition von Titelouze, Couperin und Grigny fortsetzte. Mit den großen Paraphrasen über gregorianische Melodien beteiligte sich dieser Musiker, der gerne die Abtei von Solesmes zu besuchen pflegte, an der Wiederbelebung des Gregorianischen Chorals, indem er eine Musik schuf, die – unter Berücksichtigung der freien Geschmeidigkeit der Vokalisen und der Phrasierung des Gregorianischen Chorals – ausschließlich für die römisch-katholische Liturgie bestimmt ist. Seine mehr farbige als symphonische Schreibweise lebt von der Raffinesse der Harmonie, der Geschmeidigkeit melodischer Linien, der subtilen Klarheit gedämpfter Farben, sie ist oft herb in den Dissonanzen und in der Verwendung hoher Klänge und neuer hochliegender Mixturen; Tournemires Kunst ist die des Empfindens und des Impressionismus. Zählen Werke wie die »Fantaisie symphonique«, die »Symphonie sacrée«, die »Symphonie-Choral«, die »Suite évocatrice« oder die »Fresques symphoniques sacrées« vor allem zur Konzertliteratur, so drückte sich der Komponist in der Kunst der liturgischen Paraphrase am wunderbarsten aus: in seinen »Postludes libres pour les antiennes de Magnificat«, seinen »Sept Chorals-poèmes pour les sept paroles du Christ« und vor allem in den 255 Stücken der Sammlung »L'Orgue mystique«, in der er 51 Faszikel mit den Offizien für alle Sonntage des Kirchenjahres schuf (»Prélude à l'Introït«, »Offertoire«, »Elévation«, »Communion« und am Ende der Messen ein »Postlude«, eine »Fantaisie« oder ein »Carillon«).

In diesem Stil der »modernen« orchestralen Orgel schrieben noch sehr zahlreiche Komponisten, die zum Großteil Schüler von Widor, Guilmant, Vierne, Tournemire und auch Dupré waren, zum Beispiel Jules-Aimable Roger-Ducasse, Georges Jacob, Henri Mulet, Ermend Bonnal, Schilderer des Baskenlandes, Augustin Barié, Autor einer zyklischen Symphonie, Alexandre-Eugène Cellier, Joseph Bonnet, Léonce de Saint-Martin, André Fleury, Daniel-Jean-Yves Lesur, Henriette Puig-Roget, Jeanne Demessieux und vor allem Maurice Duruflé, Komponist eines »Prélude, Adagio et choral varié sur le Veni Creator«, eines »Prélude et fugue sur le nom d'ALAIN« und einer ungewöhnlichen »Suite«, dessen Schreibweise subtile Registrierungen und impressionistische Harmonien umfaßt. Jean Langlais schrieb für Orgel religiöse Kompositionen mit brillanten Registrierungen, reichen Harmonien, differenzierten Rhythmen und manchmal bitonaler Konzeption, die zum Teil auf Themen des Gregorianischen Chorals basieren, wie »Trois Poèmes Evangéliques«, drei »Paraphrases grégoriennes«, »Symphonie«, »Suite médiévale«, »Hommage à Frescobaldi« und »Huit Pièces modales«. Gaston Litaize komponierte eine »Grande Messe de tous les temps«, eine »Suite«, ein »Thème et Variations sur le nom de Victor Gonzales« und eine »Passacaille« für Orgel und Orchester, Jean-Jacques Grünenwald, dessen melodischer und farblicher Kompositionsstil an Jehan Alain erinnert, »Deux Suites«, »Hommage à Josquin des Prés«, »Hymne à la splendeur des étoiles«, »Quatre élévations« und eine »Fantaisie en dialogue« für Orgel und Orchester. Jean-Pierre Leguay schließlich, Schüler von Jean Langlais und Olivier Messiaen, bevorzugt in seinen Werken, wie »19 préludes«, »Péan III«, und »Sonate«, eine lebhafte, farbige Dichte und erregte Impulse. An der Spitze der französischen Schule stehen jedoch drei großartige Meister: Marcel Dupré, Jehan Alain und Olivier Messiaen.

Marcel Dupré aus Rouen, Organist von St-Sulpice und Schüler von Guilmant, Widor und Vierne, war sicher der renommierteste Konzertvirtuose seiner Zeit und der letzte große Repräsentant der symphonischen Orgel, zu dessen Schülern – der großartige Pädagoge verfaßte eine berühmte »Méthode d'Orgue« – Olivier Messiaen, Jean Langlais, Gaston Litaize, Jean-Jacques Grunenwald, Jehan Alain, Marie-Claire Alain, Pierre Cochereau und Jean Guillou zählten. Marcel Dupré interpretierte als erster Künstler in zehn Konzerten im Pariser Conservatoire das gesamte Orgelwerk Bachs, eine Aufführung, die offensichtlich tiefe Auswirkungen auf die Musikwelt hatte. Der hervorragende Komponist hinterließ zahlreiche Orgelkompositionen, so die »Préludes et fugues« opus 7 und opus 36, eine »Symphonie-Passion« opus 23 in vier Sätzen, die vierzehn Kreuzwegstationen in »Le Chemin de la Croix« opus 29, »Le Tombeau de Titelouze« opus 38 und ein Konzert für Orgel und Orchester opus 31.

Die Orgelwerke von Jehan Alain, dessen Leben ein viel zu frühes Ende fand, sind einzigartig durch ihre kunstvolle Verinnerlichung, ihr rhythmisches Aufbrausen, ihre überaus romantische klangliche Überschwenglichkeit und ihre Vielfalt an harmonischen Farben. Seine zahlreichen Stücke zeigen das ständige Bemühen, sich von dem durch seine Vorgänger vorgezeichneten Weg loszulösen. Noch vor Messiaen entwickelte Alain eine polymodale, manchmal selbst der Dodekaphonie nahestehende Tonsprache. Neben vielschichtigen Möglichkeiten der ethnischen oder orientalischen Musik (»Deux Danses à Agni Yavishta«) liebte er es, auch den Tonfall und den Reiz alter Melodien wiederzufinden (»Variations sur un thème de Clément Jannequin«, »Deux Chorals«). Seine mit dem Reichtum der Polyrhythmik konzipierten Werke (»Trois Danses«) weisen stets eine ausdrucksvolle Lyrik (»Litanies«, »Suite«) und eine farbige Eleganz auf, deren impressionistischer Charakter und immer neue Phantasie von unendlicher Sensibilität künden.

Olivier Messiaen, Organist der Trinité in Paris, empfindet sein ganzes musikalisches Schaffen dem Lobpreis Gottes verpflichtet, den es in einer neuen Sprache auszudrücken gilt. Im Bewußtsein, als Komponist der Vermittler theologischer Wahrheiten zu sein, konzipierte Messiaen eine persönliche, wesentlichen Prinzipien unterworfene Tonsprache, die – erfüllt von tiefer Mystik – an die Zuhörer große Anforderungen stellt. Der sicher von Tournemire beeinflußte Künstler, Beispiel kontemplativer Geistigkeit und subtiler harmonischer Ausdruckskraft, lehnt die polyphone Tradition und gewisse grundlegende formale Gesetze der abendländischen Musik ab, zum Beispiel die klassische Themenverarbeitung; er schuf vielmehr eine neue expressive Kunst, die sowohl in der Behandlung der klanglichen Möglichkeiten des Instruments, als auch formal revolutionär ist, eine Schreibweise zur symbolischen Verherrlichung Gottes, seiner Kirche, der Herrlichkeit und des Lichtes, die sich, losgelöst von Zeit und Maß, in steter Freiheit bewegt. Lang ausgehaltene Akkorde und Tondauern, rhythmisch hinzugefügte Werte, kühne Bildungen, rhythmische Komplexität, sinnliche und feine Harmonien, unendliche Melodien, dies sind die Empfindungen, die zur Farbgebung führen und zu einer langen Betrachtung über immer bewegliche Rhythmen (»nicht umkehrbare Rhythmen«, zu- und abnehmende sowie neutrale Rhythmen), über die Modalität (»begrenzt transponierbare Modi«) und über die Form (unveränderliche, gegenübergestellte, wiederholte, wechselnde und überlagerte Strukturen). All dies ist eine Wissenschaft, die Messiaen durch die Analyse außereuropäischer Musiken, durch die Einbeziehung gregorianischer Themen und schließlich durch die wissenschaftliche Beschäftigung mit dem Gesang der Vögel vervollkommnete. Messiaens Musik, in der verschiedene Traditionen zusammenfließen, nimmt deren lebendige Kräfte auf, um sie zu einer kontemplativen Vision zu transzendieren.

Messiaens Œuvre ist umfangreich: 45 Stücke (vier Einzelwerke und sechs Zyklen) von vorwiegend liturgischem Charakter. Auf erste, in der rhythmischen und harmonischen Konzeption noch traditionelle Kompositionen wie »Le Banquet céleste« (1926), »Diptyque« (1930) oder »Apparition de l'Eglise éternelle« (1932) folgten von 1933 bis 1939 die drei großen Zyklen »L'Ascension«, »La Nativité du Seigneur« und »Les Corps glorieux«, während die »Messe de la Pentecôte« (1950) Messiaens vollendetste Werke ankündigte, das »Livre d'orgue« (1951) und die weiträumigen »Méditations sur le Mystère de la Sainte-Trinité« (1972).

Abschließend seien noch bekannte, nicht als Organisten tätige französische oder in Frankreich tätige Musiker genannt:

Erik Satie, Autor einer »Messe des Pauvres« für Orgel oder Klavier, Arthur Honegger, der eine Fuge und einen Choral für Orgel schrieb, Darius Milhaud, Komponist einiger Präludien und einer Sonate, Francis Poulenc und sein berühmtes Konzert in g-moll für Orgel und Orchester sowie Charles Chaynes mit einem ebenfalls interessanten »Concerto pour orgue«.

Iberische Orgelmusik

Die frühesten bekannten Clavierkompositionen Spaniens oder Portugals stammen erst aus dem zweiten Drittel des 16. Jahrhunderts. Die Traktate »Declaración de instrumentos musicales« (1549, 1555) des Franziskaners Juan Bermudo und »Arte de Tañer Fantasia, assi para Tecla Como para Vihuela, y todo instrumento« (1565) des Dominikaners Tomás de Santa María erlauben es, die Ursprünge der iberischen Orgelkunst des 16. Jahrhunderts besser zu verstehen. Diese Abhandlungen über die Claviermusik geben wertvolle Hinweise spieltechnischer Art, besonders über den Fingersatz und die subtile Kunst der Verzierungen, und sie enthalten zwei-, drei- oder vorwiegend vierstimmige Kompositionen im Imitationsstil, die auf der Orgel, dem Cembalo, der Vihuela, einer Variante der Gitarre, oder der Harfe gespielt werden konnten, wobei ihre Stimmen sich in Zweiergruppen nach einer von spanischen Organisten bevorzugten Art entsprachen. Interessant ist auch, daß Bermudo in seiner mehr für Anfänger des Orgelspiels geschriebenen Arbeit diesen mitteilt, daß man 20 Jahre benötige, um gut spielen zu können.

Die erste in Spanien gedruckte Sammlung mit Orgelmusik ist das »Libro de cifra nueva para tecla, harpa y vihuela« (1557) des in Toledo tätigen Organisten Luys Venegas de Henestrosa, der in diesem Buch die Prinzipien der spanischen Zifferntabulatur (»cifra«) darlegt und Transkriptionen französischer (Josquin, Crecquillon) oder spanischer Vokalstücke (Morales) und italienischer Instrumentalkompositionen (Julius de Modena, d.h. Giulio Segni) vereint.

Fig. 71 Tarragona, Kathedrale, Orgel, erbaut 1559–1567 von Salvador Estrada und Perris Arrabassa
Das Gehäuse der 1863 überholten Orgel schuf Jaime Amigo, während die Skulpturen auf Perris Ostris und Geroni Sanxo zurückgehen. In diesem einzigartigen Prospekt befindet sich heute eine pneumatische Orgel.

Die Sammlung enthält auch Clavierwerke, darunter »entradas de versos«, »tientos«, »ensaladas« und »glosadas«, großer Musiker der Halbinsel, von denen vor allem Francisco Perez (Fernández) Paléro, Organist der Königlichen Kapelle von Granada, Francisco de Soto, Organist der Königlichen Kapelle, Pedro Alberto Vila, Organist der Kathedrale zu Barcelona, und »Antonio« (de Cabezón) zu nennen sind.

Die Transkriptionen von Motetten, Liedern oder Tänzen, die liturgischen Kompositionen wie das Kyrie zur Messe, Hymnen oder Versetten (»versos«, »versillos«, »entradas de versos«) zum Psalmengesang und Magnificat sowie Fauxbourdons stellten ein reiches Repertoire dar, doch fanden besonders zwei Formen schnell große Verbreitung: das Tiento (portugiesisch »tento«) und die Variation. Das im allgemeinen in drei oder vier unterschiedliche Abschnitte gegliederte Tiento entwickelt das thematische Material nach dem Prinzip des italienischen Ricercare oder der Fantasie, wobei die Komposition aus Elementen der Präludien- oder Toccatenform geprägt ist. Der Kunst der Variation entsprechen dagegen die Formen »glosas« oder »glosados« (verzierte liturgische oder weltliche Melodien) und die »diferencias« (Variationen über Chanson- oder Tanzmelodien), die entweder durch den Titel der bearbeiteten Melodie oder die Angabe ihres Tones bezeichnet sind. Die Tientos konnten darüber hinaus nach 1560/1570 noch mit dem Zusatz »de medio registro« (mit halbem Register) überschrieben werden, wenn im unteren Teil (in Kastilien bis c′) und im oberen Teil der Klaviatur (ab cis′) verschiedene Register erklingen sollten. Die Bezeichnung »tiento lleno« bezog sich dagegen auf ein im Baß und Diskant gleich registriertes Stück.

Das bedeutende Œuvre des Komponisten Antonio de Cabezón ist mit Ausnahme der etwa 40 von Luys Venegas de Henestrosa gesammelten Stücke im wesentlichen in den »Obras de Musica para tecla, arpa y vihuela« enthalten, die 1578, zwölf Jahre nach dem Tod des Meisters, von seinem Sohn und Nachfolger an der Königlichen Kapelle, Hernando, veröffentlicht wurden. In dieser Sammlung, deren didaktischer Charakter offensichtlich ist, sind auch Stücke von Hernando und Juan de Cabezón, dem Bruder Antonios, vertreten.

Antonio de Cabezón war Cembalist und Organist am Hofe Karls V. und Philipps II. und unternahm Reisen nach Italien, Deutschland, England und den Niederlanden. Während seines Aufenthalts in England vom Juli 1554 bis Januar 1556 gab er entscheidende Anstöße zu der Entwicklung der englischen Virginalmusik, wie die sicherlich in Spanien entstandene und hier schnell zu bemerkenswerter Perfektion geführte Claviervariation offensichtlich auch die Komponisten der jungen neapolitanischen Schule bis hin zu Maione oder Trabaci beeinflußte; man darf nicht vergessen, daß Neapel von 1503 bis 1707 Teil der Besitzungen der spanischen Krone war. Der iberische instrumentale Kompositionsstil scheint sich jedoch im Gegensatz zur italienischen, flämischen, deutschen oder französischen Kunst in aller Individualität entwickelt zu haben.

Cabezón benutzte in seinen ein- oder mehrteiligen Tientos unterschiedliche Themen, deren Kontrapunkte er, um den ruhigen Bewegungscharakter der Komposition zu beleben, manchmal mit figurativen Elementen ausgestaltete. Darüber hinaus bewies er auch in seiner Variationskunst über zumeist bekannte Melodien,

wie »El canto lleno del caballero«, »Guardáme las vacas« oder »La pavana italiana«, eine ungewöhnliche Geschicklichkeit. Spanien besaß im 16. Jahrhundert eine reiche Orgelliteratur, von der allerdings nur noch relativ wenige Werke bekannt sind; schon Juan Bermudo beklagte sich, daß die Organisten seines Landes die besten Kompositionen ihres Schaffens lieber bei sich behielten, ohne an eine Veröffentlichung zu denken. Neben den bereits erwähnten Meistern Francisco de Soto und Pedro Alberto Vila, von denen Venegas de Henestrosa je zwei Tientos bewahrt hat, seien noch Francisco de Peraza, der erste Autor, der ein Stück »de medio registro« schrieb, Bernardo Clavijo del Castillo und sein Sohn Francisco und vor allem Sebastián Aguilera de Heredia genannt, dessen Cabezón vergleichbarer Kompositionsstil eine kühne Verwendung von Dissonanzen (Sekunde, verminderte Quarte und Septime) auszeichnet.

Zu erwähnen bleibt, daß zahlreiche Manuskripte des 16. Jahrhunderts noch in spanischen Bibliotheken und Klöstern ruhen und daß es auch das Schaffen portugiesischer Komponisten erst zu entdecken gilt. Außer den Werken von Yepes muß man hier die Eigenständigkeit der Fantasien und »tentos« von Antonio Carreira hervorheben, der als Organist der Königlichen Kapelle tätig war und später im Dienst Philipps II. von Spanien stand. Die Stadtbibliothek von Porto wurde besonders durch zwei bedeutende Manuskripte bekannt, deren erstes aus der Zeit um 1600 datiert und kontrapunktische Kompositionen, wie »concertados«, »tenços« oder »concertos de meio registo«, über weltliche und gregorianische Melodien enthält, die Gaspar dos Reis zugeschrieben werden. Das zweite Manuskript, »Livro de obras de orgão juntas pella curiosidade do P.P. Fr. Roque da Conceição«, aus dem Jahre 1695 umfaßt neben den Stücken des im Titel genannten Autors auch Werke von Fr. Diego da Conceição und Pedro de Araújo. Das bekannteste und wohl interessanteste Œuvre der portugiesischen Literatur ist jedoch das des Geistlichen Manoel Rodrigues Coelho, der Organist an den Kathedralen von Badajoz, Elvas und Lissabon und Organist und »tangedor de tecla« (Clavierspieler) der Königlichen Kapelle von Lissabon war. Er veröffentlichte 1620 unter dem Titel »Flores de música para o instrumento de tecla e harpa« eine umfangreiche Sammlung mit Orgelwerken. Diese erste je in Portugal herausgege-

bene Sammlung enthält vor allem 24 im Stil von Aguilera de Heredia geschriebene »tentos«, die in mehrere, je auf einem eigenen Thema beruhende Hauptabschnitte zerfallen.

Ihre Vollendung erfuhr die große Epoche der iberischen Orgelmusik im Schaffen von Francisco Correa de Arauxo, der 1598 zum Organisten der Kirche San Salvador in Sevilla ernannt wurde und 1626 die bedeutende, in »cifra« notierte Sammlung »Libro de tientos y discursos de musica practica, y théorica de organo, intitulado Facultad orgánica« veröffentlichte. In diesem Werk präsentierte der Komponist nach einem umfangreichen Vorwort rund 70 vier- bis fünfstimmige Stücke in den Formen »tiento lleno«, »medio registro« (für die rechte oder die linke Hand mit manchmal zwei Solostimmen), »glosado« oder als Harmonisierung liturgischer Melodien, die ihn als unbestrittenen Meister der klassischen spanischen Kunst erscheinen lassen. Dem von Cabezón und Aguilera begonnenen Weg folgend, betrafen Correas Neuerungen den harmonischen

205 Daroca, Basilika S. María de los Corporales, Orgel, erbaut 1488–1498 von Pascual de Mallén
Das Gehäuse, das älter zu sein scheint als das Jahr 1488, zeigt eine der authentischsten gotischen Orgelfassaden Spaniens mit einer offenen Gliederung der Pfeifen in flachen Mitren, gehalten ursprünglich durch eine verzierte horizontale Leiste; es erinnert an die Gehäuse der Orgeln in der Kathedrale zu Palma de Mallorca (1497) und der Kathedrale La Seo in Zaragoza (1444–1469). Im 16. Jh. arbeiteten unter anderen Juan de Córdoba (1511), Damián Puche (1547–1564), »maese Pierres« (Perris Bordons?, 1555) und vor allem Guillaume de Lupe (wahrscheinlich flämischer Herkunft; Wilhelm Wolf?) an dem Instrument; letzterer führte 1569 eine wichtige Instandsetzung durch und erweiterte das Werk um neue Register. Nach der Vergrößerung der Kirche 1591 erweiterte Guillaume de Lupe die Orgel um ein Rückpositiv (Cadereta de espalda), eine Arbeit, die nach seinem Tod 1607 Gaudioso de Lupe, der Sohn des Meisters, vollendete. 1701 reparierte José de Longas das Werk, das 1718 von Nicolás de Salanova und Tomás Grañera umgebaut wurde: neue Windladen mit 47 Tönen C-c‴ ohne Cis und Dis; zwei horizontale Zungenregister; Echokasten. 1963–1964 erneuerten Gabriel Blancafort und Joan Capella die Orgel, deren Disposition wieder weitgehend dem Zustand des Jahres 1718 entspricht: neue Windladen, neuer mechanischer Spielschrank, Manuale mit 54 Tasten C-f‴, Pedal mit 30 Tasten, alle Register zwischen c′ und cis′ geteilt: 35 halbe Register im Hauptwerk (Organo mayor / 17 für die linke und 18 Registerzüge für die rechte Hand), 15 halbe Register im Rückpositiv (Cadereta / 7 + 8) und ein Register im Pedal.

206 Valencia, Kathedrale La Seo, Orgel, erbaut 1510–1513 von Pedro Andrés Teixidor und Diego Ortiz

Dieses Instrument, das von 1665 bis 1712 von Juan Cabanilles gespielt wurde, präsentiert eines der ersten Gehäuse der spanischen Renaissance. Der Aufbau des Gehäuses umschließt die verschiedenen mitrenförmigen Pfeifenfelder, mit denen die flache Fassade gestaltet ist. Nach einer Erweiterung 1575 durch Salvador Estrada wurde das Instrument 1631–1636 durch den Franziskanermönch Antonio Lloréns erneuert, der 1624 die Orgel der Kathedrale in Lérida gebaut hatte. 1693 fügte Roque Blasco neue Register hinzu, bevor 1720 Nicolás de Salanova die Disposition der Orgel fast vollständig veränderte und wahrscheinlich auch die horizontalen Zungenstimmen hinzufügte. Weitere Veränderungen erfolgten 1833 durch José Martínez y Alcarría, 1860 durch Adolfo Ibach und 1888 durch Diego und Aquilino Amezúa. Zu Beginn des 20. Jh.s verfügte das Instrument über drei Manuale (mit einem Umfang von viereinhalb Oktaven) und Pedal (zwei Oktaven) mit pneumatischer Traktur. Die Orgel und ihr Gehäuse wurden im Spanischen Bürgerkrieg zum Großteil zerstört. Das heutige Werk von Pedro Galop stammt aus der Kirche Corpus Christi in Valencia.

207 Salamanca, Alte Kathedrale, Orgel, erbaut um 1569 vermutlich von Damían Luis

Die heute im Diözesan-Museum im Kreuzgang der Alten Kathedrale von Salamanca befindliche Orgel war ursprünglich Eigentum des 1567–1588 an der Universität wirkenden Musikers Francisco Salinas (»realejo de Salinas«). Sie besitzt ein Manual mit 42 Tasten (kurze Unteroktave) und 8 in Baß und Diskant geteilten Registern, von denen – wie von den wesentlichen mechanischen Teilen der Orgel – noch zahlreiche Pfeifen erhalten sind. Das alte Balgsystem ist jedoch nicht mehr vorhanden.

208 S. Lorenzo el Real del Escorial, Basilika, Epistelorgel im Chor des Vikars, erbaut 1578–1586 von Gilles Brebos und seinen Brüdern

Der in Lier bei Antwerpen gebürtige Gilles Brebos, Sohn von Gommaar Brebos, ließ sich etwa 1552 in Antwerpen nieder. Er wurde als einer der großen Orgelbauer seiner Zeit angesehen und baute unter anderem die heute nicht mehr bestehenden Instrumente von Notre-Dame in Antwerpen (kleine Lettnerorgel 1558, große Orgel 1565–1567, 1572), von St-Rombaut in Malines und der Abtei von Averbode. König Philipp II. von Spanien beauftragte ihn mit dem Bau von Instrumenten für den Escorial, vor allem mit dem der vier Orgeln in der Basilika S. Lorenzo. Gilles Brebos kam diesem Auftrag mit Mitgliedern seiner Familie nach, wahrscheinlich mit seinen Brüdern Michiel (gest. 1590) und Jasper (gest. 1588). Weiß man, daß ein vierter Bruder, Hans, 1568 Orgelbauer am dänischen Hof in Kopenhagen war (er starb wahrscheinlich 1609 in Madrid), so ist über Nicolas, der ebenfalls im Escorial tätig war, nur wenig bekannt. Die Instrumente des Escorial wurden nach dem Tod von Gilles 1584 von seinen Brüdern fertiggestellt.

Die von dem Italiener Giuseppe Flecha nach dem Entwurf von Juan de Herrera gebauten vier vergoldeten Orgelgehäuse der Basilika zeigen eine für das damalige Spanien erstaunliche Konzeption, die sich aber sehr gut in die kühle Strenge der Basilika einfügt. Die Gehäuse stehen sich jeweils in zwei identischen Prospekten gegenüber: im Querschiff (Chor des Priors) und im oberen Westchor, dem Chor des Vikars. Hatten die Instrumente im Chor des Priors zwei Manuale und Pedal mit 34 Registern, so waren die Orgeln im Chor des Vikars mit 13 Stimmen auf einem Manual (darunter vier geteilte Register) kleiner, wobei hier das Rückpositiv das äußere Erscheinungsbild der Instrumente auflockerte.

Es versteht sich von selbst, daß die in der flämischen Orgelbautradition erstellten Instrumente in den Ohren der Spanier fremd klangen, vor allem, wenn man an den Umfang von 41 Tasten und die zahlreichen Pedalregister (acht) der Orgeln des Querschiffs denkt. Sie sollten jedoch auf den iberischen Orgelbau ohne Einfluß bleiben. 1704 veränderte Pedro de Liborno Echevarría die Orgeln beträchtlich, indem er horizontale Zungenregister hinzufügte und die Instrumente im Chor des Vikars um je ein zweites Manual erweiterte. Weitere Eingriffe erfolgten unter dem Organisten Antonio Soler durch José Casas und am Ende des 18. Jh.s durch José Verdalonga.

Von den zwei Instrumenten im Chor des Vikars sind nur mehr die Gehäuse und die Prospektpfeifen alt. Die Orgeln selbst bilden zusammen ein Instrument, die Epistelorgel mit 42 Registern und die Evangelienorgel mit 19 Registern.

209 S. Lorenzo el Real del Escorial, Gemächer der Infantin Isabel Clara Eugenia, Prozessionsorgel, erbaut vermutlich 1589 durch ein Mitglied der Familie Brebos

Man nahm bisher an, daß diese tragbare Orgel aus der Zeit Kaiser Karls V. datiere. Das Instrument, das das Wappen Philipps II. trägt, wurde jedoch wahrscheinlich von einem Mitglied der Familie Brebos, vielleicht von Gilles oder Hans, gebaut. Vor etwa 15 Jahren durch die Organería Española restauriert, verfügt es in einem eleganten, mit reichem Schnitzwerk verzierten Gehäuse über 6 Register mit einer 38 Tasten umfassenden Klaviatur (mit kurzer Unteroktave).

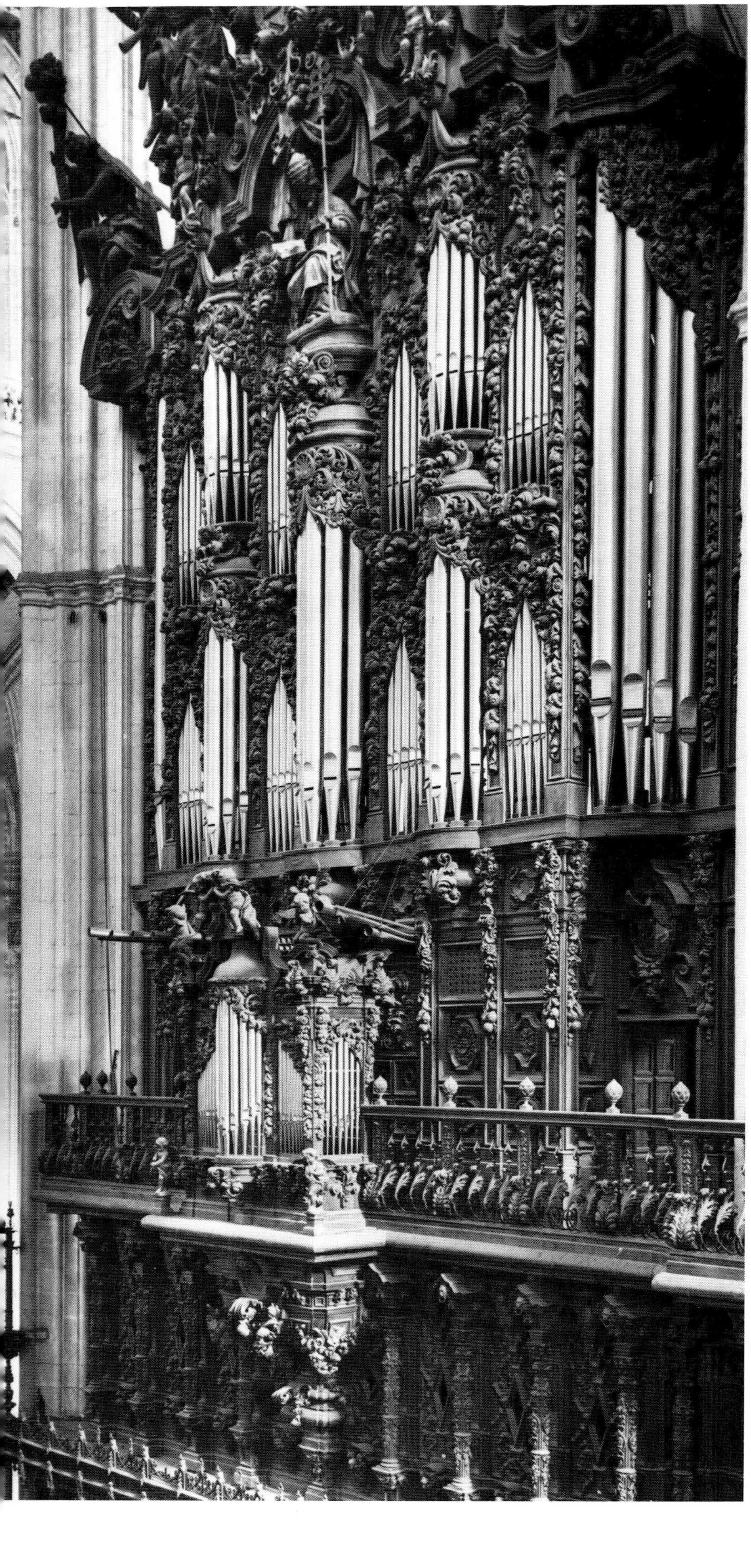

210 Sevilla, Kathedrale S. María, Epistelorgel, erbaut 1725–1739 von Diego de Orio und Francisco Ortiguez
Die beiden Orgeln im Coro der Kathedrale besaßen ursprünglich identische Gehäuse, mit deren Bau Luis de Vilches beauftragt worden war. Nach Instandsetzungen 1741 und 1793 wurde die Epistelorgel 1888 beim Einsturz eines Teils der Kirche vollkommen zerstört. In dem 1903 rekonstruierten Gehäuse schloß Aquilino Amezúa Register der Evangelienorgel an. 1972 wurde die ganze Anlage durch die Organería Española erneuert.

211 Palma de Mallorca, Kirche S. María del Socorró (Convento de S. Agusti), Orgel, erbaut um 1700 von den Brüdern Caimari und Ende des 18. Jh.s von Jordi Bosch
Das noch im Stil der Renaissance gehaltene Gehäuse dieser Orgel, die als Schwalbennest aufgehängt ist, zeigt in der Gliederung der Prospektpfeifen großartig verschlungene Linien. Die Teilwerke der Orgel sind – entgegen der kastilischen Tradition – nach deutscher Art in Hauptmanual (Organo mayor), Rückpositiv (Cadereta) und »Oberwerk« (Teclat d'alt) unterschieden, doch können sie durch keine Koppel vereint werden. Die Zungenbatterie des Instruments und folglich auch die Windlade des Hauptwerkes geht auf Jordi Bosch zurück. Im Innern des Gehäuses ist, was in Spanien nur selten zu finden ist, keine vertikale Trompete (Trompeta real) disponiert. Diese Orgel gilt als wertvolles Beispiel des Orgelbaus auf Mallorca, der – ebensowenig wie der katalanische Orgelbau – nicht mit dem allgemeinen spanischen Orgelbau verwechselt werden darf, da diese Gebiete einem starken ausländischen, auf den Balearen besonders deutschen, Einfluß unterworfen waren. Zudem stammt mehr als eine Orgel auf den Inseln (Menorca) und auf dem Festland (El Vendrell) von Schweizer Orgelbauern. Die Orgel wurde 1969–1970 von Gerhard Grenzing restauriert.

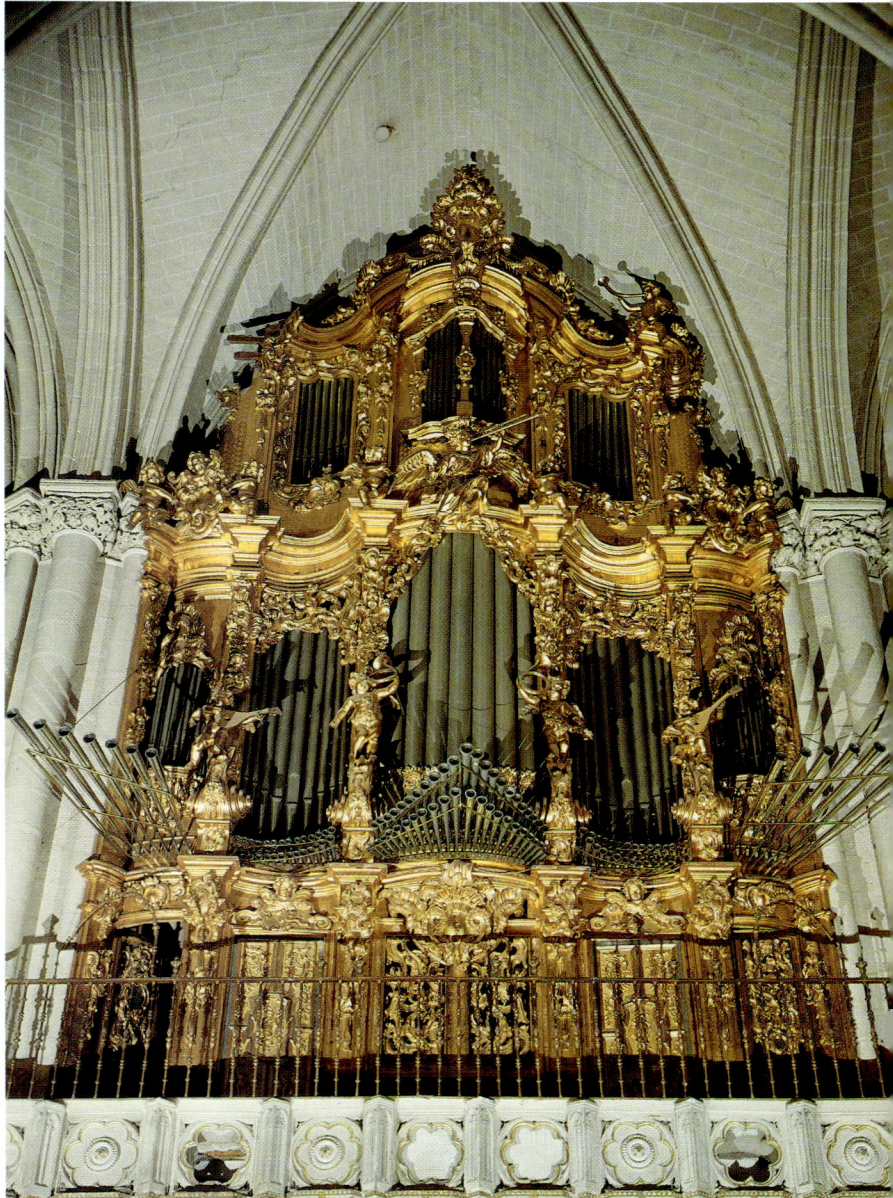

212 Granada, Kathedrale, Evangelienorgel (Prospekt zum Hauptschiff), erbaut 1744–1746 von Leonardo Fernández Dávila im Gehäuse des Maestro de San Juan de Dios

Die Orgel mit drei Manualen (Organo principal, Cadereta interior, Cadereta exterior mit je 49 Tasten, C-c''') und Pedal (8 Tasten) wurde von Dávila 1765–1766 zusammen mit der Epistelorgel, die er 1746–1749 in einem identischen Gehäuse mit fast derselben Disposition gebaut hatte, instandgesetzt. Umbauten erfolgten 1811 und 1874 durch Pedro Roqués, der die originale Disposition veränderte sowie neue Register und ein angehängtes Pedal mit 12 Tasten hinzufügte.

213 Toledo, Kathedrale, Epistelorgel (Prospekt zum Seitenschiff), erbaut 1757–1758 von Pedro de Liborno Echevarría

Die 1971 von der Organería Española wiederhergestellte Epistelorgel des »Artefize de su Magestad«, deren zwei prunkvolle Fassaden von Germán López verziert und von Próspero Martolo vergoldet wurden, verfügt auf drei Manualen (51 Tasten, C-c''' ohne kurze Unteroktave) und Pedal (13 Tasten) über etwa 40 in Baß und Diskant geteilte Register, wobei die verschiedenen Klaviaturen nicht koppelbar sind. Eine eindrucksvolle Trompetería ragt aus jeder der Prospektseiten heraus: in den Chor die Zungenstimmen des Hauptwerkes (zweites Manual) und in das Seitenschiff die Zungenregister des dritten Manuals.

214 Salamanca, Neue Kathedrale, Evangelienorgel (Prospekt zum Hauptschiff), erbaut 1744 von Pedro de Liborno Echevarría

Die Neue Kathedrale in Salamanca besitzt drei Orgeln: ein kleines Positiv aus dem 16. Jh., die durch ihre vier Flügeltüren bemerkenswerte Epistelorgel aus der gleichen Zeit und dieser gegenübergestellt die große Barockorgel von Echevarría, die die anderen Instrumente nicht nur in klanglicher Hinsicht, sondern auch durch die Größe ihres Gehäuses und den reichen Zierat ihrer zwei identischen Fassaden – die eine in das Hauptschiff und die andere in das Seitenschiff – bei weitem übertrifft. Die Abbildung zeigt den Hauptprospekt mit der dreifachen majestätischen horizontalen Trompetería. Von ihren Prospektpfeifen ist nur die unterste Reihe klingend, alle anderen Pfeifen der Fassade sind stumm.

Pedro de Liborno Echevarría entstammte einer großen Orgelbauerfamilie baskischer Herkunft, deren Genealogie nicht mehr genau bekannt ist. Er bewies beim Bau dieser Orgel seine Begabung, vor allem in der Disposition der Terzregister und des Hauptwerkplenums, die allein direkt auf den Windladen aufgestellt sind. Sie werden von den anderen Registern überlagert, die sich in gewisser Höhe über den Windladen befinden und durch große Pfeifenbänke oder Kondukten mit Spielwind versorgt werden. Die Barockorgel besitzt 63 Halbregister (29 Baß- und 34 Diskantstimmen) und unter anderem ein Pedal mit 11 Tasten; die beiden höchsten Tasten erzeugen Trommelwirbel (je zwei disharmonierende Pfeifen), während auf den neun übrigen Pedaltasten die Contras (16′ und 8′ gemeinsam) erklingen. Die Orgel wurde von der Organería Española mit wenig Bemühen um Authentizität restauriert (neue Klaviaturen, gleichschwebende Stimmung). (Disposition s. Anhang)

215 Salamanca, Universität, Orgel, erbaut 1709 von Pedro de Liborno Echevarría
Die reizvolle Orgel wurde 1975 von G. A. C. de Graaf restauriert. Sie verfügt über ein einziges Manual (45 Tasten, C-c‴ mit kurzer Unteroktave) und läßt 15 Halbregister und dazu Timbales erklingen.

216 Madrid, Kapelle des Palacio Real (de Oriente), Orgel, erbaut 1778 von Jorge Bosch Bernat-Veri
Diese Orgel, die von Antonio Soler selbst geplant worden sein soll, ist eines der besterhaltenen Instrumente Spaniens. Sie besitzt drei Manuale (51 Tasten, C-d‴) mit 34 Baß- und 42 Diskantregistern und ein Pedal mit 12 Tasten für die Contras de 26 y de 13 (16′ und 8′ gemeinsam). Die Nebenregister Tambor und Timbal bestehen aus je zwei verschieden gestimmten Pfeifen. Das erste Manual (Organo principal) verfügt über 18 Zungenhalbregister, von denen 11 horizontal im Prospekt angebracht sind, unter anderem das Baßregister Viejos (8′, Greisengesang), dem die Diskantstimme Viejas (8′, Altweibergesang) antwortet. Obwohl die Fassade eine etwas manierierte Eleganz zeigt, ist sie von schöner klassischer Konzeption: ein relativ nüchterner Stil, der sich (mit Ausnahme der vier erstaunlichen Gehäuse des Escorial) in Spanien seit der zweiten Hälfte des 18. Jh.s verbreitete. Ein weiteres berühmtes Beispiel ist die 1797 von José Verdalonga erbaute Evangelienorgel der Kathedrale zu Toledo. Zu dieser Zeit gab es Gehäuse im klassischen wie im überladenen Barockstil. Eine Zwischenstellung nimmt dabei die 1770 von Pedro de Echevarría erbaute Evangelienorgel der Kathedrale in Segovia ein.

217 Toledo, Kathedrale, »Kaiserorgel«, erbaut 1798 von Valentín und José Verdalonga
Die Kathedrale von Toledo besitzt nicht weniger als sechs Orgeln: die drei großen Orgeln des 18. Jh.s (die »Kaiserorgel« und die zwei Orgeln des Coro, auf der Evangelienseite erbaut 1796–1797 von Verdalonga und auf der Epistelseite 1757–1758 von Echevarría) und drei Positive in den Seitenkapellen. Im südlichen Querschiff erhebt sich – einzigartig in Spanien – über der Puerta de los Leones das vermutlich aus dem 16. Jh. datierende Steingehäuse der »Kaiserorgel«, die gemäß der Überlieferung zwischen 1543 und 1549 von Gonzalo Hernández de Córdoba und Juan Gaytan erbaut und von Kaiser Karl V. gehört worden sein soll. Nach der Erneuerung 1798 durch Valentín und José Verdalonga galt die Orgel als eines der hervorragendsten Meisterwerke des barocken Orgelbaus in Spanien. Sie verfügte ursprünglich über zwei Manuale mit 45 Tasten mit kurzer Unteroktave und heute, seit den Wiederherstellungsarbeiten 1922 durch Albert Merklin, über zwei Manuale mit einem Umfang von 53 Tasten (C-e‴) und 45 Halbregister (22 Baß- und 23 Diskantstimmen), zudem über ein doppeltes Pedal mit 12 Tasten, das mit seinen 10 Registern das größte Spaniens war. Auf der ersten Reihe der Halbtasten erklingen die Pfeifen der Flautados, während durch die zweite Reihe, die an das zweite Manual gekoppelt ist, die Zungenstimmen zum Erklingen gebracht werden. Bemerkenswert sind die innere Zungenbatterie des ersten Manuals und die Ruhe und Klangpracht der Grundstimmen (Flautado de 26, Flautado de 13, Octava general) des zweiten Manuals. Interessant ist, daß die Erbauer der Orgel die einzelnen Klangebenen unterschiedlich disponierten und – entgegen jeder Tradition – Plenum und horizontale Trompetería trennten. Das große Plenum und die Zungenstimmen im Innern des Gehäuses erklingen auf dem ersten Manual, die Grundstimmen und die horizontalen Zungen auf dem zweiten Manual und die Contras (de 52, 26, 26 im Prospekt, 13) 32′, 16′, 16′ im Prospekt, 8′ und Außenzungen im Pedal. Eine weitere Besonderheit dieser Orgel sind »polyphone Pfeifen«: Die mit einem Zinnplättchen bedeckten Holzpfeifen (rechtes Flachfeld) besitzen ein erstaunliches Ventilsystem, das die Erzeugung mehrerer verschiedener Töne pro Pfeife erlaubt. Dasselbe gilt für die Contras de 52 im Pedal: Zwei »polyphone Pfeifen«, die hinter dem Zierrat des Instruments parallel zur Fassade verborgen sind, erzeugen jeweils sechs Töne. Möglicherweise liegt der Ursprung dieser »polyphonen Pfeifen« im Erfindungsgeist der Orgelbauer des 16. Jh.s begründet. Die »Kaiserorgel« wurde 1967 durch die Organería Española überholt.

218 Andahuaylillas (Peru), Pfarrkirche, Orgel, erbaut in der ersten Hälfte des 17. Jh.s
In Peru kann man heute die ältesten noch bestehenden Orgeln Lateinamerikas finden. Ihre einfache Konzeption geht wahrscheinlich auf einheimische Künstler zurück, man denke beispielsweise an die relativ großen Portative, die noch in den Kirchen der Andenorte Pisac, Valle, Checacupe oder Andahuaylillas stehen (die beiden letztgenannten Orte liegen in der Nähe von Cuzco). Die Pfarrkirche von Andahuaylillas besitzt zwei Orgeln; die abgebildete Epistelorgel ist traditionell gestaltet und von einfacher Konzeption; ihr schlichtes Gehäuse ist mit Malereien geschmückt, die wertvolle Stuckelemente imitieren. Gut sichtbar ist die radiale Führung der Abstrakten, die den iberischen Einfluß kennzeichnet.

219 Cuzco (Peru), Kathedrale, Epistelorgel, erbaut im ersten Drittel des 17. Jh.s
Im Chor der Kathedrale stehen sich über dem Chorgestühl zwei Orgeln – die eine von flämischer Konzeption und vielleicht aus Europa importiert, die andere von einem einheimischen Meister – gegenüber: eine für Lateinamerika seltene Aufstellung, die jedoch in den Kathedralen von México und Puebla (Mexiko) erstaunliche Ausmaße erreichte.
Die Epistelorgel ist ein einmanualiges Instrument (44 Tasten, geteilt in Baß und Diskant, mit kurzer Unteroktave) mit etwa 10 Halbregistern. Für eine flämische Konzeption sprechen Aufbau und Anordnung des unverzierten Pfeifenwerkes. Man erkennt zwei Faux-Bourdons auf der linken Seite des Gehäuses und eine Rossignol-Stimme mit ihrem typischen kleinen Wasserbehälter am Fuß des linken Pfeifenwerkteils, während rechts eine kleine, Lyra genannte Pfeifengruppe angebracht ist.

220 Puebla (Mexiko), Kathedrale, Epistelorgel (»El Organo Carlos Quinto«), erbaut 1710 von Felix de Izaguirre
Das Gehäuse dieser Orgel, gefertigt von Esteban Gutiérrez de Villaseñor – die Abbildung zeigt den Prospekt in das Seitenschiff –, geht wahrscheinlich auf das Instrument zurück, das Karl V. 1560 der Gemeinde stiftete. Es ist durch den Reichtum seines Aufbaus vielleicht das erstaunlichste Orgelgehäuse Lateinamerikas: In seinem oberen Teil wechseln sich dreieckige Pfeifentürme mit halbrunden Türmen ab, während der untere halbrunde Zentralturm von einem dreieckigen Turm mit gegensätzlich angeordneten Pfeifen überlagert wird, die auch in den Seitenfeldern der Fassade zu finden sind. Von dieser Orgel, die auch über ein Positiv (Cadereta) und etwa 68 Halbregister verfügte, bestehen nur mehr die Fassaden.

221, 222   Mexico Ciudad (Mexiko), Kathedrale; links: Epistelorgel (Prospekt in das Hauptschiff), erbaut 1690 von Jorge de Sesma Hacia und 1734 von José Nasarre; rechts: Evangelienorgel (Prospekt in den Chor), erbaut 1735 von José Nasarre
Im Coro der monumentalen Kathedrale von Mexico stehen sich in den Gehäusen von Juan de Rojas zwei majestätische Instrumente gegenüber, die sich in Prospektgestaltung und Konzeption ähnlich sind und am 23. Oktober 1736 geweiht wurden. Die 1690 in Spanien von Jorge de Sesma Hacia erbaute Epistelorgel wurde in Mexico 1695 durch Tiburcio Sans aus Aragón aufgestellt und 1734 durch José Nasarre erneuert, der diesem Werk – wie es nur sehr selten in Lateinamerika anzutreffen ist – ein Rückpositif (Cadereta exterior) hinzufügte. Dieser mexikanische Orgelbauer, der 1730 auch die Orgel der Kathedrale zu Guadalajara erstellte, baute zudem 1735 in der Kathedrale von Mexico die Evangelienorgel, deren Gehäuse, das zur gleichen Zeit wie das der Epistelorgel gefertigt worden war, bis dahin leergestanden hatte. Beide Instrumente erhielten zwei zwischen c′ und cis′ in Baß und Diskant geteilte Manuale (Epistelorgel: 51 Tasten, C-d‴, Evangelienorgel: 50 Tasten, C, D-d‴). Auf dem Untermanual erklingen die Register des Cadereta exterior (3 Baß- und 4 Diskantstimmen in beiden Orgeln) und des Cadereta interior (7 Baß- und 7 Diskant-, bzw. 7 Baß- und 6 Diskantregister), auf dem Obermanual die 55 Halbregister (26/29) bzw. 58 Halbregister (26/32) des Organo principal. Das Pedal verfügt über 10 Tasten (C, D, E, F-h) mit jeweils drei Flautado- und drei Bajoncillo-Registern. Neben der oberen Klaviatur der Evangelienorgel befindet sich ein weiteres Manual mit 27 Tasten eines 6-registrigen Solomanuals (c′-d‴); es geht vielleicht auf José Perez de Lara zurück, der das Werk 1817 instandsetzte. Jedes der beiden aus Zedernholz gefertigten Gehäuse besteht aus zwei Fassaden mit zahlreichen stummen oder umgekehrt angeordneten Pfeifen, die auf der Chorseite 1967 bei einem Brand schwer beschädigt wurden. Die Restaurierung erfolgte 1975–1977 durch die Firma Flentrop. Die Abbildungen zeigen die Instrumente vor dieser Instandsetzung.
(Entgegen der europäischen und nordamerikanischen Tradition wird in Lateinamerika die linke Seite der Gotteshäuser als Epistel- und die rechte Seite als Evangelienseite bezeichnet.)

223 Cuenca (Ecuador), Kathedrale, Orgel, erbaut 1739 von António Estevan Cardoso

Die 1924 restaurierte, heute jedoch unspielbare Orgel verfügt über 13 Halbregister (7 Baß- und 6 Diskantstimmen) auf einem Manual mit 55 Tasten. Von ihrem Gehäuse sind außer den Bildtafeln über den zentralen Pfeifenfeldern die zehn kleinen Figuren, von denen jede eine Trompete an die Lippen preßt, und die klassische Dekoration des Gehäuseunterbaus in den Farben Gold und Blau zu nennen.

224 Taxco (Mexiko), Pfarrkirche S. Prisca, Orgel, erbaut um 1759

Offenbar wurde dieses einmanualige Instrument mit 14 Baß- und 13 Diskantregistern in zwei Etappen erbaut: um 1759 und 1806, als es durch José António Sánchez vergrößert wurde. Die zwei Türmchen der Emporenbrüstung enthalten jeweils ein Glockenspiel, das durch eine einfache Eisenkurbel zum Erklingen gebracht wird.

225 Querétaro (Mexiko), Klosterkirche S. Rosa de Viterbo, Orgel, erbaut um 1759 von Ignacio Mariano de las Casas

Von dieser einmanualigen Orgel (C-c''' ohne Cis und Dis) mit 12 Halbregistern (6/6) besteht heute nur mehr der Prospekt mit seinen Pfeifen, unter denen man deutlich die Fußlochöffnungen der zwei horizontalen Trompetenreihen sehen kann.

226 Tiradentes (Brasilien) Pfarrkirche, Orgel, erbaut in der Mitte des 18. Jh.s
Das Gehäuse steht auf der Seite der Chorempore und zählt zu den elegantesten Lateinamerikas. Stuck und Malereien im Rokokostil verzieren den offensichtlich vom portugiesischen Orgelbau beeinflußten Prospekt. Gemäß der Tradition sollen die Pfeifen in Porto hergestellt und im Gehäuse von einem einheimischen Meister installiert worden sein.

227 S. Miguel de Allende (Mexiko), Kirche S. Felipe Neri, Orgel, erbaut 1775 von Josefus Besar
Das überreich verzierte Gehäuse enthält 29 Halbregister (13 Baß- und 16 Diskantstimmen) auf einem Manual mit einem Umfang von vier Oktaven. Das 1869 veränderte Instrument ist heute unspielbar.

228 Texmelucán (Mexiko), Franziskanerklosterkirche S. Martín, Orgel, erbaut 1794
Die Gliederung der Pfeifen in fünf große horizontale Felder verleiht diesem Prospekt ein charakteristisches massiges Aussehen, das durch die gewundenen Linien der mit Masken und Arabesken verzierten Pfeifenlabien und durch die elegante gebogene Haltung der zwei trompetespielenden Sirenen an den Seiten noch verstärkt wird. Die einzigen vertikalen Linien zeigen die Baßpfeifen seitlich der Fassade. Unter der Empore befinden sich die Büsten von Tritonen, die jeweils eine horizontale Trompete spielen. Die Orgel besitzt 24 Halbregister (12/12) auf einem Manual mit 49 Tasten (geteilt zwischen c′ und cis′) mit Tambores, Campanos, Cimbales und Pajaros Aqua, wobei die Tambores und Cimbales auf einem Pedal gleichzeitig erklingen. Das Register Sirena läßt die beiden großen Pfeifen zu beiden Seiten des Gehäuses und eine Zungenstimme im Gehäuse ertönen. Das Instrument wurde 1919 wiederhergestellt.

229 Tlaxcala (Mexiko), Kathedrale S. Francisco (ehemals Puebla, Museo de Arte »José Luis Bello y González«), Orgel, erbaut Ende des 18. oder Anfang des 19. Jh.s
Die für das Kloster S. Rosa in Puebla erbaute Orgel besitzt ein herrliches Gehäuse aus Zypressenholz mit Silberbeschlägen. Die Prospektpfeifen sind mit farbigen Malereien und Gold verziert und zeigen Arabesken auf den Pfeifenkörpern und Masken auf den Labien. Das Instrument verfügt über ein Manual (geteilt in Baß und Diskant) mit 16 Halbregistern (7 Baß- und 9 Diskantstimmen), und der Nachtigall-Imitation »Sonido de pajaros«. Die Restaurierung des Instruments und den Einbau eines elektrischen Gebläses besorgte Rubin S. Frels in Jahre 1973.

230 Las Piñas (Manila), katholische Pfarrkirche S. José, Orgel, erbaut 1824 von Padre Diego Cera

Die unter dem Bogen zweier Pfeiler in großer Höhe aufgestellte berühmte »Bambus-Orgel« ist eines der größten einmanualigen Instrumente des spanischen Orgelbaus. Wird die hintere Fassade ihres Gehäuses aus Pedalpfeifen gebildet, so gliedert sich die Vorderfront in schlichter Weise in sieben Flachfelder. Die Schleierbretter und die Elemente des Aufbaus sind mit mehrfarbigen perspektivischen Malereien geschmückt. Dieses Instrument ist eine der drei Bambus-Orgeln, die der ab 1792 auf den Philippinen als Missionar tätige spanische Mönch Diego Cera baute. Das erstaunliche Werk widersteht seit mehr als 150 Jahren dem tropischen Klima und der hohen Luftfeuchtigkeit, die bis zu 98% betragen kann. Die Pfeifen sind aus Bambus, der vorher in einer Salzlösung behandelt wurde, und die mechanischen Teile aus sehr widerstandsfähigem Holz. Die horizontalen Trompeten wurden aus Spanien importiert. Das Instrument verfügt über ein Manual, das wie üblich zwischen c' und cis' in Baß und Diskant geteilt ist; sein außergewöhnlicher Umfang von 61 Tasten reicht vom Kontra-F bis f''' mit 21 Halbregistern (10 + 11) und einem Tambor mit drei Pfeifen. Das Pedal mit 12 Tasten umfaßt nur das Register Contras mit zwei Pfeifenreihen. Die Trompetería besteht aus vier Halbregistern mit Bajoncillo 4' und Clarín Campana 2' im Baß und Clarín claro 8' und Clarín Campana 8' im Diskant. Die Orgel erfuhr durch Johannes Klais eine außergewöhnliche Restaurierung, die 1975 abgeschlossen war: Die verschiedenen Teile des Instruments wurden nach Bonn gebracht und in einem dem tropischen Winter entsprechend klimatisierten Raum installiert (25° Celsius und 85% Luftfeuchtigkeit).

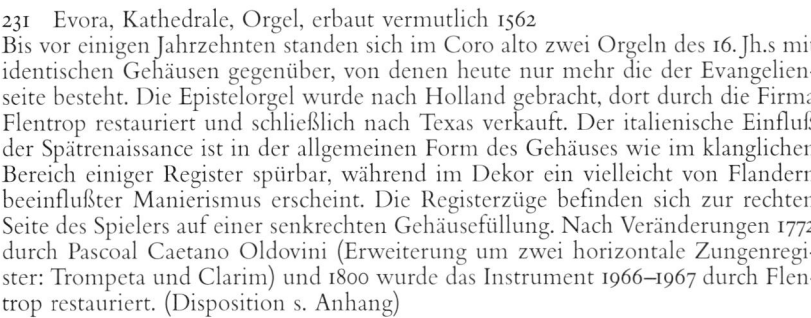

231 Evora, Kathedrale, Orgel, erbaut vermutlich 1562
Bis vor einigen Jahrzehnten standen sich im Coro alto zwei Orgeln des 16. Jh.s mit identischen Gehäusen gegenüber, von denen heute nur mehr die der Evangelienseite besteht. Die Epistelorgel wurde nach Holland gebracht, dort durch die Firma Flentrop restauriert und schließlich nach Texas verkauft. Der italienische Einfluß der Spätrenaissance ist in der allgemeinen Form des Gehäuses wie im klanglichen Bereich einiger Register spürbar, während im Dekor ein vielleicht von Flandern beeinflußter Manierismus erscheint. Die Registerzüge befinden sich zur rechten Seite des Spielers auf einer senkrechten Gehäusefüllung. Nach Veränderungen 1772 durch Pascoal Caetano Oldovini (Erweiterung um zwei horizontale Zungenregister: Trompeta und Clarim) und 1800 wurde das Instrument 1966–1967 durch Flentrop restauriert. (Disposition s. Anhang)

232 Coimbra, Kloster S. Cruz, Orgel, erbaut im 16. und 17. Jh.
Auf dem Unterbau eines 1532 durch den französischen Tischler François Lorette geschaffenen Gehäuses, das eine 1559 durch Heitor Lobo instandgesetzte Orgel von Meister João enthielt, erhebt sich das heutige Gehäuse, das aus dem 17. Jh. stammen könnte. Reparaturen bzw. Erneuerungen erfolgten 1694 durch den deutschen Orgelbauer Miguel Hensberg, durch den spanischen Orgelbauer Benito Gomez de Herrera und 1868 durch José Joaquim da Fonseca, eine Wiederherstellung seit 1971 durch João Sampaio und Sohn. Die Orgel verfügt heute über 28 Halbregister auf einem Manual (C-c‴ mit kurzer Unteroktave), wobei das Pfeifenwerk der Brüstung Teil des Echowerkes ist.

233 Faro, Kathedrale, Evangelienorgel, erbaut 1715–1716 von João Henriques Hulemcampo

Diese Orgel mit dem überraschenden, typisch Hamburger Prospekt (vgl. Abb. 39) wurde von dem Arp Schnitger-Schüler Johann Heinrich Hulenkampf erbaut, der am Anfang des 18. Jh.s in Portugal tätig war. Er schuf in Lissabon wenigstens zwei weitere Instrumente (im Karmeliterkloster und in S. Francisco), die jedoch bei dem Erdbeben 1755 zerstört wurden. Die Orgel der Kathedrale von Faro steht auf einer Empore neben dem Coro alto. Sie besaß 26 Register auf zwei Manualen (45 Tasten), wobei auf dem Untermanual die Register des Hauptwerkes (Orgão principal) und auf dem Obermanual die des Brustwerkes (Positivo de peito) erklingen. Diese Konzeption ist für Portugal und ebenso für Spanien außergewöhnlich, da hier – bedingt durch die kürzesten Trakturwege – das Untermanual immer dem Echowerk und das Obermanual immer dem Hauptwerk zugeteilt sind. Die umgekehrte Anordnung in Faro erklärt sich durch die deutsche Orgelbautradition, von der Hulenkampf geprägt war. 1767 fügte der italienische Orgelbauer Pascoal Caetano Oldovini, der vor allem die Orgeln der Kathedralen von Evora (1758, Chor) und Elvas (1777) schuf, eine neue Windlade ein und setzte die horizontalen Trompeten hinzu, ebenso die Register des Echos und ein angehängtes Pedal mit 11 Tasten. Wie das Gehäuse der etwa 20 Jahre jüngeren Orgel in der Kapelle der Universität in Coimbra ist auch der Prospekt in Faro mit prachtvollen Chinoiserien in vorwiegend rotem Farbton geschmückt. Das Instrument wurde 1973–1974 durch Flentrop restauriert.

234 Porto, Kathedrale (Sé), Epistelorgel, erbaut 1727–1733 von Lourenço da Conceição

Der Mönch Lourenço da Conceição baute für die Kathedrale von Porto drei Instrumente: 1719–1726 eine große Orgel auf der Empore über dem Hauptportal und zwei Orgeln auf der Evangelien- bzw. Epistelseite des Chores, deren leicht verschiedene Gehäuse Luis Pereira da Costa anfertigte. Die heute zweimanualige Epistelorgel (54 Tasten) wurde 1869 durch António José dos Santos erneuert und um 1945 verändert. Beide Gehäuse enthalten seit 1969–1971 neue Orgeln von Flentrop, so daß nur mehr ihr historischer Prospekt von Interesse ist.

235 Coimbra, Universität, Königliche Kapelle S. Miguel, Orgel, erbaut 1732–1733 von dem Benediktinermönch Dom Manuel de S. Bento Gomes

Die an der südlichen Wand der Kapelle in der Nähe des Coro alto installierte Orgel präsentiert einen übermäßigen Gehäuseschmuck, der von Gabriel Ferreira da Cunha geschaffen wurde. Chinoiserien, die von der portugiesischen Kolonialmacht im Orient zeugen, verzieren die Empore. Auf der einen Klaviatur (54 Tasten, C-f‴) der 1971–1972 von Flentrop restaurierten Orgel erklingen die 30 Halbregister des Hauptwerkes, die vier nicht geteilten Register des schwellbaren Echowerkes und auch die 7 Halbregister des nicht schwellbaren oberen Echowerkes.

236 Braga, Kathedrale (Sé), Orgel, erbaut 1737 von Frei Simão Fontanes

Die zwei Orgeln, die in monumentaler Weise das erste Joch des Hauptschiffs (barocker Coro) zieren, wurden von dem nordspanischen Orgelbauer Fontanes erbaut, während die identischen Gehäuse Marceliano de Araújo und die Bemalung und Vergoldung Manuel Furtado schufen. Verfügt die Epistelorgel aus dem Jahre 1738 über 28 Halbregister auf einem Manual (49 Tasten), so hat die abgebildete Evangelienorgel aus dem Jahre 1737 zwei Manuale von je 45 Tasten (C-c‴ mit kurzer Unteroktave). Auf dem Obermanual erklingen die 28 Halbregister des Hauptwerkes, auf dem Untermanual die 8 Halbregister des Orgão da cadeira (RP) und die 14 Halbregister des schwellbaren Echowerkes, das sich im Unterbau des Gehäuses auf dem Boden der Empore befindet. Das Pedal umfaßt 10 Eisentasten, von denen 8 mit der kurzen Unteroktave des Hauptwerkes gekoppelt sind und die zwei weiteren Tasten die Arme der zu beiden Seiten des Rückpositivs plazierten Engelsfiguren bewegen, eine Einrichtung, die den Namen »Carrancas« trägt. Die Prospektgestaltung dieser Orgeln – dreieckige Türme, die drei Statuen des Glaubens, der Hoffnung und der Barmherzigkeit im bekrönenden Schmuckwerk, bärtige Satyrn, die die Brüstung stützen – beeinflußte die Konzeption späterer Orgeln, vor allem einiger Instrumente von Francisco António Solha nach dem Entwurf des Benediktinerbruders José de S. António Ferreira Vilaça (Tibães, Cabeceiras de Basto, Guimarães). Die Evangelienorgel wird derzeit durch L. A. Esteves Pereira restauriert.

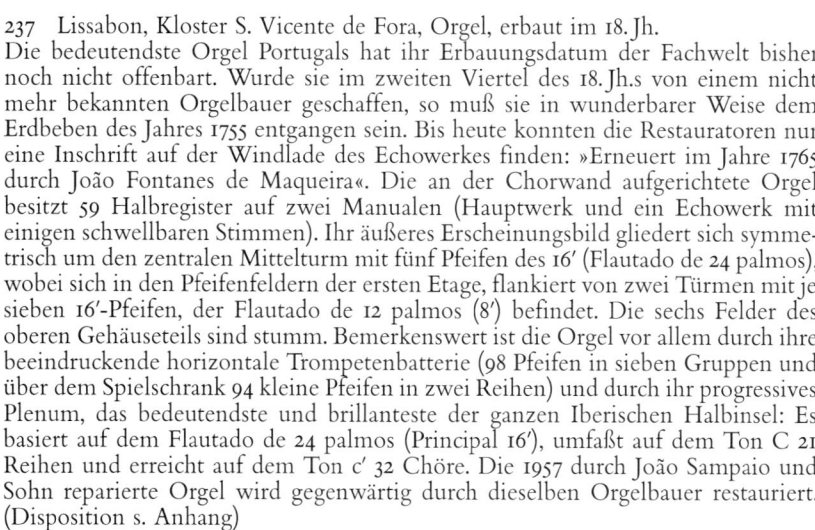

237 Lissabon, Kloster S. Vicente de Fora, Orgel, erbaut im 18. Jh.

Die bedeutendste Orgel Portugals hat ihr Erbauungsdatum der Fachwelt bisher noch nicht offenbart. Wurde sie im zweiten Viertel des 18. Jh.s von einem nicht mehr bekannten Orgelbauer geschaffen, so muß sie in wunderbarer Weise dem Erdbeben des Jahres 1755 entgangen sein. Bis heute konnten die Restauratoren nur eine Inschrift auf der Windlade des Echowerkes finden: »Erneuert im Jahre 1765 durch João Fontanes de Maqueira«. Die an der Chorwand aufgerichtete Orgel besitzt 59 Halbregister auf zwei Manualen (Hauptwerk und ein Echowerk mit einigen schwellbaren Stimmen). Ihr äußeres Erscheinungsbild gliedert sich symmetrisch um den zentralen Mittelturm mit fünf Pfeifen des 16′ (Flautado de 24 palmos), wobei sich in den Pfeifenfeldern der ersten Etage, flankiert von zwei Türmen mit je sieben 16′-Pfeifen, der Flautado de 12 palmos (8′) befindet. Die sechs Felder des oberen Gehäuseteils sind stumm. Bemerkenswert ist die Orgel vor allem durch ihre beeindruckende horizontale Trompetenbatterie (98 Pfeifen in sieben Gruppen und über dem Spielschrank 94 kleine Pfeifen in zwei Reihen) und durch ihr progressives Plenum, das bedeutendste und brillanteste der ganzen Iberischen Halbinsel: Es basiert auf dem Flautado de 24 palmos (Principal 16′), umfaßt auf dem Ton C 21 Reihen und erreicht auf dem Ton c′ 32 Chöre. Die 1957 durch João Sampaio und Sohn reparierte Orgel wird gegenwärtig durch dieselben Orgelbauer restauriert. (Disposition s. Anhang)

238 Lámego, Kathedrale (Sé), Evangelienorgel, erbaut 1756–1757 von Francisco António Solha

Die beiden Orgeln der Kathedrale stehen auf beiden Seiten des Chores über dem Chorgestühl auf kleinen Emporen. Die Gehäuse schuf wahrscheinlich António Mendes Coutinho und die Instrumente selbst der nordspanische Orgelbauer Solha, der sich 1759 in Guimarães niederließ und unter anderem die folgenden Kirchen mit seinen Orgeln versah: S. Miguel de Refóios in Cabeceiras de Basto (1770), S. Marinha da Costa in Guimarães (1788) und S. Martinho in Tibães (1785). Die 1755 errichtete Epistelorgel der Kathedrale in Lámego – von ihr bestehen nur mehr die Prospektpfeifen und das leere Gehäuse – war mit 26 Halbregistern auf einem Manual kleiner als ihr Gegenüber, das heute 32 Halbregister auf zwei Manualen mit 51 Tasten (Orgão principal, Orgão do éco) aufweist. Die Stimmen des Echomanuals – der unteren Klaviatur – stehen wie üblich direkt hinter dem Spielschrank auf dem Emporenboden, wobei einige Stimmen in einen Schwellkasten eingeschlossen sind. Erwähnenswert sind die relativ einfache Gestaltung des Instruments und das nur wenig ausgeprägte Relief der Fassade, deren kleine Flachfelder im oberen Teil des Gehäuses stumme Pfeifen (Cónegos) enthalten. Nach mehreren Veränderungen wurde die Evangelienorgel 1970–1974 durch João Sampaio und Sohn restauriert.

239   Porto, Kirche S. Bento da Vitória, Epistelorgel, erbaut vermutlich Ende des 18. Jh.s von Frei Domingos de S. José Varella

Diese Orgel, eines der erstaunlichsten Instrumente Portugals, verfügt über 44 Halbregister (darunter ein Schlagregister und die Nachahmung der Nachtigall) auf zwei Manualen (Orgão principal, Orgão do éco) mit je 54 Tasten (C-f'''). Ihr manieriertes Gehäuse wurde 1719 von Gabriel Rodrigues hergestellt und 1761 vergoldet; aus dieser Zeit dürften auch die Füllungen im Rokokostil des Gehäusefundaments stammen. Auf der gegenüberliegenden Wand spiegelt eine stumme Fassade den Prospekt des beschriebenen Instruments wider, das 1880 durch António José dos Santos und Sohn erneuert und vermutlich auch zu diesem Zeitpunkt mit seinem Pedal (13 Tasten) versehen wurde. Kleinere Reparaturen erfolgten zwischen 1969 und 1971.

240   Vila do Conde, Kloster S. Clara, Orgel, erbaut 1775 von einem unbekannten Orgelbauer (vielleicht Francisco António Solha)

Die Gesamtheit des Zierats von Empore und Gehäuse bildet ein seltenes, komplexes Rokokoensemble. Die Fassade gliedert sich nach klassischem Vorbild in einen von je zwei übereinandergelagerten Flachfeldern umrahmten Mittelturm und zwei kleinere dreieckige Seitentürme, an die sich an den Seiten des Gehäuses zur Wand hin zwei Flachfelder anschließen; es ist dies die in der zweiten Hälfte des 18. Jh.s für ganz Nordportugal übliche Konzeption der Orgelprospekte (S. Miguel de Refóios in Cabeceiras de Basto [1770], S. Martinho in Tibães [1785], Klosterkirche von S. João de Tarouca [1760]). Dieses Instrument verfügt auf zwei Manualen (ohne kurze Unteroktave, C-e''') über 17 Baß- und 19 Diskantregister. Es befindet sich gegenwärtig in sehr schlechtem Zustand – vor allem fehlen alle horizontalen Zungenstimmen – und soll in nächster Zukunft unter Aufsicht des Denkmalamtes restauriert werden.

241   Tibães, Klosterkirche S. Martinho, Orgel, erbaut 1785 von Francisco António Solha

Das Gehäuse dieser zweimanualigen Orgel zählt sicherlich zu den schönsten des nördlichen Portugals. Es wurde von dem Benediktiner José Vilaça entworfen, von Luis José de Sousa Neves erstellt und ähnelt den Fassaden der Orgeln von S. Miguel de Refóios in Cabeceiras de Basto (1770) und S. Marinha da Costa in Guimarães (1788), die ebenfalls auf José Vilaça und den nordspanischen Orgelbauer Solha zurückgehen. Die Prospektgestaltung der Orgel, deren Gliederung durch die Linienführung der horizontalen Zungenregister noch unterstrichen wird, wurde von dem Gehäuse des majestätischen Instruments in Braga (Abb. 236) beeinflußt.

242 »Das erste Musikfestival in Neu-England, King's Chapel, Boston, am 10. Januar 1786«; Salem (Mass.), Essex Institute
Die hier abgebildete Orgel wurde 1756 durch den englischen Orgelbauer Richard Bridge geschaffen. Das 20-stimmige Werk war für die damalige Zeit mit drei Manualen (Great, Swell, Choir) ein außergewöhnliches Instrument, von dem heute nur mehr das Gehäuse besteht.

244 South Dennis (Mass.), Congregational Church, Orgel, erbaut 1762 von Johann Snetzler
Der 1710 in der Schweiz geborene Orgelbauer Snetzler ließ sich in England nieder, wo er – nachdem er mit Christian Müller in St. Bavo in Haarlem (Niederlande) gearbeitet hatte – Orgelbauer König Georgs III. wurde. Diese nach Amerika übertragene Orgel verfügt über 8 Register und zwei geteilte Stimmen auf einem Manual mit 57 Tasten (ohne Gis) und einem angehängten Pedal mit 13 Tasten. Sie wurde 1959 durch die Andover Organ Company restauriert.

243 Philadelphia (Pa.), Christ Church, Orgel, erbaut 1766 von Philip Feyring
Der Orgelbauer Feyring war ein Lutheraner, der aus dem deutschen Arfeld stammte. Das ursprünglich 27-stimmige Instrument mit drei Manualen und Pedal wurde 1837 von Henry Erben und später von Ernest M. Skinner durch Neubauten ersetzt.

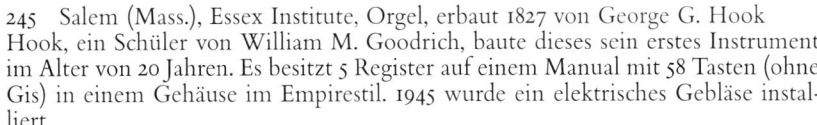

245   Salem (Mass.), Essex Institute, Orgel, erbaut 1827 von George G. Hook
Hook, ein Schüler von William M. Goodrich, baute dieses sein erstes Instrument im Alter von 20 Jahren. Es besitzt 5 Register auf einem Manual mit 58 Tasten (ohne Gis) in einem Gehäuse im Empirestil. 1945 wurde ein elektrisches Gebläse installiert.

246   Nantucket (Mass.), Unitarian Church, Orgel, erbaut 1831 von William M. Goodrich
Das zweimanualige Werk wurde 1883 durch George Peirce grundlegend neugestaltet (13 Register auf zwei Manualen und Pedal), doch stammt noch der Großteil des Pfeifenwerkes von Goodrich.

247   Charleston (S.C.), St. Philip's Episcopal Chapel, Orgel, erbaut 1839 von Thomas Appleton
Die Orgel mit 7 Registern auf einem Manual (58 Tasten ohne Gis) und einem vermutlich später hinzugefügten Pedal (18 Tasten) stand ursprünglich im Seamen's House in Charleston.

248   Lewiston (Maine), Bates College, Orgel, erbaut 1850 von Henry Erben
Die Orgel repräsentiert ein kleines Instrument Erbens mit vier Registern auf einem Manual (56 Tasten) und angehängtem Pedal (15 Tasten). Sie wurde 1861 durch George Jardine & Son und 1978 durch die Andover Organ Company restauriert.

249   Boston (Mass.), Music Hall, Orgel, erbaut 1863 von Eberhard Friedrich Walkker (opus 200)
Die auf der Brigg »Presto« transportierte Orgel kam nach dreimonatiger stürmischer Reise im Hafen von Boston an und wurde in sieben Monaten aufgestellt. Mit der Weihe der Orgel am 31. Oktober und am 2. November 1863 begann eine neue Ära des amerikanischen Orgelbaus: die der großen europäischen und speziell deutschen Orgelkunst. Nach der Gründung 1881 des Bostoner Symphonieorchesters, das einen entsprechenden Saal benötigte, wurde die Orgel abgetragen, eingelagert und 1884 für eine geringe Summe versteigert. 1909 stellte sie die Methuen Organ Company in einem von dem Architekten und Mäzen Edward F. Searles eigens für dieses Instrument konzipierten Saal auf. Walckers Instrument, das ursprünglich 89 Register auf vier Manualen und Pedal hatte (hydraulisches Windsystem), wurde 1947 durch G. Donald Harrison (Aeolian-Skinner Organ Company) grundlegend verändert.

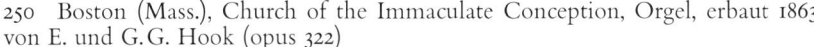

250 Boston (Mass.), Church of the Immaculate Conception, Orgel, erbaut 1863 von E. und G.G. Hook (opus 322)
Das Gehäuse der ursprünglich dreimanualigen Orgel wurde wie die Kirche von P.C. Keeley entworfen. Seit der Erweiterung 1902 durch Hook & Hastings (opus 1959) verfügt das Instrument über 59 Register auf vier Manualen (Great, Swell, Choir, Solo) und Pedal.

251 Salt Lake City (Utah), Church of Jesus Christ of Latter-Day Saints (Mormon Tabernacle), Orgel, ursprünglich erbaut 1857 von Joseph H. Ridges
Dieses sicherlich berühmteste Instrument der Vereinigten Staaten – seit 1929 wird jeden Sonntag ein Konzert im Radiosender der Mormonen übertragen – ist das einzige, das aus Australien stammt. Es wurde von dem englischen Zimmermann und Kunsttischler Joseph H. Ridges, der dem Mormonenglauben beigetreten und nach Australien emigriert war, erbaut und mit sieben Registern 1857 aufgestellt. 1866–1869 baute Ridges ein neues Instrument mit 27 Registern auf zwei Manualen und Pedal, dessen Gehäuseentwurf wohl von der Walcker-Orgel der Bostoner Music Hall (1863) beeinflußt wurde. Zahlreiche Vergrößerungen erfolgten 1885 durch Niels Johnson, 1901 durch die Kimball Organ Company sowie 1915–1916, 1926 und 1940 durch die Austin Organ Company. Nach einer Erneuerung 1945–1948 durch die Aeolian-Skinner Organ Company verfügt die Orgel heute über 154 Register auf fünf Manualen mit 61 Tasten und Pedal mit 32 Tasten auf folgenden Teilwerken: Great Organ, Choir Organ, Swell Organ, Positive Organ, Solo Organ, Bombarde Organ, Antiphonal Organ und Pedal Organ. Von Ridges bestehen nur mehr das an den Seiten 1915–1916 vergrößerte Gehäuse und einige Stimmen.

252 Augusta (Georgia), Holy Trinity Roman Catholic Church, Orgel, erbaut 1868 von George Jardine & Son
Der aus England stammende George Jardine, der unter anderem auch mechanische Orgeln (»barrel-organs«) konzipierte, disponierte in seinen Instrumenten ungewöhnliche oder mit Phantasienamen bezeichnete Register wie zum Beispiel »Boehmflöte«. Die abgebildete Orgel besitzt 27 Register auf zwei Manualen (Great, Swell) und Pedal.

253 Roxbury (Mass.), Church of Our Lady of Perpetual Help, Orgel, erbaut 1896 von George S. Hutchings (opus 410)

254 New Haven (Conn.), Yale University, Woolsey Hall, Orgel, erbaut 1928 von der Ernest M. Skinner Organ Company (opus 722)
Die »Newberry Memorial Organ« genannte Orgel besteht aus zwei älteren Instrumenten, von denen das eine 1902 durch die Hutchings-Votey Organ Company mit 76 Registern (opus 1469) und das andere 1915 durch die J. W. Steere & Son Organ Company aus Springfield mit 120 Registern (opus 682) erbaut worden war. Die typisch orchestrale Orgel besitzt 166 Register auf vier Manualen und Pedal: Great, Solo, (Echo), Choir orchestral – Swell orchestral, String Ensemble, Swell, Pedal und Echo Pedal.

und vor allem den rhythmischen Bereich, in den er Quintolen und Septolen einbrachte. Er verlieh dem Orgelspiel auf der Halbinsel einen würdigen, ergreifenden, oft auch leidenschaftlichen Charakter.

In ähnlichen Formen komponierten neben Arauxo noch zahlreiche andere Musiker. Zu den bedeutendsten gehören Diego de Alvarado, Agostinho da Cruz, Diego de Torrijos, Joan Pujol, Francisco Llissá (Llussá), Bartolomeo de Olague, Gabriel Menalt und vor allem Pablo (Pau) Bruna, der blinde Organist der Stiftskirche von Daroca und Hoforganist Philipps IV., Autor eines qualitativ wie quantitativ bedeutenden Werkes.

Am Ende des 17. Jahrhunderts kam ein weiteres Charakteristikum der spanischen Orgel auf, das die Literatur in derselben Art wie die in Baß und Diskant geteilte Manualklaviatur beeinflußte: die zunehmende Zahl der Zungenregister (zuerst kurzbechrige Regale und dann – wie der Name »Trompeta Real« anzeigt – Zungenstimmen von realer Länge), die von den Orgelbauern zuerst hinter der Windlade aufgestellt, dann bis hinter die Fassade vorgeschoben und schließlich triumphal in horizontaler Stellung in Bündeln vergoldeter und vielgestaltiger Schallbecher von imponierender Prachtentfaltung außerhalb des Orgelgehäuses angehängt wurden. Diese »trompetería« wurde von nun an der schweren Kraft des charakteristischen spanischen Plenums und dem scharfen Klang der Kornette und Aliquoten gegenübergestellt und brachte die großartige Symphonie des iberischen Orgelbaus und seines Strebens nach erstaunlichen Farben zur Vollendung.

Seit dem Anfang des 18. Jahrhunderts stand die Iberische Halbinsel unter dem Einfluß Italiens, das in die traditionellen iberischen Formen mehr und mehr eigene Stilmerkmale einbrachte und somit neue Gattungen hervorrief, die sich im Laufe des 18. Jahrhunderts entwickelten: Toccata, Fuga, Sonatina, Sonata und Paso.

Juan Bautista José Cabanilles, Organist der Kathedrale von Valencia, dessen Ruhm schon zu seinen Lebzeiten bis nach Frankreich ausstrahlte, vereinte in seinen Werken die traditionellen Strukturen mit den Elementen verschiedener Formgattungen, so daß in seinem reichen Œuvre auch die Titel Canzona, Passacaglia, Gallarda und Xácara zu finden sind, ohne die frescobaldische Art seiner Tientos zu zählen. Doch schrieben im konservativen Spanien die Musiker neben all diesen neuen Formen

auch weiterhin Stücke, wie sie schon 150 Jahre zuvor komponiert worden waren.

Wie seine Nachfolger bereitete auch Cabanilles auf der Basis der Strukturen der spanischen Schule einem neuen Kompositionsstil den Weg, der der Melodie im Verhältnis zum harmonischen Satz mehr Bedeutung verlieh. Die Anfänge dieser Konzeption gingen auf das Prinzip des »medio registro« zurück. Kompositionen »entre el Antiguo y Moderno estilo« hinterließen José Elías, ein Schüler von Cabanilles und Organist in Madrid, Miguel López, der oft für eine geteilte Klaviatur bestimmte »versos« schrieb, und Josep Jiménez, Autor zweier berühmter »batallas«, die zu einer in Spanien äußerst beliebten Form der Orgelmusik wurden.

Die lange Tätigkeit Domenico Scarlattis von 1720 bis 1757 als Cembalist und Organist am Hof portugiesischer und spanischer Monarchen brachte die iberischen Komponisten in direkten Kontakt mit der italienischen Musik. So sind von Scarlatti die Toccaten des in Lissabon und Coimbra als Organist und Cembalist tätigen Portugiesen José Antonio Carlos de Seixas beeinflußt, ebenso die Werke von Manuel de Santo Elías, die großzügige Modulationen aufweisenden Fugen des Organisten der Königlichen Kapelle, Joaquin Martínez Oxinagas, die Kompositionen des in Zaragoza, Albarracín und an der Königlichen Kapelle tätigen Organisten Juan Moreno y Polo, die Werke von João de Souza Carvalho und die Kompositionen von Padre Antonio Soler.

Antonio Soler, Organist und Kapellmeister im Escorial, hatte wie José Elías an der berühmten »Escolania de Montserrat« und vielleicht auch bei Domenico Scarlatti studiert. Er komponierte zahlreiche Clavierwerke – fugierte Stücke, Sonaten, Toccaten –, räumte aber der Orgel eine bevorzugte Stellung ein, die durch die Rolle des Instruments in seiner Vokalmusik, durch die sechs Quintette für Tasteninstrumente und Streicher und vor allem durch die »Seis Conciertos para dos Organos« deutlich wird. In den je zwei oder drei Sätzen der Konzerte erklingen die Instrumente entweder zusammen oder abwechselnd im Dialog. Den letzten Satz bildet dabei jeweils ein »minué« (Menuett) mit Variationen. Außer den Musikwerken Solers muß man auch seine bedeutende Abhandlung »Llave de la modulación y de las antigüedades de la música« (Madrid 1762) nennen. Darin legte er nicht nur die modernsten Theorien der harmonischen

Modulation, sondern auch die archaischsten Regeln der Musik dar, von denen einige – wie die zweifarbige Notation – bereits zur Zeit von Cabezón und Santa María, etwa 200 Jahre früher, in Vergessenheit geraten waren.

Mit Antonio Soler hatte die spanische Claviermusik gewissermaßen keine Möglichkeit zur Umkehr mehr. Sicherlich noch von den Merkmalen der regionalen Schule geprägt, orientierte sie sich schon an internationaleren Konzeptionen, die sie ihre eigentlichen Stilmerkmale und somit auch ihre Kraft verlieren ließen, eine Entwicklung, die seit dem Ende des 18. Jahrhunderts typisch für das gesamte Europa war.

Die Schlußfolgerung, daß die iberische Musik nun jede eigene Note verlor, wäre jedoch falsch. Es gab nach wie vor besondere Formen wie liturgische Orgelsätze, die allerdings nicht mehr den Reichtum und die Größe der Meister des Goldenen Zeitalters besaßen. Im ausgehenden 18. und im 19. Jahrhundert entstanden viele Kompositionen, die oft geschickt gearbeitet, aber ohne Bedeutung waren. Wir nennen nur kurz die Komponisten José Lidón, Organist in Malaga und der Königlichen Kapelle, seinen Schüler Pedro Carrera Lanchares, Organist des Karmeliterklosters in Madrid, und Miguel Hilarión Eslava y Elizondo, Kapellmeister in Burgo de Osma, Sevilla und Madrid, der in seinem »Museo organico español« Kompositionen seiner Zeit sammelte.

Orgelmusik des 20. Jahrhunderts

Die Orgel erobert die Welt

Waren Länder, die jahrhundertelang Teil einer fremden künstlerischen Gemeinschaft waren oder erst vor kurzer Zeit kolonisiert wurden, im Laufe ihrer Geschichte um kulturelle Autonomie bemüht, so führte das Aufkommen der Massenkommunikationsmittel und der immer größer werdende gegenseitige Kulturaustausch dazu, gerade diese Autonomie – zumindest in der Welt der Orgel – zugunsten eines internationalen Musikstils wieder verschwinden zu lassen. Den Höhepunkt dieses musikalischen Internationalismus brachte das 20. Jahrhundert mit der revolutionären Dodekaphonie und der avantgardistischen Tonsprache, gegen die sich nur wenige Komponisten wehrten. Im Orgelbau wuchs sogar ein kämpferisches Selbstbewußtsein nationaler Stile, denen jedoch sowohl die unabkömmlichen territorialen als auch linguistischen Verwurzelungen fehlten. Von diesen Ländern und ihrer zeitgenössischen Musikentwicklung soll im folgenden die Rede sein.

Skandinavien

Die lange Zeit im Schatten norddeutscher Komponisten stehende Orgelmusik Dänemarks erlangte mit Johann Peter Emilius Hartmann und Niels Wilhelm Gade erst im 19. Jahrhundert ihre Unabhängigkeit. Schrieb Gade vorwiegend nur Choralvorspiele, so hinterließ uns Hartmann, Organist der Garnisonskirche zu Kopenhagen, ein bedeutenderes Œuvre, in dem auch Fantasien, Märsche, Charakterstücke und eine Sonate in g-moll (opus 58) erscheinen. Das bemerkenswerteste Orgelwerk der dänischen Orgelliteratur – »Commotio« opus 58 – komponierte Carl Nielsen im Jahre seines Todes (1931). Weitere Komponisten waren Jens Emborg, Paul S. Rung-Keller, Niels Otto Raastad, Knud Jeppesen, Rued Langgaard, Otto Sandberg Nielsen, Bernhard Christensen und Finn Viderø. Zu den Vertretern der Zwölftonmusik zählen Leif Kayser, Niels Viggo Bentzon und Knud Høgenhaven, während Leif Thybo und Svend-Öwe Møller kontrapunktische Stücke mit freier Rhythmik sowie Ib Nørholm und Per Nørgaard sehr komplexe Kompositionen schufen.

In Finnland, Schweden und Norwegen findet man nur wenige Orgelkomponisten. Von den finnischen Meistern muß außer Jan Sibelius mit zwei Stücken für Orgel (opus 111) vor allem der in seinen Werken von Max Reger beeinflußte Oskar Merikanto genannt werden (Passacaglia, opus 80), außerdem Sulo Salonen, Taneli Kuusisto, Einar Englund (Passacaglia in serieller Konzeption), Joonas Kokkonen, Jarmo Parviainen, Einojuhani Rautavaara (Konzert für Orgel, Blechinstrumente und Blasorchester), Ilkka Kuusisto, Paavo Heininen und Erkki Salmenhaara. In Schweden komponierten Johann G.E. Sjögren, Otto Emanuel Olsson, Harald Fryklöf, David Wilkander, Oskar Lindberg, Gottfried Berg, Hilding Rosenberg, Albert Runbäck,

Daniel Olson, Gunnar Olof Thyrestam und Valdemar Söderholm für die Orgel. Von den eine neue Orgelmusik begründenden schwedischen Komponisten der jüngeren Generation, Bengt Hambraeus, Stig Gustav Schönberg und Karl-Erik Welin, wird später noch die Rede sein. Für Norwegen schließlich sind die relativ konventionellen Werke von Knut Nystedt und Conrad Baden zu nennen.

Tschechoslowakei und Ungarn

Leoš Janáček, einer der bedeutendsten tschechischen Komponisten, gründete zwar am Konservatorium in Brünn eine Orgelschule, schrieb aber nur wenige Werke für das Pfeifeninstrument, von denen vor allem das Postludium seiner nach altslawischem Ritus in altslawischer Sprache komponierten »Glagolithischen Messe« (1926) zu nennen ist. Am Ende des 19. Jahrhunderts entstanden Orgelwerke von Miloslav Krejči, Otto Albert Tichý, Josef Blatný, Bedřich Wiederman und František Michálek. Die bedeutenderen Werke des 20. Jahrhunderts sind vor allem die Präludien von Karel Reiner, die freien Kompositionen von Klement Slavický, die Stücke von Milos Sokola oder Otmar Mácha, die Präludien von Miloslav Kabeláč und die Kompositionen von Petr Eben, dessen »Laudes« rhythmisch von größter Komplexität sind.

In Ungarn schrieben Zoltán Kodály (Stücke für Chor und Orgel), Josip Slavenski und vor allem Erzsébet Szönyi Kompositionen für die Orgel.

Schweiz

Die Schweizer Orgelmusik des 20. Jahrhunderts ist in eine französische und eine deutsche Schule geteilt und bewegt sich zwischen einem romantischen Stil, traditionellen klassischen Formen und einem bestimmten französischen Impressionismus. In der Welschen Schweiz finden wir den von Regers Kompositionsstil sehr beeinflußten Graubündner Otto Barblan in Genf, Henri Gagnebin, Frank Martin, dessen Passacaglia eines der bedeutendsten Werke der Orgelliteratur darstellt, und Bernhard Reichel; in der Deutschen Schweiz komponierten Rudolf Moser, Walther Geiser, Albert Moeschinger, Paul Müller, Willy Burkhard, Adolf Brunner und Armin Schibler ihre Werke vorwiegend über Choralmelodien.

USA und Kanada

Mit der Besiedelung des nordamerikanischen Kontinents begann auch die Geschichte der amerikanischen Orgelmusik, die sich in Verbindung mit den zahlreichen Religionen, die hier Zuflucht fanden, entwickelte. Die ersten Komponisten waren William Selby aus England, der im Stil seiner Heimat Voluntaries und ein Konzert schrieb, und James Hewitt mit seiner Komposition »Favorite Military Sonata, dedicated to General Washington«. Auf Johann Pachelbels Sohn Karl Theodor Pachelbel, den ersten in Amerika lebenden deutschen Musiker, folgten Künstler, die speziell für die großen Instrumente komponierten, die von nun an in den Vereinigten Staaten gebaut wurden: Lowell Mason, John H. Willcox, Dudley Buck, der erste große Orgelvirtuose Amerikas, der unter anderem »Concert Variations on the Star-Spangled Banner« (opus 23) schrieb, John Knowles Paine mit »Variations on Austria«, Thomas Greene Bethune, ein blinder Musiker und ehemaliger Sklave, der auch »Blind Tom« genannt wurde, George W. Chadwick, Horatio Parker und James H. Rogers.

Nach der Romantik führte am Ende des 19. Jahrhunderts ein ständiger Kontakt zwischen der europäischen und amerikanischen Musikwelt zum Entstehen einer neuen amerikanischen Orgelliteratur, die mehrere Stilrichtungen verfolgte. Eine orchestrale Programm-Musik und Charakterstücke schrieben vor allem Eric DeLamarter, Harvey B. Gaul, Seth Bingham, Joseph Waddell Clokey, Leo Sowerby, Jaromir Weinberger, Robert Crandell und Richard Purvis, während Clarence Dickinson, H. Leroy Baumgartner, Carl McKinley, George Frederik McKay, G. Winston Cassler und Myron Roberts noch traditionell dem romantischen Ideal verhaftet waren. Andere Komponisten wie Bruce Simonds, Philip James, Bingham und Edmundson formten ihre Musik in einem Vierne oder Widor vergleichbaren Stil, dem schließlich die durch die Orgelbewegung geprägte Rückbesinnung auf traditionelle Formen entgegentrat. Douglas Moore, Virgil Thomson, Jan Bender, Robert Noehren, Wayne Barlow, Gardner Read, Cecil Effinger, Ludwig Lenel, Ellis B. Kohns, Homer Keller und Paul Manz schrieben, von der Orgelbewegung beeinflußt, Choralbearbeitungen, Fugen oder Passacaglien, während die am englischen Musikstil orientierten Werke von Winfred

Douglas, T. Tertius Noble, Everett Titcomb, T. Frederick H. Candlyn, Harold Friedell, M. Searle Wright und David N. Johnson mehr konventionell konzipiert waren.

Die jüngere Musik des 20. Jahrhunderts wird durch formale und klangliche Experimente gekennzeichnet: Charles Ives und seine »Variations on ›America‹« (1891), Richard F. Donovan, Leo Sowerby, der zu den bedeutendsten Komponisten des Jahrhunderts zählt und in seinen Stücken über »hymn-tunes«, in seinen Präludien, Toccaten, Variationen, Suiten, Fantasien und einer Symphonie in G-Dur (1930) alle Möglichkeiten des modernen Kompositionsstils anwendet, Virgil Thomson, Samuel Barber, Gardner Read, Jack C. Goode und Gerald Near. Sind Robert Russell Bennett und Robert Elmore in ihren Werken vom Rhythmus des Jazz beeinflußt, so verschrieben sich Musiker wie Walter Piston, vor allem in der »Chromatic Study on the name of Bach«, Roger Sessions und Vincent Persichetti der Atonalität.

Außer dem großen anglo-kanadischen Komponisten Healey Willan, dessen Werke offensichtlich denen englischer Komponisten nahe stehen (Hymn-tune, Präludium und Fuge, Passacaglia und Fuge), sind Lynwood Farnam, Kenneth Meek, Guy Ducharme, Eugene Hill und William France zu nennen, außerdem die nach 1900 geborenen Musiker Keith Bissell, Maurice Boyvin, François Morel, Gerald Bales, Vernon Murgatroyd und Frederik Karam, die ihre Harmonien (bis zur Atonalität), die rhythmischen Strukturen und den kontrapunktischen Satz oft sehr kühn gestalteten.

Die »Avantgarde«

Die Orgelmusik der jüngsten Vergangenheit löste sich durch Musiker, die die Klänge der Orgel nicht mehr als die eines Tasteninstruments, sondern als sich bewegende, freie und formlose Klangmassen ansahen, zuerst geschichtlich und dann auf nationaler Ebene von jeder überkommenen Tradition. Diese Umwälzung verursachten nicht nur Organisten, sondern auch außerhalb der Orgelszene und des Kirchendienstes stehende Komponisten. Sie erkannten die unermeßlichen Möglichkeiten der Orgel, die nun nicht mehr allein als liturgisches Instrument, sondern vielmehr als »Erzeuger« außergewöhnlicher Klänge verstanden wurde. Die Wurzeln dieser Entwicklung muß man in den zu ihrer Zeit meist noch unverstandenen Werken eines Reger, Schoenberg oder Messiaen sehen.

Ab etwa 1960, dem Geburtsjahr der »avantgardistischen« Orgel, nützten die Komponisten nicht nur die klanglichen, sondern auch die technischen und strukturellen Möglichkeiten des Instruments aus, das Ligeti mit einer »riesigen Prothese« verglich.

Die Neuerungen betrafen dabei drei Bereiche: den Bereich neuer Konzeptionen zeitgenössischer Musik, den einer maximalen Auswertung der auf Klaviaturen und mit Pfeifen bestehenden Möglichkeiten und den der Verwendung mechanischer Teile der Orgel. So entstanden Stücke von »offener«, zufälliger Gestalt, die nach Belieben das traditionelle Notationssystem zerstörten und maximale Spielmöglichkeiten wie zum Beispiel »cluster« (Tontrauben) oder gehaltene Töne forderten, um die erstaunlichsten Klangfarbenmischungen hervorzurufen: Quinten ohne Grundtöne, ungleiche Obertöne, Nebeneinanderstellen verschieden gestimmter Akkorde, Interferenzen, Mikrointervalle, Verminderung der Luftzufuhr zu den Pfeifen usw. Auch entdeckte man neue mechanische Mittel wie ein minimales Andrücken der Tasten, das Drosseln des Windes oder das nicht volle Ziehen von Registerzügen bei mechanischen Orgeln, um leise und fremdartige Töne zu erhalten. Darüber hinaus konnten zum Orgelklang noch Klänge und Geräusche verschiedenen Ursprungs (Blasinstrumente, Schlagwerke, Tonbänder) hinzugefügt werden. Parallel zu diesen Experimenten der Musiker versuchten auch die Orgelbauer ihre Instrumente den Anforderungen unserer Zeit anzupassen, wie zum Beispiel die Bemühungen der Firma Walcker in Sinzig (1972) oder die Versuche mit einer »orgue à structures variables«, die von dem Organisten Jean Guillou entworfen wurde.

Die neue Literatur für Orgel ist zwar erst im Entstehen, doch gibt es bereits viele und auch qualitätvolle Stücke. Von den zahlreichen Komponisten können wir hier jedoch in einer sehr subjektiven Auswahl nur einige nennen, deren Werke uns des Interesses würdig erscheinen. Es sind dies nach den beiden Neuerern György Ligeti (»Volumina«, 1961/1962, »Etude No. 1 ›Harmonies‹«, 1967, »Etude No. 2 ›Coulées‹«, 1969) und Mauricio Kagel (»Improvisation ajoutée«, 1962, »Phantasie«) William Albright (»Organbook I und II«), Juan Allende-Blin (»Transformations«, »Echelons: Sonorités, Arrêtages. Sons brisés«, »Mein blaues Klavier«), Sven-Eric Bäck, Claude Baillif (»Quatre sonates«), Peter Bares (»Kaleidoskop 1977 für zwei Spieler«), Günther Bialas, William Bolcom (»Black Host«, »Mysteries«), André Boucourechliev (»Anarchipel V«), J. Hartmut Brugmann (»Psalmus 84«), John Cage (zahlreiche »Variations«), Jacques Charpentier (»Livre d'Orgue«, »Hommage à Claude Daquin«), Xavier Darasse (»Organum I und II«), Giuseppe G. Englert (»Palestra 64«, »Vagans Animula«), Hans-Olaf Ericsson (»Orgelsimfoni«), Lucas Foss (»Etudes for Organ«), Henryk Mikolaj Gorecki (»Cantate pour orgue«), Jean Guillou, Cristobal Halffter (»Pinturas Negras«), Bengt Hambraeus (»Shogaku«, »Interferences«, »Nebulosa«), Klaus Huber, Luis de Pablo (»Modulos V«), Enrique Raxach (»The Looking Glass«), Dietrich Schnebel (»Choralvorspiele I und II«), Marco Tomas (»Astrolabio«), Karl-Erik Welin, Yannis Xenakis (»Geoorth«), Isang Yun (»Tuyaux sonores«) und Gerd Zacher (»Diferencias«, »Text«, »Das Gebet Jonas im Bauche des Fisches«).

255   Paris, Palais de Chaillot, Orgel
Das Instrument wurde ursprünglich 1878 durch Aristide Cavaillé-Coll mit 66 Registern auf vier Manualen und Pedal für den Festsaal des Palais du Trocadéro in Paris erbaut, der 1937 dem Palais de Chaillot weichen mußte. In dessen Saal stellten Victor und Fernand Gonzalez 1937–1939 die erneuerte und vergrößerte Orgel auf, die 1976–1977 durch Georges Danion vergrößert und nach Lyon übertragen wurde, wo sie im Auditorium Maurice Ravel mit frei sichtbarem Pfeifenwerk zu stehen kam. Sie verfügt heute über 94 Register auf vier Manualen (GO, Pos, Réc expressif, Solo) und Pedal.

256   Genf, Victoria Hall, Orgel, erbaut 1949 von der Manufacture des Grandes Orgues de Genève
Das Instrument hatte ursprünglich 82 Register auf vier Manualen (GO, Pos, Réc expressif, Solo expressif) und Pedal mit fahrbarem Spieltisch, und wurde von der Manufacture 1963 auf 84 und 1982 auf 86 Register erweitert. Am 16. September 1984 zerstörte ein Brand Konzertsaal und Orgel. Die Abbildung stammt aus der Zeit kurz nach dem Aufbau.

257 Varde (Dänemark), Jakobikirke, Orgel, erbaut 1952 von Marcussen & Søn mit 34 Registern auf drei Manualen (HW, RP, BW) und Pedal

258 Hannover, Evangelisch-lutherische Marktkirche St. Georgi und St. Jakobi, Orgel, erbaut 1952–1954 von Emil Hammer und Rudolf von Beckerath mit 57 Registern auf vier Manualen (HW, RP, OW, BW) und Pedal in einem Gehäuse von Dieter Oesterlen

259 St-Donat-sur-l'Herbasse (Frankreich), Stiftskirche, Orgel, erbaut 1954 von C. Schwenkedel mit 35 Registern auf drei Manualen (GO, Pos dorsal, Pos pectoral) und Pedal

260 Augsburg, Barfüßerkirche, Orgel, erbaut 1958 von Rieger Orgelbau mit 35 Registern auf drei Manualen (HW, BW, OW) und Pedal in einem Gehäuse von J. von Glatter-Götz

261 Colorado Springs (Colo., USA), The United Air Force Academy, protestantische Kapelle, Orgel, erbaut 1963 von Matthias M. Möller Inc. (opus 9480) mit 67 Registern auf drei Manualen (Great, Positive, Swell) und Pedal in einem »Gehäuse« von Walter Holtkamp

262 Zürich, Großmünster, Orgel, erbaut 1960 von Metzler & Söhne mit 67 Registern auf vier Manualen (Chorpositiv, HW, Réc, Schwellpositiv) und Pedal

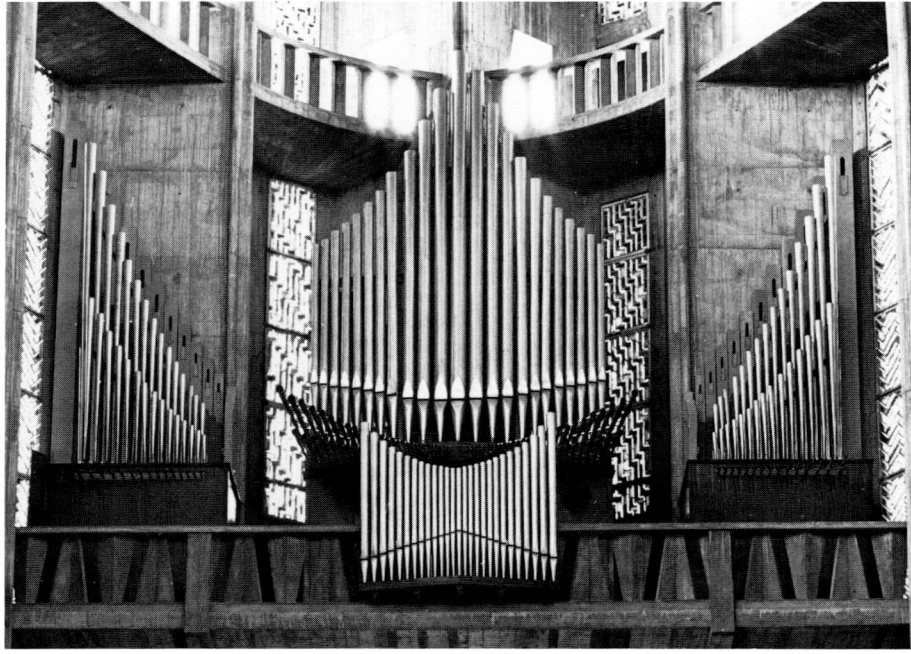

263 Royan (Frankreich), Kirche Notre-Dame, Orgel, erbaut 1964–1980 von Robert Boisseau und Jean-Loup Boisseau mit 47 Registern auf drei Manualen (GO, Pos, Réc) und Pedal

264 Genf, Kathedrale St-Pierre, Orgel, erbaut 1965 von A. Metzler & Söhne mit 67 Registern auf vier Manualen (Pos, GO, Réc expressif, Echo) und Pedal in einem Gehäuse von Poul-Gerhard Andersen

265 Bologna (Italien), Basilika S. Maria dei Servi, Orgel, erbaut 1967 von der Pontificia Fabbrica d'Organi Giovanni Tamburini (opus 544) mit 58 Registern auf drei Manualen (Positivo, Grand'Organo, Eco) und Pedal mit Rossignol und Campanelli

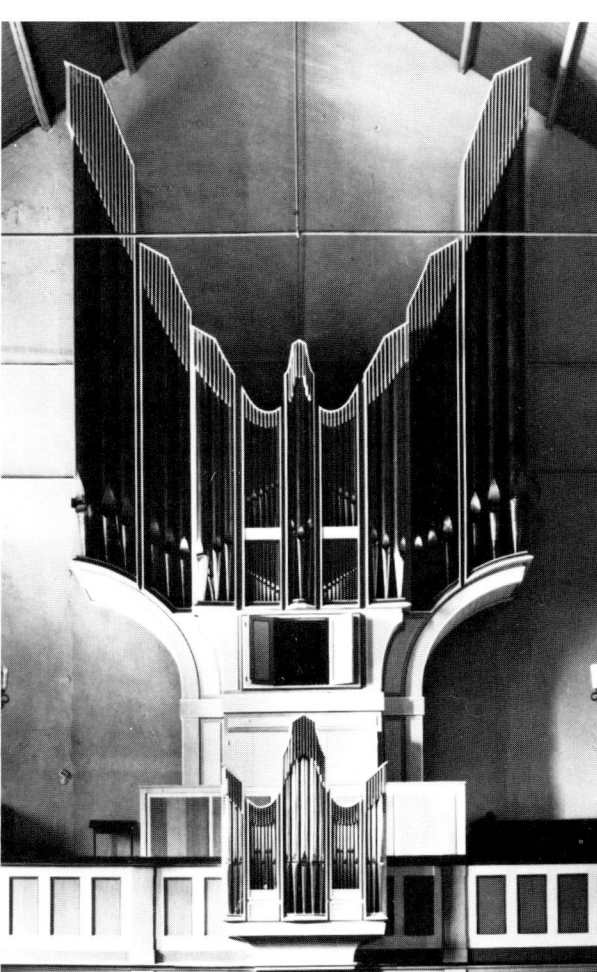

266 Linz (Österreich), Neuer Dom Maria Empfängnis, Rudigier-Orgel, erbaut 1968 von Marcussen & Søn mit 68 Registern auf vier Manualen (RP, HW, BW, OW) und Pedal (Groß-Pedal, Klein-Pedal) in einem Gehäuse von Sybrand Zachariassen

267 Witten-Annen, Erlöserkirche, Orgel, erbaut 1968 von Alfred Führer mit 31 Registern auf drei Manualen (RP, HW, BW) und Pedal in einem Gehäuse von Heinz Wolff

268 Meran (Italien), Kirche S. Maria Assunta, Orgel, erbaut 1968 von Bartolomeo Formentelli mit 44 Registern auf drei Manualen (Eco, Grand' Organo, Positivo) und Pedal

269 Rotterdam (Niederlande), Concertgebouw »de Doelen«, Orgel, erbaut 1968 von D. A. Flentrop mit 70 Registern auf vier Manualen (Rechterwerk, Linkerwerk, BW, Pos) und Pedal (Groot Pedal, Klein Pedal)

271 Würzburg, Kiliansdom, Orgel, erbaut 1969 von Johannes Klais mit 85 Registern auf fünf Manualen (RP, HW, Pos, SW, Trompetería) und Pedal

270 Portland (Maine/USA), Lewis and Clark College, Agnes Flanagan Chapel, Orgel, erbaut 1971 von Casavant Frères
Die 68 Register dieser Orgel verteilen sich auf die Werke Great, Swell, Positive, Choral, Choral Pedal, Pedal, Continuo I und Continuo II, die von einem dreimanualigen Spieltisch aus gespielt werden.

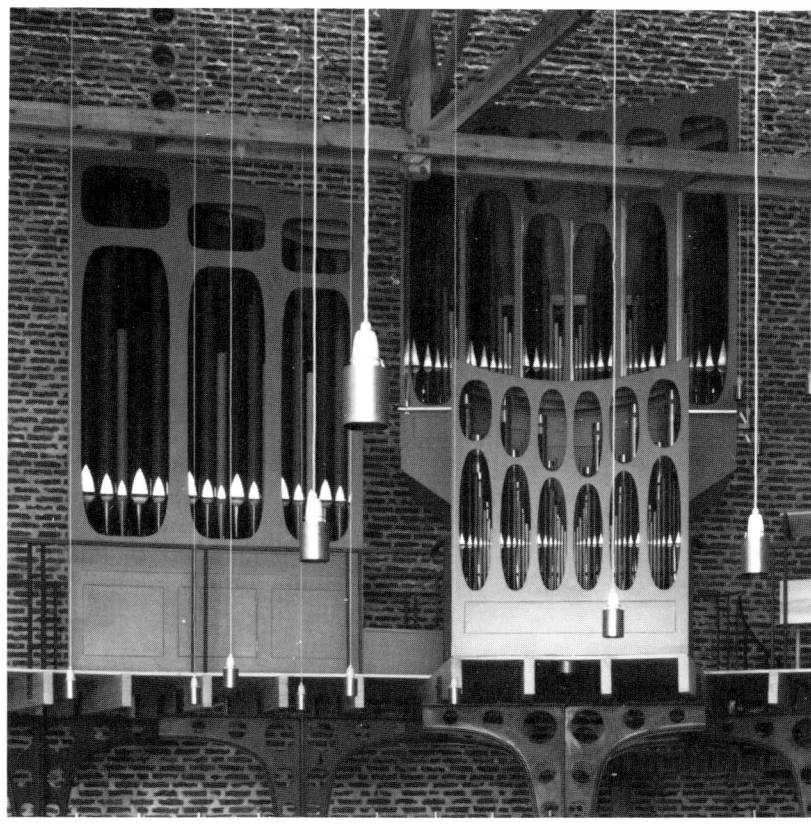

272 Marbella (Spanien), Kirche Nuestra Señora de la Encarnación, Orgel, erbaut 1971–1978 von Gabriel Blancafort mit 55 Registern und acht geteilten Stimmen auf vier Manualen (Cadereta, Organo mayor, Espressivo, Corona) und Pedal

273 Kopenhagen (Dänemark), Islev Kirke, Orgel, erbaut 1971 von Th. Frobenius & Sønner
Das Gehäuse dieser 22-stimmigen Orgel mit drei Manualen (HW I, HW II, RP) und Pedal entstand in Zusammenarbeit mit den Architekten M.A.A. Inger und Johannes Exner.

274 Sinzig, Peterskirche, Orgel, erbaut 1972 von E. F. Walcker & Co.
Das Gehäuse der 48-stimmigen Orgel mit drei Manualen (RP, HW, BW) und Pedal wurde 1879 von den Brüdern Breitenfeld konzipiert. Das Instrument ist sowohl für die Interpretation alter Musik als auch für das Spiel von Werken der Avantgarde geeignet – einige Komponisten, wie der Sinziger Organist Peter Bares, schrieben speziell für dieses Instrument – und stellt neue expressive Möglichkeiten bereit: neue Obertöne (sehr hoch liegend und ungerade), verschiedene Schlagregister mit unterschiedlichen Rhythmen, einstellbarer Tremulant, »Mixturensetzer« (bis zu zwölf Tonhöhen können auf einer Taste vereint werden, die dann beim einstimmigen Spiel als Mixtur mitlaufen), »Registermanual« (die Register der drei Manuale sind zu einer Tastatur zusammengefaßt, die einen schnellen Registerwechsel während des Spiels erlaubt), »Tastenfessel« (angespielte Tasten werden angehalten). (Disposition s. Anhang)

276   Nürnberg, Pfarrkirche zum Guten Hirten, Orgel, erbaut 1975 von der Orgel-baufirma Sandtner
Die Orgel verfügt über 16 Register auf zwei Manualen und Pedal. Das Hauptwerk befindet sich mit dem Pedal im oberen Teil des Orgelturms und das Positiv in der unteren Etage. Dazwischen liegt das Balgsystem. Der Spieltisch steht unmittelbar neben der Orgel auf der Empore.

275   Nyborg (Dänemark), Vor Frue Kirke, Orgel, erbaut 1973 von Poul-Gerhard Andersen mit 36 Registern (drei Register von Hans Brebus, 1596) auf drei Manualen (RP, HW, Crescendowerk) und Pedal

277 Trier, Basilika St. Matthias, Orgel, erbaut 1977 von Karl Schuke mit 39 Registern auf drei Manualen (BP, HW, SW) und Pedal

278 Joure (Niederlande), Ned. Hervormde Kerk, Orgel, erbaut 1978 von Jürgen Ahrend mit 27 Registern auf drei Manualen (RP, HW, BW) und Pedal (zwei Zimbelsterne)

279 Ratzeburg, Dom, Orgel, erbaut 1978 von Rieger Orgelbau mit 60 Registern auf vier Manualen (RP, HW, SW, BW) und Pedal (Groß-Pedal, Klein-Pedal), einem Glockenspiel und einem Zimbelstern

280 Genf, Temple de la Fusterie, Orgel, erbaut 1979 von Pascal Quoirin In das Gehäuse aus dem Jahre 1835 wurde eine 35-stimmige Orgel mit drei Manualen (Pos, GO, Réc) und Pedal sowie mit einer klassisch-französischen Disposition eingefügt.

281   Alpe d'Huez (Frankreich), Kirche
Notre-Dame-des-Neiges, Orgel, erbaut 1978 von Detlef Kleuker
Die von Jean Guillou entworfene Orgel verfügt über 23 Register auf zwei
Manualen (GO, Réc) und Pedal. Ihr
Gehäuse von Jean Marol, dem Architekten der Kirche, hat die Form einer
Hand, der »Hand Gottes«: Die Pfeifen
der Pedalflöte 16′ bilden die vier Finger, die Prospektpfeifen des Hauptwerkes den Daumen.

Anhang

Verzeichnis wichtiger Fachausdrücke in Deutsch, Englisch und Französisch

abgeführt	conductored off	posté
Abschalter	general cancel	annulateur
Abstrakte	tracker	vergette
Abstraktenwelle	roller	rouleau
Aliquot	upper partial harmonic	son harmonique
Aliquot-Stimme	mutation voice	jeu de mutation
Aliquot-Stimme, mehrchörig	multi-rank mutation	mutation composée
auf Ton geschnitten	cut to pitch length	coupé au ton
»auf vollem Wind«	open-toe (voicing)	plein-vent
Auszug	borrowing, duplexing	emprunt
Balg	bellows	soufflet
Barkerhebel	Barker lever	machine Barker
Baßpfeifenturm	trompe	trompe
Blei	lead	plomb
Blindpfeifen	dummy display pipes	chanoine (façade)
Chororgel	Choir/Chair organ	orgue de chœur
Diskant	treble	dessus
Disposition	stoplist	composition
Dur	major	majeur
Einführungstritt	piston	appel
einstellbar	adjustable	réglable
Einzelaliquot	individual mutation	mutation simple
Eisenblech	sheet iron	fer blanc
Emporenorgel	gallery organ	orgue de tribune
engmensuriert	narrow/small-scale	étroit (taille)
Erweiterung	extension	extension
Flachfeld (im Prospekt)	pipe-flat	plate-face
freie Kombination	free combination	combinaison libre
Fuß (Längenmaß)	foot (measure)	pied (mesure)
Gebläse	bellows	soufflerie
gedackt	covered	couvert
Gehäuse	organ case	buffet
Generalüberholung	general overhaul	relevage
Grundstimmen	foundation voices	jeux de fonds
Grundton	fundamental	son fondamental
Halterbrett	rackboard	faux-sommier
Hauptorgel	main organ	grand orgue
Hauptwerk	Great Organ	Grand-Orgue
Heuler	ciphering	cornement
Horizontalzungen	horizontal reeds	anches en chamade
im Tenor	in the tenor	en taille (= au ténor)
Intonation	voicing	harmonisation

Kegellade	cone-valve chest	sommier à piston
Keilbalg	diagonal/wedge/hinged bellows	soufflet cunéiforme
Kern	languid	biseau
Kernspalte	windway, flue (flue pipe)	lumière
Klangfarbe	tone color timbre	timbre
Klaviatur	keyboard	clavier
Klaviaturumfang	keyboard compass	étendue
Kolben	piston	piston
Kopf	block	noyau
Labialregister	flue stops	jeux à bouche
Labium	mouth	bouche
leicht	light, gentle	doux (dans le vent)
Lettner	rood loft	jubé
Magazin-Balg	reservoir	réservoir
Manualkoppel	(manual) coupler	accouplement
Mechanik	action system	mécanique
Mechanik, aufgehängt	suspended action	mécanique suspendue
Mensuren	pipe scales	taille
Mixtur	mixture/fourniture	fourniture
Mixtur 5-fach	mixture 5 ranks	fourniture 5 rangs
Moll	minor	mineur
Noten-Traktur	key action	traction (claviers)
Obertaste	sharp key	feinte
Oberton	upper partial harmonic	son harmonique
Orgel	organ	orgue
Orgelbau	organ building	facture d'orgues
Orgelbaumeister	master organ builder	facteur d'orgues
Orgelempore	organ gallery	tribune
Parallel-Balg	parallel bellows	soufflet à plis parallèles
Partialtöne, geradzahlig	even-numbered partials	harmoniques pairs
Partialtöne, ungeradzahlig	odd-numbered partials	harmoniques impairs
Pedal	pedal (organ division)	pédale
Pedalerweiterung	extension of the pedal compass, ravalement	ravalement
Pedalklaviatur	pedal (key) board	pédalier
Pedalkoppel	pedal coupler	tirasse
Pedaltaste	pedal key	marche
Pfeife	pipe, tube	tuyau
Pfeife mit direkter Windzufuhr	pipe with direct wind supply	tuyau sur moteur
Pfeifenfuß	foot (labial, flue pipe); boot, socket (lingual, reed pipe)	pied (d'un tuyau)
Pfeifenstock	toeboard	chape
Pfeifenturm (im Prospekt)	pipe tower	tourelle
Pfeifenwerk	pipework	tuyauterie
Positiv	positive	positif (instrument)
Positivmanual	Choir/Chair organ	Positif (clavier)
Prospekt	organ case	buffet
Radial-Pedal	radiating pedalboard	pédalier en éventail
Rasterbrett	rackboard	faux-sommier
Register	register	jeu
Register, geteilt	divided stop	jeu coupé
Registerkanzellenlade	stop-channel chest	sommier à cases
Registertraktur	stop-action mechanism	tirage (registres)
Registerwippe	tilting tablet	domino
Registerzug/-stange	stop knob, stop rod	tirant (registre)
Reihe	rank	rang (de tuyaux)
Rohr, Röhrchen	chimney	cheminée
Röhrenpneumatik	tubular-pneumatic action	traction tubulaire
Rollschweller	stop-crescendo pedal	pédale de crescendo
Rückpositiv	Rückpositiv	Positif dorsal oder de dos
Schiebekoppel	push-pull coupler	accouplement à tiroir
Schleife	slider	registre
Schwalbennest	swallow's nest	nid d'hirondelle

schwebend	undulating, beating	ondulant
Schwebung	out-of-tune beats	battement
Schwellkasten	swell box	boîte expressive
Schwelltritt	swell pedal, expression pedal	pédale d'expression
Seitenbart	ear, side/pipe mouth	oreille
Setzerkombination	adjustable combination	combinaison ajustable
Spanische Trompeten	horizontal reeds	anches en chamade
Spielschrank	recessed console	console en fenêtre
Spieltisch	keydesk, console	console
Spieltisch, fahrbar	movable console	console mobile
Spieltisch, freistehend	detached console	console séparée
Spund	cap	calotte
stark	strong, heavy	fort (à vent perdu)
Stiefel	foot, boot, socket	pied
Stimme	voice	jeu
Stimmhöhe	tuning pitch	diapason
Stimmkrücke	tuning wire	rasette
Stimmschlitz	nick	entaille
Stimmung	tuning	accord
Stoßbalg, -fänger	concussion bellows, winker	régulateur
Stürze	bell	pavillon
Tasche	membrane	membrane
Taschenlade	membrane, pouch-pallet	sommier à membranes
Taste	key	touche
Teilton	upper partial harmonic	son harmonique
Tonkanzelle	note channel	gravure
Tonkanzellenlade	tone-channel chest	sommier à gravures
Tonumfang	keyboard compass	étendue
Traktur, mechanisch	mechanical action	traction mécanique
Transmission	borrowing, duplexing	emprunt
Tremulant	tremulant, tremolo	Tremblant
überblasend	overblowing	harmonique
Unterbau	sub-structure	soubassement
Ventil	valve	soupape
Ventilkasten	pallet box	laye
Verdoppelung (eines Chores)	boucling of a rank	doublure
weitmensuriert	large/wide-scale	large (taille)
Wellenbrett	roller board	abrégé
Wind	wind	vent
Winddruck	wind pressure	pression du vent
Windkanal	wind conductor	porte-vent
Windlade	wind-chest	sommier
Windversorgung	wind supply	alimentation
Wippenmechanik	backfall action	mécanique à balanciers
Zinn	tin	étain
Zinn-Blei-Legierung	tin-lead alloy	étoffe
Zunge	reed	anche
Zunge, aufschlagend	beating/striking read	anche battante
Zunge, durchschlagend	free reed	anche libre
Zungenblatt	reed tongue	languette (anche)

Ausgewählte Bibliographie

Die folgende Bibliographie kann nur eine Auswahl an Titeln bringen, die dem Leser jedoch eine ausführlichere Beschäftigung mit den in dem vorliegenden Buch behandelten Themen ermöglicht. Für weitere Informationen verweisen wir auf die Bibliographien in Sumner 1952, Graaf 1957, Williams 1966 und Arnold 1973. In der letztgenannten Untersuchung sind auch Kurzbiographien der Orgelkomponisten und vor allem Angaben zur Edition ihrer Werke enthalten. (Die Daten nennen im folgenden gewöhnlich das Jahr der Erstveröffentlichung.)

Adelung, W. (Hg.), Orgeln der Gegenwart, Kassel 1972

Adlung, J., Anleitung zur musikalischen Gelahrtheit, Erfurt 1758

Alain, O., L'œuvre d'orgue de Jean-Sébastien Bach, Paris 1968

Andersen, P.G., Orglet, Kopenhagen 1929

–, Orgelbogen, Kopenhagen 1955

–, Organ Building and Design, New York 1969

Antegnati, C., L'Arte Organica, Brescia 1608, Mainz 1958

Apel, W., Geschichte der Orgel- und Klaviermusik bis 1700, Kassel-Basel-Paris-London-New York 1967

Arnold, C. R., Organ Literature A Comprehensive Survey, Metuchen (N.J.) 1973

Audsley, G. A., The Art of Organ-Building, New York 1965

Azevedo, C. de, Baroque Organ-Cases of Portugal, Amsterdam 1972

Banchieri, A., Conclusioni del Suono dell'Organo, Bologna 1591

–, L'Organo Suonarino, Venedig 1605, Amsterdam 1969

Barnes, W. H., The Contemporary American Organists Evolution, Design and Construction, New York 1925

Bédos de Celles, Dom F., L'art du facteur d'orgues, Paris 1766–1778, Kassel 1973

Blanton, J.E., The Revival of the Organ Case, Albany 1965

Bornefeld, H., Orgelbau und Neue Orgelmusik, Kassel-Basel 1952

Bouvet, C., Une dynastie de musiciens français, Les Couperin, organistes de l'église Saint-Gervais, Paris 1919

Brenninger, G., Orgeln in Altbayern, München 1982

Buhle, E., Die musikalischen Instrumente in den Miniaturen des frühen Mittelalters. Leipzig 1903

Burgemeister, L., Der Orgelbau in Schlesien, Straßburg 1925; Frankfurt am Main 1973

Calahorra Martinez, P., Música en Zaragoza, Siglos XVI–XVII, Saragossa 1977

Cantagrel, G. und Halbreich, H., Le Livre d'or de l'orgue français, Paris 1976

Cavaillé-Coll, A., De l'orgue et de son architecture, Paris 1872; dt. Übersetzung von Christoph Glatter-Götz in: Sämtliche Theoretische Arbeiten von A. Cavaillé-Coll, Schwarzach 1982

Cavaillé-Coll, C. und E., Aristide Cavaillé-Coll, ses origines, sa vie, ses œuvres, Paris 1929; dt. Übersetzung von Christoph Glatter-Götz: Aristide Cavaillé-Coll, seine Herkunft, sein Leben, sein Werk, Schwarzach 1982

Cellier, A. und Bachelin, H., L'orgue, ses éléments, son histoire, son esthétique, Paris 1933

Clicquot, F.H., Théorie – pratique de la facture de l'orgue, Poitiers 1789; Kassel 1969

Clutton, C. und Dixon, G., The Organists Tonal Structure and Registration, London 1950

Clutton, C. und Niland, A., The British Organ, London 1963

Dähnert, U., Historische Orgeln in Sachsen, Frankfurt am Main 1980

David, W., Johann Sebastian Bachs Orgeln, Berlin 1951

Diruta, G., Il Transilvano, Venedig 1593

Douglass, F., The Language of the Classical French Organ, a Musical Tradition Before 1800, New Haven 1969

Dufourcq, N., Esquisse d'une histoire de l'orgue en France, du XIIIe à la fin du XVIIIe siècle, Paris 1935

–, La Musique d'orgue française de Jehan Titelouze à Jehan Alain, Paris 1941

–, Le Livre de l'orgue français: 1589–1789, 5 Bde., Paris 1969 ff.

–, L'Orgue, Paris 1948

Eberstaller, O., Orgeln und Orgelbauer in Österreich, Graz-Köln 1955

Encyclopédie de la musique/Dictionnaire du conservatoire (Albert Lavignac und Lionel de la Laurencie; II. Teil: L'Orgue von C. Mutin; La Musique d'orgue von A. Guilmant; L'Art des organistes von A. Pirro)

Erici, E., Inventarium över bevarade äldre Kyrkorglar i Sverige, Stockholm 1965

Fellerer, K.G., Studien zur Orgelmusik des ausgehenden 18. und frühen 19. Jahrhunderts, Kassel 1932

–, Orgel und Orgelmusik, Ihre Geschichte, Augsburg 1929

Fellot, J., L'Orgue classique français, Sondernummer von: Musique de tous les temps, 1962

Ferrard, J., Orgues du Brabant Wallon, Brüssel 1981

Flade, E., Der Orgelbauer Gottfried Silbermann, Leipzig 1926

Fleury, P. Comte de, Dictionnaire biographique des facteurs d'orgues, Paris 1926

Fock, G., Arp Schnitger und seine Schule, hg. von Rudolf Reuter, Kassel 1974

Forer, A., Orgeln in Österreich, Wien-München 1973, Neuaufl. 1983

Friis, N., Orgelbygning i Danmark, Kopenhagen 1949

Frotscher, G., Deutsche Orgeldispositionen aus fünf Jahrhunderten, Wolfenbüttel-Berlin 1939

–, Geschichte des Orgelspiels und der Orgelkomposition, Berlin 1934, Neuaufl. 1959

Gerber, E. L., Historisch-Biographisches Lexicon der Tonkünstler, Leipzig 1790–1792

Gerber, M., De Cantu et Musica Sacra, a prima Ecclesiae aetate usque ad praesens tempus, Sankt Blasien 1774

–, Scriptores ecclesiastici de Musica Sacra potissimum, Sankt Blasien 1784

Goléa, A., Rencontres avec Olivier Messiaen, Paris 1960

Golos, J., Polskie Organy i Muzyka Organowa, Wrocław 1972

Goode, J. C., Pipe Organ Registration, New York 1964

Graaf, G. A. C. de, Literatuur over het orgel, Amsterdam 1957

Grabner, H., Die Kunst des Orgelbaues, Berlin 1958

Grégoir, E. G. J., Historique de la facture et des facteurs d'orgue . . . dans les Pays-Bas et dans les Provinces flamandes de la Belgique, Antwerpen 1865, Amsterdam 1972

Guédon, J., Nouveau Manuel complet du facteur d'orgues, Paris 1903

Guillou, J., L'Orgue, souvenir et avenir, Paris 1978; dt. Ausgabe: Die Orgel, Erinnerung und Vision, übers. von Christoph Glatter-Götz, Schwarzach 1984

Haacke, W., Orgeln in aller Welt, Königstein 1954, Neuaufl. 1975

Hamel, P. M., Nouveau Manuel complet du facteur d'orgues, Paris 1849

Hardmeyer, W., Einführung in die schweizerische Orgelbaukunst, Zürich 1947

–, Orgelbaukunst in der Schweiz, Zürich 1975

Hardouin, P., Le Grand-Orgue de Saint-Gervais de Paris, Paris 1949, 3. Aufl. 1975

Haselböck, H., Barocker Orgelschatz in Niederösterreich, Wien-München 1972

Hill, A. G., The Organ-Cases and Organs of the Middle Ages and Renaissance, London 1883–91, Buren 1975

Hopkins E. J. und Rimbault, E. F., The Organ, its History and Construction, London 1855; Amsterdam 1972

Irwin, S., Dictionary of Pipe Organ Stops, New York 1962

Jakob, F., L'Orgue, Lausanne 1970

Jeppesen, K., Die italienische Orgelmusik am Anfang des Cinquecento, Kopenhagen 1943

Kaufmann, W., Der Orgelprospekt in stilgeschichtlicher Entwicklung, Main 1949

Kelemen, P., Baroque and Rococo in Latin-America, New York 1955

Keller, H., Die Orgelwerke Bachs, Ein Beitrag zu ihrer Geschichte, Forum, Deutung und Wiedergabe, Leipzig 1948

Kinkeldey, O., Orgel und Klavier in der Musik des 16. Jahrhunderts, Leipzig 1910

Klotz, H., Das Buch von der Orgel, Kassel-Basel 1938, 6. Aufl. Kassel-Basel 1960

–, Über die Orgelkunst der Gotik, der Renaissance und des Barock, Kassel 1931–1934; Neuaufl. 1975

Kraus, E., Orgeln und Orgelmusik, Das Bild der Orgellandschaften, Regensburg 1972

Kruijs, M. H. van 't, Verzameling van disposities der verschillende Orgels in Nederland, Rotterdam 1885, Hilversum 1965

Libera, S. dalla, L'Arte degli organi a Venezia, Venedig-Rom 1962

Lindow, C.-W. und Blanchard, H. D., Petit Lexique de l'orgue, Delaware, OH, 1981

–, Orgues historiques de France, Maisons-Alfort 1981

Lukas, V., Orgelmusikführer, Stuttgart 1963

Lunelli, R., Der Orgelbau in Italien in seinen Meisterwerken vom 14. Jahrhundert bis zur Gegenwart, Mainz 1956

Mahrenholz, C., Die Orgelregister, ihre Geschichte und ihr Bau, Kassel 1930

–, Die Berechnung der Orgelpfeifen-Mensuren, Kassel 1938

Mayer-Serra, O., La Música y músicos de Latino-America, Mexico City 1947

Mellers, W., François Couperin and the French Classical Tradition, London 1950. New York 1968

Merklin, A., u. a., Aus Spaniens altem Orgelbau, Mainz 1939

Mersenne, M., L'Harmonie universelle (Bd. II), Paris 1637, Neuaufl. 1963

Messiaen, O., Technique de mon langage musical, Paris 1944

Metzler, W., Romantischer Orgelbau in Deutschland, Ludwigsburg 1965

Meuren, F., van der, Het Orgel in de Nederlanden, Brüssel-Amsterdam 1931

Meyer-Siat, Les Callinet . . ., Paris 1965

–, Historische Orgeln im Elsaß, München 1983

Moretti, C., L'Organo italiano, Mailand 1973

Moser, H. J., Orgelromantik, Ludwigsburg 1961

Müller, W., Auf den Spuren von Gottfried Silbermann, Kassel-Basel 1968

Münger, F., Schweizer Orgeln von der Gotik bis zur Gegenwart, Bern 1961

Němec, V., Pražské Varhany, Prag 1944

Niland, A., Introduction to the Organ, Vorwort von F. Jackson, London 1968

Ochse, O., The History of the Organ in the United States, Bloomington-London 1975

»Orgues de France«, in: Les Monuments historiques de la France (neue Reihe Bd. VIII, fasc. 2–3), Paris 1962

Peeters, F. und Vente, M. A., L'Orgue et la musique d'orgue dans les Pays-Bas et la Principauté de Liège du 16e au 18e siècle, Antwerpen 1971

Perrot, J., L'Orgue de ses origines hellénistiques à la fin du XIIIe siècle, Paris 1965

Peschard, A., Etudes sur l'orgue électrique, Paris 1896

Pole, W., Musical Instruments in the Great Industrial Exhibition of 1851, London 1851

Pontécoulant, Comte A. de, Organographie . . ., Paris 1861, Amsterdam 1972

Praetorius, M., Syntagma musicum, Wolfenbüttel 1619

Quoika, R., Die altösterreichische Orgel der späten Gotik, der Renaissance und des Barock, Kassel 1953

–, Das Positiv in Geschichte und Gegenwart, Kassel 1957

–, Der Orgelbau in Böhmen und Mähren, Kassel 1968

–, Vom Blockwerk zur Registerorgel, Kassel 1969

Raugel, F., Les Organistes, Paris 1923

–, Recherches sur les maîtres de l'ancienne facture français d'orgues, Paris 1925

–, Les Grandes Orgues des églises de Paris et du Département de la Seine, Paris 1927

Reichling, A. und Golarits, I., Orgellandschaft Südtirol, Bozen 1982

Ritter, A. G., Zur Geschichte des Orgelspiels, Leipzig 1884

Robertson, F. E., A Practical Treatise on Organ-Building, London 1897

Rokseth, Y., La Musique d'orgue au XVe siècle et au début du XVIe, Paris 1930

Rowntree, J., Orgeln in Oxford, Cambridge, London, Berlin 1981

Rupp, E., Die Entwicklungsgeschichte der Orgelbaukunst, Einsiedeln 1929, Hildesheim-New York 1981

Salmen, W., Orgel und Orgelspiel im 16. Jahrhundert, Neu-Rum bei Innsbruck 1978

Schlick, A., Spiegel der Orgelmacher und Organisten, Speyer 1511, hg. von P. Smets, Kassel 1959

Schweitzer, A., Deutsche und französische Orgelbaukunst und Orgelkunst, Leipzig 1906

–, J. S. Bach, le musicien-poète, Vorwort von C.-M. Widor, Paris 1905, Leipzig 1908

Serassi, G., Sugli Organi, Lettere, Bergamo 1816

Servières, G., La Décoration artistique des buffets d'orgues, Paris-Brüssel 1928

Skinner, E. M., The Modern Organ, New York 1917

Smets, P., Die Orgelregister, ihr Klang und Gebrauch, Mainz 1937, 7. Aufl. Mainz 1958

–, Neuzeitlicher Orgelbau, Mainz 1933, 8. Aufl. Mainz 1949

Spitta, P., Johann Sebastian Bach, Leipzig 1873–1880

Sulzmann, B., Historische Orgeln in Baden, München 1980

Sumner, W. L., The Organ, its Evolution, Principles of Construction and Use, London 1952

–, Father Henry Willis: Organ Builder and his Successors, London 1957

Supper, W., Die Orgeldisposition, Eine Heranführung, Kassel 1950

–, (Hg.), Orgelbewegung und Historismus, Berlin 1958

Teulon, B., De l'orgue, Aix-en-Provence 1981

Thornsby, F. W., Dictionary of Organs and Organists, Bournemouth 1912–1922

Tournemire, C.-A., César Franck, Paris 1931

Utz, K., Die Orgel in unserer Zeit, Marburg 1950

Vente, M. A., Bouwstoffen tot de Geschiedenis van het Nederlandse Orgel in de 16e eeuw, Amsterdam 1942

–, Die Brabanter Orgel, Zur Geschichte der Orgelkunst in Belgien und Holland im Zeitalter der Gotik und der Renaissance, Amsterdam 1958

Walcker, O., Erinnerungen eines Orgelbauers, Kassel 1948

Walter, F. W., Spiel und Kompositionen zu mehreren Orgeln vom 16. bis zum 19. Jahrhundert, vornehmlich in Oberitalien, Diss. Berlin 1923

Westblad, G., Kyrkoorgeln, Stockholm 1936

Wester, B., Gotisk Resning i svenska Orglar, Stockholm 1936

–, Kyrkorglar i Sverige, Stockholm 1942–1952

Williams, P. F., The European Organ 1450–1850, London 1966

Wilson, M., The English Chamber Organ, History and Development 1650–1850, Vorwort von W. L. Sumner, Oxford-Columbia, SC, 1968

Wisgerhof, B., Orgeln in den Niederlanden, Berlin 1981

Wohnhaas, Th. und Fischer, H., Historische Orgeln in Unterfranken, München 1981

–, Historische Orgeln in Schwaben, München 1982

Wörsching, J., Der Orgelbauer Karl Riepp, Mainz 1939

–, Der Orgelbauer Joseph Gabler, Mainz 1959

–, Die Orgelbauerfamilie Silbermann in Straßburg im Elsaß, Mainz 1941

Neben unzähligen Monographien über einzelne Instrumente kann der Orgelfreund die besten Informationen aus regelmäßig publizierten Schriften verschiedenster Freundeskreise schöpfen, ebenso aus einigen Veröffentlichungen, die von Orgelbauern oder Verlegern herausgegeben werden.

Deutschland:
»Ars Organi« und »Acta Organologica« (Veröffentlichungen der Gesellschaft der Orgelfreunde), »Musik und Kirche«, außerdem die Monographien über historische Orgeln von Uwe Pape (Berlin) und die in Lauffen am Neckar herausgegebene Zeitschrift »ISO-Information« der International Society of Organ Builders.

Österreich:
»Singende Kirche«

Schweiz:
»La Tribune de l'Orgue«, »Musik und Gottesdienst« und die jährlichen Veröffentlichungen der Orgelbaufirma Kuhn in Männedorf, herausgegeben von Friedrich Jakob

Frankreich:
»Bulletin des amis de l'Orgue«, »Connaissance de l'Orgue«, »Grand Jeu«, »Jeunesse et Orgue«, »La flûte harmonique«, »L'Orgue«, »Orgues méridionales«, »Renaissance de l'Orgue«, »Mélanges de la Casa Velazquez« (Paris, CNRS), die Kollektion »Orgues historiques« (Harmonia Mundi) und die von Pierre Vallotton veröffentlichten Kalender »Organa Europae« (Saint-Dié)

Belgien:
»L'Organiste«

Niederlande:
»Organist en Eredienst«, »Het Orgel«, »De Praestant« sowie die Veröffentlichungen »The Organ Yearbook« und die Nachdrucke der »Bibliotheca Organologica« unter der Leitung von Peter Williams durch Frits Knuf (Buren)

Italien:
»L'Organo«

Spanien:
»Anuario Musical«, »Organos del Pais Valenciano« sowie Veröffentlichungen der »Associación Cabanilles de Amigos del Organo«, von G. A. C. de Graaf und des holländischen Orgelbauers Jacques Stinkens aus Zeist.

Skandinavien:
»Orgelforum« (Schweden), »Orglet« (Dänemark), »Organum« (Finnland)

England:
»The Organ«, »The Organ Club Journal«, »The Organist's Quarterly Journal«, das »Journal« des British Institute of Organ Studies und die Veröffentlichungen des Verlegers Hinrichsen (London)

USA:
»The Diapason«, »The American Organist«, »The Tracker«, »The Organ Institute Quarterly«, »The American Guild of Organist Quarterly« und »Music/The A. G. O. and R. C. C. O. Magazine«

Dispositionen

Lübeck, Marienkirche, Totentanzorgel, vor 1475

Hauptwerk		*Brustpositiv*		*Rückpositiv*		*Pedal*	
Quintadena	16′	Gedeckt	8′	Prinzipal	8′	Prinzipal	16′
Prinzipal	8′	Quintaden	4′	Rohrflöte	8′	Subbaß	16′
Spitzflöte	8′	Hohlflöte	2′	Quintaden	8′	Oktave	8′
Oktave	4′	Quintflöte	1 ⅓′	Oktave	4′	Gedeckt	8′
Nasat	2 ⅔′	Scharf	IV	Rohrflöte	4′	Superoktave	4′
Rauschpfeife	II	Krummhorn	8′	Sifflöte	1 ⅓′	Quintaden	4′
Mixtur	VIII–X	Schalmei	4′	Sesqualtera	II	Oktave	2′
Trompete	8′			Scharf	VI–VIII	Nachthorn	1′
				Dulzian	16′	Zimbel	II
				Trichterregal	8′	Mixtur	IV
						Posaune	16′
						Dulzian	16′
						Trompete	8′
						Schalmei	4′
						Kornett	2′

Tremulant

Lübeck, Marienkirche, große Orgel, 1516–1518

Hauptwerk		*Brustpositiv*		*Rückpositiv*		*Pedal*	
Prinzipal	16′	Prinzipal	8′	Bordun	16′	Prinzipal	32′
Quintadena	16′	Gedeckt	8′	Prinzipal	8′	Große Oktave	16′
Oktave	8′	Oktave	4′	Quintadena	8′	Subbaß	16′
Spitzflöte	8′	Hohlflöte	4′	Hohlpfeife	8′	Kleine Oktave	8′
Superoktave	4′	Feldpfeife	2′	Oktave	4′	Gedeckt	8′
Hohlflöte	4′	Gemshorn	2′	Blockflöte	4′	Superoktave	4′
Nasat	2 ⅔′	Sesquialtera	II	Spielflöte	2′	Bauerflöte	2′
Rauschquinte	II	Sifflit	1 ⅓′	Sesquialtera	II	Mixtur	VI
Mixtur	X–XV	Mixtur	VI–VIII	Mixtur	V	Posaune	32′
Scharf	IV	Zimbel	III	Scharf	V	Posaune	16′
Trompete	16′	Krummhorn	8′	Zimbel	II	Dulzian	16′
Trompete	8′	Regal	8′	Dulzian	16′	Trompete	8′
Zink	8′			Bärpfeife	8′	Krummhorn	8′
				Trechterregal	8′	Nachthorn	2′
				Vox humana	8′	Kornett	2′

2 Tremulanten
2 Trommeln
Zimbelsterne

Brescia, Duomo Vecchio (Rotonda), Orgel, 1536

Principale tutto intiero	Prinzipal 8′ (12′, da die Klaviatur mit dem Kontra-F begann; vollständiges Register)
Principale spezzato	Prinzipal 8′ (die zwanzig ersten Töne [Kontra-F bis d⁰] erklingen im Pedal, die restlichen Töne im Manual)
Ottava	Oktava 4′
Quintadecima	Oktave 2′
Decima nona	Quinte 1 ⅓′
Vigesima seconda	Oktave 1′
Vigesima sesta	Quinte ⅔′
Vigesima nona	Oktave ½′
Trigesima terza	Quinte ⅓′
Un' altra vigesima seconda	Oktave 1′
(»da concerto«)	(»da concerto«)
Flauto in quinta decima	Flöte 2′
Flauto in ottava	Flöte 4′
Tremolo	Tremulant

Evora, Kathedrale, Orgel, um 1562

Manual (45 Tasten, kurze Unteroktave)
Flautado de 24	16′
Flautado de 12	8′
Vox humana	8′
Flauta de ponta da man esquerda	8′
Corneta de 4 por ponto	IV
Octava real	4′
Quinta real	2 ⅔′
Quinta e decima	II
Chejo de registros	IV
Trompeta real da man esquerda (um 1700 hinzugefügt)	
Clarím da man direita	

Pedal (C, D, E, F, G, A,)
angehängt: Tambor hen A (2 8′-Pfeifen aus Eiche mit den gleichzeitig klingenden Tönen A und H)

Frederiksborg (Hillerød), Slotskirke, 1610, Disposition nach Michael Praetorius

Obermanual
Principal	8′
Gedacktflöte	8′
Klein Principal	4′
Gemshorn	4′
Nachthorn	4′
Blockpfeife	4′
Supergedackt	2′
Gedacktquint	2 ⅔′
Ranket	16′

Untermanual
Quintadena	8′
Klein Gedacktflöte	4′
Principal Diskant ab f⁰	4′
Blockpfeife Diskant ab f⁰	4′
Super-Gemshörnlein	2′
Nasat	1 ⅓′
Klein Zimbel	I
Krumhorn	8′
Geigen Regal	4′

Pedal
Grosser Gedacktflöten-Bass	16′
Gemshorn-Bass	8′
Quintaden-Bass	8′
Queerflöten-Bass	4′
Nachthorn-Bass	2′
Bauerflöte-Bass	16′
Sordunnen-Bass	16′
Dolcian-Bass	8′
Jungfrauen-Regal-Bass	4′

ungleichschwebende Stimmung

Paris, Kirche St-Gervais, »Couperin-Orgel«, 17. Jh., Disposition aus der Zeit von François Couperin

I   Positif (AA, C, D –c‴)
Bourdon	8′
Montre	4′
Doublette	2′
Fourniture	III
Cymbale	III
Flûte	4′
Nazard	2 ⅔′
Tierce	1 ⅗′
Larigot	1 ⅓′
Cromorne	8′

II   Grand-Orgue (AA, C, D – c‴)
Montre	16′
Bourdon	16′
Montre	8′
Bourdon	8′
Prestant	4′
Doublette	2′
Fourniture	IV
Cymbale	III
Flûte	4′
Nazard	2 ⅔′
Quarte	2′
Tierce	1 ⅗′
Cornet (2 Oktaven)	V
Trompette	8′
Clairon	4′
Voix humaine	8′

III   Cornet séparé (f⁰ oder c′ – c‴)
Cornet	V

IV   Echo (c⁰ –c‴)
Bourdon	8′
Flûte	4′
Nazard	2 ⅔′
Doublette	2′
Tierce	1 ⅗′
Cymbale	III
Cromorne	8′

Pédale (AA, C, D – c′)
Flûte	8′
Flûte	4′
Trompette	8′

Schiebekoppel Pos/GO
Tremblant doux
Tremblant fort

Lissabon, Kloster S. Vicente de Fora, Orgel, 18. Jh.

Orgão principal (Obermanual mit 47 Tasten, C – d''', mit kurzer Unteroktave)

Baß		Diskant	Baixãocilho		
	(Principal 16' Diskant)	Oitava magna	Baixãocilho	(Zunge 4' außen)	
Flautado de 24	(Principal 16')	Flautado de 24		(Zunge 8' außen)	Trombeta marinha
Flautado de 12	(Principal 8')	Flautado de 12	Dulçaina	(Regal 8' außen)	Dulçaina
Oitava real	(Principal 4')	Oitava real II	Chirimía	(Schalmey 4' außen)	
Quinzena	(Prinzipal 2')			(Oboe 8' außen)	Boé
Contras de 24 palmos	(Baß 16', 1. Oktave)				
Flautado de 12 tapado	(Gedackt 8')				
Flautado de 6 tapado	(Gedackt 4')				
	(Zartflöte 8')	Flauta dolce			
	(Querflöte)	Flauta travesiera			
	(Voce umana)	Voz humana			
Quinta real	(Quinte 2 ⅔')				
	(Quinte 2 ⅔' + 2')	Quinta de 12 palmos II			
Requinta II	(Quinte 1 ⅓' 2-fach)				
	(2', 2', 1 ⅓', 1 ⅓')	Decimaquinta IV			
Vintedozena II–III	(1', 2–3fach)				
Mistura imperial V	(Mixtur)	Mistura imperial VI			
Cimbala IV	(Zimbel)	Cimbala IV			
Subcimbala IV	(Superzimbel)	Subcimbala IV			
Clarão VI	(4', 2', 1 ⅓', 1 ⅗', 1', ⅔' mit Principalmensur ohne Repetition)	Clarãozinho VII			
	(4', 2 ⅔', 2', 2', 1 ⅓', 1 ⅓', 1')				
	(Kornett 8-fach: 8' offen, 8' gedeckt, 4', 2 ⅔', 2', 1 ⅗', 1 ⅓', 1')	Corneta real VIII			
Trombeta real	(Trompete 8' innen)	Trombeta real			
Tromba de batalha	(Trompete 8' außen)	Clarim			

Orgão de éco (Untermanual mit 47 Tasten, C – d''', mit kurzer Unteroktave)

Baixãocilho		
Flautado de 12 tapado	(Gedackt 8')	Flautado de 12 tapado
Flautado violão	(Gedackt 8')	
	(Flöte 8')	Flauta napolitana
	(Flöte 4')	Flauta de 6
Flautado de 6 tapado	(Gedackt 4')	
	(Oktave 4' 2-fach)	Oitava II
	(Principal 2' 1–2fach)	
Quinzena I–II	(Register mit weiter Mensur 2', 2-fach)	Pifaro II
Dezanovena I–II	(Quinte 1 ⅓', 1–2fach)	
Vintedozena II	(Principal 1', 2-fach)	Vintedozena III
Cheio claro V	(Principalmixtur)	Cheio claro V
Tolosana III (⁴⁄₅', ⅔', ⅔')	(Kleiner Kornett)	Cornetilha III (2', 1 ⅗', 1 ⅓')
Nazardo éco III	(große Mensur: 2', 1 ⅓', 1', im Echokasten)	
	(Kornett 6-fach, Echo)	Corneta VI
	(Zunge 8', Echo)	Clarim éco
Sacabucha	(Zunge 8')	

Kein Pedal

Trommeln mit sechs Pfeifen (vier aus Holz, zwei aus Metall), aktioniert durch zwei Pedale

Echokasten, zu öffnen oder schließen durch einen steigbügelartigen Hebel

Freiberg, Dom, Orgel, 1710–1714, Disposition nach den Registerbezeichnungen im Spielschrank

I Brustwerk (C, D–c''')		II Hauptwerk (C, D–c''')		III Oberwerk (C, D–c''')		Pedal (C, D–c')	
Gedackt	8'	Bordon	16'	Quintaden	16'	+ Untersatz	32'
Prinzipal	4'	Prinzipal	8'	Prinzipal	8'	Prinzipal-Bass	16'
Rohrflöte	4'	Viol di Gamba	8'	Gedackt	8'	+ Octavbass	16'
Nassat	(2 ⅔') 3'	Rohrflöte	8'	Quintaden (Jehmlich)	8'	Sub-Bass	16'
Octava	2'	Octave	4'	Octava	8'	Oktavbass	8'
Tertia	1 ⅗'	Quinta	(2 ⅔') 3'	Spitzflöt	4'	Oktavbass	4'
Quinta	1 ⅓'	Super-Octave	2'	Super-Octave	2'	Mixtur	VI
Sufflöt	1'	Tertia	1 ⅗'	Flaschflöt	1'	Posaunbass	16'
Mixtur	III	Cornet	V	Echo (Cornet)	V	Trompeten-Bass	8'
		Mixtur	IV	Mixtur	III	Clarinbass	4'
		Zimbeln	III	Zimbeln	II		
		Trompet	8'	Krumbhorn	8'	+ = 1 Registerzug	
		Clarin	4'	Vox Humana	8'		

langsamer Tremulant in BW, HW, OW
starker Tremulant in OW für Vox humana
Schiebekoppeln OW/HW, BW/HW (keine Koppel HW/Ped)

Rötha, Georgenkirche, Orgel, 1718–1721

Hauptwerk			*Oberwerk*			*Pedal*		
Prinzipal	8′		Gedackt	8′		Prinzipal	16′ (Bass)	
Rohrflöte	8′		Quintadena	8′		Posaune	16′	
Bordun	16′		Prinzipal	4′		Trompete	8′	
Octava	4′		Rohrflöte	4′				
Spitzflöte	4′		Nasat	2 ²/₃′				
Quinta	2 ²/₃′		Octava	2′				
Octava	2′		Tertia	1 ³/₅′				
Cornett	III		Quinta	1 ¹/₃′				
Zimbel	II		Sifflöt	1′				
Mixtur	III		Mixtur	III				

Zwettl, Zisterzienserstiftskirche Mariä Himmelfahrt, Hauptorgel, 1728–1732

I Hauptmanual (47 Töne c–c‴)

original	Principal im Prospekt	8′
original	Copl (Metall)	8′
original	Gamba	8′
original	Biforo ab c′ Baßlage komb.	8′
original	Octav	4′
original	Holle-Fleten	4′
original	Quint	3′
original	Superoctav	2′
56% neu	Mixtur 6-fach (2′, 1 ¹/₃′, 1′, ²/₃′, ²/₃′)	2′
52% neu	Cymbal 4-fach (1′, ²/₃′, ¹/₂′, ¹/₃′)	1′
47% neu	Horn 4-fach (4′, 2 ²/₃′, 2′, 1 ³/₅′)	4′
– Coppel Zug für Hauptmanual und Positiv		

II Positiv (47 Töne c–c‴)

original	Copl (Eichenholz)	8′
6 St. neu	Principal	4′
original	Rohr-Fleten	4′
neu	Superoctav	2′
21% neu	Duodecima	1 ¹/₂′
70% neu	Cornettino 3-fach (1′, ²/₃′, ²/₅′)	1′

III Drittes Clavir (47 Töne c–c‴)

original	– Flauthen-Paß (Nußbaum)	4′
original	– Flaschalath-Paß	2′
65% neu	– Schwegel 2-fach	1 ¹/₃′
	(1′, ²/₃′)	
55% neu	– Fagot (Zwetschkenholz)	8′
original	+ Fletten (Birnbaum)	4′
original	+ Flaschaleth	2′
neu	+ Cornetti 2-fach	2′
	(2′, 1 ³/₅′)	
neu	+ Huboa	8′
	(– = Baß, + = Diskant)	

Pedall (18 Töne c–g⁰)

original	Principal im Prospekt	16′
original	Subpahs	16′
original	Octav (teilw. Prospekt)	8′
original	Suboctav	4′
original	Quint	3′
13% neu	Mixtur 6-fach (2′, 1 ¹/₃′, 1′, 1′, ²/₃′, ²/₃′)	2′
94% neu	Cymbal 4-fach (1′, ²/₃′, ¹/₂′, ¹/₂′)	1′
original	Horn 2-fach (1 ³/₅′, 1′)	1 ³/₅′
neu	Bombardon (Holzbecher)	16′
neu	Posaun (Holzbecher)	8′

Kurze gebrochene Baßoktave in den Manualen
Kurze gebrochene Baßoktave im Pedal mit »Stöpseln« für Fis und Gis
»Balghaus« in historisierender Ausführung mit drei großen Keilbälgen, für Handbetrieb konzipiert
Historisch authentische ungleichschwebende Temperatur: a′ = 465 Hz

Die Prozentzahlen nennen die Pfeifen, die zur Rückführung der Orgel in den Zustand Egedachers
wiederhergestellt werden mußten.

Salamanca, Neue Kathedrale, Evangelienorgel, 1744

II Organo Mayor

Flautado de 26	B/D	(Prospektprincipal 16′)
Flautado de 13	B/D	(Prospektprincipal 8′ zum Chor)
Flautado de 13	B/D	(Prospektprincipal 8′ zum Seitenschiff)
Octava	B/D	(Principal 4′)
Docena	B/D	(2 ²/₃′)
Quincena	B/D	(2′)
Lleno	B/D	(Mixtur)
Zimbala	B/D	(Zimbel)
Sobrezimbala	B/D	(Superzimbel)
Violón	B/D	(Gedackt 8′)
Tapadillo	B/D	(Gedackt 4′)
Nasarte en 12a	B/D	(Nasat 2 ²/₃′)
Nasarte en 15a	B/D	(2′)
Nasarte en 17a	B/D	(Terz)
Nasarte en 19a	B/D	(Larigot)
Corneta Real	D	(Kornett)
Trompeta Real	B/D	(Trompete 8′)
Trompeta Magna	D	(Horizontaltrompete 16′)
Clarín 1	D	(Horizontaltrompete 8′)
Clarín 2	D	(Horizontaltrompete 8′)
Trompeta de Batalla	B/D	(Horizontaltrompete ins Seitenschiff)
Dulzayna	B/D	(Horizontalregal 8′)
Chirimia	B	(Horizontalzunge 4′)
Tremolo		

I Cadereta exterior

Flautado de 13	B/D	(Principal 8′)
Tapadillo	B/D	(Gedackt 4′)
Nasarte en 12a	B/D	(Nasat 2 ²/₃′)
Nasarte en 15a	B/D	(Flöte 2′)
Nasarte en 17a	B/D	(im Baß: Terz, im Diskant: Terz + Larigot)
Nasarte en 19a	B	(Larigot)
Lleno	B/D	(Mixtur)
Zimbala	B/D	(Zimbel)
Corneta Real	D	(Kornett)
Trompeta Real	B/D	(Trompete 8′)
Clarín	D	(Zunge 8′)
Oboe	D	(Oboe 8′)
Bajoncillo	B	(Zunge 4′)

Pedal (C, D, E, F, G, A, B, H)

Contras 26 y 13		(Baß 16′ und 8′)
Tambores D, A		(Trommeln auf D und A)

Poitiers, Kathedrale St-Pierre, Orgel, 1787–1790

Grand-Orgue (c–e''')		*Positif* (c–e''')		*Echo* (g⁰–e''')	
Montre	16′	Montre	8′	Bourdon	8′
Bourdon	16′	Bourdon	8′	Flûte	8′
Montre	8′	Flûte (ab a⁰)	8′	Trompette	8′
Bourdon	8′	Prestant	4′		
Flûte	8′	Nazard	2 ²/₃′	*Pédale* C–c′	
Prestant	4′	Doublette	2′	Flûte (gedeckt)	16′
Grande Tierce	3 ¹/₅′	Tierce	1 ³/₅′	Flûte (offen)	8′
Nazard	2 ²/₃′	Grand Cornet (ab c′)	V	Flûte (offen)	4′
Doublette	2′	Plein jeu	VII		
Quarte	2′	Trompette	8′	*Pédale* AA–c′ (grand ravalement)	
Tierce	1 ³/₅′	Cromorne	8′	Bombarde	16′
Grand Cornet (ab c′)	V	Clairon	4′	Trompette	8′
Fourniture	V			Clairon	4′
Cymbale	IV	*Récit* (g⁰–e''')			
1re Trompette	8′	Flûte	8′		
2e Trompette	8′	Cornet	V		
Voix humaine	8′	Trompette	8′		
1er Clairon	4′	Hautbois	8′		
2e Clairon	4′				

Toledo, Kathedrale, »Kaiserorgel«, 1798

Die Zungenbatterie des zweiten Manuals:			*Die Zungenstimmen des Pedals:*	
Baß		Diskant	— Bombardas de 26	16′
− Trompeta Real	8′	− Trompeta Real	8′	− 2. Bombardas de 26	16′
+ Clarín claro	8′	+ Clarín claro	8′	+ Clarín	8′
+ Clarín fuerte	8′	+ Clarín brillante	8′	+ Clarín 8va	4′
+ Bajoncillo	4′	+ Clarín de Campaña	4′	+ Clarín en 15ª	2′
+ Clarín en Octava	4′	+ Chirimía	4′	+ Clarín en 22ª	1′
+ Violeta	2′	+ Trompeta Magna	16′		

Die inneren Zungenregister des ersten Manuals:			
Baß		Diskant	
− Trompeta Real	8′	− Trompeta Real	8′
− Bajoncillo	4′	− Clarín	8′
− Clarín en 15ª	2′	− Trompeta de 26	16′

− = im Orgelinnern, + = am Prospekt

Es ist wichtig und interessant, in diesem Zusammenhang auf die Konzeption der Zungenchöre in den spanischen Orgeln des 18. Jh.s hinzuweisen: Es handelt sich eigentlich um eine Art »Zungen-Mixtur«, deren Basis die gewöhnlich im Orgelinnern aufgestellte Trompeta Real 8′ ist. Die anderen Stimmen entsprechen in ihrem Klang jeweils der Stimmlage, in der sie am besten klingen: der des Tenors oder Alts. So finden wir in der rechten Hand Register zu 8′ und 16′ und in der linken Hand Register zu 4′ und 2′. Doch gibt es hierfür auch technische Gründe; es ist viel einfacher, den Baß eines 4′-Registers als die tiefste Pfeife einer 16′-Stimme an der Fassade des Gehäuses anzubringen, während im Diskant die längste Pfeife eines 16′-Registers (cis′) nicht einmal 4′-Länge hat.

St-Denis bei Paris, Abteikirche, Orgel, 1837–1841

I Positif (c–f‴)		II Grand-Orgue (c–f‴)		II Bombarde (C–f‴)	
Bourdon	16′	Montre	32′	(Die Register des Bombardewerks	
Bourdon	8′	Montre	16′	haben keine eigene Klaviatur, sie	
Principal	8′	Bourdon	16′	erklingen wie das Hauptwerk auf dem	
Flûte harmonique	8′	Montre	8′	zweiten Manual)	
Salicional	8′	Bourdon	8′	Bourdon	16′
Unda maris	8′	Flûte traversière	8′	Bourdon	8′
Prestant	4′	Flûte à pavillon	8′	Flûte	8′
Flûte octaviante	4′	Viole	8′	Flûte octaviante	4′
Nasard	2 ⅔′	Prestant	4′	Doublette	2′
Doublette	2′	Flûte octaviante	4′	Grand Cornet	V
Flageolet harmonique	2′	Nasard	2 ⅔′	Bombarde	16′
Tierce	1 ⅗′	Doublette	2′	1ère Trompette	8′
Fourniture	IV	Tierce	1 ⅗′	2ème Trompette harmonique	8′
Cymbale	IV	Grosse Fourniture	III	1er Clairon harmonique	4′
Cromorne	8′	Grosse Cymbale	III	2ème Clairon octaviante	4′
1ère Trompette harmonique	8′	Fourniture	III		
2ème Trompette harmonique	8′	Cymbale	III		
Clairon	4′	Cor anglais	8′		
		Clairon octaviant	4′		
		Trompette	8′		

III Récit expressif (C–f‴)		Pédale (C–f′)		Spielhilfen	
Flûte harmonique	8′	Flûte	32′	Pedalkoppel GO	
Gambe	8′	Flûte	16′	Koppel Pos/GO	
Voix céleste	8′	Flûte	8′	Einführungstritt für die Zungen-	
Flûte octaviante	4′	Violoncelle	8′	register des Pos	
Octavin harmonique	2′	Quinte	5 ⅓′	Aktionieren der Barkermaschine	
Hautbois	8′	Flûte	4′	Aktionieren des Bombardewerkes	
Trompette harmonique	8′	Tierce	3 ⅕′	auf dem zweiten Manual	
Clairon harmonique	4′	Contre-Bombarde	32′	Koppel Réc/GO	
		Bombarde	16′	Schwelltritt·	
		Trompette	8′		
		Basson	8′		
		Clairon	4′		

Wien, Piaristenkirche, Orgel, 1856–1858

I Hauptwerk (c–f‴)		II Mittelmanual (c–f‴)		III Oberwerk (c–f‴)	
Principal im Prospekt	16′	Flauto fondamento	16′	Flûte d'amour	8′
Principal	8′	(heute Quintatön 16′)		Viola di gamba	8′
Gemshorn	8′	Geigenprincipal	8′	Salicionale	8′
Doppelflöte	8′	Portunalflöte	8′	Geigenprästant	4′
Nasard (heute Gamba 8′)	5 ⅓′	(heute Gedackt 8′)		(heute Violine 4′)	
Octave	4′	Doppelrohrflöte	8′	Flauto dolce	4′
Gemshorn	4′	(heute Äoline 8′)		(heute Gedackt 4′)	
Quinte	2 ⅔′	Prästant	4′	Oboa ab C	
Superoctav	2′	(heute Geigenprinzipal 4′)			
Progressivharmonika	3–5-fach	Spitzflöte	4′		
	(2 ⅔′)	Octave	2′	*Pedal (C–d′)*	
Cornetti grandi ab g⁰	3-fach	Mixtur 3–4-fach		Principal im Prospekt	16′
(Trompete, später hinzugefügt)				Subbaß	16′
				Violonbaß	16′
				Grand Nasard	10 ⅔′
				Principal	8′
				Baßflöte	8′
				Superoctav	4′
				+ Basso Contra	32′
				+ Posaune	16′
				+ (Posaune 32′, später hinzugefügt)	

+ auf eigenen Windladen zu beiden Seiten
hinten im Gehäuse

Sinzig, Peterskirche, Orgel, 1972

Hauptwerk

Pommer	16′
Prinzipal	8′
Spillpfeife	8′
Hohlflöte	8′
Oktave	4′
Spitzgambe	4′
Nasard	2 $^2/_3$′
Schweizerpfeife	2′
Mollterz	$^{16}/_{19}$′
Mixtur 5-fach	2′ + 1 $^1/_3$′ + 1′ + $^2/_3$′ + $^1/_2$′
Cymbel 5-fach	$^1/_4$′ + $^4/_{21}$′ + $^2/_{13}$′ + $^2/_{17}$′ + $^1/_{10}$′

Brustwerk

Holzgedackt	8′
Rohrflöte	4′
Prinzipal	2′
Terz	1 $^3/_5$′
Blockflöte	1′
Oberton 2-fach	1 $^1/_7$′ + $^8/_{11}$′
Cymbel 4-fach	$^1/_2$′ + $^1/_3$′ + $^1/_4$′ + $^1/_6$′
Harfenregal	16′
Schalmey	4′
Psalterium (1)	

– Tremulant

Hauptwerk

Oberton 2–4-fach	c 3 $^1/_5$′ + 1′
	g 3 $^1/_5$′ + 1 $^7/_9$′ + 1′
	c^0 5 $^1/_3$′ + 3 $^1/_5$′ + 1 $^7/_9$′ + 1
Französisches Krummhorn	16′
Trompete	8′
Röhrenglockenton	8′

Rückpositiv

Quintade	8′
Stillgedackt	8′
Prinzipal	4′
Flauto dolce	4′
Nachthorn	2′
Quinte	1 $^1/_3$′
Fünfzehne	$^8/_{15}$′
Scharff 4-fach	1′ + $^2/_3$′ + $^1/_2$′ + $^1/_3$′
Dulzianregal	8′
Xylophon (p. und f.)	4′

– Tremulant

Pedal

Prinzipal	16′
Subbaß	16′
Oktavbaß	8′
Violoncello	8′
Quintgedackt	5 $^1/_3$′
Oktave	4′
Gemshorn	2′
Theorbe 3-fach	6 $^2/_5$′ + 4 $^4/_7$′ + 2 $^2/_3$′
Hintersatz 3-fach	2′ + 1 $^1/_3$′ + 1′
Dulzian	32′
Bombarde	16′
Fagott	8′
Trompetenregal	4′

Koppeln

I/II, III/II, III/I, I/P, II/P, III/P, super I/P
Tutti
9 Zungeneinzelabsteller
General-Zungen ab

Beiwerk

Registermanual
Mixturensetzer
Percussion
Tastenfesseln
Cymbelstern
Registertafel mit drei freien Kombinationen

Schleifladen mit mechanischer Spieltraktur und elektrischer Registertraktur

(1) Messingkörper, die durch elektrischgesteuerte Hämmerchen sehr schnell angeschlagen werden, so daß obertonreiche Rasseltöne entstehen.

Register

Das Register wurde von Christiane Gäumann bearbeitet. Die kursiv gesetzten Zahlen verweisen auf die Abbildungsnummern.
Abkürzungen:
ob = Orgelbauer
obf = Orgelbaufirma

Personennamen

Abbey, John, ob *177, 179*
Adam, Robert 156
Adams, Thomas, 1785–1858 157
Aeby, Christopher, ob *122, 129*
Aeolian-Skinner Organ Company, obf *251*
Agati, ob 38
Agerwall, Johann, ob *91*
Agincour, François d', 1684–1758 161
Agricola, Johannes, 1492–1560 72
Agricola, Johann Friedrich, 1720–1774 96
Aguilera de Heredia, Sebastián, um 1565–1627 182
Ahle, Johann Gottfried 96
Ahle, Johann Rudolph, 1625–1673 76
Ahrend, Jürgen, ob *38, 40, 278*
Ahrend und Brunzema, obf *35, 60*
Ahrens, Joseph, geb. 1904 102
Akerman, Per Larsson, ob *95*
Akerman & Lund, obf *95*
Alain, Jehan, 1911–1940 180
Alain, Marie-Claire 180
Alberti, Johann Friedrich, 1642–1710 76
Albinoni, Tomaso, 1671–1750 91
Albrecht, Johann Christoph, ob *126*
Albrechtsberger, Johann Georg, 1736–1809 96, 98
Albright, William 207
Allende-Blin, Juan 207
Althefer, Wiegand, ob Fig.10
Alvarado, Diego de, gest. 1643 205
Alwood, Richard 153
Amerbach, Bonifacius 67
Amezúa, Diego *206*

Amezúa, Aquilino *206, 210*
Amigo, Jaime Fig.71
Ammerbach, Elias Nicolaus, 1530–1597 68
Andersen, Poul-Gerhard, ob *83, 264, 275*
Andover Organ Company, obf *244, 248*
André, Julius, 1808–1880 100
Andriessen Senior, Hendrik, geb. 1892 139
Angel, Jürgen Hinrichsen, ob *80*
Anglebert, Jean-Henri d', 1628–1691 159
Anhalt-Cöthen, Leopold von, Prinz 97
Anneessens, Charles, ob *149*
Anneessens, Jules, ob *152, 153*
Antegnati, Costanzo, 1549–1624 46, 59; *26*
Antegnati, Gian Giacomo, ob *26*
Antico, Andrea 59
Appleton, Thomas, ob *247*
Aranda (de Rende), Luis de 159
Araújo, Marceliano de, ob *236*
Araújo, Pedro de 182
Arauxo, Francisco Correa de, um 1575–1663 182
Aresti, Giulio Cesare 62
Arne, Thomas Augustine, 1710–1778 155
Arnell, Richard, geb. 1917 157
Arnold, Heinrich, um 1400–1466 45
Arnold, Johann August von, ob *45*
Arrabassa, Perris, ob Fig.71
Ashton, Hugh, um 1480–1522 153
Attaingnant, Pierre 153, 157, 158
Attwood, Thomas, 1765–1838 100, 157
Audsley, George Ashdown, ob *21*
Auffmann, Joseph Anton 98
August II. von Sachsen, Kurfürst 100
Austin Organ Company 251
Avery, John, ob *155*
Avison, Charles, 1709–1770 156

Babell, William 155
Bach, August Wilhelm, 1796–1869 99, 100
Bach, Carl Philipp Emanuel, 1714–1788 60, 93, 97, 98, 100, 163
Bach, Christoph, 1613–1661 94
Bach, Georg Christoph, 1642–1697 92, 94
Bach, Heinrich, 1615–1692 76, 92, 95
Bach, Johann, um 1550–1626 94
Bach, Johann Ambrosius, 1645–1695 93, 94, 95
Bach, Johann Bernhard, 1676–1749 71, 76, 92
Bach, Johann Christian, 1735–1782 60, 62, 94
Bach, Johann Christoph, 1642–1703 76, 92, 95
Bach, Johann Christoph, 1645–1693 93, 94

Bach, Johann Christoph, 1671–1721 92, 95
Bach, Johann Ernst, 1722–1777 92
Bach, Johann Jacob, 1682–1722 93
Bach, Johann Ludwig, 1677–1741 92
Bach, Johann Michael, 1648–1694 71, 76, 92, 93, 96
Bach, Johann Michael, geb. 1685 93
Bach, Johann Michael, 1754–1820 92, 93
Bach, Johann Nicolaus, 1669–1753 92, 93
Bach, Johann Sebastian, 1685–1750 7, 37, 59, 61, 69, 70, 71, 72, 73, 75, 76, 91, 92–100, 101, 155, 157, 160, 161, 163; *16, 18, 51*
Bach, Lips, gest. 1620 94
Bach, Maria Barbara 96
Bach, Veit, gest. vor 1578 93, 94
Bach, Wilhelm Friedemann, 1710–1784 95, 97, 100
Bachelier, Nicolas, ob *172*
Bäck, Sven-Eric 207
Baden, Conrad, geb. 1908 206
Badings, Henk, geb. 1907 139
Baillif, Claude 207
Balbastre, Claude, 1727–1799 159, 162; *194*
Bales, Gerald 207
Barber, Samuel, 1910–1981 207
Barblan, Otto, 1860–1943 206
Bares, Peter 207; *274*
Barié, Augustin, 1883–1915 180
Barker, Charles Spackman, ob 35, 49; *103, 141, 194, 200*; Fig.36
Barlow, Wayne, geb. 1912 206
Batiste, Antoine-Edouard, 1820–1876 163
Battiferri, Luigi 61
Bätz, Johan, ob *147*
Baudot, Evrard, ob *174*
Baumgartner, H. Leroy, 1891–1969 206
Baurscheit, Jan Pieter van, Vater und Sohn, ob *154*
Béasse, ob *184*
Beatrice, Königin von Ungarn 68
Beaucourt, ob *199*
Beauvarlet-Charpentier, Jacques-Marie, 1766–1834 162
Beauvarlet-Charpentier, Jean-Jacques, 1734–1794 162
Becker, ob *91*
Becker, Gustaf W., ob *94*
Beckerath, Rudolf von, ob *39, 45, 84, 258*
Beckwith, John Charles, 1788–1819 156

Ciconia, Johannes 62, 67
Cima, Giovanni Paolo 59
Cimino, Francesco, OB *28*
Cipri, Giovanni, OB *24*
Claesz, Allaert, OB *139*
Claude, Brüder, OB *191*
Clérambault, Louis-Nicolas, 1676–1749 160, 161
Clerc, J.F., OB *148*
Clérinx, Arnold, OB *149*
Cliquot, François-Henry, OB *22, 179, 184, 194–196*
Cliquot, Louis-Alexandre, OB *178*
Cliquot, Robert, OB *189*
Clokey, Joseph Waddell, 1890–1960 206
Cochereau, Pierre 180
Coci, Johannes, OB *45*
Cocquerel, Gilbert, OB *173, 176*
Coelho, Manoel Rodrigues 182
Collet, Denis, OB Fig. 47
Colonna, Giovanni Paolo, OB *24*
Compenius, Esaias 23; *76, 77*
Conceição, Diego da 182
Conceição, Lourenço da, OB *234*
Conceição, Roque da 182
Cooke, Benjamin 155
Córdoba, Gonzalo Hernández de, OB *217*
Córdoba, Juan de, OB *205*
Corelli, Arcangelo, 1653–1713 61, 92, 95
Cornet, Pieter, um 1570/80–1633 61, 137, 138
Corrette, Gaspard 159, 161
Corrette, Michel, 1709–1795 159, 162
Corrette II, Michel 162
Costa, Luis Pereira da, OB *234*
Costeley, Guillaume, 1531–1606 158
Couperin, Armand-Louis 194
Couperin, Charles, 1638–1679 158; *184*
Couperin, François »Le Grand«, 1668–1733 37, 92, 93, 95, 158, 159, 160, 180; *184*
Couperin, Louis, 1626–1661 159; *184*
Courdrai le Jeune, François *52*
Covelens, Jan van, OB *139*
Coxsun, Robert 153
Crandell, Robert, geb. 1910 206
Croft, William, 1678–1727 155
Crotch, William, 1775–1847 156, 157
Crüger, Johann, 1598–1662 72
Cruz, Agostinho da, um 1590–1633 205
Cumming, Alexander 26
Cunha, Gabriel Ferreira da, OB *235*

Dabenest, Nicolas, OB *175, 182*
Dalin, Eric, OB *93*
Dalitz, Friedrich Rudolf, OB *107*
Dallam, Thomas, OB *155*
Dallery, Louis-Paul, OB *184*
Dallery, Pierre-François, OB *179, 184, 196*
Dallier, Henri, 1849–1934 164
Dalza, Ambrosio 58
Dam, Lambertus van, OB *143*
Dandrieu, Jean-François, 1682–1738 161, 162
Dandrieu, Pierre, 1664–1733 159, 162
Danion, Georges, OB *255*
Danion-Gonzalez, OBF *177, 188*
Danjou, Félix 163
Danzi, Franz, 1763–1826 60
Daquin, Louis-Claude, 1694–1772 159, 162
Darasse, Xavier 207
Daublaine, OB *172*

Daublaine & Callinet, OBF 38; *185, 194*
David, Johann Nepomuk, 1895–1977 102
Davies, Walford, 1869–1941 157
Dávila, Leonardo Fernández, OB *212*
Davis, OBF *159*
Debierre, Louis, OB *202*
Debret, François, OB *200*
Decius, Nikolaus, um 1485–nach 1546 72
DeLamarter, Eric, 1880–1953 206
Delhaye, Jean-Joseph, OB *150, 154*
Deloye, Jean, OB *198*
Demessieux, Jeanne, 1921–1968 180
Denis, Jean 159
Deslions, Marin 158
Deventer, Matthijs van, OB *146*
D'Hondt, G., OB *154*
Dickinson, Clarence, 1873–1969 206
Dillens, Karel, OB *154*
Di Martino, Giovanni Domenico, OB *28*
Distler, Hugo, 1908–1942 102
Doles, Johann Friedrich, 1715–1797 96
Domenico di Lorenzo, OB *25*
Donovan, Richard F., geb. 1891 207
Dornel, Louis-Antoine, um 1685–1765 161, 162
Douglas, Winfred, 1867–1944 206–207
Dressel, Tobias, OB *170*
Dropa, Matthias, OB *45*
Düben d.J., Andreas, um 1590–1662 72
Dubois, Théodore, 1837–1924 164
Du Caurroy, François Eustache, 1549–1609 158
Ducharme, Guy 207
Duchenski, Roman, OB *103*
Dufay, Guillaume, um 1400–1474 67, 137; 7
Du Mont, Henri, 1610–1684 138, 158, 159
Dunstable, John, um 1380/90–1453 139, 153
Dupré, Marcel, 1886–1971 139, 163, 180; *194*
Dupuis, Thomas Sanders, 1733–1796 156
Durante, Francesco, 1684–1755 62
Duret, OB *194*
Duruflé, Maurice, geb. 1902 180
Duvivier, Jean, OB *183*
Duyschot, Jan, OB *139, 140, 142*

Eben, Petr, geb. 1929 206
Eberlin, Johann Ernst, 1702–1762 96, 98
Ebert, Jörg, OB *60*
Ebner, Wolfgang, 1612–1665 70, 158
Eccard, Johann, 1553–1611 72
Echevarría, OB *214*
Echevarría, Pedro de Liborno, OB *208, 213–215*
Effinger, Cecil, geb. 1914 206
Egedacher, Johann Christoph, OB *66*
Egedacher, Johann Ignaz, OB *59, 69*
Eisenbarth, Ludwig, OB *59*
Eisenbarth, Wolfgang, OB *59*
Eisenmenger, Philip, OB *88*
Ekengren, Jonas, OB *92*
Elgar, Sir Edward, 1857–1934 157
Elías, José, um 1675–um 1749 205
Elliot, Thomas, OB *165*
Elliot & Hill, OBF *166*
Elmore, Robert, geb. 1913 207
Emborg, Jens 206
Englert, Giuseppe G. 207
Englund, Einar, geb. 1916 206
Erb, Marie-Joseph, 1858–1944 164
Erbach, Christian, 1570–1635 68, 69
Erben, Henry, OB *243, 248*
Ericsson, Hans-Olaf 207

Eslava y Elizondo, Miguel Hilarión, 1807–1878 205
Estevan Cardoso, António, OB *223*
Esteves Pereira, L.A., OB *236*
Estrada, Salvador, OB *206*; Fig. 71
Eule, Hermann, OB *46, 51, 119*
Eustache, Jean, OB *183*
Eustache, Brüder D. und G., OBF *171*
Evers, Edo, OB *40*
Exner, Johannes, OB *273*
Eynde, Jacob van, OB *152*

Faber, Nikolaus 45
Facchetti, Giovanni Battista, OB *23, 24*
Farnam, Lynwood, 1885–1930 207
Fasolo, Giovanni Battista 61
Felton, William, 1715–1769 155
Ferenc 68
Feroci, Francesco 59, 62
Ferreira Vilaça, José de S. António, OB *236*
Févin 157
Février, Pierre, 1715–1780 162
Feyring, Philip, OB *243*
Fiebig, Kurt, geb. 1908 102
Figulus, Wolfgang, um 1520–um 1591 72
Fink, Christian, 1831–1911 100
Fischer, Johann Kaspar Ferdinand, um 1667–1746 71, 91
Fischer, Michael Gotthard, 1773–1829 96, 100
Flecha, Giuseppe, OB *208*
Fleming, William B., OB *21*
Flentrop, OBF *119, 139, 144, 221, 222, 231, 233–235, 269*; Fig. 67
Fleury, André, geb. 1903 180
Flor, Christian, 1626–1697 74, 76
Flügel, Gustav, 1812–1900 100
Fogelberg, Sven, OB *89*
Fogliano, Jacopo, 1468–1548 58
Fonseca, José Joaquim da, OB *232*
Fontana, Fabrizio 61
Fontanes, Simão, OB *236*
Fontanes de Maqueira, João, OB *237*
Forceville, Jean-Baptiste, OB *150, 154*
Forkel, Johann Nikolaus, 1749–1818 92, 163
Formentelli, Bartolomeo, OB *191, 268*
Förner, Christian, OB *27*
Fortier, Toussaint, OB *178*
Förtsch, Johann Philipp, 1652–1732 71
Foss, Lucas 207
Foubert, R., OB *177*
France, William 207
Franck, César, 1822–1890 99, 101, 139, 162, 163, 164, 180; *203*
Franck, Johann, 1618–1677 73
Frels, Rubin S., OB *229*
Frescobaldi, Girolamo, 1583–1643 59, 60–61, 69, 70, 76, 92, 95, 96, 158, 161
Freundt, Johann Georg, OB *64*
Freundt, Leopold, OB *59*
Friedell, Harold, 1905–1958 207
Friedrich II. von Preußen 100
Friedrichs, OB *141*
Fritzsche, Gottfried, OB *45*
Fritzsche, Hans Christoph, OB *45, 79, 90*
Frobenius, Th., OBF *78–82, 85, 89, 273*
Froberger, Johann Jakob, 1616–1667 61, 69, 70, 91, 95, 158
Froment, Gustave 35
Frye, Walter 67

Abgebildete oder im Text erwähnte Orgeln

Abbildungsnachweis

Autor und Verlag danken den Fotografen, die die Aufnahmen für das vorliegende Buch machten, sowie den Museen und Institutionen, die weiteres Fotomaterial zur Verfügung stellten. Die Zahlen verweisen auf die Abbildungsnummern.

Die Bildbeschaffung für dieses Buch besorgte Ingrid de Kalbermatten.

Aargauische Denkmalpflege, Aarau 131
A. C. L., Brüssel 8, 149, 152
Alinari, Florenz 6, 29
Anderson 26, 27
W. Andraschek, Horn 73
Antikvarisk-Topografiska Arkivet, Stockholm 87, 90–94
Arch. Photo., Paris/S.P.A.D.E.M. 188, 189, 193, 198
Bärenreiter-Bild-Archiv, Kassel 260, 267
Ferdinando Barsotti 25
R. Bersier, Freiburg (Schweiz) Fig. 1, 2, 4, 9, 16–19, 20, 22, 26, 31, 41, 42, 50–52, 54–61, 68
Klaus G. Beyer, Weimar 37, 42, 43
Bibliothèque nationale, Paris 4, 7, 9, 11–13, 15
Bildarchiv Foto Marburg 119
P. Boissonnas, Genf 256
H. Bonde-Hansen 276
Boudot-Lamotte, Paris 1, 109
Erika Brande, Hannover 258
British Library, London Fig. 5
Bundesdenkmalamt, Wien 64
Ottavio Clavuot, Samedan 136
G. Costa 82
Deutsche Fotothek, Dresden 17, 54
Deutscher Kunstverlag-Bavaria, Gauting 52
Jean Dieuzaide, Toulouse 172, 217
Diözesanbildstelle, Linz 266
Essex Institute, Salem, Mass. 242, 244, 245
L. A. Esteves Pereira, Parede 20, 232
Christina Fedele 123, 280
D. A. Flentrop, Zaandam 269

Fonds Mercator, Antwerpen 138, 140, 144, 150, 151, 154 (Fotos: De Schutter); 139, 141–143 145, 146, 148, 153 (Fotos: F. van Os)
Foto-Beleza, Porto 234, 238, 239, 241
Fotofast, Bologna 31
Foto-Scholz, Rendsburg 44
Friebel AG, Sursee 128
Niels Fries, Kopenhagen 77, 80, 84
Th. Frobenius & Sønner, Lyngby 79, 85, 89, 273
Hans-J. Füglister, Grimisuat 129
J. C. & S. Gabillet, St-Bonat 259
Photo Gambetta, Poitiers 22
Pierre Ch. George, Genf 264
Grønlund's Forlag, Kopenhagen 78, 81
Dr. Dieter Großmann, Marburg 58
Peter Heman, Basel 23, 30, 125, 134, 135, 170 171, 173–184, 186, 187, 190–192, 194, 195, 197, 201–204
Historisches Museum, Basel 124
Gyula Holics, Budapest 112–114
Foto Holy, Innsbruck 60
Z. Hrubec 111
I.N.A.H., Mexiko 228
Institut d'Archéologie Méditerranéenne, Chéné-Foliot 3
Karl Jud, Zürich 53, 71
Kant. Hochbauamt, Zürich 126, 127
KAW, Warschau 107
Johannes Klais, Bonn 230, 271
Klasztor OO. Cystersów, Jedrzejów 19
Pal Kelemen, Norfolk, Connecticut 218, 219, 223–225 (Fotos: Elisabeth Z. Kelemen); 221, 222, 226
Detlef Kleuker, Bielefeld 281
Atelier Krassel, Haderslev 83
Dorothy & Henry Kraus, Braziller, New York 10
Orgelbau Th. Kuhn AG, Männedorf 133
Lauros-Giraudon, Paris 185
Jim Lewis, Pasadena, Kalifornien 253; Fig. 44
Linda Color S.A., Petit-Lancy 122
Domenico Lucchetti, Bergamo 32
P. Stanislaus Mali, Stams 70

Mas, Barcelona 5, 206, 207, 210, 212, 213, 216
Mather Corporation, Portland, Oregon 270
Leonore Mau, Hamburg 76
MTI, Budapest 115
Willy Müller, Gottlieben 130
Ludwig von Münchow 86
Thomas Murray, Newbury, Mass. 243, 246, 250
Mario Novais, Lissabon 231, 233, 235–237, 240
Oroñoz S.A., Madrid 208, 209, 214, 215
Osuna 220
Roman Pankofer, Herrsching 18, 33, 48, 50, 55, 56, 63, 66–69, 74, 75
Gregor Peda, Passau 59
Polska Akademia Nauk 99, 100, 104
Rapuzzi, Brescia 28
Michael Reckling, Marbella 272
Gerd Remmer, Flensburg 34
Rheinisches Landesmuseum, Trier 2
Christopher Ridley, London 155–169
Viktor Rihsé, Stade 38–40, 45, 49
Peter Rumo, Freiburg (Schweiz) 137
Foto Saebens, Worpswede 35
Ernst Schäfer, Weimar 36, 41, 46, 47, 51
Schloßverwaltung, Innsbruck 61
Otto Schwarz, Barcelona 211
Albert Seeberger, Paris 255
Jean-Jacques Soin, Royan 196, 200, 263
Studio Guy, St-Etienne 199
Jarzy Szandomirakj 102
Giovanni Tamburini, Crema 265
R.A. Unnerbäck 88, 98
VAAP, Moskau 116, 117, 118, 120
William Van Pelt, Glen Allen, Virginia 247, 252, 254
A. Villani & Figli, Bologna 24
Vorarlberger Landesmuseum, Bregenz 62
Gösta Wiberg 97
Helmut Wilhelm 96
T. Zalewski 101

Die Fig. 62–67, 69 und 71 sind A.G. Hill, London 1883–1891, entnommen.